中国体育学文库

|体育人文社会学|

新时代我国体育事业改革与发展战略问题研究

国家体育总局干部培训中心　编

北京体育大学出版社

策划编辑：吴　珂
责任编辑：吴　珂
责任校对：田　露　刘艺璇
版式设计：杨　俊

图书在版编目（CIP）数据

新时代我国体育事业改革与发展战略问题研究 / 国家体育总局干部培训中心编. —— 北京：北京体育大学出版社, 2022.1
ISBN 978−7−5644−3553−0

Ⅰ.①新… Ⅱ.①国… Ⅲ.①体育事业—体制改革—中国—文集 Ⅳ.①G812−53

中国版本图书馆CIP数据核字(2022)第009132号

新时代我国体育事业改革与发展战略问题研究
XINSHIDAI WOGUO TIYU SHIYE GAIGE YU FAZHAN ZHANLUE WENTI YANJIU　　国家体育总局干部培训中心　编

出版发行：北京体育大学出版社
地　　址：北京市海淀区农大南路1号院2号楼2层办公B−212
邮　　编：100084
网　　址：http ://cbs.bsu.edu.cn
发 行 部：010−62989320
邮 购 部：北京体育大学出版社读者服务部 010−62989432
印　　刷：北京昌联印刷有限公司
开　　本：710 mm × 1000 mm　　　1/16
成品尺寸：170 mm × 240 mm
印　　张：23
字　　数：377千字
版　　次：2022年1月第1版
印　　次：2022年1月第1次印刷
定　　价：99.00元

编 委 会

前　言

　　2018年4月10日至7月12日，中央党校中央国家机关分校国家体育总局第四十期处级干部进修班暨国家体育总局党校第二期处级干部进修班在总局党校举办，为期三个月，共有来自总局机关、直属单位和协会20个单位的22名学员参加了培训学习。2018年10月16日至12月14日，在中央党校中央国家机关分校的指导下，在总结以往办班经验的基础上，国家体育总局党校举办了第三期处级干部进修班，这是总局党校首次举办的颁发总局党校毕业证书的专题研究班，为期两个月，共有来自总局机关、26个直属单位的27名学员参加了培训学习，取得了较好的培训效果，为今后举办此类进修班奠定了良好基础，探索了有益经验。

　　在培训学习期间，学员们深入学习贯彻党的十九大和十九届二中、三中全会精神，系统学习习近平新时代中国特色社会主义思想，习近平对体育工作的重要论述，紧密围绕党中央关于中国特色社会主义经济建设、政治建设、文化建设、社会建设、生态文明建设和党的建设等方面的重大战略部署和决策，深入学习和研究我国体育改革和发展中的重大理论和现实问题，夯实了理论基础，拓展了世界眼光，培养了战略思维，加强了党性修养，树牢"四个意识"，坚定"四个自信"，坚决做到"两个维护"，进一步提高了领导能力和水平。

　　勤于思考、学思并重。学员们在学习过程中，用理论指导实践，用理论破解难题，将学习内容与自己的本职工作紧密结合，围绕新时代我国体育事业改革与发展战略，针对体育发展战略、体育服务保障工作、体育产业发展、体育文化教育建设等方面进行了理论分析和对策研究，形成了观点鲜明、内容丰富、见解独到，对实际工作有参考价值的35篇论文和7篇研究课题报告。

　　为了加强对学员研究成果的交流探讨，并向有关决策部门提供咨询参考，我们汇编了本年度学员的研究成果。在收录的论文和研究课题中，有的对内容做了适当压缩，有的对文字进行了修改，但基本上都保留了学员研究与思考的原文，真实地反映了两期学员对我国体育改革实践的理论研究和经验总结。尽管其中有些观点还不成熟或有待商榷，但这些内容无疑对我们进一步关注和研究此类问题，有积极的启发意义和参考价值。

本书的编写得到了国家体育总局、北京体育大学有关领导的关心、重视，在此一并表示衷心感谢。

由于水平有限，书中不当之处敬请读者批评指正。

编委会

目　录

体育发展战略研究

体育服务保障工作研究

小组课题成果

体　育
发展战略研究

中国青少年手球训练体制发展研究

国家体育总局手曲棒垒球运动管理中心　邓立

摘要：本文对中国青少年手球训练体制发展现状和问题进行了分析梳理，并借鉴欧洲青少年在手球训练、竞赛、组织、人才培养方面发展的特点，提出了中国青少年手球训练体制发展的对策建议。

关键词：青少年；手球；发展；建议

习近平总书记强调，体育承载着国家强盛、民族振兴的梦想。体育强则中国强，国运兴则体育兴。体育代表着青春、健康、活力，关乎人民幸福，关乎民族未来。青少年体魄强健、意志坚强、充满活力，是一个民族生命力旺盛的体现。加强青少年体育、完善青少年体育公共服务体系、强化竞技体育后备人才培养，对于落实全民健身国家战略、实施奥运战略、建设体育强国、培养中国特色社会主义事业合格建设者和接班人，具有重要意义。手球作为集体球类项目，在世界奥林匹克竞技舞台上扮演着重要角色，在健康中国和体育强国建设道路上应该扮演更重要的角色，青少年手球的发展是中国手球事业发展重要的环节之一。

一、中国青少年手球发展现状

中国竞技体育在北京奥运会上达到一个高峰，其后在伦敦奥运会和里约奥运会上，中国竞技体育整体成绩下滑明显。中国手球队没能打进2012年、2016年两届奥运会。中国青少年手球运动水平和成绩近年不断下滑是成年手球运动员成绩下滑的重要原因。中国青年女子手球队（U18）参加了2013年、2015年亚洲青少年女子手球锦标赛，均只获得第3名，与韩国、日本存在一定差距；参加了2014年、2016年世界青少年女子手球锦标赛，只获得第22名和第21名（参赛队伍共计24支），与世界先进水平的球队存在较大差距。不得不承认，在青少年手球发展方面，中国的确相对滞后了。

当前，我国大部分集体球类（除了足、篮、排）项目还是政府拨款、举国体制主导的运动项目，主要是在各级体育系统内发展，手球是典型代表。全国竞技手球主要以十几个省运动队的形式存在，不少队伍的青年队配备不健全。虽然这些年开展手球运动的中小学和大学有所增加，但还未形成系统长效机制。手球在普通百姓中开展得不多，社会化程度很低，属于典型的"冷门"项目。

在新时代体育强国的建设中，我国竞技体育改革正在紧锣密鼓地进行，但手球项目由于知道的人少，开展的地方少，市场化、职业化程度低，手球青少年人才发展的空间似乎被进一步挤压。原先通过竞技体育系统维持的手球后备人才进一步减少，很多家长宁可花钱送自己的孩子去练足球、篮球、排球等，也不愿意免费送孩子到手球队接受训练培养，很多手球后备人才基地、少体校都面临青少年运动员人才减少、运动水平不高的困境。青少年手球发展的问题必将进一步对已面临发展困难的我国手球运动造成更重的打击。对我国当前青少年手球运动发展面临的一些主要问题，我们需要有清醒的认识。

二、中国青少年手球训练发展问题分析

中国现在积极践行体育强国和健康中国战略，集体球类项目（足球、篮球、排球、手球、曲棍球、棒球、垒球、橄榄球、水球、冰球等）是体育强国和健康中国建设的重要载体，集体球类项目的崛起是体育强国战略的重要内容。但是，像手球等集体球类项目，当前在中国遇到了三大普遍问题：第一，竞技水平普遍不高，除了女子排球在世界上有一席之地外，其他项目都徘徊在世界二、三流水平。尽管经过了几十年的努力，聘请了世界级教练，并引进了先进的运动器材和方法，但竞技水平发展依然缓慢，甚至不少项目出现倒退现象。第二，除了足球、篮球、排球外，其他集体球类项目主要在竞技体育系统内发展，缺乏社会化、校园化、市场化根基，认识、了解、从事这些项目的人员很少，普遍比较"冷门"。第三，无论与欧洲还是与国内其他优势项目相比（比如乒乓球、羽毛球、游泳等），项目竞技人才短缺的问题严重，特别是优秀的运动员短缺，有特点、高水平的运动员屈指可数，能在世界大赛上发挥出高水平的更是凤毛麟角。这些问题源于运动项目在青少年人群中发展的困境，特别是在像手球这类"冷门"的竞技体育项目中，青少年运动员未来发展前景得不到保障，编制少、收入微、文化教育弱、伤残事故理赔机制缺失。奥运会项目或竞技成绩优秀的运动项目往往能够获得

较大的支持力度，但非奥运项目或运动成绩较差的运动项目得到的支持很少，有些连训练经费都无法得到保障，发展比较艰难。

北京奥运会后，中国经济强劲发展，行业、产业发生了剧变，个人成长、成功可选择的途径增加，竞技体育吸引力下降。集体球类训练比赛辛苦、有风险、成长周期长，能登上顶峰的运动员寥寥无几。以前大部分民众都不富裕，让孩子进入运动员体制可以使其食、宿、穿不愁，还可领工资，对于普通家庭、贫困家庭的吸引力都很大。而如今，中国日新月异，各行业发展丰富多彩，很多家庭都富裕了，条条道路通成功。而那些练手球却成绩不够好的队员或年轻队员，在体制内培养，待遇其实很低，这就导致他们三心二意、朝三暮四。即使孩子选择练体育，集体球类的吸引力往往也难敌网球、游泳、乒乓球、羽毛球等。目前在我国偏远山区或农村，青壮年劳力外溢现象普遍，很难再选拔到优秀的手球人才，而那些城市里家境优越的潜在运动天才又很少能潜心进行枯燥沉闷的训练。学校体育当前似乎还扛不起手球人才补缺的大旗。而且当前手球的生态圈不够，可容纳就业人数也不够多，很多球员在退役后不得不转行。所以，手球运动员这些年出现了一代不如一代的情况，手球青少年人才短缺是系统性的问题。

青少年手球训练培养是个系统过程，不一定能短期见效，但当前中国体育存在功利化问题，功利的目标超越了体育的原始意义。不少青少年手球队存在发展急功近利的问题，不根据手球项目发展规律，不遵循孩子身体发育规律，却强调超常规发展，早出成绩、多出成绩，导致训练负荷过高，青少年运动员伤病过多，压缩了他们成年后水平进一步提高的空间，缩短了其运动寿命。另外，青少年训练和比赛脱节，训练很多、比赛很少，结果导致比赛水平很低，训练质量低下，培养出很多"听话"的运动员，磨灭了他们很多能自我突破挑战的灵性和天赋。

三、中国青少年手球训练体制发展的参考对策

（一）打破学校体育、竞技体育在青少年手球发展上的隔阂

深化青少年学校体育与竞技体育两大事业的相互融通，积极探索项目发展的市场机制，才能有希望同时实现"促进青少年体质健康发展"和"竞技体育后备人才培养"两大战略目标。例如，打破少体校独立办学模式，使其挂靠

于当地普通中小学；有些普通中小学建立以手球特色为品牌的体育传统项目学校，纳入中国手球协会竞技体育青少年后备培养体系；有项目特点的高校高水平运动队与省市体工队、国家集训队联办。可以将手球协会纳入青少年体育工作发展的推动主体中，并与各级学校建立互信的合作伙伴关系，由手球协会定期或不定期派专业人士到各地方学校进行培训，而特色项目学校则定期到地区手球协会观摩学习，形成系统的、良好的、持续的互动合作关系。

（二）从小培养孩子对手球运动的兴趣

兴趣是最好的老师，特别是那些需要一定创造性和应变性的复杂运动，如手球，练习者若非真正喜欢，再怎么强迫也很难提高技术水准。如果不能实现"要我练"到"我要练"的转变，青少年就难以真正养成主动锻炼的习惯，更是永远体会不到运动的真谛，攀登不到竞技的巅峰。

（三）共建多元化的青少年手球训练平台

以传统的三级训练网络为基础的青少年培养模式，过度依赖政府资金的投入，经费来源单一、成材率低，只有充分调动社会资源，发展多元化的竞技体育后备人才培养模式，才能突破目前竞技体育发展的困境，多元化的青少年俱乐部就是重要途径之一。比如，政府出资培养的体校青少年俱乐部、特色学校开展的学校化青少年俱乐部、由企业或个人投资兴办的青少年特色项目俱乐部等，满足广大青少年群体不同的体育需要。应积极探索青少年手球"学校—社区—俱乐部"新三级体系的建立。在具体工作上应提倡"社会能做的事尽量少干涉、多协助"的思路，鼓励俱乐部更多地加入运动项目发展的各项工作，充分调动俱乐部办体育的积极性，进一步推进俱乐部实体化工作。

（四）培育系统的手球训赛体系

赛场情况变幻莫测，要在比赛中做出迅速、准确的判断，然后进行积极的、高效的反应行动，以争取胜利，需要运动员具备专业的体能、技术、战术配合、团队精神、意志品质。而这种需要本身就是对运动员竞技能力的最好锻炼，越纯粹、越激烈的比赛，训练效果越好。要通过层层联赛来"浪淘沙"，"以训促赛，以赛带训，以赛淘人"，选出"真金"。要探索建立"小学—中学（后备人才基地）—大学—职业"一条龙联赛体系，建立"后备人才基地—学校—社区—地方队"整体化联赛机制，贯通中学或高校手球联赛与职业联赛的对接，贯通中学联赛与"高水平手球运动员"高校录取的关系。探索建立从小学到大学、从社区到地方的手球运动员的人身专业保险制度。

（五）高考体育改革的探索

高考是我国最重要的考试选拔制度，其所涉学科在中小学教育体系中的发展都非常成熟，成为高考科目或选考科目争议不大。而体育是否能作为高考选考科目近几年一直是高考改革和体育发展中的一个有争议的问题。体育的重要性不用多说，从学校教育到家庭生活，再到个人培养，没有一人不说体育非常重要；从国家高层领导的强调到体制机制的支持，再到素质教育的需要，没有一门学科像体育这样受到国家的关注。应探索体育列入高考科目的可能办法，提升广大青少年对体育运动锻炼的热情，调动广大青少年体育运动竞技的潜力，让有天赋、爱运动的孩子能够实现自己的竞技梦想。

（六）加强岗位培训和继续教育，提高一线教练员执教能力和水平，提高青少年手球训练水平

青少年训练注重在技战术的基础上发展专项体能，特别是在8~14岁年龄段不会花太多时间进行体能（如长跑、力量）训练，而是以技术、战术训练为主。训练时间一般都安排在周一至周五下午4:00—9:00，每队训练2~3次/周，每次训练1.5~2小时。要提高国内青少年手球训练水平，关键还得提高教练员的水平。教练员的业务能力和执教水平是影响和制约我国青少年手球发展水平的一个重要因素。

目前，根据国家体育总局的统一要求，我国专业手球教练员实行的是上岗培训制度，已经形成了初级、中级、高级三个级别的教练员岗位培训体系。每年年底，中国手球协会都会开展教练员岗前培训，达到标准者才能执教下一年度的全国专业训练队。但对于青少年手球教练员来说，还没有系统的培训制度，其执教能力和水平是否符合要求没有考核标准。因此，为加强青少年手球教练员的管理，提高其执教能力和水平，需要对其进行上岗培训，建立考核制度，对参加培训并达到考核标准的教练员发放岗位培训证书，只有获得此证书的教练员才能够执教青少年手球队伍，并带队参加全国青少年手球比赛。

（七）加强对青少年运动员价值观的引导

竞技体育价值观念是相对比较抽象的概念，如超越自我、公平竞赛、团队精神等。习近平总书记曾指出，重大赛事最令人感动的未必是夺金牌，而是体现奥运精神。这正是中国人讲的自强不息。争金夺银是体育的一个方面，但更重要的是自强不息的精神内涵。特别是手球这种冷门项目，更要让青少年从小看到金牌以外的努力和精神气质。国家体育总局体育科学研究中心主任鲍明晓说："夺金当然好，不夺金但能实现对自我的超越，能表现出奋斗精神，展现中国良好形象，也是参与奥林匹克运动的目的，也是为国争光。"

参考文献

[1] 郭建军.加强青少年体育工作 培养优秀竞技后备人才[J].北京体育大学学报，2014，37（4）：1-9.

[2] 陈宁，卢文云，王永安，等.完善我国高水平竞技体育人才培养"体教结合"模式的研究[J].成都体育学院学报，2014，40（6）：8-16.

[3] 包莺，刘海元.我国体育教师队伍现状及加强建设对策[J].体育学刊，2009，16（5）：41-44.

[4] 钟文.体坛观澜：敞开心胸办体育——关于体育改革向纵深推进的思考之一[N].人民日报，2014-01-06（015）.

[5] 薛原，刘文华，曾朝恭.上海市竞技体育后备人才资源现状及对策[J].上海体育学院学报，2010，34（6）：84-87.

[6] 张志斌."初中布点、高中集中、大学对接"的体育后备人才培养模式探索[J].体育学刊，2012，19（6）：100-102.

[7] 肖林鹏，孙荣会，陈洪，等.中国青少年体育俱乐部发展报告（2015）[M].北京：北京体育大学出版社，2015.

[8] 高鹏，李丽，王浩明.树立正确体育价值观充分发挥体育多元功能：专家解读习近平看望冬奥会中国体育代表团时的讲话[N].新华每日电讯，2014-02-09.

对当前中国跆拳道项目发展的思考

国家体育总局拳击跆拳道运动管理中心　曹涛

摘要：党的十八大以来，中国社会发生了深刻的变化，迎来了以全面建成小康社会进而实现社会主义现代化强国为奋斗目标的新时代。在这样的时代背景下，中国跆拳道项目应该怎样制定自身的目标，如何在实现伟大"中国梦"和中华民族伟大复兴的历史进程中履行自己的职责和担当，成为中国跆拳道人的机遇和挑战。

本文通过中国跆拳道项目发展的目标定位、跆拳道项目发展历程的回顾、项目发展面临的诸多问题的论述和分析，结合党的十九大报告提出的以人民为中心的政治立场，以"四个全面"战略布局为总要求，对当前跆拳道项目发展提出了5个方面的对策和建议：以备战2020年东京奥运会为龙头；紧抓协会实体化改革机遇，完善协会机构设置和组织建设；完善行业法规制度，依法管理大众跆拳道市场；尝试改革创新，创办跆拳道品牌赛事；做好跆拳道项目基础工作，探索项目"自我造血"功能，为协会实体化打好基础。

关键词：跆拳道；项目发展；思考

党的十九大报告中指出："经过长期努力，中国特色社会主义进入了新时代，这是我国发展新的历史方位。"提出了全面建成社会主义现代化国家分两步走的构想：第一步，从2020年到2035年，基本实现社会主义现代化；第二步，从2035年到21世纪中叶，把我国全面建成富强、民主、文明、和谐、美丽的社会主义现代化强国。

在这样一个新的历史背景下，中国跆拳道项目的发展面临新的历史机遇和挑战。中国跆拳道人要冷静思考和判断，用国际眼光、战略思维、全局观念，审时度势，确定中国跆拳道项目的发展战略。

一、中国跆拳道项目发展的目标定位

中国跆拳道运动正式开展以来，在竞技体育方面，取得了5届奥运会共获得7枚金牌、1枚银牌、2枚铜牌的优异成绩；在群众体育方面，在全国范围得到迅速普及，跆拳道道馆、学校、产品等正在发展成为一个产业和市场，跆拳道项目也建立了一套有待完善的管理体制和发展机制。

在国际形势方面，经过悉尼、雅典、北京、伦敦4届奥运会的洗礼，跆拳道项目已逐步成熟，世界跆拳道联盟（以下简称"世跆联"）多次修改竞赛规则，引入电子护具和录像审议，强调公平正义、公开透明，比赛更为激烈、精彩。世界主要跆拳道强国对于各自参赛队伍的训练、比赛、管理、经费等各方面都增加了投入，整体训练水平、比赛水平和运行的专业化程度大幅度提高，实力的提升非常迅速，总体上形成了多强对抗的格局。

跆拳道项目要在竞技体育和全民健身两个方面发挥自身优势，在增强人民体质、促进人的全面发展、丰富社会文化生活、维护社会稳定、增加经济新亮点和构建和谐社会等方面发挥不可替代的作用，成为中国特色社会主义体育事业的重要组成部分。这是中国跆拳道项目发展的战略任务，是中国跆拳道面临的重大机遇和严峻考验。

二、对中国跆拳道项目发展历程的回顾

（一）萌芽阶段（1994年之前）

民间自发开展，主要在延边、深圳两地。一些跆拳道爱好者自发在上述地区开设道馆练习跆拳道，跆拳道人口不多，政府没有投入。另外，在1989年，世跆联尝试在中国推广跆拳道运动，当时中韩尚未正式建立外交关系，美国国家队教练李大成来华，通过中国奥委会联系，选定了当时的北京体育学院（现北京体育大学）作为试点，但之后没有再继续开展。

（二）突破阶段（1995—2000年）

1994年，在巴黎召开的第103届国际奥委会会议决定，将跆拳道项目列为2000年悉尼奥运会正式比赛项目，伴随中国体育发展的奥运战略，国家体委（现国家体育总局）决定正式在全国范围内开展跆拳道项目。1994年4月，在河北正定举办了第一次全国跆拳道教练员、裁判员培训班；1994年9月，在昆明举办了第一次全国跆拳道比赛。但是，项目开展初期，跆拳道项目没有任何经费投入，基本上是靠省区市、民间投入和极少的国际援助维持发展。

1995年，中国跆拳道协会成立并加入了世跆联，国家集训队成立，组队参加了在菲律宾马尼拉举办的世界锦标赛，实现了跆拳道项目发展的"三级跳"。

之后，中国跆拳道人卧薪尝胆、励精图治，在经费极为困难的情况下，依靠艰苦创业和为国争光的精神，在竞技体育和大众推广两条战线同时努力拼搏、积极工作，取得了极为显著的成绩。在竞技体育方面，中国运动员在1998年的越南亚锦赛上获得了首枚金牌；在加拿大埃德蒙顿世界锦标赛上获得了第一个世界冠军；在2000年悉尼奥运会上，中国18岁小将陈中在奥运会比赛最后一天获得了女子67公斤以上级冠军，完成了中国跆拳道项目的历史性突破。大众推广方面，跆拳道因其独特的修身、健身、防身功能，受到社会的广泛欢迎，跆拳道道馆如雨后春笋般在全国各大城市兴起。

（三）快速发展阶段（2001—2016年）

跆拳道项目取得了奥运会历史性突破，加上2001年北京奥运会的申办成功，使项目发展进入重大历史机遇期和发展期。在这16年的发展中，跆拳道项目历经4届奥运会，取得了骄人的成绩（2004年雅典奥运会获得2枚金牌，2008年北京奥运会获得1枚金牌、1枚铜牌，2012年伦敦奥运会获得1枚金牌、1枚银牌、1枚铜牌，2016年里约奥运会获得2枚金牌），女子跆拳道成为国家竞技体育的优势项目，男子跆拳道取得了重大突破。国内方面，跆拳道项目从2001年起成为全国运动会、城市运动会正式比赛项目，举国体制开始发挥重大的积极作用，从国家到省区市体育局，政府投入与之前相比增加了近10倍（国家体育总局方面，从2000年的130万元增加到2016年的1 500万元），每年参加全国性比赛的专业队伍达到了40多支，每年的全国性大众跆拳道比赛参赛人数均逾千人，练习跆拳道的人数超过300万。在国际体坛上，中国跆拳道协会骨干人员已进入世跆联、竞赛委员会、裁判委员会等核心机构；中国已经举办了奥运会、亚运会、大运会、东亚运动会等国际大型赛事，还举办了世锦赛、世界杯、亚锦赛等几乎所有的单项比赛。中国已成为世界跆拳道界不可或缺、有重要话语权和影响力的国家。

三、中国跆拳道项目发展面临的诸多问题

所谓"居安思危""生于忧患，死于安乐"，在取得骄人成绩的同时，不能不冷静地审视我们在发展中存在的问题。从项目发展的战略全局来看，主要问题如下。

（一）奥运战略发展中的不全面、不协调问题

奥运战略一直是项目发展首要考虑的重大战略问题，奥运会任务完成的好坏，直接影响跆拳道的未来发展，是关系跆拳道发展全局的核心战略问题。奥运战略既是国家体育总局交办的具体任务，也是全国人民关注的热点问题。

跆拳道面临奥运后备人才短缺的问题，中国跆拳道队在完成2016年里约奥运会任务之后，吴静钰面临退役，郑姝音、赵帅在各自级别并无绝对优势，成绩尚不稳定，能否在2020年东京奥运会再夺得佳绩，尚是未知数。形成目前局面的重要原因是备战过程过分突出重点，忽视后备力量的贮备。

中国女子项目在过去的5届奥运会备战历程中，基本上是集中一点，或大或小，在各级别发展上不能全面协调可持续发展，不能形成整体优势，造成参赛级别和人才的双重断层。

在提高运动训练水平上，基本停留在要素驱动层面，比如，经费投入、人海战术、延长训练时间、集中保障重点等，在创新驱动提高运动训练水平上尚未形成传统和共识。

（二）大众推广服务与市场管理缺失

作为全民健身活动的组织者和协会工作的领导者，不能满足于组织各类、各项活动，完成事务性工作，要高瞻远瞩、综观全局、预见未来，要全方位推动项目的发展，引领行业的改革和发展。

从三五百万练习人群的出发点看，每年扩会的个人会员只有30万人，占比10%；二级团体会员寥寥无几，所属市县的跆拳道活动、组织建设、建章立制更无从谈起；针对跆拳道市场的最基本元素——道馆和教练员，我们没有道馆开放标准、没有建立教练员等级制度，也谈不上提供良好服务和规范管理；呼之欲出的协会改革、协会实体化之后，我们的业务量和经济收入能否满足协会的生存、人才队伍的建立和庞大的跆拳道市场需求，是我们面临的挑战。

诸多的管理缺失、服务缺失将会影响项目的持续发展，进而引发可能产生的市场萎缩问题。

（三）法制建设亟待完善

在协会的法规、制度建设方面停滞不前，比如，协会章程、下属委员会职能设置、跆拳道段位制度、教练员及裁判员等级、晋级晋段考试官管理、道馆开设标准、专项保险等方面，有文件，但不完善、执行不到位，法规不能与时俱进、与国际接轨、与市场接轨，执法不能令行禁止。

虽然举办了世界一流水平的奥运会、亚运会、大运会等，但在国内单项比赛中，"人治"现象依然严重，没有标准化、程序化的赛事组织模式。中国跆拳道国内竞赛的后奥运时代尚未到来，亟须建立高水平、有特色的跆拳道国内竞赛体制、机制。

公平正义是时代的呼唤、人民的期盼，跆拳道项目需要与时俱进、依据实践完善法制建设，才能有法可依、依法行政，才能保证广大人民群众的利益。

（四）文化理论建设尚无推动力

尊师重道、礼始礼终一直是跆拳道运动独特的文化内涵和优良传统，虽然在较大范围得到了尊重、认可和执行，也为跆拳道项目的推广、发展赢得了极好的口碑，但是尚未形成自己独特的、系统的理论。客观因素是跆拳道在国内开展的年限不长，没有足够多的文化人士、科研人员关注和参与跆拳道的理论研究。但是从项目发展战略考虑，跆拳道的文化内涵、修身养性功能是它区别于其他体育项目的独特魅力，也是跆拳道运动在社会上得到广泛认同的核心竞争力和生命力。

与此同时，跆拳道的竞技体育专业训练理论基本空白，更谈不上形成中国竞技体育优势项目的训练理论体系了。主要原因是项目管理层、核心层主观上的不重视和无意识，客观原因是富于实践经验的教练员忙于训练或理论水平不高，不能将实践上升到理论，而理论水平高的科研人员缺乏一线训练的实践经验。

（五）高水平理论人才梯队匮乏

高水平的运动队需要高水平的教练员来带，高水平的学者需要高水平的教育家、理论家来培养，国内目前拥有国家高级职称的教练员不足10人，体育院校跆拳道教授、博士几乎为零，能胜任国家队备战奥运会任务的不过两三人。这就是目前国内跆拳道项目高水平人才的现状。

跆拳道项目的文化建设尚处于起步阶段，除了专业训练类论文、专著、出版物少，在大众普及方面，有关跆拳道历史、文化的读物、教材也非常欠缺，而且预计在相当长的一段时间内很难有突破性发展。

当然，最缺乏的是能指引中国跆拳道未来发展的战略家。

（六）国际关系和话语权面临危机

随着中国政治、经济、文化的发展，中国体育在国际体坛的影响力和话语权越来越大，跆拳道项目也获益匪浅，扮演着越来越重要的角色。但是，在快速发展、多强竞争、充满机遇的国际跆拳道发展格局中，亟须中国声音，世界跆拳道运动的发展也需要中国这样负责任的大国多做积极贡献。

四、当前中国跆拳道项目的发展对策与建议

纵观中国跆拳道项目发展的历程，我们取得了优异的成绩，但还不全面、不协调，跆拳道项目在全社会广泛开展，但服务和管理的缺失影响了项目的可持续发展，法制建设尚不完备，文化、理论建设尚在初级阶段，高水平人才非常匮乏。横向分析快速发展、多强竞争、充满机遇的世界跆拳道发展格局，我们的机遇和挑战并存。

笔者提出的对策与建议如下。

（一）紧紧抓住备战2020年东京奥运会的机会

建设体育强国的重要标志之一，就是奥运会的优异参赛表现与成绩。虽然"唯金牌论"已经不适应当前形势的要求，但是，如果在东京奥运会不能以优异成绩给党和人民一个满意的答卷，那就辜负了党和人民的期待，与实现"中国梦"和中华民族伟大复兴背道而驰。

要加强国家跆拳道队的组织建设，形成训练、科研、医务、管理、外事、保障一体化，组织完备、制度完善的复合型训练管理团队。

要组织专门团队分析里约奥运会、2017年世锦赛的每一场比赛，深入思考"快、攻、连、高、变"的制胜因素，探索竞赛规则变化，以及技战术发展趋势和电子护具比赛特点等，锁定主要对手。

要有计划地组织备战团队学习、研讨训练理论，完善教练员知识结构，

更新知识，科学制订训练计划，并逐步建立和完善训练量化检验指标，监督、检查训练，落实训练计划，增强计划的执行力，保证各训练阶段任务的完成。

（二）紧抓协会实体化改革机遇，完善协会机构设置和组织建设

没有全民健康就没有全民小康，要从这样一个高度来重视大众跆拳道全民健身活动的开展。

学习借鉴党的优良传统，着手协会实体化的机构设置和组织建设，完善大众跆拳道专业工作团队，培养和锻炼协会社团管理人才。依据《中国跆拳道协会章程》和实际工作需要，继续加强大众跆拳道专项委员会的建设。

目前，已有大众跆拳道发展和管理委员会、竞赛委员会、裁判委员会、教育培训委员会、段位考试委员会、新闻宣传委员会和纪律委员会7个专项委员会。大众跆拳道专项委员会的成立，有效地解决了业务部大众跆拳道业务工作人力资源缺乏的问题，突出解决了大众跆拳道发展方向、法规制度建设、竞赛运营、裁判管理、新闻宣传、段位考试、专业培训等各方面的具体问题，培养和积累了一大批有能力、有热情的大众跆拳道专业人才。

（三）完善行业法规制度，依法管理大众跆拳道市场

在全面依法治国的指导思想下，跆拳道项目的发展，更加离不开依法管理市场。在过去的3年中，协会颁布实施了《大众跆拳道裁判员管理办法》《中国国家跆拳道示范团管理办法》《中国跆拳道段位制度》《中国大众跆拳道教练员技术等级管理办法》等行业法规制度，对建立市场标准、规范市场行为、树立中国跆协权威，起到了积极、有效的作用，应继续加大力度，进一步建立和完善覆盖跆拳道项目各个领域的法规制度。

（四）尝试改革创新，创办跆拳道品牌赛事

2015年，我国创办了大众跆拳道系列赛，计划每年举办12站分站赛和1站总决赛，目前每个分站赛参赛人数均达到1 200人，全年总计参赛人数约20 000人，其中青少年参赛者占90%以上。在未来的4年中，应通过竞赛改革，努力将系列赛办成中国跆拳道协会大众跆拳道活动的品牌赛事。对改革措施的建议如下：

（1）建立大众系列赛的办赛标准，主要包括竞赛规程制定、场地设

置、人员流线、岗位设置、形象景观、检录抽签、成绩公告、观众服务、医疗安保等方面。承办单位根据当地实际依此筹办比赛，中国跆拳道协会派出技术代表落实、检查各项工作。

（2）加强市场开发。寻找品牌商业合作伙伴，作为系列赛总冠名商，通过场地广告、新媒体平台等方式寻求商业赞助。

（3）引进电子护具，增加公平性、观赏性；在市场推广电子护具，寻找品牌商业合作伙伴。

（4）引入积分排名制。参考世跆联积分办法，建立大众年度赛事积分制度，为运动员参加亚运会、世锦赛、公开赛等国际比赛提供选拔依据。根据比赛规模、水平，合理设置积分，全年在网站上公开，接受监督、引起关注。

（5）扩大宣传。结合全民健身国家战略，与电视、网络、报纸等主流媒体合作，形成典型商业办赛模式，吸引商业赞助，完善"自我造血"机制。

（五）做好跆拳道项目基础工作

做好跆拳道项目基础工作，主要是做好协会的会员入会服务、级段位考试等基础业务工作；探索项目"自我造血"功能，为协会实体化打好基础；转变管理的理念，通过服务实现管理。

让我们在中国跆拳道快速发展的道路上，高举中国特色社会主义伟大旗帜，以习近平新时代中国特色社会主义理论体系为指导，坚定不移地沿着中国特色社会主义道路前进。始终把实现好、维护好、发展好最广大跆拳道人的根本利益作为一切工作的出发点和落脚点，推进跆拳道项目奥运争光和全民健身国家战略的全面发展，为早日实现中国跆拳道项目大繁荣、大发展，使中国早日成为世界跆拳道强国、体育强国而奋斗，为全面建成小康社会，进而全面建成社会主义现代化强国奋斗！

参考文献

[1] 毛泽东.中国革命战争的战略问题[M]//毛泽东选集：第一卷.北京：人民出版社，1991.

[2] 金春明，许全兴，陈登才，等.毛泽东思想基本问题[M].北京：中共中央党校出版社，2001.

[3] 侯少文.党员干部基本理论精读[M].北京：中共党史出版社，2006.

我国国际跳棋发展现状与发展对策研究

国家体育总局棋牌运动管理中心　徐炳继

摘要：国际跳棋是起源于古希腊、古罗马、古埃及的一项古老的智力运动，成立于1947年的世界国际跳棋联合会，目前拥有73个会员国。自2007年我国开始推广普及国际跳棋至今，特别是2009年成立中国国际跳棋协会后，国际跳棋在我国获得了高速发展。管理制度、竞赛体系逐步完善，对外交流逐渐增多，运动技术水平迅速提高。但是，随着我国体育改革的不断深入，国际跳棋的发展进入了瓶颈期。

如何摆脱瓶颈，解决国际跳棋不平衡、不充分的发展与人民群众，特别是青少年对国际跳棋项目的需求不断增长之间的矛盾，实现国际跳棋项目健康、协调、可持续发展，成为国际跳棋工作者迫切需要解决的问题。本文通过对我国国际跳棋发展现状和存在问题的分析研究，力求提出切实可行、具有理论指导和实践价值的对策建议。

关键词：国际跳棋；对策；研究

一、我国国际跳棋的发展现状

（一）管理体制逐步建立

国际跳棋是2007年引入我国的。当时我国已经确定要承办第一届世界智力运动会，运动会的竞赛项目包括围棋、象棋、国际象棋、国际跳棋和桥牌。当时我国还没有正式开展国际跳棋这个项目，既没有专业人才，也没有管理制度，更没有协会等社会组织，只在少数地区有极少数的爱好者。作为东道主，为了举办一届不留遗憾的运动会，国家体育总局决定开始在我国推广国际跳棋这个项目，由国家体育总局棋牌运动管理中心（以下简称"棋牌中心"）负责管理。

　　于是，棋牌中心积极行动起来，组织各省市棋牌管理单位，从零开始，边学边干，从普及基础知识入手，在队伍、组织、制度、竞赛等方面逐步积累和完善。十余年过去了，经过棋牌中心、各地国际跳棋管理部门和国际跳棋爱好者的共同努力，我国国际跳棋项目发展已经初具规模，各项管理制度已经逐步建立，主要包括：《中国国际跳棋竞赛规则（暂行）》《中国国际跳棋协会棋手技术等级管理暂行办法》《中国国际跳棋棋手等级分制度实施办法（试行）》《"全国国际跳棋之乡"称号授予办法（试行）》《"全国国际跳棋基地"称号授予办法（试行）》《"全国国际跳棋特色学校"称号授予暂行办法》《国际跳棋运动员参赛行为规范》《国际跳棋运动员出访礼仪规范》《中国国际跳棋协会赛风赛纪管理规定》《中国国际跳棋协会裁判员管理暂行办法》《中国国际跳棋协会教练员管理暂行办法》《中国国际跳棋协会辅导员管理暂行办法》《中国国际跳棋国家集训队选拔暂行办法》《中国国际跳棋赛事管理暂行办法》《中国国际跳棋棋手奖励暂行办法》等。这些制度的建立，为国际跳棋在我国的健康发展提供了制度保障。

（二）竞赛体系逐步完善

　　竞赛是项目发展的指挥棒，高水平人才只有通过竞赛才能涌现出来。我国国际跳棋项目的竞赛体系是随着国际跳棋的普及和发展逐步完善的。2007年年底，为了选拔运动员参加第一届世界智力运动会，棋牌中心分别在长沙和天津举办了全国南北赛区国际跳棋选拔赛，选拔出成绩优异的选手组建了国家集训队，并邀请蒙古队到济南同国家集训队进行了为期一周的集训。2008年，棋牌中心分别创办了全国国际跳棋个人赛、全国国际跳棋团体赛、全国少年儿童国际跳棋比赛（后更名为全国青少年国际跳棋比赛）和全国国际跳棋公开赛（2012年更名为中国国际跳棋公开赛）；2012年，创办了全国中小学生国际跳棋锦标赛；2013年，创办了全国国际跳棋精英赛、全国大学生国际跳棋锦标赛；2014年，创办了全国国际跳棋特色学校比赛和全国国际跳棋女子冠军赛；2016年，创办了全国少年儿童国际跳棋棋王棋后赛。上述比赛均为一年一办。此外，棋牌中心还不定期地举办国内和国际商业性比赛，如中俄蒙国际跳棋邀请赛、全国青少年国际跳棋邀请赛、中蒙国际跳棋对抗赛、"一带一路"中国国际跳棋邀请赛等。竞赛体系的逐步完善，为广大国际跳棋爱好者提供了更多交流与切磋的机会。

（三）人才队伍逐步壮大

随着国际跳棋的逐步发展，我国国际跳棋人才队伍不断壮大。教练员和裁判员是国际跳棋人才队伍里最重要的部分，前者关系着项目的普及和运动技术水平的提高，后者关系着各类竞赛能否顺利进行。棋牌中心非常重视人才队伍建设，2007年8月，棋牌中心在北京王府饭店举办第一次全国国际跳棋教练员、裁判员培训班，邀请荷兰国际跳棋国际大师卡斯柏（Casper）先生为学员授课。此后，多次利用全国比赛和在我国举办的各项国际比赛进行教练员、裁判员培训。截至2016年年底，我国裁判员获得国际级裁判称号的共计31人，其中，国际棋联裁判5人，国际棋联技术裁判26人。2016年，随着《中国国际跳棋协会辅导员管理办法》的公布，中国国际跳棋协会在天津、江苏、四川等10个省区市举办了10期国际跳棋初级辅导员培训班（辅导员负责初级培训，教练员负责中高级培训），培训国际跳棋初级辅导员近千名；2017年10月，中国国际跳棋协会授予黄希文等16人国家级裁判称号。国际跳棋人才队伍的不断扩大，为国际跳棋运动在全国中小学的普及和推广，为各级国际跳棋竞赛的顺利进行打下了良好的基础。

（四）普及工作初见成效

国际跳棋工作者通过十几年的卧薪尝胆，通过培训机构的培训及中国国际跳棋协会举办的全国国际跳棋夏令营和冬令营、棋牌项目西部行、国际跳棋进校园等活动，使普及工作初见成效。根据有关人士的估算，目前全国国际跳棋的爱好者大约150万人。根据中国国际跳棋协会公布的资料，截至2016年12月底，我国经常参加比赛的注册运动员为3 543人，棋协大师46人，候补大师54人。"全国国际跳棋基地"2个（江苏江阴少儿棋类培训中心和北京市第十一中学），"全国国际跳棋之乡"4个（浙江省丽水市、广东省中山市小榄镇、山东省新泰市和安徽省颍上县），"全国国际跳棋特色学校" 104个。国际跳棋覆盖的地区也在迅速扩大，在已经举办3届的全国智力运动会上，国际跳棋的参赛单位（含省级、计划单列市和行业体协）保持在28个左右。2017年举办的第13届全运会群众比赛国际跳棋项目预选赛吸引了23个省区市和香港特别行政区的4 302人参与。

（五）运动技术水平不断提高

通过"请进来"和"走出去"，我国选手与外国高水平选手的交流日益增多，使我国选手的运动技术水平快速提高，这从我国选手在国际比赛中的成绩就可以看出。2007年年底，我们邀请蒙古选手第一次来我国做陪练时，进行的车轮战，我国选手无一获胜，连获得一个平局都很困难，而今我国男子选手在亚洲比赛中已经与蒙古一流高手难分伯仲，我国女子选手也在亚洲具有一定优势。从2012年开始至今，我国参加了所有的亚洲青少年国际跳棋锦标赛，成绩稳步提高：2012年获得12个冠军，到2018年则获得23个冠军。从2012年起，我国选手开始参加世界青少年国际跳棋锦标赛，当年就获得了2个世界冠军，在2015年和2016年，我国又分别获得3个世界冠军，反映了我国青少年选手运动技术水平的快速提高。2013年和2015年，我国女子选手参加了两届国际跳棋女子世锦赛，成绩稳定在中等偏上水平，3名选手获得了"国际特级大师"称号。2013年至今，我国男子选手数次获得参加世界国际跳棋锦标赛的资格，但均未能从小组中出线，表明我国男子选手运动技术水平与世界顶尖高手相比还有巨大差距。

二、我国国际跳棋发展存在的问题

（一）社会普及率低，社会认知度亟待提高

回望过去的十余年，我国国际跳棋确实获得了快速发展，运动技术水平快速提高，但与其他棋牌项目相比，社会普及率相对较低，社会认知度亟待提高。即使在北京、上海、湖北、山东、湖南等国际跳棋相对发达地区，仍然有相当一部分人认为它与我国传统的大众跳棋相同，更多的人从来就没有听说过国际跳棋，更谈不上了解如何下棋了。教师和教材是项目普及的两个基础，尽管棋牌中心和中国国际跳棋协会举办过多次全国教练员培训班，但从全国范围来看，各地国际跳棋基础师资力量严重缺乏，所使用的培训教材多为自行编写，缺乏权威性，这也是普及率和社会认知度低的重要原因。普及率和社会认知度的提高是一个逐步的、持续的、渐进的积累过程，需要通过推广、竞赛、宣传等多渠道扩大圈子、提高知名度。

（二）各地社会组织与管理机构不健全

国际跳棋的普及和发展，离不开各地社会组织和管理机构的参与和推动。但是由于种种原因，各地社会组织和管理机构极不健全。中国国际跳棋协会已经成立8年多了，但地方国际跳棋协会并没有取得相应的发展。目

前，中国国际跳棋协会有18个单位会员，其中只有2个是独立的国际跳棋协会（海南和青岛国际跳棋协会），其他会员一部分是综合性的地方棋类协会，另一部分由围棋、象棋、国际象棋或桥牌的单项协会代管国际跳棋。从地方管理机构来看，大部分省区市都有国际跳棋的管理机构，如棋牌运动管理中心（棋院）、社会体育指导中心，或者是体育总会，但仍然有一部分地区没有管理机构。从3届全国智力运动会参赛情况来看，由各省、自治区、直辖市、计划单列市和行业体协构成的参赛单位约28个，内蒙古、青海、宁夏、西藏、广西、贵州、厦门、宁波等省区市3届比赛均未派队参加，也没有相应的管理机构。机构不健全，项目发展只能靠自发培训与比赛，长此以往，各地发展水平差距将越来越大。

（三）协会的社会组织作用发挥不充分

协会作为社会组织，应当发挥对项目的普及推广、训练竞赛以及市场开发等方面的作用。但是目前，无论是中国国际跳棋协会还是地方协会，实质性的作用发挥都不充分，特别是中国国际跳棋协会在提供服务、反映诉求、规范行为、形成项目管理和社会服务的合力等方面的作用发挥得不够。从中国国际跳棋协会到地方国际跳棋协会，基本工作人员大多是事业单位的职工，是兼职工作，除了国际跳棋项目与相关工作之外他们还有其他工作，无法集中全部精力做好协会各项工作。因此，我们看到，一些地方协会没有对当地的培训资源进行整合，造成培训机构恶性竞争；一些地方没有经费因而无法进行队伍建设；一些地方协会只在一定时间发布比赛通知并组织比赛，其他时间就"销声匿迹"了，甚至一些地方从来就没有举办过比赛。协会作用发挥不充分，工作效率低下，国际跳棋就难以获得充分的发展。

（四）"自我造血"功能不强

在棋牌项目的发展中，普及、竞赛、文化和产业四位一体，缺一不可。要做好这些工作，关键在于培养项目的"自我造血"功能，否则靠"输血"无法获得持续性发展。2007年我国开始推广国际跳棋项目以来，项目普及（裁判员、教练员、辅导员培训）、竞赛（计划内比赛）、对外交流（持公务护照人员）等活动所需经费大部分是由国家及地方政府提供的，另外少部分通过市场筹集而来。棋牌中心和中国国际跳棋协会也曾经探索过进行市场开发，但没有取得明显效果。棋牌项目走市场化道路，形成"自我造血"功能一要有制度来规范和激励，二要有专业人员来开拓市场，但遗憾的是，年轻的中国国际跳棋协会这两方面都不完全具备，"自我造血"功能还不强，在当前制度下只能维持生存。随着体育改革的不断深入，国家对棋牌项目的投入将逐步减少，如何增强国际跳棋的"自我造血"功能将成为我国国际跳棋项目健康、协调、可持续发展的最关键问题。

（五）文化挖掘与研究有待加强

棋牌项目的繁荣兴盛，是以棋牌文化的繁荣兴盛为支撑的。我国在国际跳棋的普及和发展过程中做过一些文化建设工作，据笔者所掌握的信息，我国目前自行编写或翻译的国际跳棋教材有20多种，大众类图书1本（《国际跳棋知识》），报告文学1本（《智慧的跳跃》），纪念册1本（《历史时刻——纪念国际跳棋进入中国十周年》）；在2009年、2011年和2015年举办全国智力运动会期间，同时举办了棋牌文化博览会，展出了包含国际跳棋项目在内的项目介绍展板、签名棋盘、书籍、早期对局纪录、对外交流照片、比赛日记等物品，推动了国际跳棋文化的发展。但是从总体上来说，与快速发展的国际跳棋活动和国际跳棋运动技术水平相比，国际跳棋文化挖掘远远落后于实践的发展，这是毋庸置疑的。短期内看似没有明显影响，但是从长远来看，这将使我国国际跳棋发展缺乏文化底蕴并导致后劲不足。

三、新时期我国国际跳棋发展对策

（一）创新普及模式，增强服务意识，夯实发展基础

首先，采用在线培训与面对面培训相结合的普及模式。传统的普及模式是在相同的时间和地点进行一对一或一对多的面对面的培训。随着科技的迅猛发展和自媒体的广泛运用，国际跳棋普及模式要与时俱进，在面对面培训的基础上采用在线培训。两种模式互相结合、互为补充，将大大减少人力、财力和物力的投入，提高普及效率。

其次，贯彻"以人民为中心"的理念，简化机构培训审批程序，因时因地制宜地进行普及培训。传统的国际跳棋机构培训，特别是关乎发放教练员、裁判员证书的培训，一般要由协会进行审批。出于维护协会权威的考

虑，一般由协会指定培训的授课老师。有时会因为培训机构不愿接受协会指定的授课老师而导致培训流产。因此，要贯彻"以人民为中心"的理念，多从机构的角度思考问题，协会可建立讲师团，由机构从讲师团成员中自行选择授课老师。

最后，采用多渠道宣传方式，提高国际跳棋的社会认知度。在国际跳棋的宣传中，一方面要继续发挥广播电视、主流报纸和门户网站的优势进行宣传；另一方面要充分利用便捷的自媒体，如微信平台、手机App客户端等进行立体宣传。

（二）加强地方社会组织建设，形成发展网络

首先，加强竞赛的强制引导作用，全国综合性运动会（全运会、全国智力运动会）中的国际跳棋比赛，由以省区市体育管理部门为单位参赛变更为以各省区市国际跳棋协会为单位参赛，促使那些尚未建立国际跳棋协会的省区市尽快、尽早建立协会，并对当地国际跳棋项目发展进行指导和规划。

其次，由中国国际跳棋协会主导，建立各级地方协会交流平台，实现培训、竞赛和人才资源等方面的信息共享，建立覆盖全国的国际跳棋组织网络。

最后，深化协会实体化改革，统领项目发展。协会实体化改革是大趋势。考虑到中国国际跳棋协会的实际发展状况，宜采用分阶段、分步骤的渐进式改革方式，使协会在缓冲期内平稳过渡。改革后的协会应由专业人员办专业的事情。除了协会高层，协会中层和普通工作人员应由国际跳棋专业人员组成。协会实际工作人员应专职进行国际跳棋工作。协会改革应坚持走精干、高效、务实、亲民路线，充分发挥协会的总体协调作用，增强服务意识，建立灵活有效的激励机制，推进普及、竞赛、市场开发协调发展。

（三）拓宽思路，多渠道培育市场

首先，培养项目的核心竞争力，增加市场卖点。国际跳棋项目是新兴的项目，是朝阳产业，由于简单易学，且重点锻炼青少年的空间思维能力，能够传递有益于青少年身心发展的正能量，因而具有较大的市场发展潜力。协会应制订长远的战略规划，培养项目的核心竞争力，增加市场亮点，使国际跳棋从市场上的"潜力股"转化为"绩优股"。

其次，建立完善的市场管理制度，尤其是建立激励机制，以制度来引导和管理国际跳棋的竞赛、培训和产品等方面的市场拓展，实现多劳多得，规

范市场行为。

再次，吸引志同道合的专业人才，建立市场拓展队伍。项目的市场拓展需要专业的人才队伍，这一方面要从现有人员中培养市场拓展人才，另一方面要设法从外部引进专业人才。

最后，网上招标与主动走进市场相结合。体育项目中有很多成功的案例，国际跳棋可以借鉴其成功经验。网上发布招标书是流行的做法，协会可召集相关人员研究编制切实可行的标书，对协会的名称使用权、产品开发权、国内比赛总赞助、比赛承办权等通过官网广泛向社会招标。与此同时，主动走进市场，与更多的对项目感兴趣的机构和企业进行沟通，争取实现合作共赢。

我国滑翔运动发展现状研究

国家体育总局安阳航空运动学校　张鹏

摘要： 滑翔运动是航空体育运动的重要组成部分，是滑翔员驾驶无动力滑翔机在空中进行翱翔、特技、竞赛和创纪录等飞行活动的总称。

1952年秋，中央国防体育俱乐部让空军转业来的几名飞行干部组成滑翔工作组，开始筹划和开展滑翔运动。但是滑翔运动为非奥运项目，在我国也不是全运会项目，且未列入全国体育大会，开展滑翔运动的主要是全国各航空运动学校，其生存非常艰难。认识不到其重要性，没有训练任务，不举办比赛，滑翔运动将会很快走向困境。

为了更好地适应新时代滑翔运动提出的新要求，促进我国体育运动事业不断全面改革，应努力推动滑翔运动的协调可持续发展，以满足人民群众对滑翔运动日益增长的需求。

关键词： 滑翔运动；发展；停滞；待发展

1952年秋，中央国防体育俱乐部让空军转业来的几名飞行干部组成滑翔工作组，自此，我国开始筹划和开展滑翔运动。

党的十一届三中全会以后，国家体委（现国家体育总局）对安阳航空运动学校（以下简称"安阳航校"）、甘肃嘉峪关滑翔基地和山西大同航空运动学校（以下简称"大同航校"）予以重点扶持，并将它们确定为我国开展滑翔运动的重点基地。

1982年空军改革招飞体制，不再在航空运动学校进行滑翔训练培养，滑翔运动又为非奥运项目，全国各省市航空运动学校的生存非常艰难。没有训练任务，不举办比赛，滑翔运动的发展处于窘迫和濒临停滞的境地。

随着我国综合实力和国际影响力的不断提升，人民群众生活水平的不断提高，人民群众对美好生活的需求日益增长，对体育运动和体育休闲项目的要求逐渐增加，比如滑翔运动就成为一些人群追逐的热点。

一、我国滑翔运动发展历史

（一）滑翔运动简介

滑翔运动是航空体育运动的重要组成部分，是滑翔员驾驶无动力滑翔机在空中进行翱翔、特技、竞赛和创纪录等飞行活动的总称。

滑翔员驾驶的滑翔机是一种靠作用于机翼上的空气动力来维持其在空中做自由飞行的航空器，它没有动力系统，外形和构造与普通的飞机基本相同，但机翼远远长于机身。

（二）中华人民共和国成立初期滑翔运动的引进

中华人民共和国刚成立不久，党和国家领导人对开展滑翔运动就非常重视。1950年4月，朱德总司令在空军参谋工作会议上指出，"我们要开展滑翔活动，来启发人民对航空事业的兴趣，要知道，普遍发展体育运动，对健全空军人员的体格和发展他们的机敏性等方面，有很大作用"。1952年2月，由中国人民解放军原总政治部和青年团中央联合召开会议，建立"中央国防俱乐部"，后改名为"中央国防体育俱乐部"。1952年秋，中央国防体育俱乐部让空军转业来的几名飞行干部组成滑翔工作组，开始筹划和开展滑翔运动。当年11月，中央体委（后改为"国家体委"，1998年改为"国家体育总局"）成立。1955年10月21日，中央军委向党中央、国务院建议：开展人民业余航空运动。针对空军飞行人员缺乏后备力量的严重状况，还建议对全国各大中城市年满16岁的青少年，有领导地逐步开展业余航空运动的组织和训练工作。10月28日，刘少奇同志批示，同意这个建议，周总理也做出了批示。

在党和国家领导人的亲切关怀下，我国的滑翔运动得到了迅速的发展。1956年5月1日10时，9架高级滑翔机以双横队跟进的队形通过天安门上空，毛主席、党中央领导和游行群众频频向空中招手，整个会场一片欢腾。滑翔机在天安门上空受阅，这在中国滑翔史上还是第一次，是我国滑翔史上的壮举。1956年6月，波兰专家帮助我国在张家口建立滑翔学校（后转移至河南安阳，现为安阳航校），在沈阳建立滑翔机制造厂，并逐步设计和制造初、中、高级滑翔机。到1960年，我国各省、市航空运动俱乐部已达到85个，拥有大批滑翔教练员及机务专业人员。该时期是我国滑翔运动大发展、大普及、大繁荣的极盛时期。

（三）20世纪60年代以后滑翔运动的发展

基于扩大部队后备兵源、缩短在部队的训练时间、降低淘汰率、节约器材和经费的考虑，国家通过各个省区市航空俱乐部初选，在积极参加滑翔训练专业科目系统培训的青年中，经过系统筛选、专业教育培训，为部队和民航系统培养了大量后备飞行人员。

中国航空运动协会加入国际航空运动联合会后，为适应国际、国内竞赛的需要，国家体委在滑翔运动项目上组建了优秀运动员集训队伍，组织了多次全国滑翔比赛和国际滑翔邀请赛，促进了运动成绩的提高，拉近了我国与世界滑翔运动水平的距离。

"文化大革命"给体育事业带来重创，全国各航空运动学校全部解散，专业人员被分配到工厂工作或回乡务农。1974年10月，国家体委和原总参谋部联合向国务院和中央军委呈报了题为《关于在全国恢复业余滑翔学校和开展其他军事体育活动问题的请示》的报告，国务院和中央军委批准了这个报告。国家体委迅速召开了全国军事体育工作会议，对恢复工作进行了全面的部署。经过几年的努力，恢复、发展工作进度很快，成绩显著，向空军、海军、民航输送了许多飞行员，全国有近100万青少年参加了各项军体活动，培养了青少年对航空事业的兴趣，起到了宣传、普及航空知识的作用。

党的十一届三中全会以后，国家体委对安阳航校、甘肃嘉峪关滑翔基地和大同航校给予了重点扶持，并将它们确定为我国开展滑翔运动的重点基地。

（四）国内训练、培训、比赛情况及对外交流比赛情况

1975年1月29日，国务院、中央军委印发文件，批转了国家体委、原总参谋部《关于在全国恢复业余滑翔学校和开展其他军事体育活动问题的请示》。滑翔学校和全国各地航空运动学校（原航空俱乐部）陆续得以恢复，并继续为部队代培航空后备人才。滑翔运动于1981年被国家体委列为正式比赛项目，先后在安阳航校、甘肃嘉峪关、沈阳和山西大同航空训练基地举办了全国滑翔比赛和国际邀请赛。参赛的滑翔机最多时达到20多架，竞赛也异常精彩激烈，不但加强了滑翔运动的交流，而且促进了运动技术水平的提高。

安阳航校、甘肃嘉峪关滑翔基地和山西大同航空训练基地，集中了我国国产和进口的高级滑翔机60多架，其中有10余架滑翔比超过了1∶50，也

就是空中每下降1米高度，就可向前飞行50米。在滑翔运动集训队中有32人保持着15项全国纪录，中国滑翔队曾多次出访法国、澳大利亚、波兰、意大利等国进行技术交流，并参加了在澳大利亚举行的世界大赛。安阳航校还多次承办国际友谊比赛，接待国外同行的来访，促进了我国和世界滑翔运动的发展。

（五）滑翔员与民航、部队飞行员之间的关系

第一阶段（1957—1960年）是航空俱乐部为部队进行代训。部队选招飞行员，先送到体委的航空俱乐部进行初、中级的滑翔训练。第二阶段（1961年开始）由代训向输送过渡。由体育、兵役、教育、卫生、公安等部门组成领导小组，按照空军招收飞行员的条件，选调滑翔员，集中到滑翔学校或航空俱乐部附近的学校，单独编班，边学文化边进行滑翔训练，最后由部队在滑翔员中招收飞行员。到"文化大革命"前，通过滑翔训练，共向空军、海军航空兵和民航输送了8 599名滑翔员，有很多滑翔员成了优秀的飞行员，为部队和民航建设做出了重大贡献。空军试飞英雄王冠阳就是先通过了滑翔的招飞扎实基本功训练，后因成绩优异被输送到空军部队的。在一次试飞中，他驾驶歼7型飞机执行环境测振试飞任务，飞机在空中发动机停机，危急关头，他临危不乱，放弃跳伞，成功使飞机安全降落。他能做到这一点，就是因为有过硬的滑翔技术基础。

1982年，空军招飞体制发生变化，不再通过滑翔运动选飞预飞这一重要环节进行空军招飞，加之我国改革开放以来航空运输业的迅猛发展，飞行员有大量缺口（平均每年3 000人），使我国滑翔员大量流失，导致我国滑翔运动及航校数量骤减，滑翔运动发展基本处于停滞状态。

二、目前我国开展滑翔运动遇到的问题

（一）由于招飞体制变化，后备人员无法发展

滑翔运动是航空体育中一个重要运动项目。虽然滑翔运动曾经有过辉煌，为空军、海军和民航累计输送过近万名飞行员，为国防建设和经济建设做出过重大贡献；但是，1982年空军改革招飞体制，不再在航空运动学校进行滑翔后备人员培养，滑翔运动后备人才发展受限。

（二）经费保障不够、器材老化，滑翔项目停止训练

滑翔运动需要的牵引飞机是国产初教-6飞机，这种机型的飞机均为20世纪60年代生产的，非常老旧，安全系数逐年下降，零配件短缺且价格昂贵。由于很多滑翔机制造厂被迫转产停业，初级训练用滑翔机及收缩机全部报废。20世纪70年代生产的高级滑翔机"前进号"大部分寿终正寝，目前只有几架勉强可使用。20世纪70年代及80年代购买的国外滑翔机，易损件无法购置，没有渠道索取适航指令，已不适航，安全无法得到保障。机场常年无经费维护，地方建设严重侵蚀机场。广州黄村机场、广西武鸣机场、山东聊城机场已被地方开发使用。目前，注册的航空运动学校只剩下25所，具有飞行能力的学校只有十几所。

（三）现行规章、体制滞后，难以运行

我国航空体育的主管部门一直是国家体育总局。有关航空体育项目的发展规划、培训组织方案、等级标准、管理规章等均由国家体育主管部门制定，各省区市航空体育运动的管理部门具体负责，工作开展协调顺利。1987年，国务院关于通用航空的有关规定和《中华人民共和国民用航空法》公布实施后，航空体育作为通用航空的一部分被纳入民航的管理范围。中国民航局是民用航空的主管部门，其管理的工作重点是运输航空，其次是通用航空，无暇顾及航空体育。

从1995年起，国家体育总局与中国民航局多次协商，拟共同制定《航空体育飞行俱乐部审批和管理规定》，该规定先后易稿7次，至今未能公布。民航局出台的关于通用航空的规定，虽然规范了通用航空的某些飞行活动，但对飞行俱乐部来说，标准和要求明显过高，脱离航空体育的发展实际，与发展中的航空体育大不相符，许多航空体育飞行单位无法登记注册，无法在符合现行法规的前提下开展飞行活动。

低空空域开放的问题一直是制约我国航空体育发展的主要因素之一。我国对空域资源的管理仍沿用60多年前封闭落后的管理方式，不经过层层审批不得飞行，极大地限制了航空体育运动的发展。

（四）人才流失严重，后备力量匮乏，基础严重削弱

随着我国经济发展，在各地出现了"航空热"，民用航空发展迅速，大量采购客机、增加航班，飞行人员急缺。由于滑翔运动近些年开展困难，全

部滑翔员都兼职通用航空飞行员。体育航空系统待遇低、条件差，收入与民航飞行员相差悬殊，加之公安系统近年来在各地相继成立了警航飞行队，承诺飞行员可加入公务员系统，且可安排住房、安置家属等，优厚的条件使体育系统许多飞行员"不辞而别"，无序的流动使人才流失十分严重，仅安阳航校一个单位就先后有17名飞行员流动到其他航空单位。

由于财力不足，航空体育学院无法选拔和培养后继人才。目前，我国持有滑翔机驾驶执照的飞行员只有30余人。2007年，国家体育总局航空无线电模型运动管理中心举办的全国滑翔锦标赛的参赛运动员只有10人，现在已经停止此项比赛。人员大量流失，后备力量匮乏，基础严重削弱，滑翔运动确实在我国已经到了非常危险的境地。

三、对新时代中国滑翔运动发展的建议

（一）加大政策、人才、器材等方面的支持力度

据不完全统计，人均国内生产总值（GDP）达到4 000美元，即具备航空体育运动消费条件，我国目前已经远远超过这个数值。国内生产总值（GDP）10 000美元是个大的拐点，若生产总值达到这一水平，航空体育项目等各类综合性活动和运动将迎来"井喷式"的发展。人民大众消费热潮已经涌起，国家也将要重新审视目前不利于体育事业发展的情况，只有改革和创新，才能不断满足人民群众日益增长的美好需求，也只有改革固有的行政程序，推进政策支持、人才培养、设施提升等多方面配套的具体措施，滑翔这项航空体育运动才能有发展。2018年，国际航空运动联合会（以下简称"国际航联"）和中国航空运动协会（以下简称"中国航协"）签订框架协议，就下一步合作推动中国航空运动的发展达成一致。在未来3~5年中，国际航联和中国航协还将利用各自的资源优势进行深度合作，内容包括共同努力将室内跳伞、无人机竞速等极具特点的航空运动项目推上奥运舞台，共同培养更多的教练员、裁判员，共同实现全世界航空运动训练和器材的标准化建设，以及在未来条件成熟的时候，在中国举办一届航空运动界的顶级盛会——世界航空运动会。国门已经打开，世界正在注视着中国航空运动的发展。

（二）国家层面进行低空空域放开的落地实施后续工作

随着各项规划、指导意见相继出台，如《国务院关于加快发展体育产业促进体育消费的若干意见》《航空运动产业发展规划》《中国通用航空"十三五"发展规划》等，国家层面已经认识到顶层设计的重要性和紧迫性，促使多方积极主动配合，沟通协调，简政放权，加大"放管服"力度和补短板工作姿态、工作方法，彻底告别"保姆式"监管和过度监管，打破藩篱，缩短或减少审批环节。打破流程复杂、审批时间过长的制约，才能形成总局领导所说的"天空很辽阔，我们一起飞"的绚丽优美景象。

伴随党的十九大的胜利召开，中国已经进入一个崭新的时代，我们应以习近平新时代中国特色社会主义思想为行动指南，紧密围绕党中央关于中国特色社会主义经济建设、政治建设、文化建设、社会建设、生态文明建设总体布局和"四个全面"战略部署，为增加人民的福祉，为实现中华民族伟大复兴的"中国梦"而奋斗。"幸福是奋斗出来的"，为更好地适应在新时代滑翔运动提出的新要求，航空体育人应团结一致、锐意进取，促进我国体育运动事业不断深化改革，推动滑翔运动的协调可持续发展，以满足人民群众对滑翔运动发展日益增长的需求。

参考文献

[1] 陈安槐，陈荫生.体育大辞典[M].上海：上海辞书出版社，2000.

中国传统射箭运动的大众普及发展研究

国家体育总局射击射箭运动管理中心　卢瑞强

摘要：传统射箭运动作为一项古老的技艺在我国有着十分悠久的历史。20世纪50年代末，由于射箭项目与国际接轨，射箭器材和规则完全改变，传统射箭运动逐渐衰落并几近消失。近年来，随着人们对传统文化研究的兴起，传统射箭运动逐渐回归大众视野，群众参与热情也越来越高。传统射箭运动的大众普及发展潜力巨大，但在此过程中还存在不少制约项目普及发展的因素，需要在实践过程中对症下药，给出解决问题的具体措施，从而不断推动传统射箭运动大众普及的健康发展。

关键词：中国传统射箭；大众普及；存在现状；对策措施

《全民健身计划（2016—2020年）》指出："全民健康是国家综合实力的重要体现，是经济社会发展进步的重要标志。全民健身是实现全民健康的重要途径和手段，是全体人民增强体魄、幸福生活的基础保障。实施全民健身计划是国家的重要发展战略。"习近平总书记在党的十九大报告中指出，要广泛开展全民健身活动，加快推进体育强国建设。中国传统射箭是中华民族的一项古老技艺，有广泛的群众基础，作为全民健身活动的方式之一，应围绕《全民健身计划（2016—2020年）》，坚持与时俱进，把项目融入实现"两个一百年"奋斗目标大格局中去谋划，使其焕发新的生机与活力，为体育强国建设贡献力量。

一、中国传统射箭运动流变及发展现状

中国是世界上古老的国家之一，拥有悠久的弓箭文化。1963年，在山西省朔县峙峪文化遗址发现的石箭镞，距今28 000多年，证明中国至少在旧石器时代晚期就开始使用弓箭。射箭是远古时代人们的谋生手段，冷兵器时代弓箭发展为战争的主要武器之一，并衍生出射箭运动项目。

史料记载，夏朝已经有了教授射箭的专职教员和教射机构。西周便将射

作为"六艺"之一，为男子必习之事；"寓兵于农"，人人习射，无事以射习礼乐，有事以射从战伐。春秋时期，孔子将射箭纳入儒家文化系统，提出"射以观德"的教育理念，为射箭文化注入了思想灵魂，进一步推动了习射的发展。由于习射具有战争及礼教双重功能，因此为此后历朝历代所重视，由于国家推动，习射群众基础广泛，长盛不衰。直至清朝末期，随着热兵器时代的来临，射箭退出战争，传统射箭运动开始衰落，逐渐成为单一体育运动项目，主要在学校和民间流传。

中华人民共和国成立后，党中央高度重视体育工作。毛泽东同志为中华全国体育总会题写了"发展体育运动，增强人民体质"的题词，为中华人民共和国体育事业的发展指明了方向。中国体育事业方兴未艾，射箭运动与其他体育项目一样，受到了党和政府的关怀。1953年11月，传统射箭作为比赛项目加入全国民族形式体育表演和竞赛大会，1956年开始举办年度全国性射箭比赛，汉、满、蒙、回、藏5个民族都有运动员参加，其中青海省、内蒙古自治区、上海市等省、自治区、直辖市的射箭基础较为雄厚。

1959年开始，我国正式采用国际射箭规则组织比赛，赛制和程序与传统射箭不同，器材也随之发生变化，自此，国家再也没有组织过传统射箭比赛。这使得我们在大力推广国际射箭的同时，忽视了对传统射箭的研究和传承，加之"文化大革命"期间，民间射箭活动受到影响，传统射箭几近消失。在青海调研时，当地群众说，由于"文化大革命"期间当地没有组织过比赛，弓箭真正成了摆设；由于没有需求，制作角弓的工艺无法传承，随着老艺人相继去世，工艺也失传了。

改革开放后，随着经济的不断发展及传统文化的复兴，20世纪90年代末，民间传统射箭运动开始复苏，青海等地开始举办小规模的民间比赛，其他省份的一些传统弓爱好者或到国外购买弓箭或自己购买材料研制弓箭，并时常相互交流，推动了传统弓箭的发展。1997年，北京出现了全国第一家专门教授射箭的射箭俱乐部，此后全国各地的射箭俱乐部和箭馆不断增多，根据2018年不完全统计，全国的射箭俱乐部、箭馆有近500家，基本上各省、自治区的较大城市和直辖市都有分布。这些俱乐部以教授反曲弓为主，传统弓为辅。可喜的是，近年来一些高校，如清华大学、上海对外经贸大学、天水师范学院，出现了专门研习传统弓箭的社团，他们"以术释道"，弘扬传统文化，成为推动传统弓箭发展的一股清流。21世纪前10年，还先后出现了ACAC（Archery Club.Archery China）射箭俱乐部、APCC（Archery Promotion

Council of China）射箭运动推广理事会两个社会性射箭组织，开始组织全国性群众射箭比赛，比赛项目既有反曲弓等现代项目，也有中国传统弓项目。社会射箭组织的兴起，为射箭运动大众普及做出了积极贡献。

在李开才、郭蓓、陈兴龙等人的推动下，2011年11月，中国射箭协会主持召开了中国传统射箭座谈会，并先期成立了中国传统射箭发展筹备工作小组。2014年8月，中国射箭协会传统弓分会在青海成立，中国传统射箭进入新时代。中国射箭协会传统弓分会和中国射箭协会开始主办全国性传统弓比赛，中国传统射箭在摸索中不断前进。

二、中国传统射箭运动大众普及存在的问题

在推广过程中，我们看到了群众的参与热情，对中国传统射箭的未来也充满信心，但与此同时也存在不少问题，阻碍了传统射箭的健康发展，需要在普及过程中尽快解决。

（一）器材标准不统一

从近几年的比赛实践来看，对传统射箭运动内涵认识的不一致，导致对弓的种类和箭杆材质标准认定的不统一。第一种观点，中国传统射箭只包含竹木弓、牛角弓和现代传统弓3个弓种。持此观点者认为，从中国历史看，夏商以后直至清代，国人制弓的材料以竹、木、牛角为主，因此，中国传统弓要以以上3种材料为主材。竹木弓、牛角弓自古就有，是传统弓；现代传统弓虽使用了现代技术，但仍然以竹木为主材，也应划归传统弓之列。第二种观点主要存在于青海省射箭群众基础较好的地区。他们不仅将上述3种弓列为传统射箭，而且将反曲弓、复合弓纳入传统弓系列。中国射箭协会传统弓分会名誉主席陈兴龙介绍，青海自古就有射箭传统，素有"青海无传箭，天山早挂弓"之说；青海580万人口当中，经常参加射箭活动的人数近30万，喜爱射箭运动的人群超过100万，只要有空地，就有简易的射箭场，就有射箭爱好者的身影。20世纪90年代末、21世纪初，个别牧民开始购置反曲弓，由于比赛不分弓种，与牛角弓相比，反曲弓用力小、弹箭好、射程远，还易于保养，2003年左右反曲弓迅速普及。他们认为，反曲弓虽为舶来品，但是，使用的靶子是传统靶，继承的是民族传统，所以也应属于传统射箭。第三种观点，虽认可第一种观点关于传统弓的定义，但对箭杆的要求更加宽泛，允许使用采用新技术的碳素箭，这种观点主要存在于APCC、ACAC等民

间社团组织。由于碳素箭属于金属箭，不受气温、湿度的影响，稳定性好，射得准，因此，在他们组织的传统弓比赛中已无人使用竹木箭了。

（二）比赛规则不统一

1953年，我国组织了第一次中国式射箭比赛，男子比赛距离设15米、20米，女子设15米。1956年，国家体委制定《中国步射暂行规则》，男子设20米、30米、40米，女子设20米、30米。当时使用的弓大多为竹木弓或由兽角、木料和肠线层板合制而成的弓。那时候，弓种也没有区分。

中国射箭协会传统弓分会名誉主席徐开才先生一直致力于推动中国传统射箭的发展，总结了近20年传统射箭实践经验，提出了自己对中国传统射箭比赛规则的认识：①由于弓的弹力不同，竹木弓、牛角弓、现代传统弓分别进行比赛；②弓为裸弓，不能有箭台等任何辅助瞄准装置；③要用拇指打法，三指打法属于地中海打法，不属于中国传统射箭；④要使用竹木箭；⑤射距上，为了增加比赛的观赏性和吸引力，男子排名赛为30米、40米、50米、60米，决赛为40米；女子排名赛为20米、30米、40米、50米，决赛为30米。但是，ACAC、APCC的基本规则是：①不做三个弓种的区分；②射距统一为30米；③可用碳素箭。

（三）俱乐部建设标准不统一

射箭俱乐部发挥着培养射箭人才、聚集射箭爱好者、组织比赛，从而推动大众射箭运动发展的作用。因此，射箭俱乐部的建设质量举足轻重。目前，俱乐部情况比较杂乱。一是场地标准不统一。大部分箭道长度为10米，18米的很少，由于经营成本等问题，30米的箭道在城市里就更少见了，无法满足比赛需求。二是师资力量配置标准不统一。从我们目前调查的情况看，很多射箭俱乐部的教练员都没有相关教学资质，在器材配置上也参差不齐。

（四）没有建立传统射箭运动大众等级标准

目前，国内大众射箭还没有出台大众射箭等级标准，没有对大众射箭运动进行技术指导、年龄分组、等级划分等方面的标准规范，调动社会大众参与射箭运动的兴趣和动力不足，抑制了项目的普及推广。

（五）缺少射箭运动大众教练员

随着射箭运动在全社会的不断发展，受过正规培训、有执教能力的大众教练员显得十分短缺。中国射箭协会及大部分省区市的射箭协会都没有开展此类工作，由于供需矛盾突出，一些社会团体开始到国外找相关机构到国内开展大众教练员培训活动。由于上海市大众射箭运动基础较好，上海射箭协会在培训射箭大众教练、推动大众射箭运动普及上也做了有益探索。近几年，分期分批培养了100多名射箭大众教练员，有力地推动了当地大众射箭运动的普及和发展，ACAC、APCC等较大的射箭社会团体总部都设在上海。

三、推动中国传统射箭运动大众普及深入开展的对策建议

结合新时代大众射箭运动开展情况、发展趋势及存在的问题，笔者提出以下对策建议。

（一）加强大众射箭运动制度体系建设

"没有规矩不成方圆"，建立大众射箭运动各种规章制度是推动射箭大众运动健康发展的基石。一是要制定《中国传统射箭比赛规则》，对场地、弓的种类、箭杆用材、射距、打法及其他器材标准进行规范。笔者经过比赛实践及专家论证，认为徐开才先生提出的《中国传统射箭比赛规则》比较合理，既有历史传承性，又有时代创新性，更利于传统射箭的发展。二是制定俱乐部注册办法，对俱乐部场地标准、师资配备进行明确规定，同时对注册会员俱乐部在教练员培训、比赛承办等方面进行扶持。三是制定射箭运动大众等级标准，对年龄分组、等级划分、达级赛组织等进行明确，使群众比赛有所参照，从而激发大众参与射箭运动的积极性和主动性，推动和加快射箭运动的推广和普及。

（二）加强大众射箭运动信息平台建设

建立集规则制度发布、俱乐部注册、大众选手注册、比赛报名、赛事组织、单项成绩查询、比赛积分查询、证书打印、赛事赞助、赛事推广、器材认证、体育用品销售、教练员培训等内容于一身的信息平台，推动大众射箭运动的正规化建设。目前，中国射箭协会正在联手阿里体育倾力打造这一平台，一旦完成，将会对射箭运动的普及发展起到极大的推动作用。

（三）加强传统弓大众射箭教练员培训

要适应传统弓日益发展对教练员的需求，分批次、分类别地培养传统弓大众教练员。一是在国家级裁判培训中加入传统弓培训课程。我们现在的射箭国家级裁判都是反曲弓项目裁判，执裁能力值得肯定，但是他们没有传统弓的执裁经验。因此，在对他们进行裁判培训时加入传统弓培训课程会事半功倍，可派他们到传统弓重大比赛中执裁，能在一定程度上缓解裁判员不足的问题。二是开展专门的传统弓教练员培训。现在从事传统弓赛事教学的大多是以前从事过射箭运动的，他们熟悉传统弓运动，对教练内容、比赛规则、执裁尺度都有很好的理解，但是都没有执教、执裁资格。中国射箭协会传统弓分会可以组织力量在俱乐部、传统弓爱好者中遴选合适的人员，培训合格后颁发中国射箭协会裁判员证书。这样能有效解决俱乐部、传统比赛教练员和裁判员不足的问题。

（四）加强市场化运作，推进品牌赛事建设

借鉴中国大众马拉松项目的成功经验，推动传统射箭运动品牌赛事建设。一些地方政府，借助当地文化背景，开始培育自己的传统弓品牌赛事。如青海的"青海国际民族传统射箭精英赛""五彩神箭国际民族传统射箭邀请赛"，甘肃天水的"李广杯国际传统弓锦标赛"，安徽临泉的"养由基杯"全国传统弓比赛，山西高平的"后羿杯"全国射箭精英赛等。中国射箭协会自2018年年初开始在大众射箭的推广普及上发力，拟着力打造"中国箭王争霸赛""原野射箭赛""传统弓系列赛"等赛事品牌，并经过一年的赛事推广实践积累了一定基础。相信在不久的将来，传统弓赛事的品牌效应会进入寻常百姓家。

习近平总书记强调，发展体育运动，增强人民体质，是我国体育工作的根本方针和任务。全民健身是全体人民增强体魄、健康生活的基础和保障，人民身体健康是全面建成小康社会的重要内涵，是每一个人成长和实现幸福生活的重要基础。"路漫漫其修远兮，吾将上下而求索"，中国传统射箭大众推广普及任重而道远，但前途一定是光明的。

我国手球项目振兴之路刍议

国家体育总局手曲棒垒球运动管理中心　程桥

摘要：集体球类项目的成绩是体育大国向体育强国转变的一个重要标志。我国手球项目在历史上曾取得辉煌的成绩，但近年来面临着成绩下滑和普及推广不足的困境。目前，国家体育总局高度重视集体球类项目，给予大力支持。面对新机遇和新挑战，本文分析了我国手球项目发展存在的主要问题并提出了解决措施，希望对手球项目的振兴之路进行探索。

关键词：手球；集体球类；振兴

手球，是一种起源于欧洲的球类运动，也是欧洲的第一大室内运动项目，职业化程度很高。中国的手球运动始于20世纪50年代中期的广东，1955年，位于广州的解放军体育学院（现中国人民解放军军事体育进修学院）将手球列入教学计划，在国内率先开始手球教学与训练。随后，北京体育学院（现北京体育大学）等一些院校也开展了手球运动的教学。20世纪80年代初期，国内高水平的手球队多达30余支，中国女子手球队曾获洛杉矶奥运会铜牌和广州亚运会金牌。目前，手球运动在国内十余个省区市开展，项目的基本状况没有明显改变，仍然处于发展的初级阶段。我国手球基础薄弱，发展不平衡，群众基础差，市场开发难，大众认知度低，后备人才匮乏，运动成绩长期徘徊不前，科研创新能力不强。

一、我国手球运动存在的主要问题

与很多落后项目一样，我国手球项目基础薄弱，市场化程度不高，发展艰难。国家队运动成绩长期徘徊不前，与世界领先球队的水平差距逐年拉大；人才培训体系不完善，人才梯队建设有待完善；训赛理念滞后，科学选材能力不强；体教结合有待加强，"小学—中学—大学"一条龙培养体系尚未健全；教练员整体水平不高，对教练员的培养使用等缺乏相应的制度和管理办法；运动员和教练员的待遇普遍偏低，不能有效调动其积极性；竞赛体系还需进一步完善，比赛数量有限，运动员比赛经验欠缺；全国统一的训练体系尚未形成，技战术风格和特点尚未明确；项目管理人员自身建设还需要进一步完善，项目管理能力和水平也需要进一步加强。

（一）国家队成绩下滑，无法对项目推广形成正向推动力

我国手球历史上取得过奥运会铜牌和亚运会金牌的好成绩，但近年来成绩下滑严重，国家女子手球队已连续两届未获得奥运会参赛资格（2012年伦敦奥运会、2016年里约奥运会），国家男子手球队在亚洲的排名一直在第八名左右。国家队作为项目引领的龙头，其成绩直接影响项目的社会影响力和投入。

究其原因有以下几点：原国家队教练团队与世界高水平教练团队相比仍有一定差距，复合型保障团队水平偏低，对训练、比赛的重点环节和关键节点攻关能力薄弱；近几年，中国女子手球运动员新老交替，以年轻运动员为主，缺乏国际比赛，甚至是关键比赛的经验，对对手的分析研究不够；临场应变能力不够；技战术打法不够成熟，个人技术特点不突出，基本功不扎实，国家队技战术风格尚未形成。

（二）青少年手球运动未普及

手球项目易于上手，对场地器材要求不高，能增强青少年的身体素质、意志品质和团队合作精神，是一个非常适合青少年的项目，但与其他热门项目相比，我国青少年手球运动并未得到普及，运动人口少。据2017年统计，开展青少年手球运动的省区市约16个，开展比较好的省市主要有山东、安徽、上海、江苏等，开展此运动的学校约500所，从事青少年手球运动的人数约5万人。

（三）群众基础薄弱，社会影响力有限，没有高水平职业比赛，限制了手球项目的市场化和商业化步伐

在欧洲，手球项目凭借快速、连续、高对抗的特点吸引了大量观众，而在我国，长期以来手球项目缺少宣传和市场推广，很多群众不知晓手球运动。国内赛事体系不完善，没有高水平联赛，不仅不利于培养优秀运动员，也与当今体育产业资本化、深度市场化的发展步伐不匹配。

二、振兴我国手球项目的措施

在中国体育产业蓬勃发展的大背景下，逆境中的中国手球，同时也迎来难得的历史机遇。首先，全面贯彻"放管服"，体制和管理机制的转变，为手球提供了更加宽松和灵活的发展环境，使得小步快跑、全面提升发展效率成为可能。其次，中国体育产业规模正在以两位数的增长率快速发展，吸引着越来越多的社会资本进入，促进了体育与更多关联产业的融合，"体育+"和"+体育"的商业模式已经成为投资热点板块，这就为中国手球借助市场力量实现腾飞提供了更多可能。最后，国际体育组织和国际市场都在密切关注中国体育的市场动态，依托中国市场，有效利用国际资源，可以凸显中国手球的后发优势，少走弯路，实现"弯道超车"。在这个机遇与挑战并存的大变革时代，中国手球运动必须直面挑战、紧抓机遇、深化改革、锐意创新。以"四个全面"为指导思想，以《体育发展"十三五"规划》为蓝本，进一步深化管理体制和运行机制改革；以《2011—2020年奥运争光计划纲要》为抓手，调整专业运动队体系，优化选材、严抓训练、重视科研、强调保障，为提升国家队运动成绩和搭建联赛体系提供经验和人才储备。以市场主导为方向，放权、让利，吸引社会资本和民间机构进入手球市场，扩大手球产业的市场规模，做好服务和监督工作。以产业融合为依托，建立各项行业标准，厘清各类产业资源，为关联产业提供"手球+"和"+手球"模式的产业接口，以关联产业带动手球产业发展。

（一）国家队建设方面

在国家队建设方面，需要坚持"世界眼光、国际标准、中国特色、高点定位"，带着问题和需求，去学习我国的优势项目，去学习世界手球先进国家的经验和方法，全面实施"与狼共舞、恶补短板"计划，快速提升运动成绩，同时借助国际手联的教练资源，高频次引进世界级教练队伍，全面提升我国手球整体发展水平。优化运动队结构，组建队员年龄结构合理的国家队，重点选拔一批"00后"年轻运动员入队，形成"老中青共存、以青为主"的队伍，并建立科学合理的竞争淘汰机制。

构建复合型教练员团队。构建完善的、合理的、科学的教练团队；积极吸收国际先进的手球教练团队的理念和经验，在教练团队内提倡广开言路、集思广益、勇于创新，力争建立鲜明的风格特点和独特的风格打法，最终形成一套具有特色的、科学化的、系统化的训练理念。

建立"大国家队",走精兵战略。建立以国家队为龙头的国家队、国家青年队、国家少年队一条龙训练体系,构筑互相衔接的竞技体育人才培养布局,使竞技手球人才资源能够源源不断地涌现;同时积极改革和创新国家青年队、国家少年队的组建形式,积极选拔优秀的手球后备人才,扩大选拔培养的范围,建立科学合理的竞争淘汰机制,保持"大国家队"整体上的活力以及竞争力。

加强国家队与国际高水平队伍的交流。增加国家队参加国际比赛的机会,邀请国际高水平队伍来中国进行训练或比赛,并定期邀请世界高水平教练团队对国家队进行训练,将最先进的手球理念和最有效的训练方法带入中国,这样才能够在激烈的国际竞争环境中保持竞争力,跟上国际手球快速发展的潮流。

(二)建立高水平联赛体系

依托市场力量培养、锻炼、储备高水平运动员,同时满足人民群众欣赏高水平手球赛事的需求。深化各级联赛制度的创新和改革。加快联赛制的建立,实现全国男子、女子手球联赛常态化,引入高水平外籍运动员,打造中国高水平手球联赛,有计划地推动国内各地各级手球联赛、校园手球联赛及社会业余联赛的整体性建设,形成完备的联赛制度,修订和完善竞赛规则,建立起长期有效的机制,构建中国手球建设的良好环境,提升中国手球建设的发展速度。

(三)注重手球后备人才的培养

后备人才培养关系手球事业的全面、协调、可持续发展,要把手球后备人才的培养作为各项工作的重中之重并且不断创新。只有注重青少年的培养,打造完备的后备人才输送机制,才能使中国手球从根本上获得源源不断的前进动力。

要注重青少年的培养,努力促进青少年手球运动的普及和发展,在广大中小学中开展手球运动。通过各种形式对开展手球教学的学校给予支持和鼓励。同时,选派表现突出的青少年手球运动员赴欧洲进行交流,参加国际青少年手球夏令营活动,开阔视野,提高水平。同时,我国也可每年举办国际青少年手球夏令营,邀请国外队伍来华交流,打造青少年手球文化。

（四）建设手球运动培训体系

为业余体育爱好者提供接触、参与、传播手球运动的平台，扩大手球参与人口和社会关注度。根据国家体育总局有关运动技术等级的改革意见，划分业余手球技术等级，为广大手球爱好者提供晋级平台。推出手球App，引进国际高水平手球比赛并在主流视频网站和付费电视播出，通过精彩的手球比赛吸引广大观众。

三、结论

我国手球运动的发展存在诸多的困难，但也面临着机遇，要坚持改革创新，进一步解放思想、实事求是、与时俱进，以改革的思维谋划手球项目的发展，快速提升运动成绩，同时引进国际高端人才智库，提升我国手球整体发展水平。通过电视和新媒体播出高水平手球比赛，吸引广大观众，扩大项目影响力。通过建设和完善培训体系，满足广大青少年和手球爱好者的需求，扩大手球人口，为项目发展注入源源不断的动力。

参考文献

[1] 李洋，于萌，姚苏捷.我国手球运动竞技后备人才培养现状及发展战略[J].体育文化导刊，2018（6）：89-93.

[2] 刘宇明.中国手球运动发展中的制约因素及对策研究[J].广州体育学院学报，2016，36（4）：89-92.

[3] 任波，高治.世界手球运动的竞争格局与发展趋势[J].体育文化导刊，2014（5）：95-98.

[4] 李天胜.通过体育活动促进学生全面发展的实践探索——以校园手球运动为例[J].教育导刊（上半月），2011（5）：92-93.

我国排球后备人才培养的对策研究

国家体育总局排球运动管理中心　盖洋

摘要： 排球后备人才的培养是关系到2020年东京奥运会参赛目标的实现和排球项目可持续发展的重要内容。本文通过专家访谈、查阅文献资料等方法对我国排球后备人才培养体制、培养过程中存在的问题、影响因素、发展对策等进行了探讨，提出排球后备人才培养必须以可持续发展为主要原则；要重点推进后备人才培养制度创新，增强与教育系统的联合，增加青少年和高校排球赛事，利用中国女排带动项目宣传。

关键词： 排球；后备人才培养；对策研究

排球是我国竞技体育的传统优势项目，袁伟民、陈忠和、郎平等几位优秀教练员带领中国女排共获得过9次世界冠军，"女排精神"已经超出了竞赛的范畴，成为中国体育乃至中国人民奋斗精神的写照，激励着几代人拼搏奋斗，是团队精神、爱国精神的集中体现，是通过努力拼搏而形成的一种积极向上的精神力量，是中华民族文化的一部分，它给中国人在特殊历史时期带来了难以估量的精神财富。中国排球也为世界排球的技战术发展做出了巨大的贡献，同时培养出了一大批优秀的教练员、运动员、裁判员、管理人员和科研人员，是世界排坛的重要角色之一。

随着2016年里约奥运会的结束，2020年东京奥运会已经迫在眉睫，无论是政治影响还是国人期盼，东京奥运会都超过以往历届奥运会，备战工作我们一步都不能错、一刻都不能停。国家体育总局和中国排球协会已经对我国排球的发展做出了具体的规划，对东京奥运会的比赛成绩有了明确的要求。在2020年东京奥运会上，女排要保奖牌争金牌，男排要力争获得奥运会的参赛资格。面对如此艰巨的战略目标，不仅要在国家队的训练、竞赛、科技服务、后勤保障等方面加大力度、全力以赴，以创新带动发展，更要在排球的后备人才培养方面进行研究，加强优秀排球后备人才的培养，为各级国家队输送更多合格的人才，这对完成我国排球的奥运战略，保持女排的长盛不衰，实现我国排球运动的可持续发展具有现实意义。

一、研究方法

（一）专家访谈法

利用工作和举办各种活动的机会，访问各省区市排球主管部门的相关领导、专家和高校的排球训练工作负责人，听取各方面对于排球后备人才培养工作的建议，并进行归纳。

（二）文献资料法

本研究通过文献、互联网检索等方式对排球后备人才的选拔、培养，现有的运行和操作方式，国家的相关政策法规等资料进行了检索、整理和分析。

二、研究结果与分析

（一）现阶段我国排球后备人才培养的现状

随着我国教育体制和体育体制改革的不断深入，竞技体育后备人才的培养方式发生了较大的变化。我国传统的三级训练网模式虽然还在发挥着作用，但是因其固有的弊端已经受到了巨大的冲击，存在明显的招生难、就业难问题。

随着传统三级训练网的不断萎缩，其他训练模式正在不断涌现，传统项目学校、学校的体育俱乐部和社会的体育俱乐部已经成了三级训练网的重要补充，从"一条腿走路"变成了"多条腿走路"，已经不断有高水平运动员通过学校和社会的渠道重新回流职业俱乐部甚至国家队（见图1）。

但是，从培养运动员的整体情况来看，学校和社会培养排球运动员的目标不是为国家队输送人才，更多的是通过排球这一特长进入高校。所以，存在培养水平低、效率低等实际问题。另外，由于受到场馆、师资水平、后勤保障、课业压力、学籍管理等多方面的限制，运动员进入高校后很难提高水平，更难以进入专业队伍。

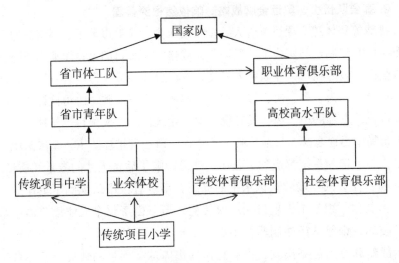

图1　我国排球运动员培养模式

（二）对影响我国排球后备人才培养相关因素的分析

1. 市场经济体制的规律对现有排球后备人才培养体制的冲击

随着市场经济的不断深入发展，我国竞技体育的发展也不断体现着市场规则的作用。竞技体育的发展也必须遵照市场经济规律的原则来进行。一方面，后备人才的培养本身就是一种大投入、低产出、高风险的活动，社会资金不愿投入，基本上依赖政府投入；另一方面，原有的传统训练体制不讲效率、不计成本，造成了后备人才的极大浪费。

我国在1996年推出了主客场赛制的职业排球联赛，希望通过市场化的运作来提高项目的影响力，扩大排球人口，提升从业者的经济收入，吸引更多的青少年从事排球运动。但是，由于吸引市场投入效果有限，基本上还是采取资金赞助的形式，不足的部分还需要政府进行支持。后备人才梯队的建设还是完全依赖政府的投入，没有做到专业化向职业化的实质性转变。

而随着市场经济体制改革的不断深化，政府体育部门也在改革和转变职能的过程中，对于后备人才梯队的建设不可能大幅度增加财政投入，排球后备人才培养的经济效益和社会效益均不明显，导致整个人才培养系统资金投入渠道单一、不足，对排球后备人才的吸纳、选择、培养和输送都带来了负面影响。

2. 基层队伍少，奥运金牌战略影响依然根深蒂固

排球等集体球类项目有着人数多、投入大、见效慢等不利因素。原国家体委在1995年制定和实施了"奥运争光战略"，其目的是在短期内重点发展可能获得突破的项目，夺取更大成绩，赢得更大荣誉。但是各省区市在调整项目布局时，为了多、快、好、省地实现奥运成绩突破，纷纷砍掉了集体球类项目，重点发展小、快、灵等投入少、见效快的个人项目。排球项目在省区市布局中迅速衰减，目前只有十几个省区市还有排球队伍，基层队伍数量不足，整个培养系统都遭到了破坏，严重影响了后备人才的数量和质量。

随着社会的发展和认识水平的提高，不少省区市认识到了集体球类项目的影响和作用是个人项目无法取代的，但是由于整个人才培养体系都遭到了破坏，恢复队伍建制非常困难。个别省区市的体育工作管理者还是从奥运战略和全运战略出发，没有意识到集体球类项目的缺失对于体育工作的不利影响。

3. 运动员经济收入较低，退役出路不畅

中国排球协会为改变原有排球主客场联赛运作各方面收效不明显的问题，从2017—2018赛季推出了中国排球超级联赛，重新选择了合作伙伴，在赛事运行包装、比赛激烈程度、内外援转会政策等方面都尝试了新的方式，在一定程度上吸引了社会资金的进入，大部分俱乐部的运动员，特别是女排的优秀运动员、国家队运动员收入有了大幅度的提高，在一定程度上提高了运动员参加职业联赛的积极性，已经出现了大学运动员重新进入职业队参加联赛的例子。但是，大部分运动员，特别是普通运动员、非明星运动员的收入还是偏低，有些俱乐部难以吸引社会资金的投入或吸引社会资金有限，导致后备人才培养资金极为短缺。

我国目前排球后备人才培养的体教分离模式无法和教育系统共享资源，结合方式也是漏洞百出，体育系统的培养模式对于人的全面发展不够重视，使竞技体育后备人才的可持续发展潜力不足。

目前，我国专业排球运动员退役后一般是进入高校深造或者直接工作，但是其中也存在一些问题。第一，专业运动员进入高校学习还有很多政策性的障碍和壁垒，很多衔接工作没有理顺，虽然高校间有CUVA（China University Volleyball Association）联赛，但是参赛资格等各种问题还需体育和教育系统进一步沟通和协调。第二，政府在近几年非常重视运动员的再就业工作，很多省、区、市也发布了运动员的就业指导政策，但

是依然存在很大的风险和不确定性，运动员还要面临二次学习和获得就业资格的问题，这也是影响排球项目后备人才培养的重要因素。

4. 社会环境的变化给排球后备人才选拔和培养带来了冲击

社会环境的变化对于排球后备人才培养的影响和冲击较大。改革开放之前，竞技体育更多的是为展示国家的发展成果，振奋民族精神，有政治意义和目的。竞技体育采用"举国体制"的发展模式，由国家包办竞技体育的各个环节，直到运动员的再就业。改革开放后，我国社会发生了巨大的变革，社会环境相对宽松，就业机会更多，流动性更大，对于职业选择的范围更大，再加上体育系统不再负责就业分配，吸引力明显下降，这在很大程度上影响了青少年参加专业排球训练。

1999年以后，为了进一步普及高等教育，提高人民群众的文化素质，我国进行了教育体制改革，全国高校普遍进行了大规模的扩招，青少年进入大学学习的机会大幅度增加，青少年已经不需要把进行体育专业训练当作进入大学深造的手段，这也在一定程度上影响了排球后备人才的选拔。

5. 排球后备人才培养渠道单一，运动员成材率低

由于排球后备人才培养有投入大、见效慢、风险高的特点，很难吸引社会力量参与，基本上还是由各级政府这一单一渠道负责后备人才的培养工作，长期缺乏竞争和有效补充，所以有训练水平不高、人才浪费严重等问题。

我国排球能够多次获得世界冠军，离不开运动队长年刻苦的、科学的训练工作。但是，我们对于人才的浪费也是非常严重的。任何运动项目都是一门科学，排球也不例外，在世界排球运动高速发展的今天，单凭教练员自己的经验进行教学与训练已经无法跟上世界排球运动的发展。我国的排球教练员基本上是以"师父带徒弟"的方式进行教学的，"近亲繁殖"现象严重。科学化训练程度不高，导致青少年运动员成材率偏低、淘汰率过高，训后易产生伤病，运动员基数过大、优秀率过小，影响了青少年参与专业排球训练的积极性。

（三）我国排球后备人才培养的发展对策

1. 顺应体育改革趋势，以坚持可持续发展为原则认识排球后备人才的培养工作

新时期我国竞技体育的发展也要适应社会发展的需要和人民群众文化生活的需要，要根据形势变革与完善。国家体育总局目前正在推进项目协会的实体化工作，也是为了顺应时代的发展，进一步扩大项目的社会化参与程度。要将排球后备人才梯队建设放在体育可持续战略发展需要的角度，全面规划各级各类队伍的结构建设，要从女排保持世界先进水平的高度保证后备人才的培养建设工作，充分调动社会各方面的后备人才培养积极性，拓宽运动员的就业渠道，充分发挥明星运动员的榜样作用，在新时代赋予"女排精神"新的内涵和外延，提高排球项目的形象和影响力，充分吸引青少年参与排球运动，为我国排球项目的可持续发展提供优秀的后备人才。

2. 充分发挥排球协会协调职能，推进排球后备人才培养制度创新

排球后备人才的培养工作同项目主管部门的政策、资金支持是密不可分的。排球协会应根据排球项目的特点，充分调动社会各方面的积极性，鼓励社会力量参与排球后备人才的培养工作，引入市场机制，培育后备人才市场。利用政策和赛事进行调控，制订合理的排球后备人才培养计划。

针对各省区市排球项目发展不平衡、后备人才培养情况不平衡的问题，利用各种措施，制定有效政策，打破地区封锁和行政壁垒，让后备人才有序流动起来，培养后备人才的地区实现人才的有偿流出，缺乏后备人才的地区实现人才的有偿流入，建立一个平等竞争、规则健全、流动有序的排球后备人才市场。

3. 发挥排球超级联赛的带动作用，提高从业人员收入

中国排球协会在2017—2018年度推出排球超级联赛后，从赛制改革、外援引进、内援流动、奖金设置等方面进行了大幅度的改革，采取各种方式吸引社会资金，并初见成效，教练员、运动员和相关人员的收入有了一定程度的提高，但是，提高程度还远远不够，和足球、篮球等社会化程度高、吸引社会资金能力强的项目相比还存在巨大差距，对青少年运动员的吸引力也很有限。

运动员的运动寿命是非常有限的，在有限的运动生涯中尽量获得最大的经济收益是所有运动员的合理要求。所以，青少年在决定从事排球专业运动前，一定会考虑在职业生涯中的经济收入。排球超级联赛作为我国排球最高水平的赛事，在依赖政府投入的同时，要最大限度地吸引各方面的关注，吸收社会资金，保证参与人员的收入。另外，应该设立保底收入，保持联赛参与人员的稳定，并珍惜参与联赛的机会。

4. 加强同教育系统的合作，全方位支持各级学校办队办赛

推进排球后备人才培养制度创新，要考虑青少年多在学校中的现实情况，要充分调动各级学校办队办赛的积极性，突破原有的三级后备人才培养模式，加强和教育系统的合作，建立全方位的排球后备人才培养体系。要扩大排球人口，加强项目本身的宣传力度，使排球运动在中小学中广泛开展。

排球主管部门要统筹规划，协助高校开展高水平队伍训练和排球竞赛组织。增加全国性高校间的赛事，推进全国高校排球联赛（CUVA）水平的提升，使其成为展示大学生运动员风采的舞台，成为培养高水平运动员的又一重要渠道。

5. 利用中国女排的正面形象，加强项目宣传，吸引社会关注

加强对中国女排正面、健康、拼搏奋进形象的宣传，充分发掘中国女排的文化内涵，传递排球场内外的文化属性，弘扬团结、协作、进取、不屈、坚忍等性格特点。要宣传中国女排在多场关键比赛中"绝处逢生"的拼搏意志，在新时代赋予"女排精神"新的内涵，发掘排球文化中的精髓，进而使其具有独特的文化特质。

要通过各类媒体，使更多的人了解排球运动，从中体会到排球运动的魅力，进一步加快我国排球市场开发的步伐，形成社会各方面参与排球后备人才培养的局面。

参考文献

[1] 马志和，徐宏伟，刘卓，等.论我国竞技体育后备人才培养体制的创新[J].体育科学，2004，24（6）：56-59.

[2] 吴澄清.中国排球优秀运动队15年动态发展状况研究[J].体育与科学，2002，23（5）：36-38.

[3] 郝勤.当代中国专业竞技体制的特征与评价[J].体育科学，1999，19（3）：29-32.

[4] 严蓓.我国青少年业余游泳后备人才培养的现状及发展对策研究[J].体育科学，2004，24（6）：60-63.

[5] 周洪珍.影响广东省竞技体育后备人才培养的主要社会因素研究[J].浙江体育科学，2005，27（4）：7-10.

[6] 张红松，张锡庆.中美竞技体育后备人才培养的比较[J].广州体育学院学报，2003，23（6）：36-38.

[7] 高松山.河南省竞技体育现状及其后备人才培养对策研究[J].体育科学，2005，25（2）：26-30.

[8] 李毅钧，柏森康雄，郭荣.中日排球训练竞赛及管理体制的比较研究[J].体育科学，1998，8（5）：27-30.

中国体育舞蹈联合会发展路径研究

国家体育总局社会体育指导中心　陈思

摘要： 随着社会生产力的不断发展、改革开放的不断推进和深入，我国进入经济转型和社会转型的攻坚时期。2014年，国务院公布了《关于加快发展体育产业促进体育消费的若干意见》，文中提出要加强创新机制，推动政府和社会组织分开、政府和企业分开、监管和举办分开，加快推进各体育协会与主管行政机关单位的脱钩，由体育社会组织承担体育公共服务。本文选择中国体育舞蹈联合会为研究对象，从当前体育改革中体育协会脱钩背景出发，结合实际调研，研究脱钩以后中国体育舞蹈联合会在发展过程中遇到的相应问题，并为今后的发展提供一个改革的路径和可参考的理论依据。

关键词： 体育舞蹈；发展路径；研究

2014年，国务院公布了《关于加快发展体育产业促进体育消费的若干意见》，标志着从国家政策的层面对脱钩改革的重视，意见明确提出，要加快推进脱钩改革步伐，并指定主要负责部门为国家体育总局、中央机构编制委员会办公室、国家发展和改革委员会及民政部等。2015年，《民政部、国家发展改革委关于做好全国性行业协会商会与行政机关脱钩试点工作的通知》公布，由此，全国体育社团协会组织正式开始走上政社分开、管办分离的脱钩道路。

中国体育舞蹈联合会前身为中国体育舞蹈运动协会。2002年，国际奥委会承认国际体育舞蹈联合会地位，体育舞蹈开始在世界运动大会的舞台上展现风采。中国体育舞蹈联合会积极团结全国体育舞蹈及国际标准舞爱好者，推动中国体育舞蹈事业的广泛开展，将体育舞蹈与全民健身活动高度融合，同时努力提升中国体育舞蹈的竞技水平，积极开展各国之间的体育舞蹈文化交流活动，参与国际体育舞蹈赛事，增强了我国体育舞蹈在世界体育舞蹈领域的影响力。中国体育舞蹈联合会是体育舞蹈项目社会组织的重要组成部分，不仅是承接政府转移职能的重要载体和体育舞蹈事务的重要参与者，还是开展群众性体育舞蹈活动不可或缺的组织者，也是联系政府与基层体育舞蹈组织的重要枢纽。

中国体育舞蹈联合会的脱钩改革是顺应我国体育管理体制改革的一项必须选择。对中国体育舞蹈联合会的状况及脱钩后面临的问题进行深入研究，进而提出相应的解决对策，对加强体育舞蹈学理建设、探索体育舞蹈组织研究领域具有重要的理论意义。此外，中国体育舞蹈联合会是在相关政府部门的帮助及推动下才得以发展的，脱钩之后的中国体育舞蹈联合会将面临新的挑战和机遇。因此，研究中国体育舞蹈联合会在脱钩之后的发展问题对实现体育舞蹈运动项目的可持续发展也具有一定的实践意义。

一、中国体育舞蹈联合会发展现状

（一）历程

20世纪90年代初，为适应改革开放和国际体育交往的需要，经国家体委（现国家体育总局）批准，于1991年成立中国体育舞蹈运动协会。1994年，中国体育舞蹈运动协会分别加入亚洲体育舞蹈联合会和国际体育舞蹈联合会。同年，国家体育总局社会体育指导中心代管中国体育舞蹈运动协会，1997年开始全面管理。

2002年，随着国际体育舞蹈联合会被国际奥委会承认，中国体育舞蹈运动协会与中国业余舞蹈竞技协会联合组建了中国体育舞蹈联合会，并在民政部重新登记注册。中国体育舞蹈联合会积极在全国举办各层次、各类型的体育舞蹈竞技比赛，建立中国体育舞蹈的系列精品赛事，扩大体育舞蹈的世界影响范围，积极提高中国体育舞蹈的全球关注度和本国体育舞蹈的群众参与度。

（二）自律机制

体育舞蹈是评分项目，裁判员根据运动员临场比赛表现决定其胜负。为加强对体育舞蹈裁判员的管理，杜绝体育舞蹈裁判执裁不公、行贿受贿、偏袒执裁等现象，中国体育舞蹈联合会公布了《全国体育舞蹈裁判员管理办法》。中国体育舞蹈联合会依靠章程、管理制度和惩罚制度加强了职业道德建设，为推动中国体育舞蹈沿着健康、良性轨道运行做出了积极努力。

（三）管理机制

中国体育舞蹈联合会的管理机制具有行政管理与行业管理的双重性。一方面，国家体育总局是中国体育舞蹈联合会的主要管理者，中国体育舞蹈联合会制定及实施的一些规章制度要报国家体育总局社会体育指导中心和国家体育总局批准；另一方面，中国体育舞蹈联合会须加强其内部管理，加强对体育舞蹈运动项目的管理，推动其发展，必要的时候可以借用政府的力量，通过行政手段进行干预。

（四）财务制度

中国体育舞蹈联合会须配有具有专业技术资格的会计人员。其财务必须进行会计核算和监督，并建立严格的财务管理制度。中国体育舞蹈联合会的资金依赖国家财政拨款及社会捐助和资助，其资产必须接受审计机关的监督，并通报会员代表大会。中国体育舞蹈联合会每年年终须做出年度财务报告，其经费主要用于中国体育舞蹈联合会章程规定的工作范围以及促进体育舞蹈运动项目的发展。

二、脱钩后发展路径存在的问题

2017年2月，"2017年全国性行业协会商会脱钩试点名单"公布，中国体育舞蹈联合会被列入其中。2017年10月26日，民政部刊发《关于核准中国体育舞蹈联合会等4家协会脱钩实施方案的函》。2018年9月23日，行业协会商会与行政机关脱钩联合工作组办公室文件联组办正式批复中国体育舞蹈联合会脱钩实施方案，并规定于2018年10月20日前完成脱钩任务。中国体育舞蹈联合会去行政化脱钩改革后，将改变过去体育舞蹈联合会的大小事宜均由国家体育总局社会体育指导中心决定的局面，推行政府和社会组织分开的政策，社会人士将有更多的话语权，同时将广泛吸纳社会资本参与，吸引更多体育舞蹈爱好者积极投身于体育舞蹈事业的发展中。但是，在脱钩改革的浪潮下，中国体育舞蹈联合会现阶段的生存及发展同样面临以下诸多问题。

（一）内部治理不健全，运行机制不完善

长期以来，我国的体育舞蹈运动项目虽然属于中国体育舞蹈联合会管理，但管理运行依赖于行政命令手段，并没有建立以代表大会、理事会等为核心的治理结构，也没有形成完善的联合会内部决策运行与监督机制，中国

体育舞蹈联合会在与社会体育指导中心合署办公时期，主要通过联合会秘书长个人力量进行日常管理。从脱钩后的发展来看，当务之急就是要重新修订联合会章程，搭建新的联合会领导班子，建立适合脱钩后发展的决策机制，其任务是非常繁重的。

（二）人员分流与身份转换使人力资源面临巨大挑战

任何改革都涉及利益的触动，根据国务院文件规定的行业协会脱钩要求，原行政机关人员根据自愿原则可以选择留在行政机构或到行业协会工作。选择到行业协会工作的人员将不再保留其机关或事业单位的编制，用人制度必须转变为社团合同聘用制。中国体育舞蹈联合会的脱钩改革意味着现有的部分联合会人员必须放弃事业单位人员身份，失去曾经拥有的所谓"铁饭碗"，失去体制内的各项保障和各种待遇。特别是在目前我国机关事业单位养老保险制度还在改革之中，社保与养老金的并轨还需要一定时间的情况下，如何保证联合会工作人员的既得利益成为联合会改革过程中的焦点与难点问题之一。因此，合理协调方方面面的利益，充分调动联合会工作人员的积极性，将成为中国体育舞蹈联合会脱钩改革成败的关键。此外，以前联合会管理机构的部分工作人员实为社会体育指导中心工作人员，脱钩后联合会缺乏专业化程度较高的新的管理人员，这将严重制约联合会的创新机制发展。

（三）市场适应能力较低，自我生存能力薄弱

原有的中国体育舞蹈联合会是在社会体育指导中心指导下，通过行政手段自上而下建立起来的。脱钩前，中国体育舞蹈联合会为社会体育指导中心的下属单位，严重缺乏市场竞争意识，其社会基础非常薄弱，在资金和人事等方面对社会体育指导中心具有很强的依赖性。笔者通过调研发现，现中国体育舞蹈联合会虽然有一定的市场化能力，但市场意识和市场竞争能力不足，尤其是有效利用各种非行政化手段积极主动地参与市场竞争的能力尚存在一定欠缺。因此，在体育舞蹈项目不断社会化与市场化发展的今天，让中国体育舞蹈联合会成为真正具备自我生存和自我发展能力的组织是脱钩改革后必须面对的严峻问题。

（四）资金来源途径单一，缺乏经营实体

中国体育舞蹈联合会作为一个非营利性全国群众性体育社会团体，具有

公益性是其特性。中国体育舞蹈联合会现阶段的收入主要来源于会员会费、赛事赞助费、广告费等。同时，体育舞蹈项目作为一个非奥运项目，国家对其的资金投入也是非常有限的，体育舞蹈项目不能像奥运项目一样获得国家财政拨款支持，而向企业、社会和会员募集资金所得的数量有限且缺少稳定性，中国体育舞蹈联合会一旦失去赞助、捐赠或面临会员的流失就很容易处于半解体状态，会导致其无法履行应有的社会职能。

（五）缺少顶层设计和配套方案

目前，中国体育舞蹈联合会脱钩改革缺少有针对性的顶层设计和配套支持方案，尽管已有国务院提供的改革总体方案，以及有关机构、职能、资产和财务、人事管理和外事等事项的配套文件，但由于中国体育舞蹈联合会属于全国性单项体育协会，具有体育与艺术的双重特性，国家公布的适用于行业协会和商会的方案政策并不完全适用于属于非奥运项目单项体育协会的中国体育舞蹈联合会。并且，市场上目前还有其他多家相关协会并存，市场竞争压力巨大。因此，在脱钩改革过程中，需要上级单位有针对性地进行顶层设计，制定适合体育舞蹈发展的配套方案，对中国体育舞蹈联合会的脱钩进行指导，以确保其脱钩后的平稳过渡和今后的平稳发展。

三、未来发展路径对策

（一）加强自治能力，推行法人治理的改革模式

2018年10月，中国体育舞蹈联合会正式脱钩，未来的中国体育舞蹈联合会必须坚持国家规定的法人治理模式，要通过各种规章制度的建立，加强联合会的自治能力。一方面，通过社会力量进行体育舞蹈赛事招商、组织、策划、运营，体育舞蹈教师、裁判培训，青少年体育舞蹈推广，体育舞蹈产业规划等具体负责的业务去谋划和发展。另一方面，要建立完善的联合会内部相关绩效考核与激励机制，以促进联合会的良性发展。在联合会脱钩以后，联合会的会员会更多来自社会基层，对于与联合会共谋发展机遇的社会力量要给予积极肯定，对那些在培训、市场开发、赛事组织策划、招商引资等方面为中国体育舞蹈联合会做出特殊贡献的协会会员或者团体，要制定相应机制给予有效的激励和奖励，保持其积极性。此外，联合会还要发挥主观能动性，积极向市场要效益，依靠联合会自身力量和社会合力，实现真正的法人

自治。

（二）转变思想观念，推进实体化发展

中国体育舞蹈联合会的日常管理工作都是围绕体育舞蹈培训、赛事组织策划、招商引资、赛事运营以及全民体育舞蹈健身活动等经营业务开展的。在去行政化脱钩以后，这些业务面临更大的市场和发展机遇，因此，要转换观念，在经营业务上放开手脚，推进联合会实体化发展，通过体育舞蹈赛事组织、策划、招商，体育舞蹈教师和裁判、社会指导员的培训，青少年体育舞蹈培训业务的开展，实现联合会财务自负盈亏和自谋发展，更好地推进联合会良性发展，履行体育舞蹈联合会的公共服务职能。

（三）发挥政府的业务指导功能，实现"脱钩不脱管"

作为基层单项协会的中国体育舞蹈联合会，在业务指导方面需要社会体育指导中心继续做好指导工作。"脱钩"只是从机制、制度上破解行政化带来的僵硬阻碍，中国体育舞蹈联合会与社会体育指导中心要建立新的工作模式，一方面，签署脱钩之后新的战略合作协议，实现多赢，积极在竞赛联办、服务购买、外事支持等方面达成合作；另一方面，以社会体育指导中心和中国体育舞蹈联合会的名义共同组织体育舞蹈竞赛和重大活动。此外，在国家队集训、出国人员补贴、联合会人员出访经费、人员聘用经费、办公租房经费等方面，社会体育指导中心要给予政策支持，落实资金的扶持。最后，社会体育指导中心要加强与中国体育舞蹈联合会的联系，在脱钩的改革进程上给予联合会一定的扶持，使其真正能在体制自治的进程下更好地实现体育舞蹈公共服务。

（四）落实资金扶持，实现政府购买模式

改革开放以来，我国公共服务提供主体和提供方式逐步多样化，中国体育舞蹈联合会提供体育舞蹈公共服务需要积极制定政府购买服务细则，对于中国体育舞蹈联合会主办的符合政府购买规定的体育舞蹈赛事及体育舞蹈群体活动，政府根据体育舞蹈参与受众群体的广度、体育舞蹈赛事活动的影响力及公益程度、体育舞蹈服务质量等，以政府购买的方式进行资金扶持。实践证明，推行政府向社会力量购买服务对于深化改革、推动政府职能转变、增强公众参与意识、提高公共服务水平和效率都具有重要意义。

四、结语

体育舞蹈不仅具有广泛的群众基础，还具有可开发的市场潜力。据不完全统计，体育舞蹈有3 000多万参与人口，青少年体育舞蹈发展呈井喷态势。面对如此庞大的、自发的体育舞蹈参与群体，如何保持参与者的积极性，同时吸纳更多的人参与其中是一个重要课题。中国体育舞蹈联合会要树立正确的市场观念，加快推进脱钩改革的步伐，彻底实现协会法人自治。社会体育指导中心应做到脱钩但不脱管，适当下放权力，减少直接干预和自主经营限制，增强自身活力，使中国体育舞蹈联合会真正成为自主经营、自负盈亏、自我发展、自我约束的法人实体。另外，社会体育指导中心还要加强对体育舞蹈联合会的业务指导和资金扶持，增加政府购买服务，转变政府职能，积极用创新方式和方法帮助联合会实现脱钩后的市场主体作用，推动其发展，完善其履行社会公共服务职能的方式。

参考文献

[1] 黄亚玲.论中国体育社团——国家与社会关系转变下的体育社团改革[M].北京：北京体育大学出版社，2004.

[2] 孟少然.去行政化背景下体育协会的发展路径的研究——基于对宜昌市网球协会调研[J].文体用品与科技，2017，6（6）：4-5.

[3] 赵倩.我国体育舞蹈运动发展的历程、动因及路径[J].浙江体育科学，2013，35（1）：58-60.

[4] 赵景辉.我国体育舞蹈教师继续教育研究——以北京高校体育舞蹈进修为例[D].北京：北京体育大学，2016.

[5] 张洋，周亚军.摘掉社会组织的"官帽子"——来自安徽、山西的调研报告[J].中国社会组织，2015（19）：18-22.

[6] 孙林，金燕.我国体育舞蹈赛事的发展[J].体育文化导刊，2013（3）：37-39.

[7] 张艳萍，袁志华.我国体育舞蹈"多元化"发展趋势及社会价值探析[J].成都大学学报（教育科学版），2008，22（2）：79-81.

[8] 佚名.詹成付强调：确保脱钩过程中党建工作不断得到加强[J].中国社会组织，2017（7）：1.

[9] 陈文芳.西安市体育舞蹈俱乐部体育舞蹈开展现状与影响因素的调查研究[D].西安：西安体育学院，2015.

浅析中国航空体育运动的发展

国家体育总局安阳航空运动学校　孙国明

摘要： 党的十九大胜利召开，标志着中国特色社会主义进入了新时代，国家经济实力、科技实力、国防实力、综合国力、国际影响力和人民获得感显著提升，人民群众对美好生活的需要日益增长，对航空体育运动和体育休闲项目的需求逐渐增加，航空体育运动项目将成为一些人群追逐的热点。

安阳航空运动学校（以下简称"安阳航校"）是国家体育总局直属的航空体育事业单位，是中国航空运动协会最大的综合性航空俱乐部和航空体育训练、比赛中心。新时代的航空体育人，坚持以习近平新时代中国特色社会主义思想为指引，围绕国家体育总局党组全面深化体育改革的有关指示和要求，以建成国内一流、国际知名的航空运动学校为目标，以"练内功、强服务、树品牌、新突破"为主要措施，优化布局，建强组织，敢于担当，勇于承担起振兴中国航空体育运动的重任，努力把安阳航校建设成航空体育人才培养基地、航空体育科研基地、航空运动项目体验基地和航空运动器材制造维修基地，为体育强国建设做出应有的贡献。

关键词： 航空体育；体育产业；航空运动项目

一、中国航空体育运动发展回顾

中国航空体育运动起源于中华人民共和国成立之后。航空体育运动是利用飞行器或其他器械在空中进行的一项体育运动，它是伴随着飞行器的诞生和发展而开展起来的。

（一）航空体育运动简介

中国航空体育运动的发展壮大得到了中央领导、国家体育总局历任领导的亲切关怀和大力支持。目前，我国航空体育运动有飞机跳伞、运动飞机、热气球、无人驾驶航空器、航模、滑翔6大类共26个运动项目。普及和推广航空体育事业，弘扬航空体育文化，是我国航空体育运动发展的战略机遇。

（二）航空体育运动发展过程

安阳航校前身为中国国防体育俱乐部滑翔学校，创建于1955年6月12日，1956年11月由河北省张家口迁至河南安阳，命名为"中国人民国防体育协会滑翔学校"，1966—1970年，停止训练直至撤销。1975年，经国务院、中央军委批准，学校恢复，定名为"国家体委安阳滑翔学校"，1998年3月29日改为"国家体育总局安阳航空运动学校"。

二、当前航空体育运动开展情况

随着我国改革开放的逐步深化和人们生活水平的不断提高，航空体育运动开始依靠社会力量、面向大众，积极开拓航空体育市场，国家集训队和各省、区、市队及解放军队开始普及航空体育运动。

（一）安阳航校的基本情况

安阳航校是国家体育总局直属的事业单位，是中国航空体育运动的培训基地，现有正式职工146人，其中，教练员（高级职称）6名，飞行教员17名，国家民航局授予的飞行技术检查委任代表3人，具有机务维修能力的人员38人，持民航维修执照人员29人。

学校占地面积为3 178亩（约2.1平方千米），有两条1 000米×60米的南北向水泥跑道，拥有独立管理和使用的飞行空域，是目前国内外较大的航空运动训练、比赛基地。

（二）航空体育运动业务

安阳航校是国家跳伞队教练员、运动员指定训练培训基地；承接运动飞机、直升机、跳伞、热气球、动力伞等项目的训练、比赛、表演，私用飞机驾驶员执照培训及教练员等专业技术人员的培训；接受全国范围内的航测、航摄、飞播、飞防、科研试飞和航空科学知识普及等通用航空服务业务。

1. 国家跳伞队训练

航空体育运动属非奥运项目，我国此类项目总体水平偏低，但是跳伞项目保持了世界领先水平，在世界航空体育界享有盛誉。自1975年航空运动项目恢复以来，我国跳伞运动先后在世界锦标赛、世界杯赛和亚洲跳伞比赛中取得了世人瞩目的成绩。自1995年10月至2018年，中国国家跳伞队在世界杯赛、世界锦标赛、世界运动会中共获50枚金牌、42枚银牌、32枚铜牌，共124枚奖牌；在亚洲锦标赛中共获142枚金牌、102枚银牌、74枚铜牌，共318枚奖牌。

中国国家跳伞队是国家发展航空体育运动的一支劲旅，在训练中严格执行《跳伞训练规则》，常年做到跳伞训练安全无事故；2017年度完成146个跳伞训练场次，共计跳伞8 965人次，人均跳伞近380次；2017年6月8日至12日，参加在克罗地亚举行的世界杯定点分站赛，高天波获得青年个人定点冠军，葛斌获得男子个人定点亚军，王赛获得女子个人定点第三名；2017年11月20日至27日，参加在江西吉安举行的第18届亚洲跳伞锦标赛及国际公开赛，共获得8枚金牌、6枚银牌、6枚铜牌，第一次实现了所有个人项目奖牌的包揽，继续保持我国特技、定点项目在亚洲的霸主地位。

2018年8月25日至30日，在保加利亚蒙塔纳举行的第35届世界特技、定点跳伞锦标赛中，获得了6枚金牌、2枚银牌、4枚铜牌的好成绩，邢雅萍以单轮6.66秒和5轮36.07秒的总成绩打破了女子青年特技单轮和总成绩两项世界纪录。

2. 通航飞行作业业务培训

安阳航校是民航局批准的民用航空器飞行驾驶执照培训单位。1992年始，安阳航校自筹资金引进国外轻型飞机和直升机，借鉴国外经验积极开展私用驾驶执照培训工作。在多年飞行培训经历中，安阳航校积累了丰富的教学经验，在飞行员低空、夜航、机动飞行培训等方面具有巨大优势。自开展飞行培训工作以来，安阳航校不但为我国空军、海军代训了大批的飞行学员，也先后为日本、斯洛文尼亚、纳米比亚、肯尼亚、柬埔寨等国家，以及我国港台地区和国内有关单位培养飞行员近两千人。接受全国范围内的航测、航摄、飞播、飞防、科研试飞、驻军训练任务，为国防建设服务、保证陆航直升机起降和普及航空科学知识等做出了积极贡献。

多年来，安阳航校先后承办了世界跳伞锦标赛、亚洲锦标赛、全国锦标赛、全国跳伞冠军赛、全国青少年航空模型锦标赛、安阳航空运动旅游节（第三至十届）等众多大型赛事。

（三）相关行业业务拓展

1. 接受全国范围内公用、私用航空器代管业务

近年来，安阳航校相继代管了安阳市的自由XL-2型飞机2架，河北林业局R44直升机1架，深圳赛斯纳172型飞机1架，河南宏力集团EC-120直升机1架、EC-135直升机2架，北京贯辰公司R22直升机2架、R44直升机2架、贝尔206直升机1架。

2. 开展应急救援和突发事件飞行保障工作

配合安阳市军分区组建了全国首支民兵直升机侦察大队，以满足抢险救灾和应急指挥的特种需要。2011年与安阳军分区及市人民防空办公室、北关区政府联合组织了"5·16"防空防震综合演习；2016年积极配合安阳市进行抗洪抢险救灾，共进行空投84架次，投放救灾物资16 000公斤。

3. 机务维修培训

安阳航校也是民航局批准的维修培训机构，可开展航空机务维修人员培训业务。自2011年11月首次开班以来，凭借高素质的教员队伍、完善的教学设施设备，安阳航校已成功举办各类机型培训班38期，培训维修人员326人，为我国60余家通航企事业单位输送了大量优秀的机务维修人才。

4. 通航飞防作业

近年来，随着经济社会发展水平的提高，通航作业逐渐走进人们的视野，尤其是农林业越来越多地使用航空器进行相关生产工作，已逐步淘汰了过去依靠人力的传统作业方式，节省了大量人力、物力和财力，受到了越来越多农林业从业人员的欢迎。安阳航校从20世纪50年代末就开始进行农林业等通航作业飞行，以"银鹰绘出千山绿，拼搏精神传太行"的精神，得到了农林业等部门的好评，为再造祖国秀美山川做出了积极贡献。安阳航校的直升机也先后飞越了全国20多个省、区、市，配合中央电视台和地方媒体圆满地完成了多种影视纪录片的拍摄任务，充分显示了航空拍摄的独特性能和魅力。安阳航校良好的技术水平和运行状况，也吸引了中国空空导弹研究院、中国电子科技集团、中国测绘科学研究院等军工企业和科研机构前来进行产品实验、测绘、试飞等，为我国国防建设和科研工作做出了一定贡献。

5. 青少年科普教育

安阳航校成立了青少年航空体育俱乐部，积极开展航空科技普及活动。先后开展了体验空中游览、航空夏令营、航空运动科普进校园、与世界冠军面对面等活动。

（四）当前亟待解决的问题

航空运动产业整体发展层次不高，结构不尽合理；航空运动基础设施和航空运动俱乐部数量少，产品和服务有效供给不足；大众航空休闲运动意识不强，消费意识激发不够；航空运动管理职能交叉，政策体系有待进一步完善。

三、关于发展中国航空体育运动的建议

（一）牢固树立安全意识、确保航空体育事业又好又快发展

习近平总书记指出，安全是民航业的生命线，要牢固树立以人民为中心的思想，始终把安全作为头等大事来抓。这就要求航空体育发展必须以更高的站位、更高的标准、更高的起点，把飞行安全真正盯紧盯住。

1.时刻把安全摆在首位

充分考虑安全与效益、发展、服务、训练的关系，要从思想意识上抓起，牢固树立安全发展理念，坚持以人民为中心，生命至上、安全第一，把安全作为航空体育事业发展的前提、基础和保障，充分认识安全工作的艰巨性、复杂性、突发性和长期性。

2.完善安全监管体系，保证安全飞行

巩固航空体育发展建设成果，融合军民航空优势资源，结合网络和移动设备定位技术创新航空体育安全保障手段，创新"主动监管"方式，探索将北斗卫星导航系统应用到航空体育上的有效途径。

3.加强安全预警信息

及时更新航空飞行营地及赛事活动举办地区的天气情况等信息，建立协调有序的航空体育监管运行机制，完善航空体育综合监管体系及各项工作制度。

4.加大培训教育力度，增强资质和能力建设

参与航空体育赛事，调研航空体育比赛营地，提升服务保障能力。参加国家体育总局、民航局组织的政策法规类和应急救援类培训，培养有资质的安全管理者。组织飞行机组，对当代民航精神、飞行员作风养成和特情处置程序等进行培训。组织对所有地面保障人员和安全管理相关人员的培训，开展安全工作作风和安全发展理念宣讲。

5.落实上级文件精神，做好安全责任制落实

组织召开安阳航校年度安全工作会议，部署安全工作任务和工作要点。制订年度安全工作计划、航空安全培训计划、安全检查计划、应急演练计划，签订年度安全责任书。

6.多种方式并举，创新安全检查模式

从全面自查、重点检查、自查自纠等方面入手，运用现场抽查、现场询问、文案检查、资料翻阅等方式发现安全隐患、突出问题，及时进行安全提醒，结合实际情况及时下达限期整改通知书，把安全隐患消灭在萌芽状态，确保各项工作顺利开展。

7.扎实开展全国"安全生产月"活动

组织宣讲安全知识、观看警示教育片，发放宣传页，制作宣传板，举办安全生产咨询、安全知识竞赛等多种活动，确保安全宣传到位，安全意识深入人心。

8.加强安全设施建设，美化校园秩序

加强学校安全建设管理体系。联合地方消防人员定期组织灭火应急演练，提高广大干部职工的消防安全意识和应对处置突发事件的能力。

9.做好消防器材更换、维护工作

按照时间节点，分批次集中更换消防器材。校区所有场所按规定维护、更新灭火器材，始终保证消防器材处于良好状态。

（二）制订新时代中国航空体育运动发展计划

以习近平新时代中国特色社会主义思想为指导，认真学习贯彻党的十九大精神，在国家体育总局党组的领导下，不忘初心、牢记使命，以"练内功、强服务、树品牌、新突破"为主要措施，优化布局，建强组织，勇于创新，敢于担当，把"爱校为家"的理念融入工作的各个环节，营造有利于安阳航校发展的环境和氛围，争取国家体育总局、中国航空运输协会、航空无线电模型运动管理中心和社会各界的大力支持，推动安阳航校各项工作取得新的进步。

（1）深入学习贯彻习近平新时代中国特色社会主义思想和习近平总书记关于体育工作的重要指示，落实从严治党的各项要求，全面加强安阳航校党的建设，促进党建工作取得新突破。

（2）坚持开放共享、合作共赢，积极引入战略合作伙伴，推动与中国

交通建设集团以及其他社会力量的战略合作，以"互联网+航空"的模式广泛开展群众性航空体育运动，开展探索航空运动俱乐部联赛的可行性研究。

（3）根据国家体育总局全面深化体育改革的各项指示和要求，借鉴各项目中心改革的成功经验，全面推进航校管理体制和运行机制改革，合理调整机构设置，优化各部门职能，加强内部管理，整合现有资源，完善各项规章制度，努力解决安阳航校与通航公司"一套人马、两块牌子"的问题，激发安阳通航的经营活力，增强创收能力。

（4）在保持跳伞项目传统优势的基础上，积极拓展航空运动项目，扩大运行资质并做大做强。计划逐步恢复滑翔和热气球项目，增设航模、无人机和风洞项目，成立飞行表演队和热气球表演队，积极承办和参与航空赛事活动，并打造自主精品赛事。

（5）加强学校内部团结，树立团队意识，始终以促进航校又好又快发展为一切工作的出发点。中层领导干部要以身作则，率先垂范，切实加强工作中的沟通协调，敢于干事，勇于担责，乐于互助，充分发挥模范带头作用，营造包容、合作、共赢的工作氛围。

（6）加大人才培养力度，着力引进高层次专业人才，并做好业务培训工作，进一步申请成立飞行、教练工程系列高级职称评审委员会，实现专业技术与职称对等。同时，学校将完善绩效工资实施方案，稳步提高职工待遇，真正做到事业留人、感情留人、待遇留人。

（7）切实提升服务意识和服务水平，进一步加强业务能力培训与工作纪律教育，尝试引入社会化管理思路与模式，通过建立新的奖罚激励机制，激发职工爱岗敬业的工作热情，调动职工开拓创新的工作积极性。

（8）进一步改善基础设施建设，为承接更多训练任务、通航业务、大型赛事提供坚实保障。稳步推进办公危房改造、运动员公寓危房改造、跳伞训练场地改造等项目，逐步提升服务质量与水平。

"行百里者半九十"。安阳航校虽然目前在航空体育运动领域占有领先优势，但距国家航空体育运动战略发展目标还有很大的差距，还有许多艰巨的任务需要我们去完成，要以"咬定青山不放松"的毅力，以"梅花香自苦寒来"的坚持，以"一张蓝图绘到底"的决心，紧密团结在以习近平同志为核心的党中央周围，坚持国家体育总局党组的正确领导，坚定信心，奋发有为，努力把安阳航校建设成航空体育人才培养基地、航空体育科研基地、航空运动项目体验基地和航空运动器材制造维修基地，为实现中华民族伟大复兴的"中国梦"而努力奋斗。

参考文献

[1] 吕人力.中国通用航空蓝皮书：中国通用航空业研究报告（2017）[M].北京：中国民航出版社，2017.

体育服务
保障工作研究

国家体育总局机关服务中心后勤社会化管理浅析

国家体育总局机关服务中心　王洪尉

摘要： 改革开放以来，我国经济快速发展，社会不断进步，特别是中国特色社会主义市场经济体系进一步确立与健全。建设廉洁、高效、勤政、务实的政府成为重要的改革方向，政府机关后勤服务社会化改革初见成效。随着政府机关后勤服务社会化改革不断深入，各级机关事务部门基本上实现了政事分开、管办分离，服务保障能力大幅度提升，为各级党政机关高效有序运行提供了有力保障。但是由于受到种种因素制约，改革在实践过程中也遇到了诸多问题，机关后勤服务社会化改革的主要目标和制度设计并没有完全实现，一定程度上影响了机关事务工作的科学发展。切实努力探索，从外部社会环境到内部管理体制等多方面寻找问题的根本所在，有针对性地提出解决问题的思路和对策，对于促进政府机关后勤服务社会化改革向纵深发展，推动政府机关后勤服务社会化不断走向市场、走向社会有着极其重要的现实意义和深远的历史意义。

关键词： 社会化改革；意义；现状；问题；发展

1978年，党的十一届三中全会确定中国开始实行对内改革、对外开放的政策，拉开了改革开放的大幕。改革开放的推进，特别是中国特色社会主义市场经济体系的正式确立与完善，必然会带动政府机关后勤服务管理体制改革。通过社会化改革建立高质、高效、务实、节能的政府机关后勤服务管理体制成为重要的改革目标。近些年的实践经验表明，政府机关后勤服务的社会化改革工作已初见成效，大部分的机关后勤服务部门基本上能够做到"政事分开""管办分离"，保障各机关正常运转的能力有显著提升，有力支持了各级机关高效运行。习近平总书记在党的十九大上提出中国特色社会主义进入新时代的发展阶段，机关后勤服务的管理制度、部门职能、服务方法、运作机制等方面都需要做出顺应新形势的调整。所以，认清当前社会发展形势，研究推进新形势下机关后勤服务社会化改革切入点，将社会化改革做深、做透，将是今后改革过程中亟须探究的重点问题。

一、机关服务中心后勤社会化的概念和重要意义

所谓机关后勤服务社会化改革，指在社会生产力不断发展的过程中，机关后勤服务类型由供给型、福利型、封闭式的自我服务，向建立在专业分工协作基础上的商品化、市场化、企业化服务逐渐转化，最终实现服务的社会化。机关后勤服务社会化改革是推行社会主义市场经济体制的一种具体体现，其根本目标是实现机关后勤工作的稳定、良性发展，以高质、高效的后勤服务为机关单位正常运转提供保障。这一改革对于实现政府职能转变、优化机关组织结构、提升工作效率具有重要意义。

（一）政府机关后勤服务社会化改革有利于克服传统体制弊端，是全面深化社会主义市场经济体制改革的客观要求

旧有的机关后勤服务自我管理、自我服务的管理模式是计划经济时代的产物，在计划经济的时代大背景下对机关单位的发展、人员队伍的稳定有良好的促进、保障作用。党的十一届三中全会后，我国开始了从计划经济体制向社会主义市场经济体制的变革，服务于计划经济时代的传统机关后勤管理体制弊端尽显，"小而全"的格局逐渐被打破，社会主义市场经济新时代需要机关后勤服务进行改革。1993年，中央在《中共中央关于建立社会主义市场经济体制若干问题的决定》中明确提出，转变政府职能，改革政府的机构，是建立社会主义市场经济体制的迫切要求；要按政企分开、精简、统一、效能的原则，继续并尽早完成政府机构改革。[1]这为政府在社会主义市场经济体制改革中扮演角色的改变指明了方向，而政府机关后勤服务的社会化改革正是遵循着此方向的指引而做出的探索——贯彻"社会化"这一理念，将后勤职能与管理职能分离，引入市场竞争，市场、社会能够胜任的工作交给市场、社会去负责，有效地消除传统封闭式机关后勤服务的弊端。实现机关后勤服务由自给自足型的无偿服务向经营型有价服务的变革，实现由封闭式的自我服务向开放型采购服务的转变，这是市场经济规律作用于机关后勤服务的具体体现，是全面深化社会主义市场经济体制改革的客观要求。

（二）政府机关后勤服务社会化改革是政府机构改革的具体体现之一

1993年，《国务院各部门后勤机构改革实施意见》指出，要适应社会主义市场经济发展的要求，以社会化为目标，转换后勤服务单位运行机制，减轻国家财政负担。并且在改革步骤中做出了"各部门的经营服务实体打破部门分割，进行区域性联合，逐步实现机关后勤服务的社会化，有条件的可自收自支实行企业化管理"的具体指示。[2]

当前，政府职能和管理方式正在进行着由"运动员"向"裁判员"的转变，也就是由权力型向责任型转变，将后勤服务与管理职能互相剥离开来。而旧有的机关后勤服务管理方式显然与这一转变趋势相违背，甚至起到了拖延、阻碍的反作用。机关后勤管理的社会化，则能够通过制定统一的管理制度，实现资源优化配置从而降低政府运作成本，减少财政负担，使有限的资源得以更多地投入为人民服务的工作中去，保障机关服务系统的高效运作，机关后勤服务走进市场，政府收入得以增加，反过来还能推动节约型政府建设。因此，作为政府机构改革不可缺少的组成部分，机关后勤改革势在必行。

二、机关后勤服务社会化改革所取得的成效和存在的问题

（一）机关后勤服务社会化改革成效

1993年以来，按照中央体制改革的总体部署，国家机关事务管理部门努力推进机关后勤体制改革，遵循科学化管理、社会化服务的大方向，加强了机关后勤管理的规范化、制度化建设。机关后勤改革经历了从物业、餐饮改革等行业局部探索到资产、经费、资源节约等全面、系统的渐变过程，改革取得了良好效果，主要原因如下。

1. 主动接轨市场，引入竞争机制

在计划经济体制背景下，机关后勤服务单方面对服务质量提出要求，在成本及资源使用效率方面缺少应有的关注，实质上是一种不计成本、侧重于福利性质的服务。这样加重了机关的经费压力，同时还会助长机关后勤部门被动的行事风格和安于现状、不求改进的思想观念，反过来，这种态

度也会影响服务质量。而在市场经济背景下，这种传统的服务模式已无法适应市场环境的需要，后勤服务的经济效益变得越发重要，以市场机制中处于核心地位的价格机制为依托，机关后勤服务的价值也随着商品交换关系的建立得以体现。市场竞争机制的引入，提升了后勤服务的效益，同时后勤服务的运行成本也得以降低，减轻了机关经费压力。

2. 通过专业力量的引进，将资源进行优化配置

身处科学技术快速发展的时代，我们生活的方方面面都离不开科学技术的支撑，机关后勤服务也不例外。机关后勤服务科技含量的提高，促使机关走进市场，向专业机构购买服务。在设备、网络、餐饮、会务等对专业技术有较高要求的领域，机关后勤部门可采用合同外包、委托管理、社会合作等方式向拥有专业资质的企业购买服务，而后勤部门自身不再承担服务工作，专职负责对后勤服务进行合理规划、控制预算经费使用、履行监管职责，从而高效配置有限的服务资源。目前，机关后勤服务中餐饮、物业、信息化运维等领域向社会购买服务的规模正在逐步扩大。

3. 科学监管，有效节约资源

现有的机关后勤服务模式，其服务经费来源于财政拨款，在客观上部分甚至完全处于垄断地位，导致缺乏竞争、激励和创新等机制，不可避免地造成效率低下甚至不计成本、浪费严重的现象。而随着后勤服务社会化改革的持续推进，大量有着丰富管理经验和先进管理手段的专业机构开始参与机关后勤服务，节能、节约成为工作重点之一。管理与服务兼顾、检查与指导并重，由粗放式管理向精细化管理转变的目标正在逐步实现。

4. 更新观念，主动追求提升

再好的改革方案，没有人去积极执行仍旧是一纸空文。机关后勤服务社会化改革在对后勤服务管理体制提出要求的同时，也要求机关后勤工作人员及时完成思想观念的转变。随着机关单位人事制度的改革，工作岗位可上下调整，薪酬待遇也有了高低之分，这大大增加了机关后勤工作人员主动提升知识水平、改进服务态度的积极性。许多后勤工作人员摒弃了过去"等、靠、要""干好干坏一个样""大锅饭""平均主义"的思想观念，"追求质量，服务争先"成为机关后勤工作者崭新的工作状态。

（二）机关后勤服务社会化改革存在的问题

2017年，习近平总书记在党的十九大上再一次强调供给侧改革依旧是今后工作的重要目标。供给侧结构性改革，就是从生产端入手，将过剩产能有效化解，将产业进行优化重组，降低成本，发展战略性新兴产业和现代服务业，增加公共产品和服务的供给，提高供给侧对于市场需求变化的适应性和灵活性。作为"产业优化重组、发展现代服务业"这一要求的具体体现，在改革开放40余年取得的实践经验基础上不断深化的机关后勤服务社会化改革，取得了令人瞩目的成果，但同时我们也应正确认识到，想要继续深化改革仍需面对一些问题和挑战，主要表现如下。

一是思想观念转变不彻底，改革过程稳妥有余而魄力不足。40余年的改革之路使得"追求质量，服务争先"的观念基本形成，能改、好改的基本上都改了。而对于因为各种原因使改革存在一定难度的事项，有的单位在改革实施过程中一味求稳，满足于现状，不敢下大力度去改；有的单位间相互观望，不敢当"第一个吃螃蟹的人"，担心改革出现问题给本单位带来麻烦；有的一味强调单位的特殊性，规避改革，不想改、不愿改的思想依旧存在；有的担心社会力量的引进将会给安全、保密等工作带来风险，因此在引进社会力量的问题上犹豫再三。

二是后勤服务队伍人员冗余，缺乏专业人才，人才培养机制建设滞后。部分机关后勤服务依旧是点多、面广、线长的传统模式，机关后勤队伍人员冗余的历史遗留问题依旧存在。而与人员冗余这一情况正好相反的是，创新型、专业型人才在队伍中所占比例不高，大部分后勤管理人员未参加过专业技能培训，缺乏管理知识，有的甚至是从别的岗位调过来的，对后勤服务工作缺少应有的了解。另外，岗位交流等人才培养机制建设的滞后，也限制了后勤管理人员的职业发展，对激发他们的工作热情和激情造成了负面影响。

三是管理手段落后，与改革形势脱节。虽然机关后勤服务社会化改革推进过程中，部分机关采取了一些创新举措，发挥了一定效果，但从全局来看，机关服务管理手段仍旧相对落后于当前深化改革的发展形势。在后勤服务管理方法中，现场考察、总结汇报、年度考评等老办法依旧是实施监管的主要手段，针对性、专业性不足。监管和运营双方合作中的信息不对称、各自目标存在差异、责任不对等因素也会导致机会主义出现，产生决策风险、信息不对称风险和管理风险。另外，新兴科学技术成果运用滞后，系统、全面、专业性强的配套综合信息管理系统尚未成型。

三、对策和建议

国家体育总局后勤机构服务的社会化改革工作起步较晚，但换个角度思考，有40余年的改革实践经验作为参考，能够将改革风险控制在最低，这是我们推进机关后勤服务社会化改革的优势所在。正所谓"前人栽树后人乘凉"，我们站在前人探索道路的基础上，遵循"政事分开、事企分开、管办分离"的指导思想，以"确保安全保密，实现机关后勤服务基本由社会提供，建立起完善的监管、保障体制"为总目标，坚持高效节能、统筹兼顾、保障质量的原则，将后勤服务社会化改革与转变机关职能相适应，在新时代背景下力争后来居上，实现"弯道超车"，切实将国家体育总局机关后勤服务的社会化改革做深、做透。为此，提出如下建议。

（一）解放思想，转变观念，消除改革顾虑，改革就意味着利益的重新配置

改革过程中，有人认为机关后勤服务的社会化会去除机关后勤服务的公益性、福利性，因而产生消极情绪。所以，要想深入推进改革，就要消除思想顾虑，提高思想认识，避免让消极情绪阻碍改革进程。要通过政策宣传引导，让干部职工了解到，改革并不是简单地压编制、减机构、甩包袱，随着经济的发展和社会的进步，拒绝改革、拒绝市场不利于机关事务工作的长远发展。我们应该从党和国家工作的全局出发，以有利于机关后勤服务科学发展为目标，正确处理改革和利益的关系。

（二）创新激励、约束机制，赋予管理人员改革魄力

改革必然伴随着风险，而想要顺利地推动改革，让改革者可以无后顾之忧地投入改革，就要建立起行之有效的激励、约束机制。比如，为后勤工作机构及其主要责任人分别设置有针对性的考核制度。设置政策、资金等方面的激励措施，对在推进后勤服务社会化改革的过程中有突出、创新表现的人员予以鼓励；与之相反，对于消极改革、实施不力的要监督其整改并严厉追责，做到奖惩分明。同时，改革是一个对于未知的探索过程，在探索过程中走弯路也是在所难免的，因此要分清积极探索中造成的失误和消极对待改革的不作为，并在此基础上建立健全容错机制，对于探索失误原则上不追责、不问责，消除改革者的顾虑。既倡导改革又宽容失败，营造一种积极改革又勇于尝试、不畏挫折的良好环境。

（三）明确机关后勤服务机构岗位分工及定位

按照"政事分开、事企分开、管办分离"的原则，明确后勤服务机构岗位分工，各岗位找准自身定位，各司其职。比如，成立机关后勤服务管理处，主要负责监督工作计划的履行、制定规章制度、行使监督检查职能，经费由财政预算保障。将原有的所有承担后勤工作的部门统一收并，对后勤工作实行统一管理。严格限制机关后勤服务人员编制数量，不得超编制安排人员。在人员的选拔、任用上严格把关，提升专业人才在后勤保障队伍中所占比重，建立完善的人员专业技术培训制度，定期组织后勤服务人员进行培训及与其他单位人员的交流，以达到专业、高效管理的目标。同时采取分流、转岗、退休等多种方式解决现有后勤保障队伍的人员冗余问题，注重做好思想政治工作，确保干部队伍稳定。

（四）创新管理手段，注重风险防控

社会化改革是打破机关后勤服务原有的封闭运行机制的过程，这不可避免地会产生风险。所以对于风险的防控是深化改革的重中之重。因此，要制定渗透进后勤工作每一个环节的标准化制度，将责任落实到位，为实行高效的质量监管提供参考依据，通过设立投资决策、财务监管，形成机关事务行政管理部门与服务单位之间的良性合作关系。引入新式管理手段，建立完善的信息公开机制及企业评估机制，引入第三方服务满意度评价体系，做到对服务全过程高效监管。

新时期、新机遇、新挑战。面对社会主义市场化经济体制改革形势，机关后勤社会化改革也要以史为鉴、立足长远，及时做出顺应新形势的调整，作为社会主义市场经济体制改革的重要一环，将社会化改革做深、做透，使之成为引领政府职能转变的一面旗帜，这是下一步的工作方向。改革过程中总会遇到各种困难和难题。只要我们不畏困难，不忘初心，牢记使命，采取有力措施，转变观念、创新机制、改进管理，政府机关后勤服务改革就一定会迎来新的发展，政府机关后勤服务水平会得到进一步提高，市场竞争能力会进一步增强，国有资产保值、增值也会得到有效保障。

参考文献

[1] 中共中央关于建立社会主义市场经济体制若干问题的决定[M].北京：人民出版社，1993.

[2] 刘会增.深化机关后勤服务社会化改革的实践与思考[J].中国行政管理，2017（5）：6-9.

[3] 黄新宝.关于机关后勤服务社会化改革的一些理论探讨[J].中国机关后勤，2016（11）：9-12.

国家体育总局财政性资金预算绩效管理
现状及对策研究

国家体育总局财务管理和审计中心　任琳

摘要： 党的十九大明确提出全面实施预算绩效管理的工作要求，体育管理部门按照要求积极推进工作，取得初步成效，但仍存在一些亟须解决的问题。本文对推进预算绩效管理工作的重要性、必要性，预算绩效管理的内涵、主要内容、成绩和问题，以及解决问题的对策和建议进行了论述，目的是继续推进体育管理部门的预算绩效管理工作有效实施，牢固树立绩效理念，健全工作机制。通过绩效管理质量的提升和管理实效的发挥，将体育管理部门预算绩效管理工作向纵深推进。

关键词： 体育管理部门；绩效管理；成绩；问题；对策

一、预算绩效管理工作的重要性、必要性

（一）预算绩效管理是建立和谐社会的必然选择

对于和谐社会，有各种各样的描述，其中最核心的就是人的和谐，也就是要做到"以人民为中心"。如果公民的诉求可以得到充分表达，公民的利益可以尽可能得到保障，人就和谐了，也就会带来社会的和谐。对于财务管理工作而言，一要建立一种有效机制，使公民对公共产品和服务的需求偏好能得到充分表达和协调；二要形成一套制度，能够通过科学的方式提供满足公众需求的公共产品和服务。为使上述要求得到充分满足，需要做好预算绩效管理工作。

（二）预算绩效管理是提高政府管理水平的突破口，有利于加快政府职能转变

政府管理水平低下会在一定程度上制约社会发展，因此，必须建设高效、透明、负责任的政府。预算绩效管理强调以绩效作为评判财政支出行为的标准，如果在某一领域市场资源配置效率高于政府，财政资金就应当从该领域退出；反之，财政资金就可以进入该领域，但需要减少甚至削除财政的无效支出、盲目支出等。这实际上是建立起财政支出的自我约束和调整机制，也就是建立起政府履职范围的约束和调整机制，有利于解决政府职能越位、缺位、不到位的问题，加快推进政府职能转变。

（三）预算绩效管理的实施，有利于推动行政问责机制建设，从而杜绝腐败

行政问责强化对行政权力的监督，对预防滥用职权、以权谋私、贪污腐败，提高政府执行力和公信力等具有重要作用。但要实施行政问责，一要有明确的责任划分，二要有责任的客观认定。推进预算绩效管理，一方面，要通过绩效目标将工作任务层层分解，将部门责任进一步落实到每个单位、每个内部处室，直至每个工作人员，以此作为行政问责的前提；另一方面，要通过科学的绩效评价，对政府部门的经济活动进行全面、客观、公正的评判，为行政问责提供基础。

二、预算绩效管理的内涵及主要内容

（一）预算绩效管理的内涵

预算的本意是财政收支计划，在这里特指预算绩效管理的范围和对象，它涵盖了所有"财政性"资金，这种"财政性"资金以不同的方式进行归集，会形成不同的绩效管理对象。如果以一个项目来归集资金，就是以具体项目资金为对象，开展的是项目绩效管理；以一个部门来归集资金，就是以部门预算资金整体为对象，开展的是部门整体绩效管理。

绩效，一是"绩"，也就是预算资金形成的产品或服务；二是"效"，也就是由于形成产品或服务而带来的效益或影响。两者结合起来才是完整的"绩效"。[1]

预算绩效管理是一种以结果为导向的预算管理模式，通过绩效目标管

理、绩效监控、绩效评价、评价结果应用等环节开展工作。[1]

（二）预算绩效管理的主要内容

预算绩效管理要遵循"五有"原则，即做到"预算编制有目标、预算执行有监控、预算完成有评价、评价结果有反馈、反馈结果有应用"，主要工作内容包括以下内容。

（1）绩效目标管理是预算编制的前提和基础，没有清晰的、量化的绩效目标，预算安排也就失去了科学依据。不仅如此，只有科学设置了绩效目标，执行中的绩效监控才有了对象，执行后的绩效评价才有了依据。

（2）绩效运行监控是指根据年初设定的绩效目标对资金运行及绩效目标的预期实现程度开展的监控活动。当资金的使用方向与绩效目标发生偏离时，应及时采取措施纠正，保证绩效目标的实现。[1]

（3）绩效评价实施是指根据年初设定的绩效目标，运用科学、合理的评价指标和方法，对支出的效率性和效益性进行客观评价。[1]为保证评价的公正性，可以采用引入第三方机构的方式开展评价工作。

（4）绩效评价结果应用是预算绩效管理工作的落脚点。[2]主要包括以下几个方面：一是完善预算管理；二是合理安排预算；三是报告评价结果；四是公开评价结果；五是实施绩效问责。

三、体育管理部门预算绩效管理工作的主要成绩和存在问题

（一）体育管理部门预算绩效管理工作的主要成绩

完善顶层设计，健全制度体系。通过出台一系列管理办法和规定进一步明确了体育管理部门绩效管理工作的工作内容、工作流程和职责分工等，为工作开展提供了执行依据和保障。已初步建立以绩效管理办法为统领，两个制度为操作规程，预算绩效评价指标体系为具体指引的体育管理部门预算绩效管理制度体系。

1.形成绩效管理合力，树立绩效理念

伴随着绩效工作的逐步推进，体育管理部门通过培训、调研座谈、公开招标积极引进第三方中介机构参与工作，不断加强主管业务司局和项目执行单位的绩效理念，调动工作人员的积极性，尤其在绩效评价工作中较好地落

实了主管业务司局组织指导责任、项目执行单位的具体实施责任、中介机构的绩效评价责任，绩效管理合力初步形成。

2.夯实工作基础，构建绩效指标体系

按照指向明确、细化量化、合理可行、相应匹配、定性与定量相结合的原则，根据体育管理部门职能及各类项目支出特点，设定各类项目绩效目标内容，构建体育管理部门项目支出绩效目标体系。该体系包括训练类、竞赛类、国际交流类、运动员保障类、文化教育类、体育活动类、设备购置类等12大类项目指标，为项目执行单位提供了参考依据，提高了绩效目标的填报质量，规范了绩效目标管理工作。

3.加强绩效监控，利用不同方式监控绩效

体育管理部门主要采取自行监控和重点监控两种方式开展工作，其中，项目执行单位自行监控是对单位预算项目运行情况进行的监控。按照绩效运行监控的要求，围绕年初设定的绩效目标，监控预算执行情况及绩效目标的实现程度等。重点监控是在自行监控的基础上，由绩效管理部门抽取重点项目进行的监控。根据预算及绩效目标的批复，通过调查取证、实地核查等方式，对项目执行单位资金使用情况进行重点抽查。

4.提高评价质量，建立评价指标体系

体育管理部门结合部门职能特点、财政资金用途，制定了"国家体育总局预算绩效评价指标体系"。该体系包括项目支出评价指标体系和整体支出评价指标体系两个部分。其中，项目支出评价指标体系根据体育管理部门的工作职能特点和绩效目标模板设定；整体支出评价指标体系是对体育管理部门职能实现程度的综合评价，按照部门发展规划，结合项目支出绩效指标建立。

5.推进智库建设，提供智力支撑

目前，体育管理部门绩效专家库在库专家28人，其中管理专家9人，业务专家17人，财务专家2人。同时通过公开招标的方式，选取专业能力强、执业规范、管理水平高的第三方机构进入体育管理部门智库，初步建立了体育管理部门预算绩效评价"专家团队"和"中介机构库"，为预算绩效管理工作提供了智力支持。

（二）体育管理部门预算绩效管理工作存在的问题

虽然体育管理部门预算绩效管理工作取得了一定进展和成效，但也暴露

出不少问题和不足，亟须在今后的工作中加以解决。主要问题如下。

1. 绩效理念有待进一步加强

预算绩效管理是一项需要全员参与的工作。但从实际情况来看，体育管理部门的预算绩效管理工作主要由财务部门推动，其他部门参与积极性不足，以被动配合为主。大部分单位绩效意识还不强，绩效管理与预算管理结合不够紧密，"两张皮"的现象依旧存在，有的把绩效管理工作看成一种形式，有的甚至把它当成包袱，缺乏主动性。还未真正树立"用钱必问效、无效必问责"的理念。

2. 管理机制有待进一步完善

从体育管理部门整体情况看，绩效目标管理工作尚处于初级阶段，绩效目标审核仅停留在完整性核查阶段，缺乏对绩效目标合理性、科学性的审核，绩效监控局限于对资金执行进度的通报，对绩效目标的实现程度关注不够，绩效评价参与范围窄、评价方式过于简单，还停留在事后资料评价的阶段，评价质量不高，评价结果应用与预算资金分配结合机制尚未建立。目前，还没有建立起科学的预算绩效管理工作机制。

3. 绩效指标设定有待进一步细化

从体育管理部门实施预算绩效管理情况看，绩效评价指标体系中设定的12个大类项目绩效指标模板在绩效目标全覆盖工作中起到了极大的指导和推进作用。但同时也发现，大部分单位在项目立项时仅仅设定了总目标，没有依据总目标增设相应的个性化绩效指标，造成工作与绩效指标"两张皮"，进而影响评价报告质量和评价结果应用。绩效目标、绩效指标的细化和量化是工作的难点，同一类项目支出中的不同项目也会出现很大的差异，很难找到一套统一的可覆盖所有预算项目的指标体系，因此，需要我们在今后的工作中加强调研，进一步了解项目，进而增强指标的科学性和适用性。

4. 绩效监控方式有待进一步创新

体育管理部门虽然开展了以预算执行为主的监控工作，落实预算执行责任，但预算绩效管理的过程监控应更注重对资金使用效果的监控。针对项目的定期检查、跟踪问效还有待加强，特别是对重点项目的绩效监控，需要采取有效的措施，有针对性地推进，为绩效评价工作的开展提供有力的支撑。

5. 绩效评价质量有待进一步提高

目前，体育管理部门的绩效评价以项目执行单位自评为主，还未真正全面开展绩效管理部门重点绩效评价。随着试点项目的逐步增加、参与范围的逐步扩大，需要以科学、合理的评价方式推进体育管理部门的绩效评价工作，提供高质量的评价结论并运用到预算管理工作中，提高财政资金的使用效益。

6. 评价结果应用有待进一步增强

体育管理部门绩效评价结果仅能够反馈项目执行单位情况，尚未做到评价结果与预算安排挂钩、与加强部门预算管理真正有效结合，还需要进一步探索有效结合的方式。

7. 绩效管理信息化水平有待进一步完善

在预算绩效管理工作的探索和实践中，我们深刻认识到信息化建设是带动全面工作的重要抓手。目前，每年绩效管理过程中生成的大量绩效数据信息难以得到有序整理和充分利用。为保证工作的一致性、及时性、有效性，需要切实采取信息化手段加以解决。

四、对策和建议

体育管理部门应逐步建立健全事前、事中、事后的预算绩效管理机制，更加注重决策前的绩效目标评审；探索绩效监控与预算执行监控相结合，绩效监控与绩效评价相结合，提高评价的质量，加强结果应用，进一步完善预算管理，主要对策如下。

（一）树理念——培养广泛的绩效管理文化

体育管理部门预算绩效管理工作刚刚起步，参与此项工作的项目执行单位较少，随着工作范围的扩大、内容的深入，进一步加大宣传力度、扩大绩效理念的认知范围显得尤为重要，尤其是强化各单位领导的重视程度，尽快让绩效管理理念深入人心，并贯穿到各项业务工作中，提高各单位的预算管理水平。

（二）建机制——建立全过程预算绩效管理机制

逐步建立绩效目标管理与预算申报有机结合、绩效监控与预算执行有机结合、绩效监控与绩效评价有机结合的工作机制。让参与工作的业务主管司局、项目执行单位和绩效管理部门形成工作合力，建立起"预算编制有目标、执行有监控、完成有评价、评价结果有反馈、反馈结果有应用"[2]的高效、全过程预算绩效管理机制。

（三）强基础——逐步完善绩效指标体系

绩效评价指标体系是反映部门预算支出绩效目标实现程度的判断标准，加强绩效评价指标体系建设是解决目前预算绩效管理工作"瓶颈"的突破点。体育管理部门将结合自身实际情况、绩效目标审核和绩效评价中发现的问题对绩效指标模板进行修正完善，不断提高绩效目标编报和评价质量。

四、重落实——逐步加强绩效目标评估和绩效监控

事前评估的结果应用更为直接、事中绩效跟踪能在工作过程中解决问题，在结果应用方面，这两项工作比事后评价更为有效。一是真正落实绩效目标评审工作，引入中介机构和外部专家，对项目绩效目标进行集中评审，提升评价结果的客观性和公正性；评审结果和预算挂钩，直接应用见效最快，同时也让项目执行单位提高了绩效意识。二是事中跟踪须发挥项目执行单位的主动性和自觉性，在执行过程中及时纠偏、整改，进而提高财政资金绩效管理水平，使结果应用相对及时。

（五）抓重点——开展重点绩效评价

体育管理部门为进一步推进评价工作，抓好事物的主要矛盾。一方面，应该逐步探索绩效评价的广度和深度，使重点项目绩效评价在调整支出结构、促进部门履职方面发挥更积极的作用；另一方面，也可以进一步回应社会呼声，扩大社会影响，取得社会共识，带动整个预算绩效管理工作的开展和质量提升。根据项目实施周期，明确评价工作节点，改变以往在项目结束后开展评价的做法，对关注度高的重点项目引入中期评价，引入第三方机构按照工作节点参与项目运行，全面掌握项目执行情况，逐步建立绩效管理专家准入和淘汰机制，保证重点评价工作高质量完成。

（六）促管理——拓展绩效评价结果应用方式

逐步探索将绩效评价结果作为预算安排依据的工作方式，加大对绩效评价结果较好项目的支持，核减评价结果较差项目的经费，并建立绩效信息公开机制，让绩效评价结果在内部网站公开，向社会公开。逐步建立评价结果和预算分配挂钩机制、绩效评价报告机制、绩效问责机制等。通过绩效管理工作提升体育管理部门的预算管理水平。

（七）强科技——加强绩效管理信息平台建设

预算绩效管理工作是一项工作量大、技术性强的工作。一是要建立绩效评价指标库，以保证评价结果的合理性、公平性；二是要建立绩效目标跟踪与财务报账系统的对接平台，及时掌握项目执行单位资金使用情况、项目进展情况及项目绩效目标实现程度，便于加强预算绩效监控与预算执行的有机结合，不断提高资金使用效益；三是利用科技手段增加绩效目标申报、审核和汇总功能，以大幅提升绩效相关数据汇总工作的效率。

参考文献

[1] 李海南.我国预算绩效管理问题研究[D].大连：东北财经大学，2014.

[2] 中华人民共和国财政部预算司.中国预算绩效管理探索与实践[M].北京：经济科学出版社，2013.

浅析全民健身工作

——以国家体育总局训练局为例

国家体育总局训练局　　关秀丽

摘要： 党的十九大关于体育的内容，首先提到的就是广泛开展全民健身活动，习近平总书记关于体育工作的系列重要讲话更是充满了厚重的民生情怀，提出没有全民健康就没有全面小康，要求坚持以人民为中心的发展理念，促进人的全面发展，并落实全民健身国家战略。如何做好全民健身工作，成为摆在体育工作者面前的一项重要课题。本文以国家体育总局训练局（以下简称"训练局"）为例，对全民健身工作的现状及存在的不足做一简要分析，并提出合理化建议。

关键词： 全民健身；体育训练基地；训练局

一、训练局全民健身工作取得的成效

1995年6月，国务院印发《全民健身计划纲要》，提出了到2010年基本建成中国特色全民健身体系的15年奋斗目标。此后，为了落实《全民健身计划纲要》，国家又公布了一系列的文件。

训练局历来重视全民健身工作，在为国家队提供优质保障服务的前提下，积极开展全民健身工作。训练局占地面积19.2万平方米，场馆面积近17万平方米，共有15个专业训练场馆（地）。各场馆（地）完全符合国际训练、比赛标准，场馆（地）设备完善，有乒乓球、羽毛球、体操、跳水、举重等11个奥运会重点夺金项目的14支国家队在此训练。

2008年，我国成功举办了奥运会，掀起了全国老百姓关注体育的热潮，健身热情空前高涨，健身人群成倍增长，如参与马拉松、广场舞的人群呈井喷式增长。2009年，国务院公布《全民健身条例》，确定了公民在全民健身活动中的权利，同时也将每年的8月8日定为"全民健身日"，具有非常深远的纪念意义。

北京奥运会后，训练局按照国家体育总局全民健身的要求，努力打造一个地理位置最好、环境最优美、规模最大、水平最高、项目最齐全、服务品质最好的全民健身中心。目前向社会公众全面开放，包括北京体育馆、排球馆、篮球馆、羽毛球馆、乒乓球馆、网球馆、游泳馆、田径馆、田径场等。

2014年10月，国务院印发《关于加快发展体育产业促进体育消费的若干意见》，将全民健身上升为国家战略，把体育产业作为特色产业、朝阳产业培育扶持，使其与旅游、文化一起成为新的经济增长点，大众参与健身，必然拉动体育产业的发展，提升体育消费升级。

2016年8月，习近平总书记在全国卫生与健康大会上发表重要讲话时强调，没有全民健康就没有全面小康。要把人民健康放在优先发展的战略地位，为实现"两个一百年"奋斗目标、实现中华民族伟大复兴的中国梦打下坚实的健康基础。

党的十九大以来，训练局坚持以习近平新时代中国特色社会主义思想和党的十九大精神为引领，深入学习贯彻习近平总书记关于体育工作的重要论述，坚持以人民为中心的发展思想，认真落实《全民健身计划纲要》，积极推进全民健身与全民健康深度融合，着力健全全民健身工作的制度、组织，并举办了全民健身系列活动，使全民健身公共服务更加完善，推动形成了全民健身发展新格局。

从总体来看，近几年训练局全面落实《全民健身计划（2016—2020年）》和国家体育总局决策部署，充分发挥全民健身教育、经济和社会等功能，促进训练局全民健身健康可持续发展，以提高人民的身体素质和健康水平为目标，不断加强公共体育设施建设，广泛开展全民健身活动，持续壮大基层健身队伍，训练局的全民健身工作走在了前列。概括来说，主要有以下三个特点。

（1）加强组织建设，规范服务标准，建立客户维护体系。训练局非常重视全民健身服务保障工作，成立了训练局优质服务保障全民健身工作领导小组，为全民健身工作提供组织保障。训练局为创建北京市一流的健身场所、不断提高员工的综合素质、为客户提供优质的服务、完善各部门相关业务管理守则和规章流程，制定了一套完备的服务管理模式。采取不定期考核及反馈等多种形式，强化服务标准。此外，建立会员档案，做好基础信息统计，加强健身人群、培训人数等数据统计和分析，实现定期的意见反馈，动态调整经营策略和服务方式。全年黄金时间段场地利用率为95%，年接待健身会员可达30万人次。

（2）加强场馆基础设施建设及维护，改善服务环境。加强场馆基础设施建设及维护，做到定期维护和保养现有健身设备，确保场馆基础设施的有效利用，更换了部分场馆的主体照明设备、存在安全隐患的老旧设备以及休息区的长椅等，其中，对无法自行进行维护清洁的设备，聘请专业公司解决。同时根据客户意见反馈，满足客户需求，及时增加相关健身设施设备，如客户用更衣柜、塑胶地垫等，以改善服务环境，提升客户消费体验。

（3）突出活动载体，有序拓展全民健身的生动局面。精心打造品牌赛事，培育特色项目，大力开展内容丰富、形式多样的全民健身系列活动，形成"天天有健身，月月有赛事，季季有活动，年年有高潮"的繁荣生动局面。其中"盛世乒乓赛事""国际网联青少年网球巡回赛"等特色赛事已经成为训练局全民健身活动的亮点。同时，通过精品赛事的推动引领，篮球、羽毛球、游泳等品牌项目落地生根，实现了在训练局周边地区的普及和推广。

二、训练局全民健身工作存在的不足

虽然近年来训练局全民健身活动形式多样，成绩明显，与当前经济社会发展阶段基本适应。但我们也要看到，当前训练局全民健身工作发展仍不平衡，提供的体育公共服务与人民群众日益增长的健身需求相比仍有一定距离，具体来说主要有以下三个方面。

（一）全民健身的宣传引导有待加强

训练局作为国家体育总局的全民健身示范基地，应该发挥自身优势，引领大家积极参与全民健身活动。目前，健身的绝大多数群众尚未树立正确的健身理念。首先，很多人对健身的认识还停留在"无病就是健康"的层面。经我们统计，经常参加体育锻炼的人数约占总人数的1/3，尽管数量呈逐年上升趋势，但结构比例仍不尽合理，特别是呈现出了"两头热、中间冷"的特点，即老年人和青少年热衷于健身运动，有些中青年人由于家庭和事业的压力忽视了体育锻炼，身体长期处于亚健康状态，随之而来的是我国中青年人体质下降和慢性疾病患病比例逐年提高。其次，很多人对健身的看法还存在一定的盲目性、盲从性。部分健身爱好者对健身理论并不了解，所以在健身过程中容易误入歧途。许多人在缺乏自我身体认知的情况下盲目健身，运动损伤事件时有发生。

（二）全民健身的体育文化有待提高

训练局被誉为奥运冠军的摇篮、奥运军团的大本营、竞技体育的发源地，这些都是训练局的名片，吸引着社会各界人士慕名而来，参加锻炼、举办赛事等，大家为能到训练局健身而自豪，为能到训练局比赛而骄傲。训练局的主要职责是做好驻局国家队的服务保障工作，保证运动队的训练，在运动队训练的间歇时间，场馆对外开放，在实际工作中，有时会出现运动队训练与对外开放的矛盾。同时，训练局拥有的独特体育资源还有进一步挖掘的潜力，健身人群活动形式比较单一，以租场地为主，培训和赛事还不够丰富。

（三）全民健身的指导力量有待优化

从训练局参加体育锻炼的人口比例分析，科学训练的理念宣传不到位，没有深入人心，健身人群科学训练的知识还比较匮乏，导致有的人认为只要做了准备活动就不会受伤，受伤后才知道科学指导的重要性。目前，训练局的各类专业体育人才还比较缺乏。一方面是体育管理人员不足，工作人员数量少，有些还身兼多职，时间、精力不足，全民健身服务体系无法真正覆盖；另一方面是外聘教练员作用还不够明显。游泳、篮球等项目的教练员基本是采用外聘短期劳务形式聘请的，不是训练局编制内的职工，教练员的归属感不强，同时缺乏行之有效的奖励、激励措施。教练员管理的形式也导致部分群众缺少科学、合理、有效的健身指导。

三、对训练局全民健身工作的建议

做好全民健身工作是训练局的一项长期任务，离不开全民健身运动的普及和推广，这既要长期坚持又要与时俱进，既要立足当下又要展望未来，既要做好长远规划又要狠抓落实。为进一步推进训练局全民健身工作，笔者提出以下三点建议。

（一）提高认识，完善机制，进一步构建"大群体"的工作格局

要进一步提高思想认识，深刻认识全民健身在提高全民素质和加强社会

管理中的作用，树立全民健身也是基本公共服务的理念，促进全民健身与经济社会协调发展，逐步完善全民健身公共服务体系，进一步提升全民健身公共服务水平。当前立足训练局实际，科学谋划下一阶段训练局群众体育工作的主要目标、重点任务和保障措施。要建立健全训练局有关部门共同参与的工作协调机制，共同促进全民健身运动深入开展。要重新梳理并明确全民健身工作领导小组成员单位的职责，定期召开成员单位联席会议，共同解决全民健身工作中的重大问题。

（二）打破障碍，加强保障，进一步实现健身场地的全民共享

多年来的实践证明，运动队体育场地的开放已经成为训练局全民健身场地设施的重要补充。要认真贯彻国家和国家体育总局关于体育训练基地设施对社会开放的规定，克服国家队训练时间不确定的困难，协调好运动队训练和对外开放的关系，提高场地设施有效使用率。要解决制约运动队场地对外开放的障碍，争取在运动队训练间隙时间实现100%的开放率。逐步实现共享共用，为群众健身锻炼提供更多便利，以满足人民群众健身需求为出发点和落脚点，努力把全民健身工作做到群众心坎上。

（三）注重引导，强化宣传，进一步夯实全民健身的工作基础

要重视对体育管理人员的培养。要加强教练员队伍建设，明确教练员的权利、义务及相关待遇，规范教练员的申报、培训、考核、上岗等管理制度，充分发挥教练员的重要作用。要加大指导力度，细分人群，为不同年龄、不同层次群体提供合理的健身计划和科学指导，提高市民健身的积极性及科学性。要创新宣传方式，注重宣传实效，加强体育部门与新闻媒体的合作，通过重点宣传、普及宣传、网络宣传、社会宣传，让自觉健身真正融入群众的生活方式中，推动全民健身活动的蓬勃发展。

"运动让生活更美好"已经深入人心，训练局的全民健身工作要不忘"以人民为中心"的初心，牢记"没有全民健康就没有全面小康"的使命，不断完善群众喜欢的体育设施，做好群众关心的健康指导，办好群众参与的赛事活动，落实全民健身国家战略。

坚持以人为本理念
夯实离退休人员服务管理工作

——以湛江潜水运动学校为例

国家体育总局湛江潜水运动学校　　周莉

摘要： 新形势下，随着离退休人员数量的不断增多，做好离退休人员的服务管理工作越来越有挑战性。本文对湛江潜水运动学校离退休人员服务管理工作的现状、存在的问题、服务的改进对策进行了浅析，坚持以人为本，夯实离退休人员服务管理工作任务，结合本单位的实践经验，提出了离退休人员管理和服务的方式及方法，力求为湛江潜水运动学校离退休服务管理工作打开新局面，使服务管理工作迈上新台阶。

关键词： 离退休人员；服务；管理；存在问题；改进对策

新时代的背景下，我国已慢慢步入老龄化社会，截至2017年底，我国离退休人员已达2.4亿人，人数庞大，离退休人员的服务管理工作面临的形势越来越严峻。因此，湛江潜水运动学校采取各项措施保证离退休管理工作顺利进行，改进现有服务管理中存在的问题，促进社会的稳定和安定团结。在做好离退休人员的服务管理工作方面，各部门领导、各级工作人员提高认识及思想重视是关键，坚持以人为本的科学管理是重中之重。

一、湛江潜水运动学校离退休人员服务管理工作现状

做好湛江潜水运动学校离退休人员的后期服务管理工作，为保障国家和谐健康地发展打好群众基础，是湛江潜水运动学校服务管理组织应尽的责任。

（一）坚持以人为本的理念，坚持实行细致化和人性化服务管理，落实老有所养

真正落实老有所养是湛江潜水运动学校离退休服务管理工作的基础，要确保离退休人员的经济待遇，严格落实国家政策，保证工资及各项津贴等按时、足额发放。湛江潜水运动学校领导班子为贯彻落实中央文件精神，把离退休人员工作纳入议事日程。离退休人员管理是一项政策性较强、涉及面广、纷繁芜杂的管理工作，这就要求湛江潜水运动学校的工作人员有耐心细致的服务态度，由粗放型管理向追求细节转变，实行细致化和人性化服务管理，做好对老同志的正面引导，从多角度、多方位解难释疑。为每位离退休人员建立完善的信息库，关心他们的生活情况，包括家庭成员、家庭地址、电话号码、出生日期、待遇级别等，重点掌握离退休人员中的多病老人、孤独老人、特困老人等特殊人群的情况，帮助他们解决实际困难。有些老人退休后心态发生变化，表现出不习惯、不满意、易激动等情绪，对此，湛江潜水运动学校的工作人员每次都认真做好解释工作，能办理的尽可能给予办理，不能办理的更要和他们讲清楚、说明白，动之以情，晓之以理，同时，相关部门工作人员帮助他们解决燃眉之急，急他们之所急，想他们之所想，始终坚持以人为本的服务理念。

（二）落实离退休人员各项规章制度

湛江潜水运动学校从实际出发，努力把提升服务落实在成效上。根据具体情况，按照政策要求，湛江潜水运动学校建立了相应的制度，如离退休人员活动日、重要会议、重大节日、纪念活动、座谈会、走访慰问、医疗保健、组织生活制度等；保证离退休人员及时了解党的方针政策及国内外最新形势和情况，为老干部阅览室征订每年度的《南方日报》《求是》《参考消息》《湛江日报》《湛江晚报》《中国老年报》等报刊，同时，还为每一位老干部征订了《老人报》等报纸；按规章制度办事，在一些棘手问题上认真听取离退休人员的意见和建议，强化离退休人员学习氛围，弘扬正气，化解矛盾，抵制社会歪风邪气，减少工作随意性，促进离退休工作规范化、程序化，使相关工作有条不紊地按时、保质完成。

（三）为离退休人员排忧解难

在日常工作中，湛江潜水运动学校负责离退休管理工作的同志，着力为

离退休人员做好事、办实事。对多病和特困老人加倍关照，随时关注他们的身体健康和生活状态，定期与湛江潜水运动学校的校医到他们家中探望，送去校领导的关心和关爱；对家庭有重病的、生活困难的成员的离退休人员给予适当补助；对患重病、行动不方便的老人，单位派车送他们去医院。每年组织所有离退休人员进行免费体检，让他们及时了解自己的身体状况，及时发现、预防和诊治疾病。增加退休人员的补充医疗保险，提高住院报销比例，优先为离退休人员购买老年人意外伤害综合保险，根据离退休人员身体状况，督促校医跟进，为离退休人员建立健康状况档案。第一时间对生病的离退休人员进行慰问，了解他们的身体状况及困难、诉求，把高龄、重病、失能、失独以及遭遇重大变故的有特殊困难的老同志作为重点帮扶对象，通过家访慰问、住院慰问、困难补助等方式解决他们的急难问题，做到逢年过节有人访、生病住院有人看、生活困难有人帮，力所能及地为他们排忧解难。通过这些服务，使离退休同志感受到党的关怀和温暖，感受到在一个大家庭中的和谐和温暖，解决他们的后顾之忧。

（四）加强与离退休人员的沟通

随着我国社会经济的不断发展，特别是改革开放以来，离退休人员生活水平有了很大提高，但也碰到了许多新情况、新问题，他们的心理也发生了许多变化，如在待遇上产生攀比心理，认为由于社会地位下降，自己不再受人尊敬和重视，加之退休后工资等收入减少，从而产生了不平衡、失落感和自卑心理，长期空巢居住产生自我封闭心理等。因此，管理人员应注重调节离退休人员的心理状态和情绪，从减轻心理负担上下功夫，围绕老同志最关心、最迫切需要解决的物质利益问题开展工作，不仅要跟离退休人员说明情况、讲清道理，而且在国家政策规定允许的前提下尽量让离退休人员有获得感，在非生产性福利方面把离退休人员考虑进去，切实解决老同志的心理和生活问题，做到既让他们衣食无忧，又能心理平衡、精神愉悦。

二、湛江潜水运动学校离退休人员服务管理工作中存在的问题

湛江潜水运动学校离退休人员服务管理工作虽然取得了一定成效，但仍然存在各式各样的问题，阻碍了离退休人员服务管理工作水平的提升，具体有以下几方面。

（一）部分离退休人员年老多病，处于"双高期"

湛江潜水运动学校部分离退休人员年龄越来越大，或多或少地存在各种身体问题，身体机能减退，体力、精力下降和衰减，遭受各种疾病的折磨、困扰，参加活动的积极性不高。且年老多病、处于"双高期"的离退休人员，身体和心理上承受着双重压力，难免会出现一些消极的情绪。特别是生活不能自理、出行困难的老同志，精神上需要得到更多的慰藉。一些离退休人员单独居住，行动不便，会感到失落和孤独，缺少亲情的关爱，逐渐形成心理自闭，尤其是一些空巢老人，很难得到宽慰和安抚，心理失衡，特别希望得到子女的陪伴和关爱。

（二）居住分散，给管理带来不便

如今社会发展飞快，离退休人员的生活方式也发生了很大变化，居住流动性增加，并且日益分散，异地居住情况增多。由于湛江市商品房的大力开发和发展，一些旧城区被政府拆迁改造，导致离退休人员分散居住在不同区域，还有的跟随子女外迁，去了其他城市，增加了服务管理的难度。如何照顾这一部分离退休人群，是我们迫切需要解决的问题。目前，离退休人员居住分散的问题，加大了从事离退休管理服务的工作人员的管理难度，为工作带来了不便。

（三）活动场所不多，活动经费不足

针对湛江潜水运动学校离退休人员的身体情况和精神需求，为帮助老同志养成积极向上的生活方式，湛江潜水运动学校积极开展丰富多彩的文化体育活动。近年来，湛江潜水运动学校退休人员人数增长较快，单位为老年人提供的活动场所很少，使离退休人员进行各项文体活动都受到了一些限制。活动场所人均使用面积逐年下降，使用量大幅度增加，部分设施陈旧、老化，配套不足，减少了离退休人员选择活动项目的余地，要想开展经常性文化体育健身活动显然不太现实。由于缺乏活动阵地和学习阵地及一些硬件设施不能满足离退休人员开展活动的实际需要，湛江潜水运动学校部分老同志参与活动热情不高。针对退休干部的活动经费规定问题，由于国家没有统一的政策规定，所以每个单位执行标准不一，都是根据上级拨款及自身经费来规定活动经费的。湛江潜水运动学校是隶属于国家体育总局的事业单位，在经费上实行预算包干，国家体育总局所拨离退休人员经费实际上只能满足实际政策性开支的一半左右，要保证离退休人员的服务管理工作能有较好的效果，经费不足仍是较大问题。

（四）工作手段单一，难以深入了解离退休人员心理需求

对离退休人员管理的认识和工作手段不适应新要求，服务管理方式还是原来的传统单一的方式，对"双高期"和"空巢家庭"的离退休人员，难以深入了解其心理需求。湛江市的社区发展相对于一、二线城市还是较为滞后的，社区工作尚处于初级阶段，还未能建立与离退休人员居住社区的联系制度，缺乏具有可操作性的实施办法，不能依托社区对老同志的日常生活给予照顾，基本上还是传统单一的静态服务，不能很好地使其转变为动态服务，离退休管理工作队伍还不能完全纳入日程，整体素质、管理能力和服务水平较弱，日常管理服务质量不高，在生活上难以满足离退休人员需求，尚有进一步提高的空间。

三、改进湛江潜水运动学校离退休人员服务管理工作的对策

在认真贯彻落实中央有关做好新时代离退休人员工作的精神下，如何使离退休人员工作既与形势发展相适应又不削弱服务保障能力，是我们服务管理工作人员多年来孜孜探索的课题。

（一）要认识到离退休工作的重要性

离退休工作是非常重要的工作。湛江潜水运动学校的离退休人员是我们这个事业单位大家庭的重要组成部分，他们长期受党的教育，是党和国家的宝贵财富，做好离退休服务管理工作，落实好他们的各项待遇，是积极应对老龄化社会发展的迫切要求，是巩固党的执政基础和执政地位的需要。使他们积极建言献策，支持配合学校的中心工作，对构建社会主义和谐社会有着不可替代的作用。作为单位负责离退休工作的人员，要进一步密切与离退休人员的联系，经常走访慰问老同志，主动了解老同志，坚持以人为本，服务为先，对老同志思想上关心、生活上照顾、精神上关怀，宣传党和国家的大政方针，倾听他们的合理要求，在政策允许的范围内解决他们的实际困难。所有这些，都对离退休工作提出了更高要求，我们要充分认识做好新形势下离退休工作的特殊重要性，切实增强责任感和使命感，不断拓展思路，

采取更加扎实有效的举措，推动离退休工作迈上新的台阶。

（二）落实好离退休人员的两项待遇

切实把离退休人员的政治待遇落实好。大力加强离退休干部党支部建设，注重把党性强、威望高、经验丰富、精力充沛的骨干及时调整充实到离退休干部党支部中去，配好配强离退休党支部班子，全面夯实党建工作基础，坚持每个季度组织老同志学习，让老同志在学习政治理论、时事和主要会议精神的同时，及时了解党的路线、方针和国内外发展的形势，在思想上始终与党中央保持一致。积极推进社区离退休人员党建试点工作，探索建立单位、社区、网络相结合的工作机制和属地就近管理模式，强化支部凝聚力。与此同时，关心离退休人员，按照政策落实老同志的各种生活待遇，如按湛江市民政局和湛江市财政局所印发的《湛江市80周岁以上高龄老人生活津贴的实施方案》等通知，为学校符合条件的老同志发放生活福利津贴，把他们的生活待遇落实到位，在他们生活有困难的时候，做到有事必助，解除离退休人员的后顾之忧，真正把党和政府的关怀送到老同志的心坎上，使老同志切实感受到在政治上、组织上、生活上的关心，感悟幸福，让他们颐养天年、健康长寿。

（三）为离退休人员发挥"余热"创建平台

湛江潜水运动学校的离退休老同志在退休后仍然高度关注单位的发展，在岗时"一手一脚"地推动学校发展壮大，离岗后"一点一滴"地关心着学校的改革和发展，始终保持着继续为党工作的心态。因此，应制定切合实际的发挥老同志作用的制度和措施，为离退休人员发挥作用建造良好的平台，例如，在我市组织开展"忆往昔峥嵘岁月，看今朝五年崛起"主题征文，邀请离退休老同志参加讨论，积极引导离退休人员围绕湛江发展，围绕身边小事抒写心声，喜述变化；还可以定期向离退休人员通报单位的发展状况，根据老同志的年龄特点，积极开发离退休人才资源，使他们始终参与学校的发展，为学校的改革发展献言献策，时刻与学校同呼吸、共命运。为离退休人员继续发挥余热创建平台，开拓平台和渠道，请老同志积极宣传湛江潜水运动学校的新变化，将看到的、感悟到的告诉身边人，为"建设幸福潜校"点赞加油，汇聚起共谋发展的强大正能量，充分展示离退休老同志"不忘革命初心，永葆政治本色"的可贵品质，充分释放离退休人员对党无限忠诚的深厚感情，让他们继续发挥"余热"，为党和国家的事业贡献力量。

（四）建立离退休人员文化娱乐场所和健身场所

开展丰富多彩的活动，丰富离退休人员的生活，积极组织开展老年人健身操、唱歌、棋牌、绘画等文体娱乐活动，到就近的革命圣地和旅游风景点参观，组织一年一度的重阳敬老活动、茶话会等一系列活动，以保障离退休人员的身体和心理上的健康，做到老有所养、老有所乐。依托各类文化站、活动中心等开展活动，消除他们无聊、无趣和寂寞的感觉，使老同志在沟通交谈中，陶冶情操，愉悦心情，延年益寿，为稳定离退休人员队伍发挥较好的作用。老年人活动中心是离退休人员文化娱乐、健身的主要阵地和重要根据地，也是衡量离退休人员养老质量的必备设施条件，应根据离退休人员的需要建立活动场所，整合和利用优势资源，打造功能更加齐全、设施更加完善、环境更加优雅的老年人活动中心，使他们能够通过这样的场所开展丰富多彩的文化娱乐活动，拓展增添正能量的空间，安享幸福美好的晚年生活。

在新形势下用心用情做好离退休人员的服务管理工作，关系到湛江潜水运动学校的发展和社会的稳定，是一项刻不容缓的工作，认真做好离退休人员服务管理工作应以坚持以人为本、构建和谐社会为指导思想，深化为党和人民事业增添正能量的活动，组织引导离退休人员继续讲好中国故事，弘扬中国精神，传播好中国声音。在工作方法上不断创新，打开思路，集中发力，打开离退休人员服务管理工作的新局面，使这项工作迈上一个新的台阶。

参考文献

[1] 孙金平.机关事业单位离退休人员社会化管理服务工作现状分析[J]. 科技展望，2014（7）：137-137.
[2] 古永司,刘晓花.事业单位养老现状及问题对策——以陕西教育系统为例[J].好家长，2016（3）：251-252.

加强自行车击剑运动管理中心下设
协会的党建工作

国家体育总局自行车击剑运动管理中心　段炜

摘要： 自行车击剑运动管理中心（以下简称"自剑中心"）作为国家体育总局协会实体化改革单位之一，全面贯彻落实总局党组关于加强协会、国家队党建工作的部署和要求，充分认识加强协会党建工作的重大意义，积极探索加强协会及国家队党建工作的方式方法，为备战奥运会、为体育事业发展提供强有力的政治保障。

关键词： 自行车击剑运动管理中心；协会；党建

一、协会党建工作基本情况

自2017年以来，自剑中心坚决贯彻国家体育总局对体育改革工作的总体部署与要求，全面推进下设五个项目的协会实体化改革。中国自行车运动协会、中国击剑协会、中国铁人三项运动协会、中国马术协会、中国现代五项运动协会均已进行了协会主席和秘书长调整，相关赛事职能、国家队管理、聘用人员管理、财务管理等由协会自主管理。协会都开设了银行账户，财务独立核算。协会实体化改革过渡期，自剑中心从项目部和综合部门借调多名工作人员，在协会工作开展所需办公用房、办公设备、功能用房、训练场地、器材、装备、康复医疗等方面给予全力保障。

（一）协会和国家队的支部建设情况

按照《中国共产党章程》《中国共产党基层组织选举工作暂行条例》的相关规定及《国家体育总局党组关于落实体育社会组织党建工作任务布置的通知》精神，自剑中心党委稳步推进协会和国家队的党组织建设。经国家体育总局直属机关党委审批后，成立中国击剑协会、中国自行车运动协会、中国现代五项运动协会、中国铁人三项运动协会、中国马术运动协会5个党支部以及国家自行车队、国家击剑队、国家现代五项队、国家铁人三项队、国家马术队5个党支部。2018年2月13日前，协会、国家队党支部都召开了党员大会及党支部委员会，严格履行了程序，选好配强协会及国家队党支部书记，明确了委员分工，各支部选举情况和支部委员会名单需在中心党委备案。根据《国家体育总局直属机关党委关于加强国家队运动员、教练员组织关系管理的通知》要求，自剑中心对国家队运动员、教练员党组织关系及时进行部署安排，及时转入。

（二）协会及国家队的党建开展情况

自剑中心党委印发了《自剑中心党委关于强化协会党建主体责任的通知》，明确了对协会、国家队党建的主体责任，部署督促协会、国家队党支部在东京奥运会中履行主体责任的工作内容和要求。针对新成立的协会、国家队支部建设，对支部书记进行培训，使国家队支部书记充分认识到把支部建在国家队的重要意义，把党的政治优势、组织优势转化为决战决胜的优势。各协会和国家队支部指定联系人，及时汇报支部学习计划、学习情况等。

自剑中心党委及时转发总局、机关党委有关党建文件精神，要求协会、国家队党支部要认真学习宣传贯彻党的路线、方针、政策和总局党组的各项决议和指示。指导各协会和国家队支部制订支部学习计划，督促协会、国家队党支部按照要求开展好各项学习和活动，帮助及指导各协会支部开展好"支部主题党日"活动，并将情况报中心党委。

自剑中心党委建立协会、国家队党建工作群，利用网络传达总局机关党委及中心党委有关文件精神，及时更新推送学习内容，为协会和国家队党支部提供学习资料，购买党旗、党徽。

二、充分认识加强协会党建工作的重要意义，准确把握协会党建工作的基本原则

中国特色社会主义制度的本质特征是党的领导，中国特色社会主义制度的最大优势也是党的领导。

（一）体育事业是党的事业，坚持党的领导是体育协会改革的根本保证

习近平总书记指出，体育是社会发展和人类进步的重要标志，是综合国力和社会文明程度的重要体现。体育强则中国强，国运兴则体育兴。加快推进体育强国建设是新时代赋予体育工作的历史使命。新时代的体育不仅要强，而且要更强，坚持党的领导是体育工作的"根"和"魂"。

体育事业是党的事业，当前的协会实体化改革也必须在党的领导下进行，一切体育改革问题的解决都是在党的领导下实现的。体育协会实体化改革是大势所趋，要解放思想、转变观念，协会实体化改革是体育发展的积极探索，中国体育发展到现在，不改革是不行的，不改革就难以完成东京奥运会和北京冬奥会的历史任务。体育协会改革就是要推进体育治理体系和治理能力优化、提升，要大力支持改革、参与改革，不管协会实体化改革、国家队运行方式怎么改，都必须把党的领导放在首要位置，要坚决贯彻执行党的决策部署，高度自觉、坚定不移地落实好党的领导这一最高政治要求。

备战工作是当前的一项重要政治任务。在协会和国家队中，全面加强党的领导，既是贯彻落实党的领导的政治要求，也是东京奥运会备战形势的需要，同时还是落实中央巡视整改任务的要求。协会和国家队必须坚持把党的领导贯彻始终。要以高度的政治觉悟加强协会党的建设，把支部建在国家队，是新时期完成体育使命的重要举措。坚持把党的领导贯彻到协会和国家队工作中去，与时俱进、积极探索、促进改革、保持单位和谐稳定，为新时代体育事业改革发展提供有力的政治保证。

在东京奥运会和北京冬奥会面临严峻形势的情况下，要按照"以备战促改革，以改革强备战"的方针，在推进单项协会实体化改革过程中，切实加强协会和国家队党的建设，统一思想、提高认识，准确理解和把握改革的新形势和新任务，正确引领协会改革和国家队建设，充分发挥制度优势、全力聚焦备战工作，确保协会和国家队正确履行职责，完成好东京奥运会和北京冬奥会的备战任务。

（二）协会及国家队党建工作原则

坚持以政治为统领，以党建为抓手，促进党建工作与业务工作高度融合，全力保备战、促备战、强备战，把党的政治优势、组织优势转化为决战决胜优势。

一是体育社会组织作为特殊社会组织，协会、国家队党支部建设要突出政治建队，要从政治上把关。自剑中心党委统一领导和指导协会、国家队党支部，对各支部在党的建设、执行纪律等方面从政治上进行把关，以党建促备战，了解情况、主动服务、督促落实，进一步强化协会和国家队支部的主体责任，更好地履行协会和国家队党支部在党的建设、运动员和教练员思想道德建设、反兴奋剂宣传等方面的主体责任。

二是以党建促备战，以改革强备战。协会和国家队建立的支部，不同于一般的基层党组织，其承担着在改革情况下更好地完成争金夺银、为国争光的特殊使命和任务。协会和国家队党支部责任更大，要以加强和规范党支部建设为统领，充分发挥各协会和国家队党支部的政治功能，以国家利益为重，以问题为导向，强化责任担当，紧紧围绕东京奥运会备战工作，把党建工作和协会改革、备战工作一起谋划、一起部署、一起考核，坚决执行党和国家的各项方针政策，坚决执行国家体育总局党组的各项部署和要求。

三是自剑中心党委、协会、国家队党支部齐心协力、互相支持、集思广益、主动作为，形成合力，全面推进协会和国家队党的政治建设、思想建设、组织建设、作风建设、纪律建设。各协会和国家队党支部要及时向中心党委汇报支部履行主体责任的情况，各协会和国家队党支部要及时、主动了解协会、国家队工作情况及国家队备战情况，主动做好服务，把广大党员干部、运动员、教练员的思想统一到党的十九大精神上来，把智慧和力量凝聚到备战东京奥运会上来。

三、聚集目标任务，积极探索加强协会党建工作的方式方法

要以习近平新时代中国特色社会主义思想为引领，全面落实党对一切工作的领导，加强协会和国家队党建工作必须把党中央、国家体育总局党组的部署要求与协会和国家队实际紧密结合起来，统筹谋划，不断探索，持续用力，扎实推进，以党建保备战、促备战、强备战，确保各项工作落到实处。

（一）发挥好政治核心作用，推进全面从严治党向基层延伸

2018年10月28日，《中国共产党支部工作条例（试行）》正式实施，对于加强协会、国家队支部工作具有指导作用。要坚定不移地加强协会和国家队的党建工作，继续弘扬"支部建在连上"的光荣传统，结合体育协

会和国家队特点，有新做法，进一步规范协会和国家队支部工作，推动全面从严治党向基层延伸，全面提升协会和国家队党支部组织力，强化支部政治功能。领导和指导协会和国家队党支部坚决贯彻落实好党中央、国家体育总局党组的各项决策部署，贯彻落实好全面从严治党的各项要求；指导协会和国家队健全党的组织，加强党员队伍建设，开展思想政治工作；督促检查协会和国家队党支部执行中央大政方针和国家体育总局党组的决策部署的情况及其履职尽责情况。

一是统一领导、管理协会和国家队党建工作，把政治建队作为首要原则，坚持以"保备战、促备战、强备战"为工作目标，以备战东京奥运会为首要政治任务，把协会和国家队党建工作纳入自剑中心党建工作总体布局中，同计划、同部署、同落实，始终围绕备战东京奥运会开展协会和国家队的党建工作。把党建工作融入备战服务保障中去，把推进协会改革、提升备战服务保障水平作为检验党建工作成效的重要标准。聚焦东京奥运会和北京冬奥会参赛任务开展党的工作，深入细致地做好国家队思想政治工作，推动思想政治工作具体化、制度化，把党的政治优势和组织优势转化为国家队的制胜优势，为新时代体育事业发展提供坚强的政治保证。

二是选优配强协会和国家队党支部书记，对支部书记、副书记进行培训，明确支部工作内容和责任，切实提高协会和国家队支部党建工作水平和能力。严格组织关系管理，及时调整组织关系。协会和国家队党建工作负责部门设在党委办公室，由专人负责。协会和国家队党支部及时向党委通报相关工作情况。

三是自剑中心党委定期专题研究协会和国家队党建工作。在备战东京奥运会的特殊时期，充分发挥好中心和协会各自的优势，积极探索协会和国家队党建工作规律，找准工作的切入点和结合点，把党的政治优势、党组织优势转化为备战东京奥运会的优势和力量。

四是维护和谐稳定，做好干部职工思想政治工作，不断提高干部群众支持改革、参与改革的认同感，积极工作，做好各项服务保障工作，通过改革发展进一步促进自剑中心各项事业发展，促进服务保障任务圆满完成。自剑中心各职能部门党支部在服务保障工作中，要发挥好党组织强大的支撑作用和党员的先锋模范作用，对于服务保障工作做得好的部门党支部、得到协会和国家队认可的部门党支部，自剑中心党委要大力宣传，树立典型，大力营造干部职工理解支持改革、凝心聚力完成好备战服务保障工作的良好氛围。

（二）坚持加强党的领导和协会自主管理有机统一

面对协会实体化改革新情况，要全面贯彻党的十九大报告关于加强党的基层组织建设的具体要求。对协会党组织在协会中的地位与作用进行新的探索，党建工作要与业务工作紧紧结合起来，确保党建工作引领业务工作，以业务工作成绩检验党建工作成效。要从制度、人员上加以保障，以适应协会改革后的新形势，充分发挥自剑中心党委和协会各自的优势。

一是加强与协会的沟通，做到互相理解、互相支持，形成良性互动机制。自剑中心党委委员、相关部门负责人要深入协会和国家队进行调查研究，主动了解协会和国家队情况，深入一线解决具体问题，对协会和国家队党支部提出的涉及备战服务保障方面的需求要及时帮助解决，同时及时帮助解决运动员、教练员思想层面和生活层面的问题，为奥运备战参赛凝聚强大思想动力。大赛前后，自剑中心党委应派相关部门负责人及工作人员列席协会和国家队党支部会议，了解情况，共同解决困难。通过有效的沟通，形成良好的沟通交流、解决问题的互动机制。

二是积极引导协会和国家队支部学习教育，以支部"主题党日活动"为抓手，不断提高"三会一课"的质量，将协会和国家队党支部工作纳入年度党建考核，将党建考核与表彰相结合。表彰圆满完成训练和比赛任务、运动队思想政治工作开展得好的先进协会和国家队党支部及先进党员，树立典型，积极营造协会和国家队锐意进取、改革创新、刻苦训练、为国争光的浓厚氛围。同时，对履职不力的党支部书记要问责。

三是推进学习教育不断创新。引导、支持协会和国家队党支部紧紧围绕备战开展学习教育，找准学习教育、党建活动与备战工作的结合点，本着不影响训练备战、因时制宜的原则，采取集中与分散、灵活与方便相结合的形式，开展学习教育。为协会开展党建工作提供必要的经费支持，把国家队党建工作经费列入自剑中心工作经费中并予以保障；要充分注重运用微信、互联网等现代科技手段进行学习。

总之，协会和国家队党建工作要全面加强党的领导。体育事业是党的事业，加强协会和国家队党建工作对促进协会实体化改革、促进体育事业发展有重要意义，要按照国家体育总局党组的部署和要求，继续结合协会工作实际，不断进行探索，全面加强协会和国家队的党支部建设，坚定不移地推进全面从严治党向基层延伸，不断开创新时代协会党建工作新局面。

浅谈国家体育总局事业单位
内部控制体系的建设

国家体育总局体操运动管理中心　徐国敏

摘要： 为适应和实现国家治理体系和治理能力现代化的要求，全面推进行政事业单位内部控制建设，规范事业单位经济和业务活动，强化对内部权力运行的制约，防止内部权力滥用，建立科学有效的制约和监督体系，确保内部控制覆盖单位的全范围，贯穿内部权力运行的决策、执行和监督全过程，规范单位内部各层级人员管理，笔者从财务角度出发，通过了解国家体育总局事业单位内部控制实施的现状，针对存在的问题，从单位层面、业务层面等方面提出了改进措施，以期进一步提高行政事业单位内部治理水平和权力运行效能。

关键词： 国家体育总局；事业单位；内部控制

　　根据党的十八届四中全会决定和习近平总书记系列重要讲话精神，为进一步提高行政事业单位内部管理水平，规范内部控制，有效规避风险，财政部于2015年公布了《关于全面推进事业单位内部控制建设的指导意见》。该指导意见旨在全面建立、有效实施内部控制建设，规范行政事业单位内部经济和业务活动，强化对内部权力运行的制约，防止内部权力滥用，建立健全科学高效的制约和监督体系，促进单位公共服务效能和内部治理水平不断提高，为实现国家治理体系和治理能力现代化奠定坚实的基础，提供有力的支撑。

　　各级事业单位应当科学地运用内部控制机制原理，结合自身的业务性质、业务范围、管理架构，合理界定岗位职责、业务流程和内部权力运行结构，依托制度规范和信息系统，将制约内部权力运行嵌入内部控制的各个层级、各个方面、各个环节。

一、内部控制的概念及事业单位内部控制建设的重要性

（一）内部控制的概念

内部控制，是指单位为实现控制目标，通过制定制度、实施措施和执行程序，对经济活动的风险进行防范和管控的行为。内部控制是一个循环往复、不断优化完善的过程，需进行持续调整、改进，使各项制度、措施和程序能够适应新情况、新问题，在经济活动风险管控中持续发挥积极的作用。

事业单位内部控制的方法包括：不相容岗位相互分离、内部授权审批控制、归口管理、预算控制、财产保护控制、会计控制、单据控制、信息内部公开。

（二）事业单位内部控制建设的重要性

1. 内部控制建设是提高事业单位管理水平的必然要求

当前经济形势下，事业单位迫切需要进一步提高管理水平。从内部看，突出问题有内部控制意识相对薄弱、内部控制制度实用性差、会计核算基础薄弱、岗位分工控制不到位、财务与业务脱节、资产管理有缺陷、费用支出方面缺乏有效控制、预算控制相对弱化、监督考核机制不到位等。从外部看，行政体制改革是推动上层建筑适应经济基础的必然要求。建立与完善内部控制建设与建设智能科学、结构优化、廉洁高效、人民满意的服务型政府的总体目标高度契合。因此，无论是从单位内部治理还是从外部环境的角度，事业单位都需要进一步提高内部管理水平。

2. 内部控制建设是加强廉政风险防控机制建设的必然要求

在行政事业单位中，干部违法违纪事件频发，不仅反映出干部的个人作风问题，也反映出某些行政事业单位制衡机制的缺失。正如习近平总书记所说，要加强对权力运行的制约和监督，把权力关进制度的笼子里，形成不敢腐的惩戒机制、不能腐的防范机制、不易腐的保障机制。

二、国家体育总局事业单位内部控制的现状及存在的问题

（一）国家体育总局事业单位内部控制的现状

目前，国家体育总局系统有41家直属事业单位，目前已初步建立了内部

控制体系，从制度规定、业务运行、评价监督等方面进行内部控制。但与此同时，在内部控制体系建设及运转方面仍存在一些问题，需要予以规范、加强或完善。

1. 单位层面内部控制的现状

据初步调查和统计（随机选取调查了国家体育总局直属事业单位中的18家单位），在组织建立内部控制制度的方式选择中，依靠自身力量和借助外部专家团队的单位基本各占一半；有80%以上的单位成立了工作领导小组，领导小组组长多为单位主要领导或分管领导；财务部门作为单位内部控制的主要牵头部门，负责内部控制制度的建立和实施。在接受调查的各家单位中，有9家单位已成立内部控制风险评估工作小组，成员主要来自财务人员、业务人员、单位领导和纪检监察人员，但各单位内部控制信息化推进比较缓慢，尚无一家单位建设内部控制信息化系统。

目前，在接受调查的各家单位中，有13家单位已建立决策、执行、监督相互分离的内部控制工作机制，12家单位已建立议事决策机制和关键岗位责任制；18家单位均已明确重大经济事项的决策机制和决策办法，主要方式包括领导班子集体研究、集体研究、专家论证和技术咨询等。

最近3年中，单位组织内部控制学习或培训的次数为1次的有7家单位，2次的有4家，3次及以上的有7家。大部分调查对象对单位内部控制建设的了解程度停留在一般了解或不清楚详细内容的阶段，说明内部控制的宣传培训工作有待加强。

2. 业务层面内部控制的现状

除国家出台的相关管理制度外，绝大多数单位已经制定了内部控制制度，一些经济业务的内部控制制度也在不断建立与完善中。

绝大多数单位已经梳理了经济业务工作流程。据统计，接受调查的18家单位已经梳理了78项经济业务工作流程。在已经梳理的经济业务工作流程中，政府采购业务所占比例最高，18家单位中有16家已梳理，比例达到88.89%；有15家已梳理收支业务工作流程，比例达到83.33%；有13家已梳理预算业务和资产业务工作流程；有12家已梳理合同业务工作流程；有9家已梳理收支建设项目业务工作流程。

在制度建设方面，调查结果显示，绝大多数单位采用多种手段加强制度建设。开展全面预算制度建设的单位最多，有16家；有13家采用归口管理制度建设；有11家分别采用内部授权审批控制和单据控制制度建设；有10家采用会计控制制度建设；有8家采用不相容岗位相互分离岗位制度建设。

通过对风险点的重要程度的调查结果进行分析可以得出，调查对象认同对内部控制各环节中重要程度比较高的风险点主要包括财政拨款专项资金、工程项目管理、业务收入管理、资产管理、合同管理、政府采购管理和"三公经费"开支，这与财政部《内部控制规范》中风险评估重点关注的方面基本吻合。

目前，对单位制定的内部控制制度的可操作性的评价还不尽如人意，也从侧面说明了内部控制制度的可操作性及宣传力度需进一步加强。

（二）国家体育总局事业单位内部控制存在的问题

1. 单位层面内部控制存在的问题

组织方面：单位不能把内部人员对工作风险点的把控和外部专家团队的专业特点有效地结合起来，所以建立的内部控制体系效果不太理想；对风险评估工作的重视不够，风险评估工作未覆盖到全部岗位和人员；内部控制制度的建立、实施、评价工作涉及所有的业务，内部控制工作仅由财务部门牵头，其他业务部门不能充分参与，很难有效地推动工作的开展。

工作机制方面：绝大多数单位的内部控制工作机制不够全面，没有全部建立决策、执行、监督相互分离的工作机制、议事决策机制和关键岗位责任制。

岗位设置方面：部分单位对岗位职责权限没有做出明确的界定，实际工作中容易出现不相容职务兼职，不同岗位间缺位、越位或推诿的现象，不利于发挥个人才能和团队协作效果。

培训方面：在内部控制建设过程中，全员参与、全员学习的意识淡薄，内部控制的理论知识和实际案例的学习或培训力度不够，容易造成执行的偏差。

信息化建设方面：大部分单位的内部控制工作还仅限于制度的制定、工作流程的设计等，没有将整个内部控制工作形成一套完整的信息化管理系统。

2. 业务层面内部控制存在的问题

预算业务：首先，预算编制方法比较简单，很多单位采用历史基础加弹性空间的传统基数法模式，参照过去的预算编制内容进行新一年度的预算编制，存在前瞻性不够、考虑不够周全等问题。预算支出定额标准体系不完善，部分项目没有明确的定额编制标准。其次，预算管理存在认识不到位、重视不够、预算执行不严谨、预算管理缺乏刚性的问题。最后，预算绩效评价尚未形成科学体系，绩效目标的设计及指标值的设定不够科学、合理、贴近实际；绩效目标自我评价的过程不够严谨，对绩效评价结果的有效应用还有待探索。

收支业务：印章管理规范性不足，票据管理需要进一步完善启用、核销、使用和销毁等手续；个别支出未严格按照审批权限和审批流程支付资金，缺少必要手续；没有严格执行公务卡强制结算目录。

政府采购业务：个别项目漏报政府采购预算；部分单位的政府采购标准以下的采购活动缺少制度规定。

资产管理：对资产管理的重视程度不够，固定资产的购置不符合单位资产购置标准；部分资产闲置或利用不充分，使用效率有待提高；未建立健全无形资产的管理制度，日常管理不够规范。

建设项目管理：工程项目的招标过程较长，存在流标风险，影响工程进度；在竣工决算环节，组织竣工验收不够及时，竣工财务决算编制不及时；单位未及时根据批复的竣工决算及有关规定办理移交、资产入账的工作。

合同管理：对合同签订、执行、监督的全流程管理有待加强；合同执行的监管力度不够，应收款项的催收与管理力度不强，合同收入未及时到账；经济合同文本未及时提交财务部门作为账务处理依据。

3. 评价监督方面存在的问题

大部分单位尚未建立内部控制评价办法、内部控制评价结果分析利用和考核制度以及内部控制缺陷和整改机制等。

三、国家体育总局事业单位内部控制改进措施

（一）单位层面内部控制改进措施

1. 领导重视、全员参与，树立内部控制意识

内部控制工作是一项"全员、全方面、全过程"的工程，需要加强单位职工对内部控制重要性的认识，培养内部控制制度意识。树立全员参与的观念，除牵头部门外，业务部门也应该参与到内部控制的建设中。

2. 加强内部控制的宣传培训

加强内部控制的宣传培训，单位层面要重视和支持内部控制的宣传培训工作，培训工作应覆盖全员、突出重点，对关键岗位人员加强培训，引导全员树立忧患意识，转变观念。

3. 建立健全工作机制，合理设置机构岗位

建立健全单位的内部控制工作机制，实行决策、执行、监督相互分离的工作机制，完善议事决策机制和关键岗位责任制。

4. 成立风险评估小组，完善风险评估机制

成立风险评估小组，对单位的工作内容和程序进行全面梳理，确定关键风险点，建立健全内部控制制度和业务流程，并根据实际情况及时修订完善制度和流程。

5. 信息系统建设

利用内部控制信息系统，自动采集数据，对单位财务数据进行集成，履行严格的事前预算编制和事中预算执行审核审批程序。根据经济活动的风险程度，自动预警，将审核嵌入业务工作的全流程。

（二）业务层面内部控制的改进措施

1. 预算业务的改进措施

建立健全全面预算管理体系，相关职能部门共同参与、明确分工，加强预算的统一管理和各部门、各层级间的协调沟通。采用更为科学的零基预算与增量预算有机结合的预算编制方法，探索部分预算项目的编制标准；设置更科学的绩效评价指标体系，注重对绩效评价结果的应用，加强对决算数据的分析和应用。

2. 收支业务的改进措施

规范票据领购、使用、保管、核销、监督检查的全过程管理；通过建立经费支出管控规则，实现财务与业务一体化；通过设计审批权限及审批程序，实现财权与事权的有效匹配；通过控制手段标准化和程序化，防止业务信息失真。

3. 政府采购业务的改进措施

建立健全采购制度，明确采购规定和工作流程；合理确定采购需求，加强政府采购预算的审核，确保采购项目应编尽编、内容真实必要；合理选择政府采购方式，规范政府采购程序。

4. 资产管理的改进措施

建立健全资产管理制度，按照"谁使用，谁保管，谁负责"的原则明确资产的使用和保管责任，确保资产的安全完整。严格按照资产配置标准和预算购置资产，加强资产的日常管理，注重维护保养，并提高资产使用效率。

明确无形资产的业务流程，授权专人负责管理，定期进行评估并及时更新。

5. 建设项目管理的改进措施

加强单位内部基建部门、财务部门、审计部门之间的沟通协调；按计划及时做好项目立项、审批等前期工作，提高科学性和准确性；及时完成竣工决算的编制和审核工作，及时进行财务处理和档案、资产的移交工作。

6. 合同管理的改进措施

在签订重要合同前，业务部门、财务部门、审计部门和法律顾问共同参与审核；合同签订后及时交给财务部门归档；建立合同管理登记台账，跟踪合同履行情况，确保按合同约定及时进行结算；强化对合同执行情况的检查、分析和验收，确保合同全面有效地履行。

（三）评价监督内部控制的改进措施

从自我评价的科学性、自我评价小组成员的合理性、内部控制评价结果的应用性三个方面入手，逐步完善内部评价体系，及时发现内部控制执行中的问题、漏洞，对内部控制的制度建设、流程设计、实施效果等进行评价。通过自我评价体系，不断完善补充内部控制制度，使内部控制建设由最初的合规，逐步达到有效运行，最终实现高效运转。

四、结束语

在党的建设取得巨大成就的同时，我们应该清醒地认识到，反腐败斗争的任务是艰巨的，道路是漫长的，稍有松懈，就有可能前功尽弃。铲除腐败不仅要从思想领域入手，更要在制度上下功夫，内部控制制度建设是一项长期的、需要与时俱进的系统工程，完善制度健全管理体制，以单位全面执行《行政事业单位内部控制规范》为抓手，以规范单位经济和业务活动有序运行为主线，以内部控制量化评价为导向，以信息系统为支撑，突出规范重点领域、关键岗位的经济和业务活动运行流程、制约措施，逐步将控制对象从经济活动层面拓展到全部业务活动和内部权力运行层面，堵住制度漏洞，到2020年，基本建成与国家治理体系和治理能力现代化相适应的权责一致、制约有效、运行流畅、执行有力、管理科学的内部控制体系，确保体育事业单位健康、稳定、可持续发展，为我国早日成为体育强国添砖加瓦！

参考文献

[1] 郝建国，陈胜华，王秋红.行政事业单位内部控制规范实际操作范本[M].北京：中国市场出版社，2015.

[2] 张庆龙.新编行政事业单位内部控制建设原理与操作实务[M].北京：电子工业出版社，2017.

航空体育运动安全风险分析及对策研究

国家体育总局航空无线电模型运动管理中心　杨久海

摘要：党的十八大以来，习近平总书记多次对安全工作做出重要指示。强化安全红线意识，科学防范安全风险，是践行安全发展理念的具体举措。航空体育运动是我国当前重要的新兴体育项目之一，航空体育运动安全，不仅关系到运动员本身的安全，还关系到国家空防安全、政治安全、公众安全和人民生命财产安全。近年来，随着人民生活水平的提高和国家对航空体育运动利好政策的公布，我国航空体育发展迅速，呈现出欣欣向荣的景象。但航空体育运动自身特点以及快速发展带来的新情况、新问题，致使安全隐患增多，违规违法飞行事件屡禁不止，飞行安全问题时有发生，严重制约了我国航空体育运动健康、有序发展。本文主要从航空体育发展沿革及航空体育运动项目主要特点入手，分析并找出影响航空体育安全的风险点，提出切实可行的风险防控对策和建议。

关键词：航空体育运动安全；风险分析；防控对策

习近平总书记指出，安全生产事关人民福祉，事关经济社会发展大局。发展决不能以牺牲人的生命为代价。这必须作为一条不可逾越的红线。国家体育总局认真贯彻落实习近平总书记关于安全生产工作的重要论述，坚定不移践行安全发展理念，强化安全红线意识，科学防范安全风险，全力做好安全工作，为推进体育强国建设积极创造良好的安全环境。航空体育运动是我国当前重要的新兴体育项目之一，航空体育运动安全不仅关系着运动员本身的安全，还关系着国家空防安全、政治安全、公众安全和人民生命财产安全。近年来，随着人民生活水平的提高和国家对航空体育运动的支持，我国航空体育发展迅速，但航空体育运动自身特点以及快速发展而带来的新情况、新问题，致使安全隐患增多，违规违法飞行事件屡禁不止，飞行安全问题时有发生，严重制约了我国航空体育运动健康、有序发展。因此，要以习近平总书记关于安全生产工作的重要论述为指导，把安全作为航空体育运动的生命线，认真分析航空体育运动安全风险，制定切实可行的对策措施，从而为航空体育运动创造良好的发展环境。

一、航空体育运动的发展及特点

（一）航空体育运动的发展沿革

航空器的发明是20世纪最伟大的工程成就之一。莱特兄弟发明飞机以来，人类探索天空的脚步从未停歇，航空开阔了人们的视野，激发了人们的开拓精神和向新领域探险的热情，同时，也影响着人们的生活和娱乐方式，这就孕育了一种新的社会体育文化品类——航空体育运动。

工业革命和科学技术革新、欧美发达国家对航空技术的率先发展，带动了航空体育运动的发展与繁荣。以滑翔运动为例，早在1907年，德国杜尔姆斯都特高等工业学校的学生就组织了"杜尔姆斯都特飞行运动协会"，揭开了滑翔作为一项运动的序幕。同年，在法兰克福举行了首次滑翔竞赛大会，著名滑翔家德国人雷契尔特驾驶双翼滑翔机创造了多项滑翔纪录。1912年，德国滑翔员在莱茵华赛尔柯柏又创下直线滑翔836米和留空102秒的纪录。

我国航空体育运动开展较晚，兴起于20世纪50年代，以军事体育为代表。在朱德、贺龙等老一辈革命家的关心支持下，"中央国防体育俱乐部"成立，并为国家培养了大量航空人才。鼎盛时期，全国航空运动学校有50余所，开展滑翔运动的俱乐部达到85个，为空军培养了近18 000名飞行员，达到了中华人民共和国航空体育运动大发展、大普及的状态。但在20世纪60年代，随着我国体育体制的调整，受国家经济水平的影响，航空体育发展进入低谷。

党的十一届三中全会以后，国家体育主管部门开始重视航空体育运动的发展，把以滑翔运动为代表的项目列为正式比赛项目，先后在安阳航空运动学校及甘肃嘉峪关、沈阳和山西大同航空训练基地举办了全国滑翔比赛和国际邀请赛，从而促进了我国航空运动技术水平的提高。1988年7月，我国滑翔运动员王璐琳与张建梅在滑翔创纪录赛中，以112.888公里/时的成绩打破女子双座一百公里三角竞速全国纪录；1984年12月，滑翔运动员傅廷方驾机滑翔飞行高度突破万米大关，达到11 117米，创全国纪录。两项纪录均接近世界纪录。滑翔运动有32人保持着15项全国纪录，中国滑翔队曾多次出访法国、澳大利亚、波兰、意大利等国进行技术交流，并参加了在澳大利亚举行的世界大赛，增进了与世界各国之间的友谊。

近年来，随着我国经济的持续快速增长，人民生活水平逐步提高，国务院连续出台《关于促进通用航空业发展的指导意见》《关于加快发展体育产业促进体育消费的若干意见》《关于加快发展健身休闲产业的指导意见》等推动航空体育运动发展的利好政策，国家体育总局、国家发展改革委、财政部等9部委联合印发了《航空运动产业发展规划》，对航空体育运动产业发展提出了明确目标：到2020年，航空运动市场发展更加规范，产品供给更加丰富，消费需求不断扩大，产业规模持续快速增长，成为推动体育产业和经济社会发展的重要力量，整体产业经济规模达到2 000亿元。航空体育运动迎来了重大的发展机遇和挑战。

（二）航空体育运动的主要特点

目前，我国正式开展的航空体育运动项目有运动飞机、热气球、滑翔、飞机跳伞、轻小型无人驾驶航空器、航空（天）模型6大类26个运动项目，主要呈现以下特点。

1. 较强科技性

开展航空体育运动除要求运动员具备丰富的航空理论知识、过硬的身体素质并持有相关行业部门颁发的飞行资质，能够熟练操控航空器或航空运动器材外，还要求航空器必须取得民航局的适航资质，航空运动器材要达到质量安全标准，场地达到开展项目的场地标准，气象条件符合开展项目的气象标准等。如航空器和航空运动器材具备较高的科技含量，它的组装、使用、维护、故障排除等环节均要求专业人员来进行操作。"工欲善其事，必先利其器"，在航空运动比赛中，不仅需要运动员有精湛的操控技能，而且需要航空运动器材有较高的科技含量、良好的操控性能，这样才能助力运动员取得优异的比赛成绩，展示航空运动的独特魅力。

2. 对抗极限性

航空体育竞赛项目与所有的竞技体育项目一样，是航空体育运动员通过高强度对抗、不断挑战极限，来创造优异成绩的。如飞行竞赛项目，以装有活塞式、涡轮螺旋桨式、喷气式发动机的各种重量级飞机为比赛用机，采取封闭航线竞速飞行、直线往返飞行、起落航线飞行、绕标飞行等方式，进行飞行速度、航程、续航时间、载重量等方面的比赛。而且，有的航空体育运动项目本身就是挑战极强的极限运动，如特技飞行、翼装飞行、多人造型跳伞、低空跳伞等。

3. 普及推广性

航空体育运动受众年龄跨度较大，从老人到小孩都可以参与。航空体育运动中的热气球、伞类、航空（天）模型等的项目不同于高、精、尖的飞行驾驶，它们凭借安全可靠，操纵技能相对简单，有着独有的、良好的飞行体验等特性而更加亲民，更易于让广大人民群众接受，也更容易受广大青少年的喜爱。中国航空运动协会以"飞向北京、飞向未来"为主题，广泛地在校园、社区内开展科普和赛事活动，现登记在册的会员已有近2万人。

4. 低空活动性

航空体育运动的飞行活动基本在通航机场、航空飞行营地本场空域内组织，相比其他飞行，其占用空域资源较少，且低空飞行相对较多。航空体育运动除特技飞行、高空跳伞、热气球等项目可开展中高空飞行外，大部分项目受航空器或航空运动器材性能、飞行员（运动员）防护装备及项目自身要求的限制，只能在高度1 000米以下的低空开展。例如，航空模型运动的开展，要求飞行活动必须在视距和无线电作用距离范围内，操纵员通过目视观察航模的飞行姿态来精确操纵其空中动作，同时，确保航模不飞出无线电作用距离范围，飞行高度只有100米左右，活动半径也仅1~2千米。

二、航空体育运动安全风险分析

飞行是一项高风险的职业，但人类对天空的向往，使人们从未停止对天空的探索，航空体育运动就是人们为体验飞行，像鸟儿一样离开地面自由翱翔，寻求征服天空而开展的活动。航空体育的安全风险主要有以下几个方面。

（一）航空体育运动项目本身具有一定的风险性

航空体育运动的竞技对抗、极限挑战的特性，使其在组织开展的过程中具有一定的风险性，因此，在积极推动的同时要兼顾安全稳妥。例如特技飞行运动，其本身就是航空领域极具观赏性的项目，同时又是风险较高的项目。如果是特技飞行竞赛表演活动，飞行员为了荣誉和奖励，为取得好的比赛成绩，或为了表演效果更精彩、更吸引观众眼球，则尝试更加极限的动作，必然会增大风险性。

（二）航空体育运动从业人员综合素质有待提高

航空体育运动在普及推广过程中，由于部分项目门槛相对较低，使得从事该项运动的体育爱好者综合素质良莠不齐，其中不乏高素质的专业人才，如我国歼-8Ⅱ型战机总设计师、中国科学院、中国工程院院士顾诵芬，早年就是一名航空模型运动爱好者。但总体来说，参与人员普遍专业素质不高，专业培训、资质认证体系不够完善，从业人员更多地关注飞行技术的提升，对相关领域的法规、延伸的专业知识学习不够，如我国空域管理的法规，必要的通信导航、气象、空气动力等方面的知识。如此，容易导致组织飞行不够专业，存在蛮干、不申报空域"黑飞"的问题，不仅有飞行安全隐患，还有空防安全问题。

（三）航空体育运动器材的使用需要规范

当前，我国航空体育运动器材在研发、制造生产、销售、使用、维修保养等环节缺乏相关的标准，难以进行有效的监管。多数航空体育运动器材生产经营单位或个人为小型企业或经营手工作坊式的个体户，航空体育运动器材研发能力弱，采取私自生产或仿制国外先进器材的做法生产经营，无法形成产业规模，且其产品安全性能值得商榷。同时，在使用、维护中也存在问题，使用者往往贪图便宜，购买缺乏合格认证的航空体育运动器材，维护中使用缺乏合格认证的器材配件，更有甚者自己购买配件组装，存在较大安全隐患。

（四）航空体育运动缺乏专业的管理保障力量

组织飞行一般需要有飞行指挥、机务维修、空域调配、通信导航、气象、安保、救护等专业的管理保障力量，航空体育运动的组织模式也不例外，一样需要有专业的管理保障力量，这样才能更安全地保障飞行。但现有一些航空体育俱乐部出于运行成本的考虑，尽量压缩管理保障人员的数量，且对管理保障人员正常的培训投入不够，业务训练跟不上，管理保障人员的专业水准不高，导致俱乐部运行层次低、安全漏洞多。

（五）航空体育低空飞行安全风险较大

航空体育运动活动多在高度1000米以下的低空飞行，主要存在以下安全风险：

1.低空障碍物的风险

航空体育运动飞行高度低，高度较高的建筑物、树木等地面障碍物，甚至地面的剧烈起伏，都可能影响飞行安全。如飞行过程中不注意观察，麻痹大意，就极易发生飞行事故。航空体育飞行的不安全事件大多数是由航空器、航空体育器材与障碍物撞击、危险接近造成的。例如高压线，飞行人员在高速飞行中很难看清楚远处的比较细的高压线，发现的时候再采取规避措施为时已晚。

2.低空复杂气象的风险

航空体育运动项目多为融合发展，采取"航空体育+旅游""航空体育+科技"等模式，不少航空飞行营地设在旅游景区，多是依山傍水、风景秀丽之处，但这些地方地形相对复杂，会形成不同的"区域小气候群"。例如靠近山体的气流与水面气流差别较大，容易形成不稳定气流，无法准确预测气流变化，容易形成类似风切变的升降气流。飞行人员必须熟悉当地的气象资料，具备一定的航空气象知识和飞行经验，才能准确判断复杂多变的低空气流，提前进行预防。

3.低空特情的风险

低空飞行时，由于高度低，航空器相对地面运动速度较快，如地标不够明显，飞行员易因错判地标或错过地标、无法发现地标而迷航；无线电通信电台容易因建筑物遮蔽而信号不良，通信中断；航空器出现机械故障时，留有处置的时间非常有限，如处置不正确、不及时，就可能危及安全。虽然体育类航空器对飞行场地要求不高，且大多采用大翼展、轻机身的设计，以提高滑翔性能，增加失去动力后的滞空时间，但低空出现的各种特殊情况，仍是对飞行人员的特情处置能力的巨大考验。

4.飞行精力的挑战

开展航空体育运动使用的航空器、航空运动器材不像运输航空的飞机那样有着先进的通信、导航、操纵等配套设备，人机操作科学友好，最大限度地减轻了飞行人员的工作量。航空体育运动使用的装备器材，更多考虑航空体育运动爱好者的消费承受能力，更多地关注航空体育的飞行体验，配套设备相对简单，航空器要在空中保持良好的飞行姿态，就需要飞行人员不停地对其进行操控。另外，航空体育运动多是单独驾驶飞行，受低空飞行环境复杂等因素影响，飞行人员容易飞行疲劳或注意力分配不当，极易出现飞行安全问题。

三、航空体育运动安全风险防控

航空体育运动与其他航空飞行活动一样,客观上存在一定的安全风险,但只要严格遵守相关法律法规和管理制度,对安全隐患"零容忍",科学、规范地开展活动,就可以最大限度地降低风险。

(一)健全法律法规和管理制度,推进航空体育运动的规范化、标准化发展

本着加强航空体育运动监管、促进航空体育运动健康发展的原则,根据即将出台的《中华人民共和国航空法》,逐步制定和完善《航空体育运动管理条例》《航空运动俱乐部管理办法》等法规,细化各航空体育项目竞赛活动管理标准,从法规层面明确管理航空体育运动的基本原则、机制、制度、职责、权限和要求,确定从业人员的资质,航空运动器材、场地的标准,建立违规处罚机制,严格惩治违法违规行为,为航空体育运动工作安全、有序开展提供法规制度依据。

(二)加强管理和专业知识培训,不断提升航空体育运动从业人员素质水平

航空体育运动从业人员的安全观念和素质高低关系着整个航空体育运动事业的安全、长远发展,必须加强对从业人员的管理和培训,提升从业人员的综合素质。首先,从建立从业人员注册制度入手,强化管理,重点建立航空体育飞行人员数据库,对每位飞行员的年龄、健康、文化程度、持有资质、技术情况、训练时间等内容进行监控和评估,准确把握其训练水平和技术状况。其次,健全从业人员培训机制,定期组织相关业务技能、航空知识、法规制度、政策规定的培训学习,提高安全意识、法规意识,并严格按照有关规定由体育行政主管部门、民用航空主管部门或其授权单位对从业人员进行资质考核认证,航空体育运动的各类从业人员,须取得相应资格,方可从事相应工作。通过提升航空体育运动从业人员的整体素质,为航空体育的安全运行奠定基础。

(三)规范器材生产、经营活动,确保航空体育运动器材的性能和品质达标

加强航空体育运动器材管理,严格按照国家有关规定,对航空运动器材

的设计、生产、使用和维修等环节，实施以确保飞行安全为目的的技术鉴定和监督，特别要规范航空运动器材的生产经营，严格监督航空体育运动器材生产经营厂商，保证相关安全标准落地，真正从源头上杜绝不合格器材流入市场；对于在利益驱动下违规生产不合格器材的商家，要联合相关部门给予严厉的惩处，使其没有生存的空间，从而保证航空运动器材的安全性。

（四）严格赛事活动的行政审批制度，强化行业监管和风险防控

航空体育运动涉及国家公共安全、空防安全，是国务院新增的需行政审批后方可组织的项目之一，由各级体育行政主管部门具体履行该项职能。各级体育行政主管部门要认真履行职责，加强对不同规模航空体育赛事活动的监管，实施负面清单管理，严格按流程审查赛事活动组织方的相关资质，确保其符合要求，重点审查赛事活动举办方的资格、举办场地条件、航空器材和人员标准、安全方案、应急预案等内容，对不符合举办条件的，要严格把关，坚决不予举办许可，真正做到防患于未然。

四、小结

航空体育运动具有其独特的飞行运行特点，必然也存在其独特的运行风险。航空体育运动作为促进体育消费、带动经济转型升级、促进大众健身休闲产业发展的重要手段之一，今后其产业水平和规模必将有较大提升，同时，在发展中也一定会不断涌现出更多问题和前所未见的风险挑战，只有加强航空体育的行业监管，高度重视运行过程中的风险和隐患，认真汲取每一次事故的教训，严格落实每一项法规制度和管理办法，才能保证航空体育事业的安全、健康发展。

参考文献

[1] 申海青.中国航空体育的现状、面临的问题及其发展[R]. 21世纪中国通用航空产业发展研讨会，2003.

[2] 张志彬.关于发展我国航空体育产业的深度思考[J].运动，2017（19）：133.

浅谈国家奥林匹克体育中心大型群众性
活动安全保卫工作

国家体育总局国家奥林匹克体育中心　邱兴军

摘要： 安全是事业发展的重要前提和根本保障。由于人民对美好生活的需要，文化体育市场逐步繁荣，参与大型文化展演和观看体育赛事逐渐成为群众文化生活的重要组成部分。国家奥林匹克体育中心（以下简称"奥体中心"）作为大型体育场馆群，利用场馆资源多次举办大型群众性活动，为繁荣首都文化体育市场发挥了积极作用。经过多年的实践和探索，国家奥林匹克体育中心已逐步形成了适合自身特点的安全保卫工作模式，保证了大型活动的安全举办。随着形势的发展，国家和北京市对大型活动的安保标准和要求不断提高，只有适应新形势、新要求，拓宽思路，改变传统的角色认知，重新定位新时期大型活动的安全保卫工作，才能确保各项活动安全、顺利地举办。

关键词： 国家奥林匹克体育中心；大型活动；安全保卫

一、奥体中心大型活动安保工作基本情况

奥体中心占地63公顷，拥有体育场、英东游泳馆、体育馆等7个场馆，以及运动员公寓、办公楼等配套建筑，建筑面积25万平方米，是全国第一个大型综合体育场馆群。经过30年左右的建设与发展，奥体中心无论在训练保障、场馆的综合运营，还是在全民健身、举办大型群众性活动（以下简称"大型活动"）保障等方面都在全国同类型场馆中处于较高水平，特别是经过2008年奥运会的洗礼，安全保障工作得到广泛认可，成为北京各类大型文化体育活动举办场所的佳选之一。近年来，随着事业的发展，改革开放的力度不断加大，奥体中心的安全工作环境发生了较大变化。从安全角度看，奥

体中心呈现出"两大、三多"的特点，即园区面积大、影响力大，人多、车多、承租单位多。为保障大型活动安全、顺利进行，奥体中心以"零事故，零案件"为工作目标，积极营造和谐、稳定的工作氛围，严格落实《大型群众性活动安全管理条例》和《北京市大型群众性活动安全管理条例》，结合奥体中心特点，以安保工作为侧重制定了《大型活动管理办法》，依法依规开展大型活动的安保工作，保障了大型活动安全。但是，随着形势的不断变化以及不可避免的社会矛盾，举办大型活动的安全风险逐步加大，安全稳定工作面临着新的挑战。面对新时代、新要求，制定新举措，保证大型活动安全是当前重要的工作任务。

二、奥体中心大型活动安保工作存在的问题

大型活动安全保卫工作面临着越来越多的新问题，安全形势依然严峻，主要表现在以下几个方面。

（一）易发生各类违法犯罪案件和治安案件

首先，大型活动人员密集，参加活动人员复杂，尤其是体育赛事和具有较高影响力的文艺演出活动，观众或参与人员多数互不相识，人员心态、需求各异，正常的社会行为控制力弱化，加之财物集中，很容易发生诈骗、盗窃等侵财类案件，在奥体中心举办的活动中曾发生过手机、钱包盗窃等较为严重的治安案件；其次，观看团体性比赛，特别是足球、篮球比赛，观众倾向性较强，情绪容易激动，容易发生侵犯人身安全类案件，比赛时观众向运动员投掷矿泉水瓶、主客两队球迷群殴等事件时有发生；最后，大型群众性活动入场和退场时，人流量很大，若安全保卫某个环节出现问题，或疏散通道不畅，又或公共设施存在隐患，极有可能发生骚乱、踩踏等公共安全事件，这种事件一旦发生就很难控制，会造成人员伤亡和财产损失等严重后果。

（二）易成为恐怖分子袭击的目标

大型活动参与者众多，规模较大，有些活动具有较大的国际影响力，知名运动员、社会名流可能会出现在赛场或者公共场所，为赛事增彩助力进行推介，犯罪分子往往企图利用这些活动，制造声势或达到自己的目的。例如，2013年4月15日下午2点50分（当地时间），在波士顿国际马拉松赛现

场发生了连环炸弹袭击事件，据不完全统计，造成至少3人死亡、逾百人受伤，多人伤势严重。而在马拉松赛现场遇袭后不久，波士顿警方证实，该市的肯尼迪总统图书馆暨博物馆也发生了类似的爆炸事件，但所幸无人伤亡。这些都让我们清醒地看到，当前国际恐怖分子、民族分裂分子活动猖獗，他们极易将大型活动场所作为袭击的重要目标，制造破坏活动，严重危害公共安全，威胁群众的生命、财产安全，我们必须保持高度警惕，将反恐防爆作为大型活动安保工作的长期性、常态化的重点工作，高度重视，采取有效措施抓紧抓实，防范此类案件的发生。

（三）消防安全风险高

火灾是威胁公共安全和人民群众生命财产安全的一种多发性灾害，是安保工作防范的重点内容。大型活动中的消防安全风险主要表现在：第一，大型活动在一定区域举办活动，人员密集且人员对消防安全常识掌握程度参差不齐，一旦发生火灾将会给人员生命财产造成严重伤害，并极有可能发生拥挤、踩踏等事件。第二，为了满足活动的需求，增加现场效果，经常会有一些临时搭建物或新增的设备设施，包括临时舞台、背景台（布）、灯光舞美、音响、显示器等，由于用电设施比较多，需要临时拉接的电源线随之增加，引发电气火灾的可能性就相应增大，此类火灾一直是大型活动消防安全的重点防范内容。第三，有的吸烟者违反《北京市控制吸烟条例》，在化妆室、休息室、走道等活动场所内抽烟或在活动场所外乱扔烟头，甚至有的吸烟者将未熄灭的烟蒂扔在废纸篓里。凡此种种，都极易在大型活动期间引起火灾。

（四）举办活动频率逐年增高，规模日益扩大

为充分开发利用场馆资源，奥体中心近几年来先后引进了"中国足球甲级联赛""中国男子篮球职业联赛"等体育赛事，与此同时，为彰显场馆的公益属性，自主承办了一些群众性文化体育活动，如"中央国家机关职工运动会""来京建设者运动会""8月8日全民健身日""奥林匹克日""首都大学生健身活动""社区篮球、乒乓球赛"。奥体中心2015年举办的千人以上的大型活动有104场，2016年有143场，2017年有176场，且活动种类由过去单一的体育活动，拓展到文艺演出、体育赛事、企业年会等多种形式，跨政治、经济、商业、人文等多个领域。在以往举办的大型活动特别是一些商业性活动中，主（承）办单位为追求经济利润最大化，增加"粉丝"量以

扩大社会影响，不遗余力地加大投入，别出心裁，增加噱头，活动规模越来越大，参与群众越来越多，使奥体中心在防爆处突、消防安全、能源保障、观众服务、停车管理、治安秩序、交通安全、环境卫生等方面面临的压力也增大。

（五）不能按规定备案和申请行政许可

根据国务院《大型群众性活动安全管理条例》，奥体中心侧重安保工作制定了《大型活动管理办法》，对各场馆承办的大型活动明确了准入审批制度，要求所有活动必须报请奥体中心审批后再向公安机关备案或申请行政许可。其中，大型群众性活动预计参加人数在1 000人以上的，承接活动的场馆应督促承办方准备好材料，提前25天向奥体中心提出申请，奥体中心批准后，再按规定提前20天向公安机关备案或申请许可，但实际工作中一些场馆直到活动临近才仓促准备材料进行申报，既让奥体中心职能部门无法认真审核，也让奥体中心领导身处"非批不可"的境地。职能部门要与公安机关沟通协调，但活动的相关情况职能部门根本无法掌握。有的甚至在不申报的情况下私自承接承办活动，无法对活动的安全进行把控，也不能采取必要措施开展安保工作；有的活动被公安机关叫停查处，给奥体中心造成了不良影响。这都反映出奥体中心内部在大型活动的管理上存在着漏洞，对依法依规举办大型活动没有高度的重视。

（六）大型活动联动机制有待进一步完善

奥体中心的7个场馆和运动员公寓在同一个园区内，道路、车场、环境、安保等资源共享，不管哪个场馆承接活动或在园区公共区域内举办大型活动都需要在中心职能部门的统一指挥下协调联动，各部门在交通、停车管理、秩序维护等方面互相配合，才能使大型活动顺利举办。经过几年的探索，奥体中心大型活动联动工作机制已经初步形成，对维护大型活动期间奥体中心园区的治安、交通、停车秩序，保障大型活动的顺利进行发挥了重要作用，但由于内部工作组织管理不到位，尤其在活动期间，场馆之间、场馆与职能部门之间缺少协调沟通，未对安保、交通采取必要措施，不时出现交通秩序混乱、赛事控制不力等不和谐事件。

三、解决问题的对策

提高政治站位，树立居安思危的思想，增强政治敏锐性，把大型活动安保工作作为促进经济发展、维护安全稳定的一项政治性任务来抓，才能真正做到未雨绸缪，防患于未然。

（一）高度重视，加强领导，为大型活动的安保工作提供组织保障

大型活动的安全举办，关乎奥体中心的形象，关乎一方的安全稳定，做好大型活动的安全保障工作，确保公共安全，是对奥体中心履行主体安全职责能力的一项考验。应建立以奥体中心领导为组长的大型活动领导小组，加强大型活动的组织领导，明确安全工作职责，细化工作任务，层层分解，落实"一岗双责，党政同责，齐抓共管，失职追责"的安全工作责任制。

（二）加强安全宣传，提高群众的安全意识

针对活动举办数量、活动规模呈现上升趋势的情况，奥体中心应充分利用网络、报纸、宣传栏、板报、电子显示屏等媒介加大宣传力度，努力营造大型活动的安全工作氛围，加强参与大型活动人员的安全教育和培训，掌握大型活动相关的法律法规，依法依规承接、承办各类大型活动。加强大型活动安全文化建设，宣传安全常识、展示安保成果、提示安全事项，宣讲大型群众性活动管理法规，全面提高奥体中心职工的安全意识。同时严格遵循《大型群众性活动安全管理条例》有关规定，在场地租赁合同中，明确承接、承办方对参与大型活动人员宣传的职责，加强大型活动期间的安全知识宣传。

（三）整合安保资源，完善大型活动安全保障联动机制

一是建立大型活动联席会议制度，定期分析活动的形势，对活动的规模、场次、内容、影响力以及安全风险进行科学、合理的预判，对活动期间的车场、道路、安保等公共资源使用进行统一安排，及时对活动安保工作进行总结，改进工作，堵塞漏洞。二是针对每场活动的不同情况制订详尽、周密的安全保卫工作方案和应急预案，对每一个细小的环节进行充分的考虑，逐一明确各部门工作任务，做到每项工作都有负责人，每项安全措施都有安排、有落实。三是完善通信联络渠道，严格监控值班制度，充分发挥视频监控设施的作用，及时报告、处置大型活动期间本区域安全问题。通过建立联动工作机制，改变传统的"自扫门前雪"观念，形成奥体中心"一盘棋"思想，树立"大奥体，大安全"观。

（四）超前排查，重点整治，确保大型活动举办期间的安全稳定

把提前排查、及早发现、及时处置、消除安全隐患，防范风险作为大型活动安全保障工作的重要手段。一是积极配合公安机关做好防恐、反恐安全检查工作，积极排查事故隐患、案件隐患，利用人防、技防等手段密切注视一些重点人员的行为举动，做到早发现、早控制、早解决，把可能出现的违法活动瓦解在萌芽状态，为活动的安全顺利进行创造良好的社会治安环境和条件。二是认真主动地开展消防安全检查，消除火灾隐患。针对大型活动规模大的情况，提前介入，对大型活动场所的消防设施、安全疏散、用火、用电、用气等情况进行认真检查，对检查中发现的隐患，督促有关单位进行整改，加大消防安全管理力度，形成"严管、严防、严治"的工作态势。三是加强大型活动期间园区内交通整治，及时发现并制止园区内不文明交通行为，确保道路安全畅通，完善园区公共交通设施，及时修复损坏的交通设施、标识，遇有规模大、影响力大的活动提前协调交警部门介入。四是加强与主（承）办方的协调沟通，加大交通安全宣传力度，提倡观众乘坐公共交通工具出行观看活动，减轻交通压力，共同维护奥体中心大型活动期间的安全秩序。

（五）制订完善的工作方案

在大型活动安保工作中要提前开展安保预测分析，根据活动的重要性、热点性和规模、内容等具体情况，对活动中可能发生的各类问题进行充分估计和判断，按照警卫、防爆、消防、交通、安检等关键环节和任务分工，确定不同等级，制订结构严谨、科学实用的安保工作方案和应急预案，实行分级管理，适时组织桌面演练、实战演练、单项演练、综合演练和研究性演练，有针对性地不断完善安全保卫工作方案和应急处置预案，加强大型活动的安保，全面提高大型活动突发事件的应急处置能力，有效避免和减少人身财产损失。

（六）加强与公安、消防、安监政府职能部门的沟通协作

大型活动主要由公安机关牵头联系消防、安监、城管、文化等职能部门组织实施大型活动的安全监管工作，奥体中心作为承接大型活动的场馆方应加强与公安、消防、安监等政府职能部门的联系与协作，了解掌握最新的相

关法律法规，主动接受职能部门检查、指导、监督，依法依规落实各项安保工作要求，及时向职能部门反映安保有关问题，征得政策法规和技术方面的支持和帮助，以做好活动的安保工作。

基层事业单位网络安全问题与对策研究

国家体育总局体育科学研究所　李达

摘要： 随着整个社会信息化程度的不断提高，国家对内部控制及信息公开工作也提出了明确要求，事业单位的工作模式也向网络化转变，对网络的依赖日益加深，单位门户网站、业务网站也如雨后春笋般不断出现。但是，近几年，网络安全事件频发，给国家、社会、单位、个人均造成了极大影响，成为不安定的因素。维护网站的正常运作，全面保障网络安全，需要从整体规划、提高安全意识、不断完善制度和健全技术防控体系四个方面入手，解决当前基层事业单位网络安全面临的问题。

关键词： 事业单位；网络安全；对策

习近平总书记在党的十九大工作报告中，对网络安全工作和信息化工作提出了新的要求，还对建设网络强国、数字中国、智慧社会，办好网络教育，推进网络强军和加强网络安全等方面提出了新的要求。这些任务和要求，极大地体现了党中央对加强网络安全和信息化建设的高度重视，也为我们在新形势下做好网络安全和信息化工作提供了重要依据。我国走在世界舞台的中央，网络安全的重要性与迫切性愈发凸显。眼下，网络空间已发展为继陆、海、空、天之后的第五大主权领域空间。网络安全是国际战略在国家安全领域的演进，我国的网络安全正面临着严峻挑战。因此，我们要树立正确的网络安全观，强化"没有网络安全就没有国家安全，没有信息化就没有现代化"的根本理念，安全是一切发展的前提条件，发展是安全的保障，安全要和发展同步推进，做到以安全保发展、以发展促安全，构筑起坚实的网络空间安全屏障。

一、基层事业单位网络信息化应用情况

随着计算机网络和通信技术的飞速发展，我国已全面进入信息化时代。

多年以前，党中央就提出了电子政务和政务公开的工作要求，近些年更是强调每个单位都必须建设内部控制机制，包括内部控制系统的建立。网站以及电子系统的建设不仅为内部人员日常用网提供了保障，也实现了内部控制管理，公文、资产、财务等办公自动化的实现，大大提高了办公效率，节约了纸张。同时作为单位宣传的重要窗口，网站面向社会提供服务的同时也展示了单位形象。伴随着网络应用重要性的不断提高，网络安全也成为信息化建设中首要关注的问题。近年来，我国作为互联网大国，网络安全事件发生的频次不断上升，其中部分事件对社会和国家造成了较大影响，尤其是政府、企事业单位网站影响大、点击率高，更成为境外敌对组织和黑客的主要攻击目标。单位内部局域网的使用如果不注重安全防护，也极容易被攻击渗透，使个人终端被控制，不但会泄露国家机密、工作信息、个人信息，敌对组织在盗取密码后，还会利用个人博客、邮箱等工具大肆发送反党反政府言论，给单位、个人带来巨大损失。2017年6月，国家出台了《中华人民共和国网络安全法》，正式明确了网络安全方面的法律责任，以及在享受网络带来的便捷、高效等广泛优势的同时，有哪些必须要保障的方面。因此，作为基层事业单位，在网络成为工作必须、网站数量越来越多、服务质量要求越来越高的情况下，网络信息安全就显得尤为重要，需要高度重视，增强安全防护措施，全面做好网络安全建设。

二、基层事业单位网络安全存在的问题分析

笔者在事业单位从事网络安全及信息化的管理工作已有多年，通过横向了解，以及公安部网络安全培训中对各层级单位情况的介绍，发现目前多数企事业单位，甚至少部分政府机关在网络安全的管理上或多或少都存在问题，主要有以下四点：网站管理缺乏统筹规划、信息安全意识薄弱、管理制度不健全、技术保障不到位。这些问题对单位网站以及网络使用来说都是巨大的安全隐患。

（一）网站管理缺乏统筹规划

目前，各级事业单位业务分不同部门管理，因此不同业务就建设了不同的网站；财务上不同的业务均有来源不同的专项经费；人员几乎全部为兼职管理，没有专业人员或没有专门岗位。合在一起就表现为一个单位内部不同的业务部门的网站建设、运营维护、经费投入、人员管理相互分离，导致

网站的建设、运营、维护标准不统一，负责建设、运营、维护的公司良莠不齐；经费投入差距悬殊；管理人员专业知识不足，工作交接没有延续性，有些管理人员工作太忙时会出现没有时间监控，出问题随意应付，不出问题不闻不问的情况。以上这些现象都容易导致网站系统及数据库漏洞多，硬件安全防护能力低下，紧急情况出现时无法应对，这些都大大增加了网站的风险。由于分别独立建设、运行、维护，所以各部门采购自主性强，不容易监管。

（二）网络安全意识薄弱

（1）网络安全方面经费投入的意识不足，网站功能方面的投入可以快速看到实际效果，并且能够作为一项业绩得到相应的认可，相对而言，网络安全的经费投入从表象上看远大于产出价值。网络安全是否有效必须要在受到攻击时才能进行评价，尽管安全投入已远大于网站功能建设，却不容易见到或无法见到效果，因此，多数单位在网络安全方面的投入意识都比较欠缺。

（2）网站建设的过程中过于注重功能性，而由于安全意识不足、专业知识缺乏导致不考虑或极少考虑安全性。很多单位非常注重"门面"是否漂亮和功能是否齐全，而非功能能否响应，网站防御、信息传输是否安全。网站建设公司、管理人员以及运行维护人员也大多从实现业务功能角度考虑，从设计到管理运行的各个阶段都过多地关注功能性，而对潜在安全隐患和存在的漏洞置之不理。

（3）管理人员多数不是计算机、网络安全相关专业人才，缺乏相关知识，更没有实践经验，对网络、信息化各个方面一无所知，只是需要有人管理，就临时指定一个人员兼职管理，即使有能提供技术支持的公司，如果自己没有主动判断、提出需求的能力，网络安全也只能停留在表面化或过度建设两个极端。

（三）管理制度不健全

基层事业单位在网络安全管理制度以及日常计算机网络使用管理制度方面主要存在如下问题：首先，网络安全的管理制度未建立，多数单位虽然有一些相关的管理制度，但是甚少提及关于网络信息安全方面的问题，有些疏于管理的单位甚至没有相应的管理制度。其次，有些单位已经建立了制度，也非常重视网络安全工作，但是实际工作和制度之间没有形成体系，安全工作做不到全面统筹、一体联动。另外，还存在已经有了制度却未能严格执行的情况。网络安全的制度涉及方面很多，如果人员配置不足，或责任心不强，很难按规定实施，即使按制度实施了，一旦策略更改，又会出现措施无法落地的现象。

（四）技术保障不到位

技术的有效保障是网络安全的前沿阵地，主要包括硬件和软件两个方面。

1. 硬件设施欠缺或规划不合理

（1）网络规划不合理。网络规划是网络安全实施中最基础的工作，如果不能根据实际情况合理规划，将导致信息安全得不到保障，许多信息直接暴露在攻击者面前，所有的安全措施形同虚设。

（2）机房环境不专业，主要表现在硬件设施较差、未安装门禁、缺少防盗防火设施等方面。电力供应不稳定，经常断电，导致网络中断无法正常提供服务，未安装保持恒温、恒湿的专业空调，无法保证恒温、恒湿环境。电路设备质量差，存在造成火灾或短路烧毁设备等隐患。有的单位机房位置选择不合理，机房装修时未按照密封空间设计，或结构不牢固，无法有效地抵御漏水、沙尘等自然灾害。

（3）网络设备配置不完善。网络设备的架构设置不合理，最简单的如未进行Wlan划分，所有的访问和应用都在同一个Wlan区域，不能进行分区域的访问控制。还有部分网站管理者认为网站开通了能访问就可以了，网络最前端只架设一个简单的防火墙，有的甚至没有，或者即使部署了其他的网络安全设备，也没有真正使用起来，没有针对网络环境配置合理的安全策略，完全无法发挥其应有的作用。

（4）服务器安全不过关，很多单位的服务器采用了默认的安装方式，初次安装后对系统漏洞进行了更新补丁，但是操作系统的自动更新功能没有开启，无法及时安装补丁程序。单位没有把不必要的端口关闭，或者是调试完成后忘记关闭；有的默认的共享功能未及时关闭，未安装防火墙和杀毒软件，未配置有效的安全策略，网络安全设备对服务器开放的功能是不会进行防护的，所以这些就成了黑客利用的通道。另外，服务器如果没有独立的防护技术，又和其他业务应用在同一个网络区域，攻击者只要攻下服务器所在网络中的任意一台设备，就可以毫无阻挡地对服务器进行攻击。

2. 软件开发应用配置存在漏洞

这一点通常表现为业务应用在开发过程中没有注意到信息安全的重要性。多数开发公司只注重软件功能的实现，而不重视保护信息安全；有些单位对政策、法律掌握得不到位，甚至部分单位为了节约资金，将开发任务交给在校大学生或者没有经验的小公司，导致源代码中存在大量漏洞；有的网站在开发过程中考虑到了安全性问题，也包含了信息安全的防护功能，但是在后期的管理和使用过程中，为了省事，将防护功能关闭，造成了非常严重的信息安全隐患。

三、加强网络信息安全建设的对策和措施

（一）强化顶层设计、增强防护能力

为了解决网络空间安全问题，《中华人民共和国网络安全法》第十六条规定："国务院和省、自治区、直辖市人民政府应当统筹规划，加大投入，扶持重点网络安全技术产业和项目，支持网络安全技术的研究开发和应用，推广安全可信的网络产品和服务，保护网络技术知识产权，支持企业、研究机构和高等学校等参与国家网络安全技术创新项目。"坚持实事求是，按照《中华人民共和国网络安全法》的要求，尊重客观规律，树立全单位"一盘棋"的思想，围绕各部门的职能职责和工作实际需求，整合资源，统筹用好全单位的人力、财力，统一规划，避免重复建设、低质量建设、无效管理等资源浪费，避免在大量重复建设中产生违法违纪问题。基于以上思路，在集中建设、统一管理中应注意以下几个方面。

1. 自上而下做好长期发展规划

为了积极避免重复建设，提高网络安全建设的利用率，应尽可能在更高层级的单位统一建设网络安全环境，将下属单位的网站应用开发建设统一到一个平台上来，这样可以大大降低在网络安全设施建设上面的经费投入以及管理运营和人员成本，同时大幅度提高安全性、专业性。

2. 加大投入力量，引入市场化机制运行

为了确保网络安全，必须用专业的人做专业的事，真正将这个问题重视起来，必须设立充足的专项资金（包括设备购置、网络基础设施建设、应用系统开发、系统软件升级维护、技术人员定期学习培训等），聘用专业的专职人员管理维护，按标准甚至高标准建设。除了以上投入，还有很多服务要

寻找合理的管理模式，由外包公司提供技术支持服务，单位派专人负责监督任务完成情况，提供服务的公司按期提交维护、检测情况报告。

3. 严格采购程序，严格监督执纪

在网络管理中，涉及货物、服务以及机房建设等各方面采购，专业面涉及极广，大规模网络设计的采购金额相对较大，并且每年都会有例行采购，为避免在采购过程中滋生腐败，应在加强教育的同时，严格按照《中华人民共和国政府采购法》及单位采购管理办法执行，并严格监督审计，"把权力关在制度的笼子里"，减少在网络建设过程中产生腐败的风险。

（二）增强法制意识、加大安全教育力度

单位内部必须从领导做起，学习《中华人民共和国网络安全法》《信息安全等级保护管理办法》，切实掌握《中华人民共和国网络安全法》对建立、运行、使用网络的相关规定，并不断加大网络安全防护知识的宣传力度、教育力度，深化网络安全法制观念，使网络建设者、管理者、使用者全面了解网络安全的重要性和信息泄露的危害性，切实掌握网络安全的必要防护手段，从思想上把好网络安全的第一道防线。

（三）完善制度建设、构建长效机制

必须统一谋划、统一部署、统一推进、统一实施。要完善领导体制和工作机制，建立健全网络安全领导小组的工作职责、协调机制，形成统一领导、分工负责、各司其职、密切配合的工作规范。制定经费投入以及人才保障的机制，明确责任部门和责任人，加强督促检查，确保见到实效。

（四）建立防控体系、将风险降到最低

要达到三重防护的体系要求：进不去、进去拿不到、拿到以后看不懂。网站被攻击后，出现最多的、危害最大的是内容被篡改和数据丢失，内容一旦被篡改很可能产生非常大的负面影响，工作数据丢失也会对工作运转、档案的留存造成无法挽回的损失。

要通过以下手段提高技术保障能力：

（1）聘请资质较高的网络集成建设公司，按照专业机房标准建设机房环境，全面考虑电路、水路、防火、防盗、防尘、新风以及恒温、恒湿等方面的问题，合理规划各个功能区域的分布格局、管理权限等。

（2）在全面了解网络需求后进行统筹分析、统一规划，按功能分割业

务区域，建立完善的安全访问策略，在网络访问需求产生变化时及时改变策略部署。利用防火墙、网闸的功能，有效屏蔽内部、外部、各个防火区之间的访问，这样即使内部网络由于个人使用不当被植入木马病毒，也不会威胁到服务器业务区。部署入侵检测设备、上网行为管理设备可以有效检测出危害网络安全的行为，并对访问行为进行记录、分析，有效保障网络信息安全。病毒对网络安全危害极大，因此，应部署防病毒设备，在主机系统、个人终端统一安装软件防火墙、病毒查杀软件，并保持系统、软件自动更新，消除安全漏洞，定期扫描，有效抵御病毒的入侵。

（3）为将风险降至最低，首先，要做到实时监督、健全应急预案，建立应急响应机制，并经常组织演练，尽可能将影响控制在最小范围内。建立24小时实时监控体系，一旦发现被篡改或被攻击，在最短时间内响应，将不良影响降到最低。其次，在最短的时间内做到数据的快速恢复。及时备份、数据多机异地热备份、自动恢复技术都是网站建设必须具备的功能。

综上所述，互联网在基层事业单位的建设、发展过程中起到了举足轻重的作用，但伴随而来的网络安全隐患也越来越不容忽视，加强网络信息安全、防患于未然已有法可依。我们要在做好信息化建设、促进事业发展的同时，高度重视网络与信息化安全工作，不断提高政府机关信息化安全防御能力和应对、处理各种信息安全突发事件的能力，将网络安全风险因素降至最低，提升网络安全水平，为信息化工作的健康有序发展提供坚实保障。

参考文献

[1] 夏金栋.当前政府网站发展现状及对策分析[J].江西通信科技，2018（3）：37-38，41.

[2] 赵兵兵.浅谈政府事业单位信息化网络安全的实现[J].网络安全技术与应用，2018（2）：112，140.

[3] 李加坤.努力做好新时代的党校网络安全和信息化工作[J].创造，2017（12）：26-27.

[4] 杨衍.政府网站的安全现状及威胁分析[J].建材与装饰，2017（18）：291-293.

[5] 杨博.政府网站信息安全监管机制问题与对策研究[J].科技经济导刊，2016（7）：23-24.

[6] 刘子涵，赵倩倩，吕朋举，等.政府网站安全与防护初探[J].河南水利与南水北调，2015（23）：56-58.

中国兴奋剂检测的机遇与挑战

国家体育总局反兴奋剂中心　张亦农

摘要： 推进"拿干净金牌"的反兴奋剂治理体系是我国体育事业健康发展的基石，是建设体育强国的基础。随着中国特色社会主义进入新时代，我国体育事业高速发展、科技水平飞速提升，体育产业利好政策不断出台，为兴奋剂检测工作的推进提供了广阔的发展空间。与此同时，世界反兴奋剂形势纷繁芜杂，国内兴奋剂违规仍然频出且更为隐蔽，我国兴奋剂检测工作仍面临巨大挑战。本文通过回顾我国兴奋剂检测的历史使命和现状，针对目前兴奋剂检测领域面临的新挑战，讨论在新时代下，我国兴奋剂检测实验室如何通过不断加强自身建设，提高政治站位，依靠科学技术把握新时代机遇，全面应对挑战，以构建"拿干净金牌"的反兴奋剂治理体系为目标，开创新时代中国兴奋剂检测新局面，为我国体育事业健康发展保驾护航。

关键词： 反兴奋剂；兴奋剂检测

习近平总书记在党的十九大报告中指出，广泛开展全民健身活动，加快推进体育强国建设。这是决胜全面建成小康社会、夺取新时代中国特色社会主义伟大胜利的重要工程，是实现中华民族伟大复兴"中国梦"的艰巨而光荣的使命。因此，捍卫体育事业公平、公正，保障我国体育事业健康发展，是新时代兴奋剂检测领域光荣而又艰巨的使命。

党的十八大以来，我国体育事业取得长足发展，竞技体育成绩显著。我国体育建设的不断发展，为兴奋剂检测领域提供了更加宽广的发展平台和机遇。与此同时，国际反兴奋剂形势空前复杂，近些年，国内兴奋剂违规现象仍屡禁不止，我国兴奋剂检测领域仍然面临严峻挑战。

一、兴奋剂检测历史及现状

（一）兴奋剂检测实验室的历史使命

维护纯洁体育，维护国家形象，维护运动员权益，为我国体育事业创造公平、公正的比赛环境，是我国兴奋剂检测实验室一直以来的使命以及永恒的追求。

我国兴奋剂检测事业始于20世纪80年代，为迎接1990年亚运会在北京召开，确保亚运会兴奋剂检测工作正常进行，国家体委（现国家体育总局）与第十一届亚运会组委会决定筹建北京兴奋剂检测实验室，并于1987年通过国际奥委会认证，成为世界上第20家兴奋剂检测实验室。

一直以来，兴奋剂检测实验室以保障我国运动代表团干干净净参赛、不出兴奋剂问题为主要目标，为我国体育代表团服务。"拿干净金牌"不仅是一句口号，更是一项严肃并充满挑战的政治任务。1990年以来，我国兴奋剂阳性率逐年降低，从1.8%降到目前的0.4%，远低于国际平均水平，这与实验室检测技术能力提高、更具威慑力有很大关系。

多年来，我国兴奋剂检测实验室多次承担奥运会、亚运会、世锦赛、全运会等国内外重大赛事的兴奋剂检测工作，保障我国顺利办赛，为运动员提供公平、公正的竞技平台。实验室工作人员每年都被邀请出国参与其他实验室的建设、检测工作，在此过程中，我国兴奋剂检测实验室与国外同行进行了深入的交流，开展了广泛的合作，建立了深厚的友谊，促进了我国体育事业的国际交流。

经过30多年的不懈努力，我国兴奋剂检测实验室在国家体育总局的坚强带领下，始终牢记使命，维护纯洁体育、维护国家形象、维护干净运动员权益，为我国体育事业健康发展保驾护航。

（二）空前复杂的世界反兴奋剂形势

当前国际反兴奋剂形势极为复杂且严峻。2014年，俄罗斯兴奋剂事件被曝光，随后引发了严重的"蝴蝶效应"，看似简单的兴奋剂事件不断发酵最终上升为政治事件。2016年，俄罗斯奥运代表团100多名运动员被禁止参加里约奥运会，残奥代表团全部被禁止参赛，俄罗斯兴奋剂检测实验室的检测资格被暂停，俄罗斯体育遭受到了前所未有的重创。兴奋剂事件不仅仅是俄罗斯体育事业的灾难，也是国家的一场巨大灾难。

目前，兴奋剂检测领域的检测标准以及检测物质均由西方国家制定，对一些特定药物如去甲乌药碱等的检测标准均严重不符合亚洲人饮食习惯和代谢规律，需要对现有兴奋剂检测以及结果管理规则进行修正，保障我国运动员的合法权益以及公平竞争的权利。在纷繁芜杂的国际反兴奋剂形势下，我国兴奋剂检测实验室面临巨大挑战，肩负艰巨任务。

（三）兴奋剂违规频发的国内现状

在国家体育总局以及反兴奋剂中心的领导下，近年来我国兴奋剂检测实验室在仪器设备、人员配备、质量管理以及科学研究上均有了明显进步，目前我国兴奋剂检测实验室的检测能力处在世界前列。然而，看似乐观的国内反兴奋剂局面实际上仍然暗流涌动。2015年到2017年间，我国国内兴奋剂问题由30起上升至89起，表明我国兴奋剂违规事件呈增长态势。在金牌和利益的驱动下，仍然有很多运动员铤而走险，故意使用兴奋剂，且兴奋剂违规使用范围不断扩大，从传统竞技体育扩展到群众运动，如马拉松比赛等；更为严重的是，青少年使用兴奋剂的问题越来越严峻，甚至蔓延到校园。

截止到2018年11月，检测实验室检测样品数量已经突破18 500例。目前，我国反兴奋剂工作仍面临巨大压力，兴奋剂使用事件频出，运动员使用兴奋剂的方式也更加隐蔽，检测难度也随之加大，给实验室的检测能力、检测质量以及检测效率带来巨大考验。在现有仪器设备以及人员配置有限的情况下，保质保量甚至超额完成检测任务，是当前我国兴奋剂检测实验室必须面对的考验。

二、新时代兴奋剂检测领域面临的机遇与挑战

（一）肩负时代使命，继续砥砺前行

一直以来，国家体育总局高度重视兴奋剂检测实验室发展，不断加大投入力度、引进人才、放宽政策，为我国兴奋剂检测实验室的发展提供了重要保障。

检测实验室的发展离不开国家体育总局以及反兴奋剂中心的大力支持。针对兴奋剂样品、试剂采购清关问题，国家体育总局与海关进行了多次沟通，为兴奋剂检测实验室的标准品购买提供了大力支持，解决了困扰实验室多年的个别标准品空缺的问题。

随着禁用药物的不断增多，兴奋剂检测范围不断扩大，兴奋剂检测实验室对精密仪器的要求也随之增高。国家体育总局对兴奋剂检测实验室仪器设备的更新升级予以全力保障，我国实验室检测设备也在逐年更新。如表1所示，目前我国检测实验室的硬件配置略低于2012年伦敦奥运会时的实验室配置，虽然能满足日常检测需求，但要顺利完成2022年北京冬奥会检测任务，还需升级目前的仪器设备。

表1　近年奥运会检测仪器配置对比表

检测设备	2012年伦敦奥运会配置	2016年里约奥运会配置	目前我国实验室配置
气质联用仪	11台	13台	7台
液质联用仪	9台	8台	4台
高分辨液质联用仪	2台	13台	4台

针对检测实验室人才不足等问题，国家体育总局调整增加了实验室人员编制，并对科研人员职称评定、待遇等给予重点保障。2015年以来，检测实验室每年都有至少一名博士加入。与此同时，针对检测样品量增加的情况，反兴奋剂中心为实验室招聘了合同制工作人员缓解实验室人员劳动强度，为实验室提供了重要的人力保障。

在国际交流方面，国家体育总局以及反兴奋剂中心对检测实验室出国交流予以重点保障，实验室每年都会有10~15人次参加国际学术会议，也会邀请外籍专家来实验室进行技术交流和指导。

2022年北京将举办冬奥会。北京冬奥会是我国重大标志性活动，兴奋剂检测实验室也将继续以时不我待的历史责任感和功成不必在我的勇气担当，肩负历史使命，为中国运动员服务，为北京冬奥会服务，确保中国代表团运动员干干净净参加东京奥运会和北京冬奥会。这是兴奋剂检测实验室必须承担的政治责任和历史责任，这是兴奋剂检测实验室坚决做到"两个维护"和践行"四个意识"最根本的体现。

2017年2月，习近平总书记在考察北京冬奥会筹办工作时曾指出，要加强反兴奋剂工作，一定是"零容忍"，把冬奥会办得像冰雪一样纯洁无瑕。兴奋剂检测实验室将继续肩负时代使命，继续砥砺前行，维护纯洁体育，维护运动员健康，维护国家形象。

（二）把握时代机遇，扩大国际声誉

兴奋剂检测是世界反兴奋剂体系的基础，兴奋剂的检查、处罚都是根据兴奋剂检测的情况制定的，掌握了最先进的兴奋剂检测技术，才能在国际上具有更多的话语权，这是我国在国际领域顺利开展反兴奋剂工作的重要保障。目前，兴奋剂的检测、检查以及相关国际法律法规都由世界反兴奋剂机构（World Anti-Doping Agency，以下简称"WADA"）制定，西方国家具有最终的话语权和决定权。因此，不断提高检测技术以及兴奋剂科研产出，扩大我国在兴奋剂领域的国际声誉，在世界兴奋剂检测领域获得更多的话语权，不但可以使我国在有争议的兴奋剂问题上占据优势，维护我国运动员的合法权益，更有利于捍卫我国体育事业在国际平台上的公平、公正发展。只有以强大的兴奋剂检测技术为后盾，我们才更有底气和力量阻止个别国家恶意利用兴奋剂事件抹黑我国。

2016年，我国运动员在国内外的检查中频繁出现去甲乌药碱阳性事件。经调查发现，我国传统中成药制剂中含有大量该物质，鉴于此，我国兴奋剂检测实验室做了大量科学研究，并将研究结果上报WADA，推动WADA将去甲乌药碱阳性报告限定为10ng/mL，大大降低运动员发生此类阳性事件的风险。2017年，我国仅发生一例食源性去甲乌药碱阳性。在本次与WADA沟通中，我国兴奋剂检测实验室表现出了强大的技术实力以及高效的工作效率，在解决我国去甲乌药碱争议阳性问题过程中做出了重要的贡献。

近年来，国家体育总局对兴奋剂检测愈加重视，在外事计划和兴奋剂科研方面给予大力支持。检测实验室每年有10~15人次出国参加国际会议，并在会议中做口头汇报，展示我国反兴奋剂实验室的技术实力。在2018年兴奋剂检测科隆年会中，实验室副主任张力思受邀作为会场主持人，表明我国兴奋剂检测人员的国际领域的影响力正在进一步提升。

在兴奋剂检测科研方面，我国兴奋剂检测实验室每年在国内外知名期刊发表学术论文15~20篇。如图1所示，2015年至2017年，我国反兴奋剂实验室的科研人员在国内外发表的论文数量逐年递增，科研产量稳步提升，很多检测方法已经被其他国家实验室借鉴。北京实验室目前与西班牙实验室、法国实验室均有合作项目，实验室间的交流更加频繁，在建立深厚友谊的同时，也展示了我国兴奋剂检测实验室过硬的技术实力。

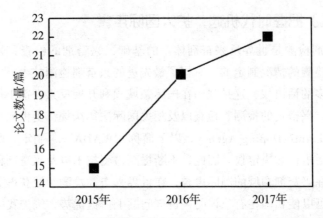

图1 2015—2017年我国反兴奋剂实验室的科研人员在国内外发表论文情况

2022年，北京将举办冬奥会，北京将成为目前唯一一个同时举办过夏季奥运会和冬季奥运会的城市，兴奋剂检测实验室也将迎来另一个艰巨而又光荣的任务。按照国际惯例，奥运会兴奋剂检测工作将主要由北京实验室和国际同行共同协作完成。本次奥运会也将是我国实验室展示检测实力的机会，实验室今后将加强建设，全力以赴，趁势而上，把握机遇，出色完成任务，扩大我国兴奋剂检测的国际声誉。

三、新时代兴奋剂检测战略体系构建的具体举措

（一）提高政治站位，明确发展方向

党的十九大指出，经过长期努力，中国特色社会主义进入了新时代，这是我国发展新的历史方位。伴随着中国特色社会主义进入新时代，体育事业的改革发展也进入了一个黄金时代。兴奋剂检测是保障我国体育事业健康发展的基石，兴奋剂检测人员应该有雄心壮志，团结一心，不断加强自我建设，以高度的责任感、使命感和紧迫感来维护纯洁体育、维护国家形象、维护干净运动员权益，为我国体育事业健康发展保驾护航。

目前，我们已经进入北京冬奥会周期，把北京冬奥会办得像冰雪一样纯洁无瑕，是习近平总书记提出的要求。兴奋剂检测实验的工作要以习近平总书记关于体育工作、关于反兴奋剂工作的重要指示为遵循，提高政治站位，明确工作目标和任务。

一直以来，兴奋剂检测实验室重视增强政治责任感，实验室主要负责

人以及技术骨干带头认真学习领会习近平总书记关于体育工作的一系列重要讲话、重要批示，把反兴奋剂工作提升到践行"四个意识"的高度上。讲政治、顾大局，为兴奋剂检测实验室指引了未来的发展方向，也是全体兴奋剂检测人员克服一切困难、攀登科学高峰的力量源泉。

确保我国代表团运动员干干净净参加东京奥运会、北京冬奥会等重大赛事，顺利完成北京冬奥会兴奋剂检测工作，是一份严肃的政治任务。兴奋剂检测实验室必须站在维护国家荣誉、维护民族尊严、维护体育精神的历史高度和政治高度，提高政治站位，敢于挑战，勇于担当。

（二）依靠科技创新，提升检测水平

提高政治站位是我国全体兴奋剂检测人员应对一切挑战的原动力，而过硬的检测技术和科学的检测方法是兴奋剂检测实验室战胜困难的武器。当前国际、国内的反兴奋剂生态并没有明显好转，新型兴奋剂不断被发现，禁用的物质逐年增多。运动员故意使用兴奋剂也更为隐蔽化，使用剂量趋于少量多次，导致检测难度不断加大，检测实验室只有不断加强自身建设，依靠科技提高检测能力、扩大检测范围，才能保证检测能力始终处于国际领先水平。

随着科学技术的不断发展，现代兴奋剂检测更加依赖于高、精、尖设备，使用具有高灵敏度的检测设备是达到检测要求的必要手段。在先进设备采购方面，检测实验室得到了国家体育总局以及反兴奋剂中心的大力扶持，使兴奋剂检测实验室的仪器设备更新得到了必要保障。

科技创新一直被我国兴奋剂检测实验室高度重视，实验室明确一切科研工作均以提高常规检测工作水平为导向，所有科研成果均以应用在常规工作中为目的，确保科研成果更具有目标性、实用性，推进了科研成果在实际工作中的转化效率。目前，实验室运行的QE Plus轨道高分辨质谱综合检测方法、烷胺类物质手性衍生化特殊确证方法、促红细胞生成素尿检、血检方法优化等均来自实验室自主科研成果，在国际兴奋剂检测领域处于领先水平。

在国家体育总局以及反兴奋剂中心的大力支持下，近年来兴奋剂检测实验室加强对外合作交流，通过各种外事交流，随时保持技术发展，实验室通过到国际先进实验室进行交流学习、与国际同行进行科研协作、将国外专家邀请到实验室进行现场交流等多种途径，加强自身建设，鼓励科技创新，不断提升业务能力，以期更好地为我国体育事业的健康发展保驾护航。

（三）科学顶层设计，强化质量体系

正确政治站位为兴奋剂检测实验室指明了正确的方向，提供了克服困难挑战的原动力。依靠发展科学技术，强化自身建设，我国兴奋剂检测实验室的检测能力以及检测范围已处于国际领先水平。如何通过科学打造顶层设计，构建完善的质量体系，是我国兴奋剂检测实验室在新时代面临的新课题。兴奋剂检测结果的可靠性和稳定性取决于兴奋剂检测实验室的质量体系是否完善。质量体系也是实验室的防御体系，是检测结果可靠性、权威性的重要保障，也是维持实验室正常运转的必要条件。2016年实验室被暂停资格的根本原因是质量体系不够完善。实验室恢复资格以来，一直致力于强化、完善质量体系，最终完成对不符合项、推荐项一步整改到位。从2017年起，实验室完成了对所有质量体系文件的电子归档，启用新的实验室内部管理系统，建立完善的标准品溯源、核验工作。在常规检测中彻底做到安全链环环相扣，层层溯源，保障常规检测工作高效稳定运转。近年来，实验室增加质量管理人员岗位，每年都派质量管理人员到国外进行学习交流，将国外先进实验室的工作经验带回国内。实验室在2017年先后经历了CNAS（China National Accreditation Service for Conformity Assessment，即中国合格评定国家认可委员会）、WADA现场评审，质量体系的改进工作受到国内外评审员的一致认可；2018年6月，实验室顺利通过了WADA和CNAS的联合评审，WADA科学委员会委员皮特对我国兴奋剂检测实验室的质量体系高度评价，对实验室在过去两年中在质量体系建设中取得的成果高度认可。

（四）实施人才战略，培养专业人才

随着《禁用清单》的扩充、检测方法的扩充、特定确证方法的细分化，常规检测初筛之外的工作对专业知识和工作经验的要求越来越高，兴奋剂检测领域对人才的需求越来越大。实施人才战略，为兴奋剂检测领域培养、储备人才，培养高水平专家级人员是今后兴奋剂检测实验室努力的方向。

从事兴奋剂检测工作，除了需要熟练掌握科学检测技术外，还需要具备丰富的检测经验以对检测过程和检测结果进行解读判断。据了解，葡萄牙里斯本实验室被WADA取消资格的原因是出现了严重的人才断裂，导致检测方法无法传承，实验室长期无法达到WADA要求。

目前，我国兴奋剂检测实验室着重培养年轻同志，重视年轻人才的经验积累，以形成合理的人才梯队，这也是2022年冬奥会前的重点任务之一。实验室为年轻同志提供广阔的学习平台，采用"走出去、请进来"的模式，陆续派实验室年轻同志到国际优秀实验室进行学习交流，同时也邀请国外同行、仪器公司专家到实验室进行指导。实验室鼓励年轻同志参与课题研究，为年轻同志提供科研平台，提升综合能力。

兴奋剂检测领域高水平专家级人员不仅能够带动我国兴奋剂检测实验室检测水平的迅速发展，同时也是保障我国兴奋剂检测实验室在处理国际兴奋剂相关问题时具有主动权的重要资源。

检测实验室每年至少需要参加4次WADA举行的资格审查考试。实验室的资深专家也会带领所有检测人员集体讨论，更深入地讨论检测方法并且总结经验，为检测方法优化提供新思路。近年来，实验室在国际权威期刊发表的论文数量逐年递增，越来越多的"中国名字"在兴奋剂检测领域被提起，表明我国兴奋剂检测实验室的国际威望在逐步提升。目前，实验室在常规检测方法上处于国际领先水平，这些成果的诞生与实验室培养的高水平专家级人员的贡献密不可分。

四、总结与展望

兴奋剂检测技术的发展是我国构建反兴奋剂长效治理体系的基础，也是我国在面对国际兴奋剂问题时占据主动权、维护我国运动员权益的有力支持。新时代，我国兴奋剂检测实验室将继续不断加强自身建设，提高政治站位，以"四个意识"为政治标杆，明确发展方向，准确把握新时期兴奋剂检测的形势和任务，通过不断提高检测技术，完善质量体系，实施人才战略等多种手段，进一步提高业务能力，全面履职。兴奋剂检测实验室全体人员也将全力以赴，攻坚克难，把握时代机遇，自信面对挑战，将我国兴奋剂检测事业向前推进，为维护纯洁体育、推进我国体育事业健康发展做出更大贡献！

参考文献

[1] 陈刚.广泛开展全民健身运动，加快推进体育强国建设——以十九大精神为指引开创江苏体育发展新局面[J].体育与科学，2018，39（1）：1-6.

[2] 黄莉.体育强国的理论框架与顶层设计——从十九大报告中的国家大战略思考体育发展战略[J].北京体育大学学报，2018，41（1）：9-16.

[3] 李庚全，范博华.习近平体育强国思想研究[J].北京体育大学学报，2017，40（4）：1-5.

[4] 杨则宜.中国兴奋剂检测中心的筹建[J].体育科学，1990（5）：91-92.

[5] HONG F.Doping and Anti-doping in Sport in China: An Analysis of Recent and Present Attitudes and Actions [J].Sport in Society，2006，9（2）：314-333.

[6] 张雪峰，李果.俄罗斯兴奋剂事件的影响、反思与展望[J].贵州体育科技，2017（1）：33-37.

[7] 冯俊.政治博弈？伦理缺失？——里约奥运会俄罗斯兴奋剂事件的多元解读[J].体育与科学，2017，38（1）：84-90.

[8] 王子朴，朱亚成.新时代中国体育强国建设中的体育产业发展逻辑[J].北京体育大学学报，2018，41（3）：8-13，47.

贯彻落实新预算法
切实加强预算科学化、精细化管理

北京体育大学　付凤英

摘要：加强预算科学化精细化管理是新时代国家治理的必然要求。新《中华人民共和国预算法》于2014年颁布以来，我国各级预算单位在加强预算管理、加快预算执行、全面实施绩效管理等方面取得了很大成绩，预算科学化、精细化管理整体水平显著提高，但也存在一些问题。笔者结合基层预算单位预算编制、预算执行、绩效考评等工作实际，提出了进一步加强预算科学化、精细化管理，提高投资效益，防范财务风险和提高财务管理水平的建议：贯彻落实新《中华人民共和国预算法》，强化预算约束；加强项目前期可行性研究论证，推动预算编制科学化精细化；强化预算执行主体意识和责任意识，加快预算执行；全面实施绩效管理，提高资金使用效益；加强对预算编制、执行情况的监督检查；建立一支高素质财会队伍。

关键词：预算；科学化；精细化；管理

党的十九大报告对被定位为"国家治理的基础和重要支柱"的财政工作提出了更高的要求，其中就深化预算改革来说，提出了"建立全面规范透明、标准科学、约束有力的预算制度，全面实施绩效管理"的新目标。预算管理制度改革是构建公共财政框架的基础和重要环节。我国从1995年开始实施《中华人民共和国预算法》，2000年开始提出部门预算改革，2009年财政部印发了《关于推进财政科学化精细化管理的指导意见》，2011年财政部公布《财政支出绩效评价管理暂行办法》，2014年我国修订并重新颁布了《中华人民共和国预算法》（以下简称"新预算法"），2018年中共中央、国务院印发了《关于全面实施预算绩效管理的意见》。一系列法律法规的出台，标志着一个与公共财政要求相适应的部门预算管理体制已基本建立。在继续实施积极的财政政策背景下，强化预算的科学化、精细化管理，对发挥财政职能的作用、提高资金使用效益具有重要意义。

一、加强预算科学化、精细化管理的必要性

目前，我国经济已由高速增长阶段转向高质量发展阶段，党的十九大报告提出了一系列新的重要思想、重要观点、重大判断、重大举措，为做好新时代预算工作提供了重要依据。贯彻实施新预算法，坚持稳中求进的工作总基调，坚持以人民为中心的思想和新发展理念，以推进供给侧结构性改革为主线，推进预算科学化、精细化管理是新时代做好财政工作的迫切需要，事关改革发展稳定大局，事关财政职能作用的有效发挥，事关党和国家各项事业的健康发展。其必要性体现在如下几个方面。

（一）加强预算科学化、精细化管理是深化部门预算改革、制定积极财政政策的需要

党的十八大以来，在党中央坚强领导下，我国的部门预算管理改革建设取得了重要阶段性成果。随着财税体制改革的不断深入，全面深化部门预算改革也进入关键时期。财政运行情况不仅是经济发展质量的体现，更是经济决策的依据，容不得半点偏差。任何预算、决算收支失真，"空转"虚收虚列都会造成决策误判，甚至可能对经济产生逆向调节作用。稳妥地推进部门预算改革，注重预算管理由传统经验型向科学化转变、由粗放型向精细化转变、由随意向规范转变、由无序向有序转变，着力提升预算管理的科学化、精细化水平，是加快建立现代财政制度的要求。

深化供给侧结构性改革是党中央在新时期做出的重大战略性选择，对全面建成小康社会、建设社会主义现代化强国具有重大意义。加强预算科学化、精细化管理，相关部门就可以实时获取相关财务数据，及时精确掌握"产能过剩、库存高企、杠杆偏高、成本过高、短板突出"等问题的具体程度，才能更有针对性地进行财税、金融、融资体制改革，才能解决"钱从哪里来，投到哪里去"的问题，为国家实施宏观调控、制定积极的财政政策提供可靠依据。

（二）加强预算科学化、精细化管理是构建新型绩效预算管理体系和提高资金使用效益的需要

新预算法要求预算编制要遵循统筹兼顾、勤俭节约、量力而行、讲

求绩效和收支平衡的原则。绩效预算就是将绩效理念融入预算管理全过程，使之与预算编制、预算执行、预算监督一起成为预算管理的有机组成部分，核心是强化支出责任，提高资金使用效益，即"花钱要问效、无效要问责"；通过建立科学的绩效评价体系，编制合理的绩效指标，在预算管理的事前、事中、事后进行绩效监督评价、问责等一系列精细化管理措施，督促预算单位加强预算管理，强化支出责任，提高财政资金使用效益。

（三）加强预算科学化、精细化管理是夯实财务基础工作、坚持厉行节约、降低运行成本的需要

目前，一些预算单位在预算管理过程中存在"重要钱，轻管理"的现象。经费到位后挪用、不严格执行预算甚至铺张浪费的情况时有发生。须按照统筹兼顾的原则，把科学管理要求落实到预算管理的各个环节，落实到管理人员和岗位，细化预算编制，加强核算环节的审核把关，坚持"预算不超支、无预算不开支"，严格执行财务制度和支出标准是财务基础工作，是坚持厉行节约、降低运行成本的需要。

（四）加强预算科学化、精细化管理是严肃财经纪律、贯彻落实全面从严治党方针的需要

全面依法治国和全面从严治党是党中央统筹推进"四个全面"的重要内容，是中国特色社会主义的本质要求和重要保障。党的十八大以来出现的大多数"老虎"和"苍蝇"都有贪污、行贿、受贿的犯罪事实，除犯罪人员主观因素外，一些单位财务制度不健全、预算管理不科学、核算不细致、监督不到位也为犯罪分子提供了可乘之机。强化预算约束，加强预算科学化、精细化管理是贯彻执行好新时代全面从严治党要求的重要举措。

二、当前预算管理存在的主要问题

近年来，财政部相继出台了"收支两条线"、国库集中支付、政府收支分类、项目支出细化、建立滚动项目库、预算绩效管理、政府会计改革等一系列财政改革措施，新预算法对预决算编制、审查、批准、监督、预算执行和调整等环节的科学化、精细化管理提出了更高要求。各级预算单位认真贯彻落实新预算法和相关制度，在优先保障脱贫攻坚、生态环保、民生改善等

重点领域支出，深化财税体制改革，加强预算管理，提高财政资金使用绩效等方面取得了较好成绩，预算科学化精细化管理整体水平显著提高。但是，部分单位由于预算管理意识不强、预算与实际工作脱节、预算编制前期调研不充分、预算管理手段落后等原因，存在一些问题，主要有如下几方面。

（一）部分单位收支决算与预算仍存在较大差异，预算编制科学性和精细化程度有待加强

一是对预算工作不重视，也没有事先谋划下一年度的工作计划和重点，编制预算缺乏可靠的依据，随意性较强，存在漏报、多报情况；二是编制预算前期调研和可行性研究工作深度不够，方案不明确，经费测算不准确，造成预算偏离实际需要、执行困难。

（二）部分预算执行不够严格和规范，预算执行效率和资金使用效益不高

一些预算单位预算管理意识不强，经费到位后没有专款专用，不严格执行预算，没有严格政府采购管理规定，预算执行率偏低，资金使用效益不高，预算刚性约束力降低；在预算执行过程中，发现实际需求与年初预算有偏差，也没有按规定程序申请预算调整，造成"该用的不能用，不该用的被挪用"。

（三）预算绩效评价工作有待加强

主要表现在绩效评价指标设置不科学、不合理，绩效评价覆盖面不够宽，评价方式有待完善，结果运用不够充分，预算绩效评价监督审计工作有待加强等方面。

三、加强预算科学化精细化管理的对策和措施

按照党的十九大报告提出的要加快"建立全面规范透明、标准科学、约束有力的预算制度，全面实施绩效管理"的要求，如何切实把钱花好、用在"刀刃"上是摆在我们面前的一个重要课题。笔者认为，在巩固现有预算管理工作成效的基础上，着力打造贯穿"预算编制—预算执行—预算监管—绩效评价"全过程的预算科学化精细化管理体系，是提高财政资金的使用效益、提升财务服务质量和水平的有效途径。现提出具体对策和措

施如下。

（一）加强预算制度建设，强化预算执行的刚性约束

当前预算管理上存在的问题根源大多在于贯彻落实新预算法的意识不强，管理粗放，要求偏松、偏软，解决的根本途径还是要在"约束"上下功夫。

第一，继续深化财税体制机制改革，进一步优化财政资源配置方式，提高财政资金分配和使用的公正性、针对性和有效性，使财政政策更加聚力增效。

第二，立足于已确立的预算制度主体框架，加强预算制度建设，进一步提升预算的全面性、规范性、精确性和透明度，增强预算执行的刚性约束，提升财政资源配置效率。

第三，加快财政支出标准体系建设，推进项目支出标准体系建设，明确重点支出预算安排的基本规范，发挥标准对预算编制的基础指导性作用。

第四，进一步强化各级预算单位法律意识，严格执行预算法的相关规定，严格预算评审、预算下达和预算调整审批程序，必须严格按照预算法的规定，坚持项目单位提交可行性报告、主管部门评审、财政部门调查论证、政府机关审查、人大机关最后审批的原则，杜绝预算编制的随意性与盲目性，强化预算执行的刚性约束，切实提高预算的严肃性和约束力。

（二）编制预算注重前瞻性，做好前期论证和评审，从根本上提高预算编制的科学性、精细化水平

新预算法要求预算编制要遵循统筹兼顾、勤俭节约、量力而行、讲求绩效和收支平衡的原则。按照党的十九大提出的"两步走"战略安排，树立正确的政绩观，主动重民生、调结构、补短板，提高财政支出效率和效益。

第一，全面实施中期预算规划管理，提高项目库质量和编制前瞻性。建设中期规划项目库，是增强预算前瞻性、提高财政支出效率和效益的一项重要举措，也是预算管理工作主动适应事业发展，改变预算和工作"两层皮"现象的积极措施。各预算单位要着眼长远，对事业发展规划、改革政策和重点项目进行系统梳理和谋划，根据轻重缓急进行排序，做到重点项目有保障、不落项。

第二，做好预算编制是预算科学化精细化管理的重要内容，也是申请经费、抓好预算执行、提高资金使用效益的前提。通俗地说，支出预算是

"钱"跟着"事"走，就是测算完成一件事情需要多少经费来保障，涉及如何申请经费、怎么把钱花好、花出效益。预算编制要做好前期调研，充分论证，认真编制项目文本，并遵循以下原则：一是必要性，符合事业长远和下一年度发展规划及单位履行职能需要，解决现状的不足，促进事业发展发挥作用；二是可行性，项目方案必须可行，已具备实施条件（场地、技术、人员等），经费到位就可实施；三是准确性，经费测算要实事求是，准确计算数量、详细调研市场价格，不多报、虚报、漏报；四是相关性，申请的经费必须与申报的项目相关，与项目无关的经费预算不能申请，与项目无关的经费也不能报销；五是效益性，实施以后会带来哪些社会效益或经济效益，一分钱当两分花，把钱用在"刀刃上"、用在关键处；六是合理合法性，预算用以支持的事项要合理，符合国家有关法律法规、方针政策和财政资金支持方向，相关支出合理合法，符合财经法规和财务制度。

（三）强化预算执行主体意识和责任意识，抓好预算执行，确保资金发挥效益

预算执行是预算付诸实施的过程。新预算法规定：各部门、各单位是本部门、本单位的预算执行主体，负责本部门、本单位的预算执行，并对执行结果负责。预算获得批复后，各项资金用途已经明确，大都关系到国计民生，管好、用好经费的重要性不言而喻。

第一，要以高度的政治责任感花好、用好纳税人的每一分钱，确保按进度高质量完成工作计划，使资金效益得到明显发挥。

第二，要严格遵守财经纪律，把全面从严治党的要求贯穿预算执行始终。要严格遵守财经纪律，严格执行"八项规定"，从严控制"三公"经费和会议费支出。对巧立名目、使用假发票、设立"小金库"等贪腐资金行为"零容忍"。经费申请、使用要严格执行预算，以国家、单位利益为重，人民权益优先，避免资金浪费现象。要像珍惜自家的钱一样，把好经费的支出关，廉洁自律，秉公用权，把全面从严治党的要求贯穿到预算执行始终，财务部门要认真履行核算、监督职能，管好经费的同时保护好干部和职工。

第三，要严格执行政府采购和招投标管理办法。财政部连续发文规范政府采购，范围不仅限于工程货物、服务、会议，还包括汽车加油、维修和保险等。政府采购目录每年都会更新，而且政府采购范围越来越大，凡是纳入政府采购范围的，各部门（单位）一定要按政府采购要求进行，不得擅自采

购，也不能化整为零规避招标。

第四，建立覆盖各级预算单位的预算编制、预算执行、决算、绩效评价各环节的动态监督、检查体系，充分发挥政府审计、主管部门审计、单位内部审计作用，强化对预算执行全过程的监督和管理；同时要扩大预算决算公开范围，接受群众监督，打造阳光预算和廉洁预算，保证预算执行的严肃性和国家宏观经济目标的实现。

（四）要全面实施预算绩效管理

全面实施预算绩效管理就是将绩效理念融入预算管理全过程，使之与预算编制、预算执行、预算监督一起成为预算管理的有机组成部分，建立"预算编制有目标、预算执行有监控、预算完成有评价、评价结果有反馈、反馈结果有应用"的"五有"机制。要细化预算绩效目标，进一步增强绩效评价指标的科学性和合理性。改进完善预算绩效评价工作机制，增强评价的客观性和公正性。进一步推动绩效评价结果的运用，建立健全预算绩效评价结果与预算安排、部门评优、干部考核等挂钩的激励约束机制。建立预算绩效评价结果向社会公开、接受社会监督的机制，做到花钱必问效、无效必问责。

（五）要加快财务信息化系统更新建设，加强会计核算基础工作

要利用网络手段完成报销申请、票据审核、资金支付等环节。在具体核算过程中要按要求设置会计科目，并根据资金性质、预算项目、功能分类做好明细核算，要做到会计要素齐全、内容完整、记载清楚，为预算科学化、精细化管理打好基础。

（六）坚持以人为本，加强财会队伍建设

坚持以人为本，以实现人的全面发展为目标，加强财会人员职业道德教育和专业技术培训，努力打造一支业务精通、勇于担当、乐于奉献、清正廉洁的财会干部队伍，为加强预算科学化、精细化管理提供人力保障和智力支持。

贯彻执行好预算法，加强预算管理，强化预算约束，最为基本的要求就是"科学"和"精细"。要让预算科学化精细化管理贯穿预算编制、预算执行、决算、预算监督、绩效评价、评价结果应用始终，把预算科学化精细化管理措施落到实处，这样才能不断创新预算管理模式，提高财政资金使用效

益，防范风险，提高预算精细化管理水平和财务服务水平，为决胜全面建成小康社会、实现中华民族伟大复兴的"中国梦"奠定坚实基础。

参考文献

[1] 赵钰.推进政府预算科学化精细化管理的思考[J].绍兴文理学院学报，2010，30（4）：104–107.

[2] 吴金娥.基于精细化管理的全面预算问题浅析[J].中国经贸，2013（16）：187–188.

冰雪运动普及中的媒体责任

中国体育报业总社　王静

摘要：文化是人类在改造客观世界过程中创造的物质成果和精神成果的总和，是人类在自身发展中沉淀而后升华的高级存在方式。体育即文化。体育是人类文明的产物，是超越国界的人类文化的展现形式，是人类共有的精神财富。奥林匹克运动会是体育文化和体育成就的集中展示，也是承办国经济、社会、文化的综合展示。2022年冬奥会的成功申办极大地推动了我国冰雪事业的发展。媒体在宣传冰雪运动发展、2022年冬奥会筹办、"三亿人参与冰雪运动"中发挥的作用不可忽视。审视媒体对冰雪运动传播报道的现状和特点，研究制定未来的报道策略，对于引领宣传2022年冬奥会筹办的舆论导向、加快冰雪运动普及意义重大。

关键词：冬奥会；冰雪运动；媒体责任；文化自信

体育是文化的重要组成部分，改革开放40余年来，中国在体育事业上取得了跨越式发展，竞技体育水平大幅度提升，群众体育蓬勃开展，特别是2008年北京奥运会以无与伦比的成功令世界瞩目。体育在促进国家经济、社会、文化建设，鼓舞民族精神，推动对外交往和文化交流等方面发挥了重要作用。

2022年的冬奥会无疑是再一次集中体现综合国力和文化自信的舞台，也是凝聚民心、树立民族自信的难得机会，冰雪运动发展是满足人民不断提高的精神需求的重要内容和手段。筹办好2022年冬奥会、推动冰雪运动发展，需要全国统一认识，统一目标，共同参与，形成合力。关注、梳理、总结关于2022年冬奥会的宣传报道，对于营造良好的舆论氛围、引导民众言论走向、展现国家组织能力、树立民族自信、推动冰雪运动发展具有积极意义。

一、我国冰雪运动发展现状

我国冰雪运动起步晚，发展水平、参与广度和参与人群整体上低于夏季项目，竞技水平提升缓慢，相关体育产业发展乏力，受关注度和社会影响力有限。我国成功申办2022年冬奥会成为一个转折点，国家和地方陆续推出的发展冰雪运动的政策，在客观上起到了加速冰雪运动发展的作用。中国冰雪运动呈现以北京、张家口为中心，全国联动的态势。

（一）我国冰雪运动稳步发展

第一，冰雪项目发展立足东北。中华人民共和国成立后，根据体育发展的整体布局和全运会项目的指挥棒效应，冬季运动集中在东北地区开展，国家和地方给予相应投入，修建场地设施，组建专业队伍，举办专业赛事，竞技水平缓步平稳提升，并带动东北地区和华北地区的群众性冬季运动特别是冰上运动的发展。

第二，竞技体育成绩取得突破。以速度滑冰为先导的冰上运动陆续获得突破，王金玉和罗致焕先后在国际比赛和速度滑冰世锦赛中获得金牌，打破世界纪录，罗致焕成为亚洲首位速度滑冰世界冠军。整个20世纪60年代中国速度滑冰项目处于世界水平中上游。1980年，我国派团参加第13届冬奥会，这是我国首次参加冬奥会。1992年，在第16届冬奥会上，叶乔波获得2枚银牌，这是我国首次获得冬奥会奖牌。2002年，在盐湖城冬奥会上，杨扬摘得短道速滑500米项目金牌，为我国实现冬奥会金牌"零的突破"。

第三，群众冰上运动蓬勃开展。计划经济时代，冰球作为冬季运动中唯一的集体项目受到群众广泛喜爱，专业队和以国有企业组队为主的业余冰球队众多，各级比赛密集，最多时整个东北地区有近20支专业队，全国有十几个省份组队参加全国联赛。普及带来了技术的提高，中国队曾于1981年成功晋级世界冰球联赛B组，1986年获得亚洲冬季运动会冠军，此时我国冰球运动水平达到巅峰，并持续到20世纪90年代。20世纪80年代至90年代初期，全国冰雪体育人口达到100万人，其中冰球人口占到10万人。

（二）与冰雪运动强国尚有一定差距

研究显示，冰雪运动发展程度与经济水平成正比。必须承认，中国冰雪运动尚处于"起步爬坡"阶段，与冰雪运动强国尚有一定差距。冬奥会申办成功前，与夏季运动多个项目领跑世界、2008年奥运会获得全球高度赞扬相比，我国的冰雪运动还在"蹒跚学步"。

第一，起步晚、起点低，项目发展不均衡。由于冰雪运动对气候有要求，早期我国冰雪运动主要在纬度较高、气候寒冷的东北地区开展，参与人群范围较小，普及程度较低。中华人民共和国成立后，冰雪竞技运动逐步有了雏形，率先在速度滑冰上取得了突破。虽然在1992年之后的历届冬奥会上均有奖牌进账，但是涉及的项目高度集中在短道速滑、花样滑冰、自由式滑雪空中技巧三者上，更能代表冰雪运动核心、资金投入巨大的高山滑雪、越野滑雪、冬季两项等项目我国都不占优势，项目发展严重不均衡。竞技水平提升乏力，相关专业人才匮乏，场地设施严重不足，相关产业几乎为空白。

第二，社会认知不足，群众参与度低。受气候条件和经济实力所限，冰雪运动场地多以天然户外为主，集中在黑龙江和吉林两省。在全国范围内，大众对冰雪运动认知度低，参与度不够。中国人民大学中国调查与数据中心在2018年11月公布的"全国冰雪运动参与状况调查"结果显示，在接受调查的参与过滑雪的对象中，90%以娱乐为主。不同区域的大众冰雪运动参与率及水平差异明显。黑龙江、吉林、辽宁等省份的参与率高达42%，而南方省份的参与率仅为18%。

第三，场地建设滞后，专业人员缺口大。据《中国滑雪产业白皮书》统计，截至2017年，全国有室内滑雪馆21家、室外滑雪场703家，其中黑龙江、吉林、辽宁、新疆、山东、河北的雪场总计380家。据2018年10月颁布的《中国冰雪产业发展研究报告（2018）》中的数据，截至2018年6月，全国滑冰场馆数量达到334家，华东、华北地区滑冰场馆数量引领全国，但依然无法满足各地的需求。

受冰雪运动的开展历史影响，专业运动队主要集中在东北三省，整体参与人数少，注册专业运动员总人数偏低。不仅冰雪竞技专业人才，包括运动员、教练员、裁判员和科研人员的"厚度"不够，冰（雪）场管理人才、赛事运行人才、培训服务人才、工程技术人才等相关专业人才均存在较大缺口。

第四，政策支持不够，产业发展缓慢。开展时间短，参与人群少，专业化程度低，这些原因造成冰雪体育产业发展动力不足，产业发展乏力反过来又成为制约运动发展的因素。从2014年开始，国家各部委颁布了一系列政策，《国务院关于加快发展体育产业促进体育消费的若干意见》《国务院办公厅关于加快发展健身休闲体育产业的指导意见》《群众冬季运动推广普及计划（2016—2020年）》《冰雪运动发展规划（2016—2025年）》《全国冰雪场地设施建设规划（2016—2022年）》等，在落实层面依然存在政策空白。同样在中国人民大学中国调查与数据中心公布的调查结果中，以北京的场馆建设为例，关于土地性质、林地使用问题、滑雪场企业税负减免等一直未能明确，极大地制约了冰雪产业的发展。

二、媒体对冰雪运动及冬奥会的报道现状

现代社会新闻无处不在，新闻是社会生活的必要组成部分，是信息快速传播的手段，是人们了解周围世界的通道，是记录社会发展、推动时代进步的有力武器，也是国家、政府、组织、机构宣传政策、推广文化、传播知识的有效媒介。媒体报道对于增加事件曝光率、扩大人群知晓率、增加社会影响力具有强大的作用。新闻是客观存在的，媒体是主观选择的。媒体对报道对象的选择、对报道方向与内容的把握、对报道体量的考虑、对报道成本的投入，既与其自身定位、媒体性质、经营理念、读者群体等密切相关，也与报道对象的客观发展有关。

（一）媒体在冰雪运动及冬奥会方面的报道现状

近30年，伴随体育事业的发展、竞技水平的提高、体育赛事的增多、体育泛娱乐化、人群关注量的增大，体育新闻成为最受读者欢迎、超越行业壁垒、最具关注点的新闻类别之一。

北京联合张家口市申办2022年冬奥会以来，媒体关注冰雪运动的热情也被带动了起来，筹办冬奥会和冰雪运动发展情况开始成为媒体关注报道的内容，其中有些是由官方组织报道的，有些是媒体自主报道。伴随着2022年冬奥会的日渐临近和筹办相关措施愈发密集，以及竞技队伍备战和大众冰雪消费、产业聚焦热点的发展，冰雪运动发展及冬奥会筹办的报道规模呈现日益扩大的趋势。有些媒体开辟了专版、专栏、专题，例如《中国体育报》从2017年开始增设《奔向2022》周刊（4个版），中央电视台体育频道开设了《北京2022》周播栏目，中国体育报业总社将一本杂志改造为《冰雪》杂志。

（二）媒体在宣传普及冰雪运动方面力度不够

申办、承办北京冬奥会，发展冰雪运动，推进体育产业，带动消费升级

是国家决策，是国家层面的政治事件，需要举全国之力给予支持，其中媒体持续多角度宣传报道产生的社会效果不容忽视。北京申办和筹办2008年奥运会期间的报道曾经形成了全民关注奥运、全国支持奥运的热烈氛围，报道广度、报道深度和报道力度以及产生的正向舆论氛围均创下新高，北京奥运会的成功举办不能忽略媒体发挥的作用。与北京奥运会期间的新闻报道相比，截止到2018年，北京2022年冬奥会筹办以及相关冰雪运动领域发展情况的报道不尽如人意，对冰雪运动的报道总量也远远低于夏季运动的报道。体现在以下几个方面：

第一，关注媒体及报道总量有限。与夏季运动如足球、篮球、跑步相比，冰雪运动竞技水平低、知名运动明星少、参与人群狭窄、社会认知度不高，受众不了解、不感兴趣，传播价值不大，所以媒体报道动力不足，报道总量不大。往往只在重大赛事期间、重大事件发生、重大决策出台、高知名度人士有新动态等时间点进行扎堆集中报道，平时不予关注。由于我国体育新闻报道长期以来存在的重竞技、轻群体，重夏季、轻冬季，重成绩、轻人文的观念，形成了各个项目报道不平衡的现状。相比竞技水平高、关注度高、普及率高的夏季运动项目，媒体对冬季项目和冰雪运动的关注与报道明显不足，已有的报道又多集中在冬奥会等大型综合性运动会，冬奥会报道又只关注中国成绩好的几个项目。群众性冰雪运动的内容很少见诸报端。由于中国冬季项目成绩不佳，有亮点的项目少，以往冬奥会参与现场报道的中国媒体数量有限，以官方专业媒体《中国体育报》为例，索契冬奥会之前（包括索契冬奥会）历届冬奥会只派出一名记者前往现场报道。国家级通讯社和电视媒体因为其媒体性质和新闻产品制作方式，派出记者人数会达两位数，但是与夏奥会相比，人数差距依然很大。

目前，对冬奥会和冰雪运动给予关注的媒体类别多集中在综合性纸媒和电视媒体的体育版块、部分体育专业媒体及体育门户网站，所涉及的媒体类别较少，其中开辟专版、专栏、专题持续关注报道冬奥会及冰雪运动开展情况的媒体比较少。据不完全统计，传统媒体中，中央电视台开设的周播栏目《北京2022》和《中国体育报》增设的《奔向2022》周刊最具代表性，中国体育报业总社将之前的期刊《运动休闲》改版为《冰雪》；网络媒体中，人民网、新华网、腾讯网、搜狐网、网易网等主流门户网站均开辟了冰雪专题，利用网络媒体优势，广泛收集、分类、转发传统纸媒、电视媒体及自媒体的报道。其他多数媒体采取了关注新闻事件的报道方式，只在重要新闻发生时进行报道，没有重要新闻发生或者不是该媒体关注重点的新闻，就不给予关注和报道。

第二，冰雪类赛事电视及网络转播少。与电视和网络媒体常年转播各国的足球联赛和美国职业篮球联赛、网球大满贯、高尔夫大满贯相比，各大视频媒体平台对冰雪类赛事的转播力度严重不足，只在国际大赛期间对速度滑冰、短道速滑、花样滑冰、冰壶等中国比较擅长的项目进行部分转播。造成这一现象的原因有两点：一是观众看不懂，特别是对国内没有开展的项目，兴趣不大，收视率低；二是没有收视率导致节目商业价值低，版权购买收支难以平衡。究其根本原因还是中国冰雪竞技水平低，国内高水平冰雪赛事数量少、群众基础差，普及度不高，没有培养出忠实、懂行的爱好者群体和冰雪运动收视群体。而在中央电视台体育频道播出的北美职业冰球联赛是个例外。2017年，北美职业冰球联赛播出时间超过774小时，平均收视1.9万人；大陆冰球联赛（前身为俄罗斯冰球超级联赛）全年播出时间215小时，平均收视4.2万人。大陆冰球联赛的播出时间少，收视人群高，其中有很大一部分原因是中国俱乐部昆仑鸿星在2016年底参加了该联赛。

第三，关注重点及报道口径单一。最大的关注点集中于冬奥会等综合性的赛事。赛会期间，主要纸媒开设特刊，如《中国体育报》开设了《冬奥特刊》，《新京报》在平昌冬奥会期间增设了《狂奥特刊》。中央电视台全天候转播，并播出大量自制栏目，网络如新华网、人民网、腾讯网、搜狐网、网易网等主要门户网站均开设了冬奥会专栏或专题。除此之外，冰雪领域国家及部门重大决策、部委及地方官方重要事件、北京冬奥组委的筹备进程以及体育界备战冬奥会的相关举措等多为关注重点和报道内容。此类新闻多为统一发布的公共新闻，传递出的信息、呈现出的重点和口径大体一致。除此类公共新闻之外，媒体自主关注、追踪、挖掘报道的动力不大，内容不多。都市类媒体、网络及自媒体会更自觉地体现出娱乐化倾向，对明星运动员的消息动态更感兴趣，报道方式和内容也更偏娱乐化和碎片化。

第四，关注率低，读者反馈少。媒体对冰雪领域投入的报道广度、深度、力度低于足球、篮球、乒乓球、羽毛球、跑步等夏季优势项目，受众在公共领域获取的关于冰雪运动、冰雪文化、冰雪产业的信息少，认知度低，参与度低，造成兴趣不足、关注度低，由此形成了一个恶性循环。从互动性强的网站和"两微一端"的读者关注和评论便可见一斑。关注量最大的体育类公众号前10名中没有冰雪类公众号。除了特殊情况，冰雪类话题的关注度、阅读率、转发率都不高。

三、多元媒体时代加强冰雪运动及冬奥会宣传的路径

文化是民族生存和发展的重要力量，是可持续发展的内在动力。体育是文化的重要组成部分，既是文化建设的重要内容，也是推进文化发展的重要载体，是衡量一个国家发展水平和人民幸福指数的重要指标。习近平总书记强调，要增强文化自信和价值观自信，提出文化自信是基础，强化文化的社会整合和动员功能，强调讲好中国故事对于提升国际话语权的作用。而体育在凝聚民族向心力、提升民族自信心、塑造国家形象、增强国际话语权方面具有不可替代的功能。申办2022年冬奥会、发展冰雪运动是国家进一步推动文化发展、展示国家软实力的重要举措。筹办好2022年冬奥会、发展冰雪运动是政治任务，也是历史使命。同时文化建设和媒体宣传工作需要创新，特别是在文化形式多元化、媒体形态多样化的今天，更需要符合时代发展特点、符合人民群众需求的方式。利用好多种媒体的不同平台和特点，采取相对应的内容和方式，以达到最好的传播宣传效果，为2022年冬奥会成功举办营造良好的舆论环境，进一步推动冰雪运动快速发展。

（一）加强传统官方媒体的舆论引导作用

筹办2022年冬奥会是增强文化自信、民族自信的重要内容和表现形式。以筹办2022年冬奥会为引擎，有效带动冰雪列车提速。但是因为起步低、基础差、差距大，这趟列车需要更为强劲的动力才能飞驰向前。而正面、积极的舆论环境和言论引导是强大的动力之一。传统官方媒体特别是国家级媒体，是新闻媒体的主力军，在解读国家政策、推动政策落实、引导言论导向、营造主流舆论环境、宣传主流价值观方面承担着国家任务，发挥着重要作用。要以整体思维、全局视野引领冰雪运动的全面报道，宣传2022年冬奥会筹办工作，主动承担起主流官方媒体的责任。相关政府主管部门在制订整体传播宣传方案时，要将主流官方媒体纳入布局，使之发挥核心引导作用。

（二）激发市场类、都市类媒体参与积极性

2022年冬奥会的筹办，带动了冰雪运动发展，激发了冰雪产业提速，顺应了消费升级趋势，培养了大批体育明星，具有广阔的报道空间和丰富的报道内容，对于以提供读者关心喜爱的内容为价值追求的市场类、都市类媒体

而言，冰雪运动领域是极具挖掘价值的新闻报道的"富矿"。2022年冬奥会筹办和推动冰雪运动发展是国家策略，也是新闻热点，广泛激发此类媒体的报道兴趣、提供有价值的新闻素材、激励媒体大量撰写刊发相关报道，是传播冰雪运动知识、找准读者关注点、提高国民知晓率、扩大社会影响力的有效措施。对市场类媒体来说，读者关心的内容就是报道的方向，"媒体根据读者兴趣采写刊发报道——读者满足好奇心，使其更加关注此类内容——激发媒体刊发更多相关报道"，形成相互影响、相互激励的良性循环，从而达到宣传冬奥会、推动冰雪运动发展的效果。

（三）重视自媒体的兴起，引导表达口径

这是一个自媒体、多媒体蓬勃发展的时代，媒体形态的多元化使得信息的传播速度和传播方式发生了根本变化。自媒体的数量和传播效能不容忽视，在各个领域，自媒体的传播范围和影响力正在急剧扩大。据粗略统计，目前自媒体中具有一定影响力的冰雪类账号分为四类：第一类运营主体是冰雪行业从业者，以滑雪场、滑冰场、冰雪俱乐部、培训机构、冰雪旅游公司为主，推送内容多与自身业务有关，不具有传播新闻的主观诉求，更接近业务推广宣传。此类自媒体中大部分账号的发布内容和时间不规律、不固定，与业务密切相关；第二类自媒体运营者是机构，如国家体育总局冬季运动管理中心、中国冰球协会、北京市滑雪协会等，主要发布内容以国家政策、机构动态为主；第三类是新闻资讯类，运营主体多为媒体或媒体从业者，如中国体育报业总社运营的"冰雪壹号"、新京报运营的"冰雪苑"、中国青年报记者运营的"冰球家"等，此类自媒体多为2015年我国获得冬奥会主办权之后注册运营的，本质上更贴近新闻媒体，有更清晰、更明确的新闻价值诉求，是信息传播、观点交流、前瞻分析的主要阵地；第四类是竞技专业队伍开设的账号，如国家短道速滑队、国家花样滑冰队等，由于这类自媒体发布的都是明星运动员的第一手信息和动态，最受"粉丝"和受众欢迎。

自媒体具有强烈的革新性，不仅在传播手段上利用新技术，更是颠覆了灌输—接受的传统传播模式，传播者同时也是接受者，具有开放性、互动性、分享性等特点。伴随移动智能手机的普及，自媒体正在成为各种传播方式的主流，在受众中的传播力、影响力正在扩大，必须正视并重视自媒体的存在和传播作用，主动积极利用自媒体平台，构建传播网络。但是也必须注意到，由于自媒体的开放性和个体属性，在价值观偏好、内容选择制作等方面

缺乏主流意识与自觉意识，更注重个人（机构）意志和传播效果，在传播冬奥会筹办相关内容、推动冰雪运动发展、"带动三亿人参与冰雪运动"的相关内容时，前期必须进行积极有效的引导，使之符合主流价值观，发挥正向、积极的舆论导向作用。

（四）重视并加大短视频在新媒体时代的传播效果

社会正在从阅读文字时代进入读图时代，进而进入影像时代。技术的进步使视频的制作日益简化快捷，视频的快速制作与传播成为可能。视频因为其直观、生动的特点正在成为多媒体时代的新宠。抖音等程序的诞生，加速了短视频的制作和传播，制作短视频、观看短视频的全民狂欢时代已经到来。体育运动因其动作性、技术性、竞赛性、互动性、观赏性，具有天然的视频基因，短视频对传播体育类内容具有天然优势。冰雪运动作为正在中国大地上勃发生机、认知率和参与度却不高的体育运动方式，非常适合用短视频的方式进行普及推广，特别是其或优美或高难的动作非常适合通过短视频来展现，直接打动和感染观看者。相关主管部门在制定宣传策略时应该考虑到短视频的适用性。

（五）提高公共空间及网络环境提及率

人是社会动物，须臾离不开社会活动，也离不开公共空间，公共空间是相互交流、获取信息、共生共存的必要环境。从社会学和传播学的角度观察，信息传播的渠道除了传统媒体和新媒体之外，以城市、街道、社区为主体的有形公共空间和以网络社区为主体的无形公共空间同样是信息存在和传播的主要环境。信息在公共空间中的传播具有形象、发散、广泛、互动、自成话题等特点，生活在公共空间的公民是信息传播的受众。有组织、有计划、有规模的信息传播活动，不仅可以加强传播者与公众之间的信息联系，而且可以通过直观或隐藏的方式表达多层次和多方面的思想观念、价值观念。有效利用公共空间，有意识地增加筹办2022年冬奥会和推动冰雪运动发展的话题性和提及率，可以形成持久、广泛、有效的宣传效果。

媒体是国家的宣传机器，是党的喉舌，宣传国家政策是责任也是使命。习近平总书记在论述宣传工作和媒体责任时强调，新闻媒体必须加强政治意识、大局意识、核心意识、看齐意识，坚定道路自信、理论自信、制度自信、文化自信，提高政治站位，具备全球视野和战略思维。冬奥会作为世界性综合运动会不仅仅是一场运动会，也是综合国力和文化软实力的全面展示，筹办好2022

年冬奥会，实现"双奥城市"目标，有助于增强民族文化自信，推动冰雪运动和冰雪产业快速发展，挖掘冰雪运动文化价值。

在宣传报道中，媒体要始终坚持巩固壮大主流思想舆论，加强正面宣传，唱响主旋律，传播正能量，掌握价值观念领域的主动权、主导权、话语权，激发全社会团结奋进的强大力量，为实现"中国梦"积聚力量。在体育事业报道中，更要弘扬爱国主义精神、中华体育精神、超越自我的拼搏精神，弘扬主流价值观，激发社会正能量，要讲好中国的体育故事，展现中国力量、中国速度、中国面貌、中国精神和中国智慧。以体育为媒介，潜移默化地扩大国际影响力、提升话语权、确立国际地位。

参考文献

[1] 李兴汉，冯伟.中国冰球运动60年发展历程的回顾、审视与展望[J].哈尔滨体育学院学报，2013，31（5）：22-25.

[2] 康云凯，毕潇楠.解析我国冬奥会媒体报道现状及其改进措施[J].科教导刊——电子版（上旬），2015（8）：99.

[3] 邹英，马薇.我国平面媒体冬奥会新闻报道的可持续发展对策研究[J].沈阳体育学院学报，2012，31（2）：20-24.

体育产业

发展研究

"人民至上"理念下体育彩票的发展路径研究

国家体育总局体育彩票管理中心 程书践

摘要：当前，我国社会发展已经进入新的历史阶段，从加快建设体育强国、实现中华民族伟大复兴的高度推动体育彩票健康发展，是体育彩票应该肩负起的社会责任和历史使命。

体育彩票要坚持"人民至上"发展理念，敢于面对发展中的问题，积极采取对策措施，坚持用发展的办法去解决发展中所出现的问题，在满足人民群众将彩票作为一种文化娱乐消费方式的同时，更好地使彩票公益金促进社会公益事业和体育事业的发展。

推动体育彩票的发展需要不忘初心、牢记使命，以建设公益体彩、民生体彩、责任体彩、公信体彩为目标，在推动健康中国战略和体育强国战略的同时，满足人民对美好生活的需求，继续向社会和公众展示国家公益彩票的责任与担当。

关键词：体育彩票；彩票公益金；发行

体育彩票自1994年发行以来，经历了23年的发展，2017年销量已经突破了2 000亿元大关。现阶段，体育彩票销量高速增长，销售规模不断扩大，品牌形象及品牌影响不断提升。新时代，加快推进体育强国建设、实现中华民族伟大复兴赋予体育彩票工作新的历史使命和责任担当，也对体育彩票工作提出了新的、更高的要求，需要我们保持清醒的头脑，坚持正确的发展理念和发展道路，推动体育彩票事业健康、稳定、协调发展。

体育彩票既要遵循彩票自身基本发展规律和发展方式，又要适应新时期对体育彩票事业发展的需要，走中国特色社会主义发展道路。

一、体育彩票发行销售的重大意义

（一）体育事业发展迎来了历史性机遇

2017年8月，习近平总书记在第十三届全运会前夕会见体育先进单位和先进个人代表时强调，体育承载着国家强盛、民族振兴的梦想。体育强则中国强，国运兴则体育兴。

"体育强国梦"与中华民族伟大复兴的"中国梦"息息相关，"体育强国梦"与"小康梦""百年梦""奥运梦""人类命运共同体梦"紧密相连。习近平总书记同时强调，加快建设体育强国，就要坚持以人民为中心的思想，把人民作为发展体育事业的主体，把满足人民健身需求、促进人的全面发展作为体育工作的出发点和落脚点，不断提高人民健康水平。

习近平总书记的讲话体现了体育的国家战略，体育跟国家富强、民族兴旺、人民幸福紧密联系。

（二）体育彩票助力体育事业发展

体育彩票被称为体育事业的"生命线"。体育彩票公益金为群众体育、竞技体育的发展提供了强有力的资金支持和保障。体育彩票自1994年发行以来，已累计筹集公益金近4 000亿元。这些公益金一部分被用于全民健身事业和公共体育服务体系建设，一部分被用于"全民健身计划"和"奥运争光计划"。我们身边的体育健身工程、全民健身路径、群众性体育赛事，以及鸟巢、水立方等奥运场馆建设，运动员的奖牌制作等，其背后都有体育彩票公益金的贡献。体育彩票对于助力健康中国战略、建设体育强国将发挥更加重要的作用。

（三）体育彩票助力社会公益事业发展

体育彩票被称为社会公益事业发展的"助推器"。体育彩票公益金用于支持补充社会保障基金、进行法律援助及教育助学、设立"红十字会救助基金"、发展残疾人事业、设立城镇和农村医疗救助基金、公益赈灾、文化事业、农村养老服务等项目。另外，在为学校捐赠体育器材、解决贫困学生上学难问题、城乡医疗救助、帮扶经济薄弱地区兴学助教、改善文体设施、试水体育产业致富等方面，也常常能看到体育彩票公益金的"身影"。

每一位体彩人，都需要找准体育彩票在加快体育强国建设、实现中华民族伟大复兴"中国梦"中的定位，扮演好我们的角色，履行好我们的职责，发挥好我们的作用，推动体育彩票高质量健康发展。

二、体育彩票发行销售必须贯彻"人民至上"理念

体育彩票要以"人民至上"为发展理念，坚持国家彩票的基本定位、公益彩票的发展方向。只有坚持"人民至上"的发展理念，体育彩票发展才能具有强大的根基，才能走得更稳、走得更远；只有坚持"人民至上"的发展理念，体育彩票才能践行"来之于民，用之于民"的发行宗旨，让发行销售成果惠及更广泛的大众，更好地担负起对国家、社会、人民的责任。

（一）体育彩票发行销售要依靠人民

人民是为体育彩票发行销售提供服务的主体。目前，全国体育彩票销售网点超过了15万个，遍布全国的城市、乡村，从事一线销售的工作人员超过了30万人。目前，体育彩票年销量突破2 000亿元，日均销售票数超过了3 000万张。聚沙成塔、集腋成裘，这一数量离不开销售网点工作人员一张张彩票的销售。每一张彩票的销售，都是人民的辛勤付出。

人民是购买体育彩票、参与支持公益事业的主体。近年来，我国国民经济发展迅速，人民生活水平和消费水平不断提高，为彩票的发展奠定了坚实的物质基础。随着人民收入的增加和生活的改善，彩票作为一种文化娱乐消费方式逐步被人们认可和接受，彩票消费需求迅速增长，消费比例也在逐渐增大。目前，每年彩票消费触及的人群（购彩者）已超过2亿人。

（二）体育彩票发行销售是为了人民

党的十九大报告指出，增进民生福祉是发展的根本目的。必须多谋民生之利、多解民生之忧，在发展中补齐民生短板、促进社会公平正义。彩票发行的目的和宗旨，就是弥补国家财政资金在民生工程中的短板，它是通过社会筹集资金的重要手段，是发展社会公益事业的重要途径。

体育彩票所筹集的公益金被广泛应用于反映民生问题的多个领域。要发挥彩票在民生工程中的作用，充分彰显彩票的社会公益属性。理解和领会国家发行彩票的目的和宗旨，才能正确认识彩票的社会作用和社会价值，才能提升彩票公益金的使用效益和社会效果。

（三）体育彩票发行销售要以人为本

体育彩票的产品需要尊重人民的需求，把满足人民需要放在首要位置，体现以人为本、以客（人民）为尊的思想，做人民"体验好"的彩票。体育彩票的渠道需要把人民的购彩便捷性放在重要位置，做人民"买得到"的彩票。体育彩票销售活动需要秉承公开、公平、公正的原则，强调未成年人不得购彩、理性购彩的消费理念，体现对人民的负责以及对人民利益的保护，做人民"想得起""愿参与"的彩票。只有这样，体育彩票才能被人民所接纳，才能被人民所欢迎和喜爱。

作为一名体彩人，要从战略和全局高度，深化对体育彩票工作的认识，以"人民至上"为发展理念，以不断满足人民需求为基本出发点和落脚点，努力建设对人民负责任、人民可信赖的国家公益彩票。

三、现阶段体育彩票发展中存在的问题

（一）销售网点从业人员的作用还没有充分发挥

体育彩票发行销售服务体系汇聚了人民的力量。彩票销售网点从业人员是其中尤为重要的、庞大的社会就业、从业群体，他们从事的工作，确保了体育彩票发行销售的顺利开展。现阶段，对超过30万人的销售网点从业人员（包括销售业主和销售员）的关心、关怀程度不够，从业人员归属感不强；网点从业人员销售能力、职业素养还有所欠缺，对彩票发行销售的贡献作用还有提升空间。

（二）过分强调彩票中大奖的消费引导

现阶段，对购彩者中大奖的宣传报道比较多，造成了部分购彩者的购彩目的偏激，往往过分关注中奖、中大奖，往往冲着中大奖而去购彩。"通过中大奖改变命运"的想法造成了部分购彩者对彩票的曲解及购彩心态的扭曲。目前，在引导理性购彩方面仍然存在不足，彩票中大奖的宣传使部分购彩者进入消费误区，不理智的、偏激的购彩行为仍时有发生，彩票的负面新闻仍然存在。在现实生活中，也的确出现了一些购彩者为了买彩票倾家荡产、四处举债、妻离子散的悲剧。另外，过分强调"彩票中奖"，也造成了彩票公益属性的弱化。

（三）彩票公益的宣传不够

现阶段，关于彩票公益金的筹集与使用还没有得到有效宣传，"彩票公益金去哪里了"仍然是很多人心中的疑惑。一方面，彩票公益金使用单位对公益金宣传工作不够重视，对公益金使用方向、资助项目的宣传存在缺失，只"用"不"说"现象长期存在；另一方面，彩票公益金筹集单位对公益金宣传的价值意义重视不够，没有充分利用宣传媒体资源使彩票公益金的筹集宣传与使用宣传形成一个良好的闭环，扩大社会对彩票的正面认知，并产生积极影响。另外，当彩票出现负面新闻时，没有能够及时对不良消费行为、消费方式进行"纠偏"。

（四）彩票产品和渠道的人民特性需要进一步挖掘

现阶段，体育彩票逐步形成了以竞猜型游戏、乐透型游戏为主体，以即开型游戏为补充的彩票发展新格局。产品方面，以市场为导向，对购彩者有足够吸引力的产品仍然比较少，优质的产品集中度过高，多元化不足。满足人民多样化购彩需求还需要在产品研发上下功夫。渠道方面，虽然通过规模效应扩大了网点覆盖率，基本实现销售网点遍地开花，在一定程度上方便了购彩，但渠道创新思路不多、创新动能不足，离购彩者购彩便利性的诉求还存在差距，市场仍然存在空白区域。

（五）彩票公益金使用方向还需要拓宽

当前，国家正处于全面建成小康社会的决胜阶段、加快推进体育强国建设的关键阶段，需要强大的资金作为支持和保障。近几年，体育彩票快速发展，筹集公益金数量逐年递增，但依然不能满足支持社会公益事业和体育事业不断向前发展的需要。彩票公益金的使用还需要与国家的发展目标、发展举措进一步对接、统一，提高使用绩效考核。

四、下一步应当采取的对策路径

（一）进一步准确把握彩票定位

只有准确把握好彩票的定位，才能坚持彩票正确的发展方向和发展道路。为适应新时期社会主要矛盾的转化，彩票的定位应是作为丰富人民精神文化生活的一种娱乐方式，为人民提供负责任的、有趣的娱乐体验，满足群众娱乐多元化需求，坚持走娱乐、休闲、多人参与、少量投注、绿色发展的道路。

（二）提升销售网点从业人员归属感

需要让销售网点从业人员有从事体育彩票事业的归属感、获得感、幸福感、自豪感、成就感、使命感；让他们感受到从事彩票公益事业的光荣，感受到体彩大家庭的温暖和关爱；让他们从参与彩票销售中收获实惠，改善物质生活条件，提高生活质量。同时，需要增强销售网点从业人员对体彩文化的了解，增进对"责任、诚信、团结、创新"的体彩精神的理解和内化，拉开体彩的文化自信。

（三）让彩票公益宣传更加深入人心

加大彩票公益宣传，不断提升人民对彩票的认知，不断提升人民对彩票公信力、公正性等方面的广泛认同。要让人民明白买彩票做公益的道理，能够理解和支持彩票公益事业；要让人民了解"彩票公益金去哪里了"；需要加大对彩票公益金使用的宣传，让公益金的使用更透明、更阳光；宣传体育彩票的公益性、公正性，把公益体彩、民生体彩、责任体彩、诚信体彩全方位地、充分地向社会展现。

（四）增强彩票产品娱乐性

推动产品多元化发展。竞猜型彩票应结合比赛的观赏性，通过赛事竞猜增加人民的观赛热情和对赛事的关注程度，故应选择关注度高的赛事，增加人民参与的主动性；丰富玩法种类，增强趣味性，提高人民的参与度。即开型彩票，应丰富票面主题，将其作为体育彩票的宣传阵地和宣传窗口，弘扬社会主义核心价值观，向社会传递正能量。

（五）提高销售渠道便捷性

提供便利的购彩途径是促进人民参与彩票娱乐活动、享受彩票所带来的娱乐体验的有效方式之一。随着彩票事业的发展及市场的拓展，需要在渠道创新工作上进行积极探索，给购彩者更多"顺便购彩"的机会。加强与其他行业的跨界合作，为购彩者提供更方便的购彩环境，提供更多"偶遇"式的购彩场景，更好地触发购彩意愿。

（六）彰显彩票社会公平

彩票发行、销售、开奖、兑奖过程的公开、公平、公正，体现了对人民的公平对待，对人民利益的保护。要让人民在体会到彩票娱乐性、为公益事业做贡献的同时，体会到社会的公平，提升对彩票公益公信的认知。要对人民负责任，把维护好彩票参与者的利益作为做好彩票工作的出发点和落脚点。

（七）树立正确的彩票消费观

应当引导民众理性参与，正确认识彩票的本身规律，提倡理性购彩。彩票本身是一种射幸游戏，从游戏设计的目的、规则及资金分配角度，是极少数人幸运、大多数人亏钱的。在彩票销售过程中，要提醒购彩者理性购彩，尽最大努力防止其沉迷其中。必须正视彩票本身和彩票行业的基本规律，告诫购彩者不能把购彩作为一种投资行为和投机行为。

（八）彩票公益金使用对接国家战略

彰显体育彩票"来之于民、用之于民"的发行宗旨，适应新时代中国特色社会主义现代化建设与发展的需要。落实全民健身国家战略，支持群众体育发展，助力科学健身、全民健康，满足人民日益增长的健身健康需求。落实社会主义新农村与美丽乡村战略，实施农村体育健身工程，积极投入欠发达地区健身设施建设，为精准扶贫和美丽乡村建设提供新的发展契机。助力国家精准扶贫，进一步加强和规范脱贫攻坚资金的使用与管理，做出合理的打好精准脱贫攻坚战的决策部署，提升资金使用效率，打赢脱贫攻坚战。

为更好地适应新时期对体育彩票事业的新要求，体育彩票需要树立"人民至上"的发展理念，敢于面对发展中的问题，积极采取对策措施，在满足人民群众将彩票作为一种文化娱乐消费方式的同时，更好地利用彩票公益金促进社会公益事业和体育事业的发展。在新时代的大背景下，推动体育彩票发展需要不忘初心、牢记使命，以建设公益体彩、民生体彩、责任体彩、公信体彩为目标，在推动健康中国战略和体育强国战略的同时，满足人民对美好生活的需求，继续向社会和公众展示国家公益彩票的责任与担当。

"互联网+"环境下的体育图书出版探析

中国体育报业总社　朱晓峰

摘要： 在新技术环境和政策环境导致的产业融合变革大背景下，如何面对新形势、新任务、新要求，更好地满足人民群众的精神文化需求，发掘新的出版价值，实现社会效益和经济效益双丰收，是摆在传统体育图书出版企业面前的首要任务。本文以马克思主义辩证唯物观为基础，从互联网思维出发，运用辩证思维和结构化思维、逻辑分析法和资料分析法，对传统体育图书出版业所处的战略态势进行分析，并探讨了"互联网+"新技术环境下体育图书出版的业务方向和业务模式。文章创新性地提出了体育内容、体育知识新型服务提供者这一战略定位，并在此基础上提出了以品牌思维为主导，努力改变传统生产方式，优化资源配置，通过产业价值链拓展，逐步探索并构建适合体育图书出版企业融合发展，形成企业核心竞争力，达到企业社会效益与经济效益有机统一的发展新思路，希望能为体育图书出版业务模式外拓乃至重构提供建议和决策支持。

关键词： "互联网+"；互联网思维；体育图书出版；转型

新时代，各行各业都面临着新形势、新任务、新要求，体育图书出版业也不例外。一方面，随着计算机技术、通信技术和互联网技术的飞速发展，在以互联网思维为代表的创新思维的冲击下，传统行业正经受着巨大的考验，内容传播方式在这一背景下也在发生着深刻而迅猛的变革；另一方面，我国文化体制改革步伐加快，传统图书出版业的转企改制进程已接近尾声，由传统"事业单位企业化管理"体制转变成市场化主体的企业，仍保持固有的思维方式和做法，很难一下子适应这种变化。而随着健康中国战略和全民健身计划的推出，体育改革的实践进程也越来越快。在这种变革的大背景下，如何变压力为动力、化考验为机遇，应对新形势、新任务、新要求，更好地满足人民群众的精神文化需求，发掘新的出版价值，实现社会效益和经济效益双丰收，是摆在体育出版企业面前的首要任务。本文拟从互联网思维出发，运用逻辑分析法和资料分析法对体育图书出版业所处的战略态势进行分析并提出可能的应对之策，为体育图书出版业务模式外拓乃至重构提供建议和决策支持。

一、当前体育图书出版的现状

体育图书出版作为专业图书出版领域之一，多年来一直固守传统的业务模式和价值模式。近年来，随着外部市场环境和政策环境的变化，进入体育专业图书出版领域的出版社越来越多。

（一）涉足体育图书出版的出版社

中华人民共和国成立以来，曾先后有4家体育专业类出版社专业从事体育图书出版，分别是人民体育出版社（1954年成立）、北京体育大学出版社（1985年成立）、奥林匹克出版社（1988—1998年，专为配合在北京举办的第11届亚运会及北京申办2000年奥运会的宣传服务）、蜀蓉棋艺出版社（1985—2001年，后改组为综合类的成都时代出版社）。改革开放以后，参与体育图书出版的出版社总体上呈增加趋势。有调查数据显示，截至2007年，有近400家出版社曾涉足体育图书出版。近年来，随着健康中国战略和全民健身计划的推出，参与体育出版的出版社越来越多。据开卷数据统计，当前除了人民体育出版社、北京体育大学出版社两家专门从事体育图书出版的出版机构以外，高等教育出版社、人民邮电出版社、山西科学技术出版社、安徽科学技术出版社、北京科学技术出版社等出版企业的体育图书出版，也都已形成了一定的规模。

（二）当前体育图书出版的业务模式

传统体育图书出版企业是由出版策划、编辑加工、生产与复制、出版物发行以及版权保护与贸易等多个部门共同组成，即所谓的生产流程编、印、发一体化。与出版发达国家相比，传统体育图书出版大体上仍处于初级发展阶段。在经营理念上，长期以来粗放经营、广种薄收为主，普遍没有深耕细作式的深度开发，对文化创新的理解也过于简单，更多的是注重单本原创图书或单一的体育图书产品线的出版销售，即停留在对图书产品的简单传播上。从总体上看，鲜有从产业链拓展的角度纵向或横向拓展经营的。

在出版策划环节，业务模式绝大多数是体育图书出版企业内部策划，有一部分是与外部合作策划，还有一部分是发现合适的选题并通过版权引进出版。在出版介质上，主要是纸质图书出版，间或有跨媒介出版（主要体现为"书配盘"模式）。近几年，出现了借助二维码融入音像元素、微信公众号、微博的出版形式。总体来看，传统体育图书出版策划，对体育内容运营的深度和广度都还欠缺，表现为策划理念陈旧、对体育知识和信息的整合能力不够、产品形式单一。

在版权贸易环节，主要表现为体育图书的版权输出和买入。在体育图书出版领域，民族传统体育类图书、武术类图书是版权输出的重点领域。近几年，有出版企业重点采用版权购进的方式，在内地图书出版市场以外的国家和地区探寻具有销售潜质的选题，也取得了不错的成绩。

随着外部环境的变化，近年来，出版企业普遍对存量资源进行了一定程度的数字化，但多数做的都是非常基础的工作，推出的基本上也都是一些最为初级的产品，只是把传统纸质出版物数字化后再通过网络等方式进行传播，其业务模式同传统出版产业的业务模式相差不大。

在下游发行环节，渠道建设随着电子商务的兴起有所变化，但利用微信、网络发行平台等新渠道发行在总的发行渠道中占比还不高。

（三）当前体育图书出版的价值链分析

当前体育图书出版企业的价值链比较清晰和简单，主要的价值变现环节在发行，即通过向下游分销渠道批发图书回笼资金；其次是输出版权，但这一部分的占比非常小，主要体现的是社会效益。

二、当前体育图书出版面临的机遇和挑战

新时代，随着形势、要求的变化，体育图书出版既面临着机遇，也面临着挑战。

（一）当前体育图书出版面临的机遇

1. 经济环境机遇

党的十九大的召开，确立了中国特色社会主义现代化建设进入新时代的历史方位。之所以称为"新时代"，意味着当下是一个时间节点，就是我国由站起来、富起来到强起来的节点，后面一个时期，我们将致力于在经济、

政治、文化、社会、生态环境各方面做优做强。随着国家越来越富强，人民越来越富足，体育产业将迎来一个大发展期。资本的嗅觉历来是最灵敏的，从前几年资本蜂拥布局体育产业的状况，我们多少可以看出一些端倪。体育图书出版作为传播体育知识、体育文化、体育精神的一个重要载体，在我国体育产业成长加速期，理应做出、做好应有的贡献。

2. 政策环境机遇

随着健康中国战略和全民健身计划的推出，体育所肩负的使命有了进一步的重大变化。在增强人民体质、提高国民健康水平、延长人的健康寿命、提高生活品质方面，体育将发挥重要作用。在健康中国建设和体育强国建设的历史背景下，作为体育宣传窗口的图书出版，向国民传播正确的健身理念、科学的体育知识，倡导健康的生活方式，弘扬奋发向上的体育精神，责无旁贷。

3. 技术环境机遇

辩证唯物观告诉我们，要一分为二地看待事物。新技术虽然给传统出版传媒企业带来了巨大的冲击，但它所带来的新业态、激发的新需求，如果能为传统出版所用，无疑也是一个很好的机遇。

从20世纪中期人类发明计算机开始，几十年来，随着计算机技术、互联网技术、通信技术、存储技术的发展，互联网思维大致经历了传统互联网思维（大平台大连接）、移动互联网思维（应用思维及个性化、碎片化、精准化思维）和智能互联网思维（大数据思维、数据收集、数据算法、数据应用）三个阶段。每一个阶段的技术普及运用，都在深刻地改变着人类的生产方式和生活方式。而由此导致的传播方式的变革，肇始于上述新技术融合。技术融合导致了产业融合，产业融合的直接表现之一即为产品融合，这又会导致企业在产品结构、业务结构及组织结构方面的重新整合，使得原先处于不同产业领域的企业现在出现了交叉竞争和交叉合作，从而形成了新的业务模式和新的价值链，导致资源在更大范围内的合理配置。这就是这次变革的内在逻辑。

（二）当前体育图书出版面临的挑战

1. 停留在低水平过剩阶段，有效供给不足

首先，主要表现为长期以来的出版结构失衡和下游分销环节对图书品种更新加快的需求，导致品种数量上升，图书生命力缩短。虽然品种数量与日

俱增，但受众的有些需求却得不到很好的满足。其次，同质化出版现象比较严重，主要表现为图书产品内容和形式层面的重复出版、跟风出版，以及经营层面的选题策划、渠道设计和营销手段趋同。最后，近些年图书出版产销失衡，直接后果就是图书库存积压严重。上述是我国图书出版产业长期以来存在的痼疾，近年来表现得尤为突出，体育图书出版置身其中，自然也不可避免地存在这些问题。

2. 经营主体多元化，竞争压力进一步加大

一方面，在产业融合、技术融合及体育改革的背景下，网络运营商、软件技术公司等非传统出版产业机构，纷纷进入出版领域，在技术和资金方面具有比传统出版企业更强的竞争优势；另一方面，网络的开放性大大降低了出版发行的进入门槛，理论上任何人都可以在网络上发表自己的作品。经过近些年的发展，网络上关于体育技术的文字、图片和视频比比皆是，传统的出版社不再是体育技术宣传中不可或缺的主体，传统实体书店也不再是图书流通中的必然环节，这导致传统体育图书出版的生存空间被大大地压缩了。

3. 数字出版对传统纸质图书出版构成了一定的威胁

数字出版因其具有交互性、易检索、价格低廉等特性，非常适合于专业出版，目前世界范围内专业期刊的主要出版形式已由纸质转为数字，可以预见的是，未来数字出版物很大程度上将取代专业纸质出版物。

在发行模式上，新型的图书发行模式，如网上书店，对传统的发行网络造成了巨大的冲击。而数字出版物的发行，更是突破了时空限制，能在互联网上瞬间实施全球传送。在这种业态下，传统的发行实体门店已经没有了优势。

4. 对体育图书购买者的具体情况知之不详

传统图书出版企业，基本上不清楚自己的各类图书卖给了谁，对读者的精准特征更是无法了解，掌握不了受众群体的具体情况。究其原因，是传统图书出版产业链条是线性的、开放的，如图1所示，形成信息闭环的难度非常大，所以，多年来图书出版对终端用户的具体情况一直不甚了解，即使进行的一些调查问卷、走访，也是支离破碎的，不能全面地反映真实情况。有业界知名人士曾开玩笑地把传统出版模式的这种状况比喻为小规模的风险投资模式。

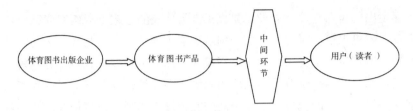

图1 传统图书出版产业链条

5. 新技术环境下用户阅读习惯的改变

新媒体时代，随着信息传播方式及各类阅读载体的变化，人们的阅读习惯发生了非常大的变化，尤其是近年来移动互联网的飞速发展，使阅读呈现出碎片化和娱乐化倾向。可以预见的是，伴随着互联网等新技术环境成长起来的一代，阅读习惯会跟父辈们有着明显的差异。而对于传统体育出版企业来说，如果不及时跟上这种变化，想方设法地探明需求或激发需求，获取到这部分用户，就意味着受众的渐次流失。

三、新时代我国体育图书出版事业发展的对策

面对困境，唯有秉持发展的思维、实事求是的态度，才能推动事业向前进。新时代，根据上述对体育图书出版面临的机遇和困境的分析，我国体育图书出版事业要取得新的发展，必须转变思维方式和观念，在对以"互联网+"为代表的互联网思维和体育图书出版特性深刻洞察理解的基础上，结合实际探索新的发展模式。

（一）转型首先要转变思维方式和观念

1. 对以"互联网+"为代表的互联网思维的认知

认知行为学的研究表明，认知、态度和行为三者之间相互联系、相互影响、相互作用。认知对态度的形成有着重要的作用，认知影响态度，态度一旦形成也会对认知产生反作用。态度与行为又有着极大的相关性，一般来说，态度决定行为。这就是人们常说的"认知影响态度，态度决定行为"。所以有什么样的行为，跟深层里的认知、态度有极大关系。就体育图书出版转型来说，能不能改，改成什么样，跟观念、思维方式也有极大关系。

互联网思维这个提法，近几年大家耳熟能详。近些年，在以"互联网+"为代表的互联网思维的指导下，几乎传统领域都在进行改造运动。这种改造运动以新业态的形式呈现，有研究表明，"连接"是互联网发展的主线。在

我国涌现出的著名互联网企业，是以BAT为代表的三家世界级互联网企业，即百度、阿里巴巴、腾讯，它们分别解决了人与信息、人与物、人与人的连接问题，也催生出了庞大的业务生态模式。而催生这些互联网"独角兽"企业的真正深层原因在于背后的互联网思维。在这里，互联网只是一种工具，改造的是传统行业的流程，它将中间的冗余环节删减，通过精简流程找到价值，它的网状链接能让企业直达客户，通过客户理解其对产品的需求，继而理解什么样的产品会为市场所需要，最终目的是改造传统企业价值链。

再通过对几位互联网大咖的认识，来看一下互联网思维的核心要义究竟是什么。百度董事长、首席执行官李彦宏认为，互联网思维是一种思维模式，在当今"互联网+"大环境下，即使从事的行业不属于互联网，也要用互联网的思维方式去思考问题。海尔集团董事局主席张瑞敏认为，互联网思维是零距离和网络化的思维。柳传志认为，互联网思维是与传统产业的对接，会改变传统的商业模式。互联网思维开放、互动的特性，将改变制造业的整个产业链。周鸿祎认为，互联网思维是常识的回归，主要突出地体现为以下4点：①用户至上。在互联网经济中，用你的产品或服务的人，那就是"上帝"。很多东西不仅不要钱，还要把质量做得特别好，甚至倒贴钱请人们去用。②"体验为王"。只有把一个东西做到极致、超出预期才叫体验。③免费的商业模式。目前硬件也正在步入免费的时代。硬件以成本价出售，零利润，然后依靠增值服务去赚钱。电视盒子、电子手表等互联网硬件虽然不挣钱，但可以通过广告、电子商务、增值服务等方式来挣钱。④颠覆式创新。把东西做得简单、便宜，甚至免费，就能打动人心；超出预期的体验上的呼应，就能赢得用户，就能为成功打下坚实的基础。由上述我们可以总结出有关互联网思维的核心要点，即互联网思维是一种思维模式，它是一种方法论，不一定是互联网企业才具有互联网思维；互联网思维突破了传统时空观念对人的束缚，它具有开放和互动的特性；互联网思维突出表现为用户至上、体验性、免费、颠覆式创新；互联网思维不是传统的线性思维，而是表现为网格化、链状思维，是一种整合、跨界思维，也就是所谓的"羊毛出在牛身上"。

2. 对体育图书出版的认知

在人类信息、知识的传播方式上，出现过两个大的时间节点：一个是纸的发明，另一个是计算机、网络技术的发明。纸的发明，结束了漫长的靠口头、器物（石头、甲骨、青铜、竹子、木片等）传播的历史，人类从此迎来了长达两千多年的以传统纸质载体形式为主的传播历史。从19世纪中叶起，随着计算机、网络技术的发明及其商业化应用日益普及成熟，信息、知识的传播方式又迎来了一次巨大的变革。而当下正处在这个巨大深刻变革的历史起点上。

图书作为一种特殊商品，具有典型的二重性特征，即商品属性和文化属性。传统体育图书，当然也具有这种二重性。这决定了我们在谈及出版发展的时候，除了经济效益外，还要顾及社会效益。另外，论及体育图书出版，我们还要考虑到体育的特殊性。

图书出版作为一种典型的内容创意性产业，内容资源是图书出版企业最具竞争性的核心资源，这一点无论在何种业态下，都是至关重要的。尤其在当今跨界盛行、资源整合的时代，强调这一点显得尤为必要。因为跟具备技术优势的互联网企业相比，如果抓不住这一点，传统图书出版就要"城池尽失"了。当然，图书也具有适合新技术运作的特征。比如，有研究表明，图书具备典型的信息化时代精准流量入口的特性，这就使图书出版具备了由传统的线性单向价值链转变为价值闭环的可能性，如图2所示。紧紧抓住内容提供者这一战略定位，根据各出版领域的特点，再加以新思维方式、新技术手段，就会把握住传统图书出版的转型方向和路径。体育图书出版，要紧紧把握住体育知识和信息的整合能力，变传统方式单一的体育知识传播为内容的生产和整合，对企业和产品进行信息化、数字化改造。鉴于体育领域有很多方面的知识还具有身知体悟的特性，在设计产品模式时，还要考虑分为线上和线下模式。

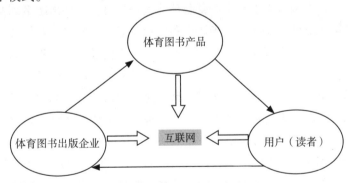

图2 互联网时代图书出版流程闭环结构

综上所述，正因为当下处于各种因素交汇的变局节点，体育图书出版转型的痛苦和阵痛当然是难免的，但转型趋势无可阻挡。新时代，新起点，思路决定出路。唯有解放思想，积极投身实践，才能取得发展。任何事业都是如此，新时代的体育图书出版也不例外。

（二）浅析体育图书出版业务模式转型

作为文化创意产业的一部分，体育图书出版传统单一的对体育信息和知识的传播方式，因新技术、新思维方式提供的环境而改变为多维度传播的可能性大增。概括起来，就是在体育内容、体育知识新型提供者这一定位下，以品牌思维为主导，产品思维向用户思维、销售思维向服务思维、渠道思维向社群思维转变，努力改变传统生产方式，优化资源配置，通过产业价值链拓展，逐步探索构建适合体育图书出版企业发展的业务模式，形成企业核心竞争力，达到社会效益与经济效益的有机统一。

1. 努力改变传统生产方式，优化资源配置

改变体育图书出版传统的生产方式，促进出版流程、出版呈现要素、传统出版与数字出版、图书出版与传媒等出版业态的逐步融合。

图书出版流程要素融合，加快图书出版节奏，提高出版效率。出版策划与创作融合，改变传统的"等、靠、要"的出版策划运作模式，编辑工作重心前移，即重创意策划（出版社策划、与外部合作策划、与作者合作策划），深度介入创作（与作者方共同创作，利用录音笔、拍摄视频等方式，缩短书稿成稿时间）。编辑加工与生产复制融合，更新图书质量控制体系，一方面体现在策划与创作融合，可以控制书稿质量；另一方面体现在图书制作流程改变，将编辑加工与生产复制环节进一步融合，将出版策划与营销环节融合。策划与创作建立在市场调研和营销反馈（最好是用户反馈）的基础上，努力将图书出版流程链转变成流程环。建立促进出版流程之间信息共享和相互促进的机制。

图书出版呈现要素融合，多方位地满足用户需求。以品牌思维为主导，打造视、听综合，集文字、图片、声音、视频为一体的新型立体化的内容产品。将关注点集中到内容价值上，而不是一本体育图书或一套丛书上。

传统图书出版与数字出版融合，逐步过渡，顺应趋势。从出版策划开始，就要与数字出版高度融合，做到传统出版与数字出版产品同策划、同研发、同推广、同销售。建立传统图书出版与数字出版融合的机制，协调传统图书出版部门与数字出版部门，做到权责、利益协同。

图书出版与传媒融合，强化互补共享，优化资源配置。探索图书出版资源与传媒（报纸、刊物、网站）资源共享互补开发机制，尝试在策划、作者

资源、渠道、流量获取、用户开发等方面互补共享。

2. 尝试外拓出版链条，发掘新的企业价值增长点

尝试图书出版链的纵向拓展和横向拓展，尤其是在图书策划和营销环节的拓展。运用与社外资源合作的方式，提高生产力和生产效率。根据营销环境的变化，创新渠道模式，逐步增加新渠道占比，加快资金流速。

3. 探索适合企业发展的新型业务模式，逐步构建企业核心竞争力

图书出版的核心竞争力主要体现在企业的整体服务能力上。对外体现为满足用户需求的能力。主要从两方面构建：一是紧紧围绕健康中国战略和全民健身计划，为推动全民健康、全民健身深度融合，为推进体育强国建设谋篇布局；二是从体育文化在小文化（文艺、电影、广播、电视、新闻、出版等）范畴所能发挥的作用思考。每一方面都可以从官方、全民两个需求角度发掘。围绕健康中国战略和全民健身计划要关注：①体育功能在健康中国战略中的定位，大众健身健康知识需求。②新形势、新任务、新要求环境下，围绕配合行政主管部门、行业协会业务发展，推进工作需要进行思考。围绕体育文化要关注：①体育文化元素的呈现方式。可以借用文艺、电影、广播、电视、新闻跨领域、跨媒体、跨呈现形式进行拓展。②围绕配合小文化主管部门、行业协会业务发展，推进工作需要进行拓展。对内主要体现在企业文化、人才、机制（分配机制和奖惩机制）、企业经营策略等方面的综合能力。

当前互联网环境已经对传统体育图书出版造成了压迫之势。传统体育图书出版面临的不是要不要转型的问题，而是怎么转、转成什么样的问题。转型是为了更好地获取社会效益和经济效益。需要说明的是，受制于传统图书出版业多年来的整体生产方式，体育图书出版转型一蹴而就是不现实的。现阶段，传统图书出版企业都在新业态转型的探索期。但处在"互联网+"这一新技术环境下，传统体育图书出版转型战略方向是清晰的，即在体育内容、体育知识新型提供者这一定位下，在确保传统成熟业务稳定的前提下，分阶段、有计划地进行转型。

参考文献

[1] 吴文峰.中国体育图书出版现状及发展战略研究[D].北京：北京体育大学，2007.

[2] 陈昕. 中国图书出版产业增长方式转变的思路、内容及路径（上）[N].出版商务周报，2014-03-10.

[3] 王斌.中信掌门人王斌的出版业进化论，你怎么看？[N].出版商务周报，2018-01-22.

2022年冬奥会后首都体育馆
合理利用开发研究

国家体育总局冬季运动管理中心　刘军

摘要：近年来，以习近平同志为核心的党中央高度重视体育工作，强调体育承载着国家强盛、民族振兴、人民幸福的梦想，"体育强国梦"与"中国梦"息息相关。2022年冬奥会是关系体育全面可持续发展的问题，对于体育强国建设具有深远的意义，而冬奥会后场馆的合理利用开发是一个值得探讨的问题。要真正做好冬奥会后的场馆合理开发，绝非朝夕之功，任重而道远，要高举习近平新时代中国特色社会主义思想伟大旗帜，以习近平总书记关于体育工作的重要论述为指导，精心培育市场，久久为功。

关键词：冬奥会；首都体育馆；合理开发

一、2022年冬奥会的意义

平昌冬奥会闭幕式上，北京接过大旗，标志着2022年冬奥会进入北京时间。当今世界，体育已远远走出体育本身的范畴，奥林匹克运动也远远不是体育竞赛，它是展示实力、展现形象、提高影响力的代名词。影响力的叠加效应、扩充效应，吸引世界目光，使亚洲成为奥林匹克运动关注中心，到2022年冬奥会将会达到一个高点：奥运会是一场盛会，能够促进和平，强壮一个民族，改变人的一生，促进经济社会发展，丰富文化、体育内涵，展示一个国家的形象，增进人类和谐，培养青年人追求卓越、永无止境的精神，用竞争的方式展示人类进步。

举办奥运会有"前三后四"的推动效应，即举办奥运会前的三年，奥运会结束后的四年，都会使办赛国家和城市的影响力不断提高，带来的直接或间接的经济效益、社会效益、国际影响力巨大。北京举办2022年冬奥会使奥林匹克的影响力更加深远而广泛，更具有创造力、推动力和可持续发展的能力，中国和世界将从中受益，共享精彩、非凡、卓越的成果，创造美好未来。

二、2022年冬奥会首都体育馆的利用情况

2022年冬奥会将使用5个冰上比赛场馆，4个是2008年奥运会使用过的场馆，1个是新建的场馆。其中，首都体育馆是老场馆，2008年承担排球比赛任务，2022年冬奥会将要承接短道速滑、花样滑冰两项赛事。其中短道速滑场地情况为：在标准的400米场地进行。花样滑冰场地情况：在标准的冰球场地进行，30米×60米场地。

首都体育馆曾经在2008年北京奥运会后用可持续发展的理念，把奥运会宝贵财富运用得很好。冬奥会结束之后，也应成功运用好场馆，让它成为一届成功冬奥会的范例。当前，全世界对冬奥会遗产如何运营都十分关注。不能办一届冬奥会，留下一大批场馆，却不能很好地利用，造成浪费。我国申办冬奥会之初就提出了可持续发展的理念，对如何利用并保护好冬奥会宝贵遗产进行了认真研究，力求实效，冬奥会场馆的可持续利用问题也备受关注。如多功能发挥的问题，四季（全季节）利用问题，体验滑冰与综合服务配套、打造成冰上旅游小镇问题。我国体育要建设体育强国，这个目标提了多年，我们也为此努力多年，但是我们还有些短板，存在人们对美好生活的需求与冬季项目不协调、不充分发展之间的矛盾。要使冬季项目四季皆宜，就必须综合发展。

随着中国特色社会主义进入新时代，我国体育事业也跨入新时代，人民群众的体育需求日益增长。习近平总书记提出"带动三亿人参与冰雪运动"是建设健康中国的需要。健康水平的改善是每个中国人的生活追求和梦想，"带动三亿人参与冰雪运动"是场馆合理开发利用的有利契机，将会极大地改善民众的健康和生活方式，提高整个中华民族的体质，有助于全面实现中华民族伟大复兴的"中国梦"。

三、首都体育馆合理开发利用存在的问题

场馆运行存在一个共同问题，就是怎样合理开发，尤其是奥运后的合理开发，这是中国乃至世界范围内体育场馆开发利用中的一个常见问题。2014

年的索契冬奥会、2018年的平昌冬奥会会后场馆开发都不够理想，日本、挪威等国家举办冬奥会后场馆的开发较为合理。2022年冬奥会后首都体育馆该如何合理开发，需要找出适宜的合理利用的良策。

有何新的方法、新的手段呢？我们要抓住2022年冬奥会机遇去解决一些短板。实现体育强国目标有几个重要标志：一是竞技体育，要在运动成绩上进入世界前列，基础项目发展均衡；二是群众体育，要使参加体育锻炼人数达到30%~40%，人民群众健康水平有所提高，建设健康中国；三是能够举办综合运动会，不但能举办冬奥会，还能举办夏奥会，通过举办冬奥会，解决冬季项目不充分、不均衡的问题，推动竞技体育与群众体育协调发展、夏季项目与冬季项目协调发展、体育项目与体育产业协调发展，缩小冬季项目与夏季项目的差距，使我国冬季体育项目发展进入世界先进国家行列。

中华人民共和国成立至今，建设了几十万座体育场馆，有许多是综合性的，首都体育馆就是其中之一。它是国家体育事业投资密集型项目，具有开展运动项目竞赛、训练和容纳群众观看、参与等多重功能，是开展全民健身运动和落实奥运争光计划的重要基地，也是发展体育事业、社会主义精神文明建设的主要场所，同时又是北京市的一道亮丽景色。我国要实现现代化最主要的是人的现代化，人的现代化最重要的是健康水平现代化，合理开发场馆让人们有健身场所是建设现代化强国的必需条件。

在看到首都体育馆合理开发利用以来所取得的成绩的同时，应当清醒地注意到还存在问题。如各种机制不健全，现代化管理手段缺失，资金短缺问题未从根本上得到解决，管理人才队伍建设相对滞后，学习国外先进经验不够等。

四、冬奥会后首都体育馆合理开发的对策和措施

（一）加强制度建设，不断完善各项保障政策

为使首都体育馆更好地满足我国、特别是首都体育产业发展的需要，为广大民众提供更广泛和更高质量的服务，在发展体育产业的过程中发挥更大作用，同时使国有资产保值增值，我们必须坚持以习近平新时代中国特色社会主义思想为指导，运用社会主义市场经济的基本原则，深入分析并研究，努力探索出一条既适合我国国情，又符合国际先进水准要求的综合性体育场馆合理开发利用的道路。

一个国家、一个民族的体育事业发展水平，是全民健康水平的标志，更是国家经济、科技、文化发展水平的标志。首都体育馆是北京体育场馆中的标志性场馆，随着我国国民经济发展水平的不断提高，人们在已经满足基本的物质生活需求之后，对精神文化生活的需求越来越高。广泛地参与体育活动正是人们追求精神文化生活的一个具体体现。

首都体育馆要采取适合自己特点的，责任、权力、利益和义务相匹配的各种措施。这样做可使各部门明白自己应干的事，明白自己的职责就是多服务、做好服务工作。

（二）利用自身优势，实现社会效益与经济效益的双丰收

首都体育馆是一座具有几十年光辉历史的综合性体育馆，它以规模宏大、功能齐全享誉国内外，曾被誉为"第二人民大会堂"。它在计划经济时期曾沉寂过，近些年在市场经济机制的作用下又以新的面貌呈现在人们面前，在体育场馆管理合理开发利用方面也迈出了可喜的一步，场馆中有羽毛球、乒乓球、网球、台球、篮球，还有滑冰、健身、攀岩等项目，年平均接待锻炼者百万余人次。现在的场地开放已经向更深的层次发展，由单一的只"收钱放人"，发展为既有教练员又有陪打员，还组织了俱乐部形式的各类球队，集体育比赛、讲课、辅导、组织团体共同开展体育活动于一馆。所有这些活动内容，都是过去看不到的。此外，馆内还利用自己的一部分空地建设了一些其他经营项目，为首都体育馆的综合发展创造了良好的条件。

1994年6月，经原国家体委批准，将国家体委的"竞训五司"与首都体育馆合并，对外仍称为"首都体育馆"，承担着训练、比赛及经营创收的任务；对内称为"冬季运动项目管理中心"，负责管理全国的冰上、雪上项目和运动队。合并是为了更好地适应社会主义经济体制的需要，是为了更快地朝着"以馆养馆""以馆养队"（即运动队）的方向转变，也是为了更好地满足全民健身计划和奥运争光计划的需要。20多年来，重点在发展体育产业，开拓、培育体育市场，建立有"造血"机能的自我完善的服务实体，提高全方位的服务效益。

（三）加快管理人才队伍建设，改善服务质量和场馆环境

全面向社会开放的首都体育馆，管理人员知识结构、经历单一，有些是退役教练员、运动员，有些是体育院系毕业生或复转军人，也有一些人是从基层转入的。据统计，在首都体育馆从事场馆管理工作的200余人中，管理

者30人，有大专以上文化的6人，只占其中的20%，他们缺乏体育管理的系统理论和经验，不但经营效益差，服务也不规范。这说明懂经济、会管理的人才对场馆的合理开发利用尤为重要。

综合国力的竞争，关键是人才的竞争，对于体育场馆也是如此。首都体育馆在场馆的合理开发利用过程中，必须建立一套适合场馆管理人才成长的机制，完善培养人才的途径。只有拥有大批可用之才，才会有创造力，才会在未来竞争中取胜。可以采用走出去学、请专家来讲等方法，及时培养和发现人才，并在管理过程中充分发挥他们的长处，利用好人才，在人才竞争中有好的举措。应抓准机遇，用世界的眼光、发展的眼光、开放的眼光、务实的态度，推动场馆开发利用事业，做好人才培育工作。

（四）抓住2022年冬奥会的契机，学习借鉴国外先进管理经验，争创名牌场馆

在经济全球化、科技信息化的当今世界，首都体育馆要学习的东西很多，其中体育场馆合理开发利用的经验与方法就是学习的重要内容。在体育场馆合理开发利用方面，我国已经落后于国外许多。故此，在体育场馆管理体制改革中，首都体育馆不仅要在人才竞争中领先，培养出好的优秀的管理人才，而且需要与时俱进，找出首都体育馆自身的不足，学习国外场馆的先进经验与方法。2022年冬奥运会在北京召开，为世界人民所瞩目，是我国人民的骄傲。2022年冬奥会后，体育事业将有新的前进方向，将唤起新的发展观念，对体育场馆的合理开发利用也会提出一系列新的要求。在大好机遇下，首都体育馆管理体制要向前迈进一步，同样会遇到严峻的考验，首都体育馆必须经受住这一考验，创造适合首都体育馆发展的条件，统一目标、统筹发展，一定要抓住2022年冬奥会的机会，努力开创新局面，让首都体育馆合理开发利用并步入世界先进行列，把首都体育馆建设好、管理好，共同努力，争创优秀企业，争创名牌场馆。相信我们一定会大有作为，春天会更美丽，未来会更美好。

参考文献

[1] 钟天朗.体育经营管理——理论与务实[M].第二版，上海：复旦大学出版社，2010.

我国体育彩票人才队伍建设研究

国家体育总局体育彩票管理中心　李芳同

摘要：以习近平总书记关于做好人才工作、实施人才强国战略的系列重要论述为指导，本文通过分析中国体育彩票人才队伍的现状、面临的形势与任务以及存在的主要问题。坚持"人才为本、服务发展、创新机制、全面挖潜"的人才发展观，从强化干部队伍政治担当和责任担当、加强体育彩票文化建设、完善人才招聘和引进工作、推进人才培养体系建设、优化完善绩效管理机制及建立核心人才选用育留机制六个方面提出中国体育彩票人才队伍建设的对策。认为应通过持续加强干部队伍思想作风建设、弘扬体育彩票精神、凝聚干事创业强大合力，充实梯队储备，建立实用高效的人才培养体系，以绩效、能力和潜力为导向，发掘内部核心人才，实现人事管理向人才管理的完全转型，努力培养一支热爱体育彩票事业、具备国际视野、作风优良、担当作为、能力过硬的高素质人才队伍，发挥人才在事业发展中的基础性、战略性和决定性作用。

关键词：体育彩票；人才队伍；建设；对策

党的十九大报告提出了"人才是实现民族振兴、赢得国际竞争主动的战略资源"的重要论断。人才是第一生产力，越是在事业发展的关键时期和重要阶段，人才队伍建设就越发重要。一方面，体育彩票的快速发展对全国体育彩票人才队伍建设、人员能力培养、综合素质提升提出了更高要求；另一方面，体育彩票在高速发展中也出现了一些亟待解决的新情况、新问题，体育彩票的战略方向和目标、发展理念和方式都进行了调整，正在由粗放式向集约式转变，明确发展是高质量、规范的发展。体育彩票内外部环境的变化给体育彩票人才队伍建设带来了诸多机遇和挑战。人才队伍建设必须准确把握当前新的形势与任务，才能抓住机遇、应对挑战，为事业发展提供保障和支持。

一、我国体育彩票人才队伍现状

近年来，体育彩票发行销售规模进一步扩大。2017年体育彩票销量突破2 000亿元，筹集公益金530亿元，为体育事业和社会公益事业做出了新的贡献。伴随着体育彩票事业的快速发展，队伍建设取得了长足进步，人才队伍综合素质和管理能力的提升，有力地推动了体育彩票业务的快速稳定发展。

（一）各级体育彩票组织机构更加健全

国家体育总局体育彩票管理中心（以下简称"总局中心"）及其下属公司的组织机构不断完善，部门设置进一步优化，部门职责更加明晰。为了实现全产品、全渠道、全价值链的贯通，总局中心协同各下属公司成立若干协调小组，横向协调三大游戏产品品牌营销、渠道建设及相关处室工作，纵向协调各个省、区、市体育彩票中心的公益品牌宣传、营销及渠道建设工作，充分发挥总局中心的统筹协调功能和对下管控功能。成立技术领导小组和架构办公室，发挥IT规划与架构管控专业职能，统一各公司技术体系和标准，为建设公共服务平台奠定组织基础。省级体育彩票中心及其基层组织机构建设不断加强，机构设置延伸至县级。发行销售机构的完善为体育彩票事业的发展提供了坚强的组织保障。

（二）队伍整体规模与素质稳中有升

目前，各级体育彩票机构队伍的年龄结构合理，中坚力量较充裕，学历基础良好，能力素质进一步提高，为体育彩票长期可持续健康发展奠定了良好的人才基础。各级体育彩票中心通过公开招聘应届毕业生和社会在职人员吸纳优秀人才。省级体育彩票中心及其基层组织机构在编制不足的情况下，还通过编制外聘用、劳务外包等灵活多样的机制，保障了一线管理人员的数量和质量，强化了对销售网点的管理，对保证销售渠道质量发挥了重要作用。总局中心通过加大培训力度，不断强化整个体育彩票队伍的市场意识、前瞻意识、全局意识和底线思维。人才队伍的业务理解能力和市场客户洞察能力均有一定程度的提高，为体育彩票各项业务发展提供了有力支撑。

（三）人力资源管理工作进一步规范

各级体育彩票机构持续完善人力资源管理制度，招聘、薪酬、考核、培训等制度建设日趋完善，工作流程日益规范。总局中心远程培训平台建设取得阶段性成果，线上线下参训人次近百万，逐步构建起各级体育彩票机构上下联动的培训系统，课程体系逐渐完备。队伍运营管理能力得到提升，有力地支撑了体育彩票的发行销售工作。各级体育彩票中心人力资源管理人员自身的专业素质和执行能力有了一定的提升，各级体育彩票中心在队伍发展中的职责分工逐步明晰，为人才队伍建设各项具体措施的落实奠定了基础。

二、我国体育彩票人才队伍面临的形势与任务

（一）国家政策方面

党的十九大提出，中国特色社会主义进入新时代，我国社会主要矛盾已经转化为人民日益增长的美好生活需要和不平衡不充分的发展之间的矛盾。这就要求我们深刻理解新时代发展要求，准确把握我国社会主要矛盾的变化，坚持以人民为中心，为国家公益事业和体育强国建设做出新的更大的贡献。《人民日报》在探讨"坚定实施人才强国战略"时提到应"加快从重视规模扩大向更加重视素质提升和结构优化转变"，人才资源宝库不是自然形成的，而是要靠精心培养和教育，需要重视积累和储备，要有长远眼光和战略思维。这也为全国体育彩票人才队伍建设指明了方向。

（二）国家经济方面

我国经济已由高速增长阶段转向高质量发展阶段，供给侧结构性改革深入推进，经济结构持续优化，增长动力更为多元，数字经济蓬勃发展，互联网、大数据、人工智能和实体经济的融合不断深入。社会消费的理念、结构和方式正发生着深层次变革。体育领域进入全面深化改革期，体育强国建设加快推进，体育已前所未有地融入经济社会发展和人民群众的日常生活。这为体育彩票事业发展提供了广阔的空间，也对体育彩票人才的素质和能力提出了更高的要求。

（三）社会方面

随着销量的增长与受众范围的扩大，彩票受关注程度不断增加。彩票公益金对体育事业和社会公益事业的支持进一步增强，但是随之而来的彩票负面舆论压力也在加大。一方面，购彩群体结构不合理，客户规模仍然偏小，客户集中度没有明显改善，中低收入群体占主流，扩大购彩群体效果不明显，"多人少买、重娱轻博"的购彩理念还不能深入人心，非理性投注和沉

迷现象时有发生；另一方面，违规网络代购问题依然屡禁不止，公安部、财政部、网信办、工信部等部门正在研究严打措施，对净化社会环境进行联合治理，多方规范行业环境。依法治彩深入推进，政策法规日益完善，彩票监管更加严格。这些既是体育彩票发展面临的重大机遇，也对做好体育彩票工作提出了更高的要求。

（四）体育彩票发展战略方面

总局中心提出"全面贯彻党的十九大精神，深刻理解新时代发展要求，准确把握我国社会主要矛盾变化，坚持以人民为中心，建设负责任、可信赖、健康持续发展的国家公益彩票"的发展目标，要求各级体育彩票机构要始终坚持"公益体彩、民生体彩、责任体彩、诚信体彩"的发展理念，遵循彩票发展规律，围绕防风险、转方式、增后劲、促发展，抓好各项工作的部署。坚持客户导向，加强改革创新，狠抓依法治彩，逐步构建起条块结合的管理体系、协同高效的运营体系、规范有序的市场体系，不断提高发展质量和效益，确保新形势下体育彩票各项工作迈上新台阶，为国家公益事业和体育强国建设做出新的更大的贡献。

三、我国体育彩票人才队伍存在的问题

（一）干部的责任意识和担当意识还需要进一步强化

体育彩票已经发展到一定规模，销量已经超过福利彩票，有的干部工作态度出现松懈倾向。由于国家和社会监管日益严格，有的干部对急、难、险、重的工作产生畏难情绪和躲避情绪，丧失发展信心。其根本原因是责任意识和担当意识还不够，对于体育彩票经过多年发展凝练出的"责任、诚信、团结、创新"精神尚未真正内化于心、外化于行，距离落实到行动上，转化为攻坚克难、推动事业发展的动力还有很大差距。

（二）队伍的规模和能力还不能完全满足新形势下的新要求

人才队伍的能力素质还不能完全适应事业快速发展需要。随着体育彩票事业法制化、规范化水平的提升，依法治彩能力亟须提升，合规业务人才监管需要进一步扩大规模、提升质量。体育彩票"全产品、全渠道、全价值链"运营理念的贯彻和新型行业渠道的拓展，也迫切需要提升人才队伍的创新能力、协同发展能力。体育彩票对创新型、复合型人才的需求大大增加，人才队伍的前瞻意识、底线思维需要不断加强。

（三）各级体育彩票机构事业单位的性质不利于吸引和保留人才

随着国民经济水平不断提高，社会平均薪资水平持续增长，而各级体育彩票机构作为事业单位，机构编制和人员编制受国家严格控制，薪资水平到国家严格监管，多年没有增长机制，给吸引和保留人才带来很大困难。尤其是总局中心，在薪资水平十几年没有增长的情况下，2015年纳入中央养老保险中心，实际薪资水平反而下降。在北京生活成本快速增加的情况下，事业单位原有的优势不复存在，进一步增大了人员招聘和保留的难度。

（四）各级体育彩票机构之间的管理模式一定程度上制约了人才队伍建设措施的执行效率

各级体育彩票中心的分级管理模式导致总局中心只有业务指导权，没有人事管理和财务管理权，总局中心关于人才队伍建设的相关措施无法通过行政管理方式直接部署下达，不能根据执行和落实情况直接进行考核和奖惩，全国体育彩票人才队伍的执行力和系统化合力优势不能完全发挥出来。

四、我国体育彩票人才队伍建设的策略

（一）强化干部队伍的政治担当和责任担当，激发内生动力

各级体育彩票机构要持之以恒地落实新时代党的建设总要求，着力做好体育彩票系统干部职工政治思想工作，不断提高党建工作水平，为深化体育彩票改革提供坚强的政治保证。首先，体育彩票各级队伍要提高政治站位，进一步加强党性修养，强化政治担当。牢固树立"四个意识"，坚定"四个自信"，持续改进思想作风，严明党的纪律和规矩，不断提高党员干部的觉悟和执行力。其次，强化各级队伍的责任担当，各级体育彩票机构要将党建工作和业务工作有机融合，同谋划、同部署，充分发挥党建工作的凝聚和引领作用，提振各级队伍干事创业的责任心和精气神。最后，强化基层党组织建设，发挥基层党支部战斗堡垒作用，推动党员干部加强政治理论学习，教

育引导党员干部增强党的意识、党员意识，充分发挥党员干部的先锋模范作用。

（二）加强体育彩票文化建设，弘扬体育彩票精神，凝聚人才队伍干事创业的强大合力

进一步弘扬"责任、诚信、团结、创新"的体育彩票精神，将体育彩票精神内化为体育彩票队伍的"魂"，发挥体育彩票文化在人才培养中的引导和凝聚作用，为体育彩票事业的发展提供良好的氛围。首先，各级体育彩票机构要将文化建设放在促进体育彩票健康可持续发展的大局中思考和把握，将体育彩票文化建设与依法治彩有机结合起来，与改进党建思想政治工作、提高员工整体能力素质有机联系起来，做好体育彩票文化精髓的提炼，使体育彩票文化真正融入事业发展的各个环节，更好地服务于各项工作。其次，各级体育彩票机构要加强体育彩票文化建设的领导力度，将体育彩票文化建设融入发行销售管理的全局之中，使其成为处理一切问题的精神支柱和价值取向。最后，提升员工对体育彩票文化的认同，发挥体育彩票文化的激励作用，激发员工活力，增强员工向心力，让每个体育彩票人都感受到自己的价值，体会融入体育彩票集体的荣誉感和自豪感，形成为体育彩票做贡献的强大的自我驱动力。

（三）完善各级体育彩票机构的人才招聘和引进工作，拓宽人才供给入口

推动各级体育彩票机构丰富人才招聘手段、优化招聘方式和流程、推进招聘效果评估，完善招聘选拔机制。一是进一步丰富招聘渠道和手段，实现更主动和更有针对性的人才招聘选拔。鼓励各级体育彩票机构推动高校招聘中的联合培养项目，与高校建立更紧密的合作，并努力从毕业生招聘向合作育人深化，在吸纳优秀人才的同时宣传体育彩票品牌形象，实现多方共赢。二是优化招聘中的人才选拔方式和流程，建立更科学的选拔机制，招聘认同体育彩票文化的人才。建立定制化的体育彩票人才引入选拔标准，对招聘人员进行包括知识、技能、心理和性格以及行为导向的测试，充分识别和挖掘能够为体育彩票业务可持续发展做出长期贡献的相关人才。三是推进招聘效果评估环节，修正和优化关键流程和标准，提升招聘工作的效率。

（四）加快推进人才培养体系建设，着力增强队伍适应新时代发展要求的能力

通过构建分级分类的人才培养架构，整合内外资源，逐步细化、深化，使每一个层级上的每一类人才都能获得相应的培训，都有定制化的培养方案和个性化的培养资源，实现人才培养工作在体系上的全覆盖。一是建立多维立体的人才培养模式，遵循人才成长规律，按照"知、行、悟"的开发循环，以培训学习为抓手，以实践锻炼为基础，逐步建立学习地图、轮岗交流、职业导师等培养机制，形成全员共建、丰富生动、实用有效的体育彩票人才培养模式。二是重点抓好部分关键核心人才的培养，尤其是与体育彩票转型发展密切相关的创新型、复合型人才，解决当前的人才短板，以分步式、混合式的精品培养项目为轴心，加快课程设计、师资队伍、项目运营、学习平台等关键环节的提升，尽快实现体育彩票人才培养体系质的飞跃。三是引导干部队伍，加强市场调研，注重理论联系实际，将知识转化为生产力，在实践中增加才干，成为既讲政治又懂经济，既懂管理又精业务的复合型人才，不断提高干部的专业思维和素养，提高战略规划、市场洞察和创新发展能力。

（五）优化完善绩效管理机制，调动人才积极性，增强队伍的荣誉感

根据体育彩票发展的新形势、新要求，优化绩效考核评价和管理机制，营造良好的人才激励与发展环境。一是客观、公正、全面地评价员工的绩效贡献和能力素质，推行"以岗定薪、以能定级、以绩定奖"的岗位绩效工资制，破除平均主义，实现优绩优酬。深入推进建立"人员能进能出、职务能上能下、收入能高能低"的用人机制，持续推进人岗适配，保持人才队伍活力。二是建立个人绩效目标与机构绩效目标协同，由"结果导向"向"过程导向"转型的公平、公正、科学的绩效管理体系，着力解决"干与不干、干多干少、干好干坏一个样"的问题。完善绩效考核评价制度，把体育彩票重点工作完成情况纳入年度考核，作为评先评优、考核激励的重要依据之一。三是强化考核结果分析运用，综合运用年度考核、绩效考核、专项考核以及巡视整改、审计监督、工作督办等结果，将其作为干部选拔任用、评先奖优、问责追责的重要依据，使政治坚定、奋发有为的干部得到褒奖和鼓励。加强考核结果反馈，引导干部发扬成绩、改进不足，更好地忠于职守、担当

奉献。四是在现有薪酬水平不能突破的情况下，鼓励各级体育彩票机构探索建立物质激励与精神激励共同发挥作用的多元化激励体系。

（六）建立体育彩票核心人才的选、用、育、留机制，为体育彩票发展提供持续的核心人才储备

针对绩效优异，具有较大发展潜力的核心人才，建立科学的选、用、育、留机制，为体育彩票事业发展提供持续的人才储备。一是做好内部核心人才的现状梳理与评估工作，结合体育彩票未来发展战略对人才队伍提出的需求，明确核心人才计划中的人数需求、素质要求、能力要求、时间要求等指标，建立核心人才管理计划。二是建立可进可出、动态更新的核心人才管理库。建立包括价值动机、自我认知、绩效考核、综合素质等多维度的核心人才评价体系，通过内部选拔、外部引进及应届生招聘等不同渠道引入核心人才，并对核心人才进行分级管理，满足体育彩票各个层面的人才需求。三是多种方式做好核心人才培养工作。关心核心人才的职业发展、绩效管理、工作困难和生活情况，实现事业留人、感情留人。通过轮岗交流，培养既掌握通用知识又熟悉专业知识的核心人才，打造复合型人才。四是制订完善的核心人才保留方案，同时运用正向激励手段和反向限制手段增强核心人才队伍的稳定性。

体育彩票人才队伍建设要以党的十九大报告关于人才工作的新要求和习近平总书记关于做好人才工作、实施人才强国战略的系列重要论述为指导，坚持"人才为本、服务发展、创新机制、全面挖潜"的人才发展观，通过持续加强干部队伍思想作风建设、弘扬体育彩票精神、凝聚干事创业强大合力，充实梯队储备，建立实用、高效的人才培养体系，以绩效、能力和潜力为导向，发掘内部核心人才，实现人事管理向人才管理的完全转型。努力培养一支热爱体育彩票事业、具备国际视野、作风优良、担当作为、能力过硬的高素质人才队伍，为体育彩票事业发展起到基础性、战略性和决定性作用。

参考文献

[1] 坚定实施人才强国战略[N].人民日报，2018-05-27.

体育文化、教育
建设研究

加快推进体育文化建设若干问题的思考

国家体育总局宣传司　徐靖

摘要：党的十八大以来，以习近平同志为核心的党中央高度重视社会主义文化建设，提出文化自信，并提出了加快建设体育强国的战略目标。体育文化是社会主义文化建设的重要内容。近几年，在全国体育界的共同努力下，体育系统、体育文化意识不断增强，体育文化载体不断丰富，体育文化建设取得了长足进展。但体育文化建设与党中央的要求还有一定的差距，还不能完全适应体育事业发展的要求。

本文通过论述新时代体育文化建设在社会主义文化建设和体育强国建设中发挥的重要作用，总结党的十八大以来体育文化建设取得的主要成就，剖析体育文化建设中存在的问题，以习近平新时代中国特色社会主义文化思想为引领，提出新时代加快推进体育文化建设的路径。通过加强政府引领、弘扬运动项目文化、推出优秀体育文化产品、挖掘保护中华民族传统体育项目和加快体育文化"走出去"等举措，充分发挥体育文化在繁荣社会主义文化、建设体育强国中的重要作用，全面推动体育文化建设的创新，对体育文化的实践进行有益探索。

关键词：体育文化；实践；创新

体育文化建设是社会主义文化建设的重要组成部分，体育文化在社会主义文化建设和体育强国建设中发挥着重要作用。要充分认识推进体育文化建设的重大意义，认真总结党的十八大以来体育文化建设取得的成就，以及体育文化建设中存在的问题和不足，以习近平新时代中国特色社会主义文化思想为引领，坚定体育文化自信，找准推进体育文化建设的对策，推动体育文化的创新和实践。

一、加快推进体育文化建设的重大意义

中国特色社会主义进入了新时代，这是我国发展新的历史方位。进入新时代，体育文化在社会主义文化建设和体育事业发展中发挥着更为重要的作用，具有重大的实践意义。体育文化必须站在中国特色社会主义新时代这一新的历史方位，从把握时代脉搏、勇担时代责任的大格局中去理解和实践。

（一）加快推进体育文化建设是建设社会主义文化强国的必然要求

体育文化建设是社会主义文化建设的重要内容，是社会主义文化的重要组成部分，体育文化丰富了社会主义文化内涵，是满足人民对美好生活向往的重要载体。通过推进体育文化建设，挖掘体育文化内涵，满足人民群众日益增长的体育文化需求。要发挥体育在提高人民身体素质和健康水平、促进人的全面发展、丰富人民精神文化生活、激励全国各族人民爱国热情和振奋民族精神等方面的独特作用，让体育成为社会主义先进文化的传播者和引领者，成为时代精神的倡导者和先行者。

（二）加快推进体育文化建设是培育和践行社会主义核心价值观的实践要求

社会主义核心价值观是当代中国精神的集中体现，凝结着全体人民共同的价值追求。体育文化在培育和践行社会主义核心价值观方面发挥着重要作用。"富强、民主、文明、和谐；自由、平等、公正、法治；爱国、敬业、诚信、友善"的社会主义核心价值观与"顽强拼搏、公平竞争、团结协作、为国争光"的体育精神完全契合。社会主义核心价值观中最浓厚、最根本、最永恒的就是爱国主义；而体育文化中最核心的价值理念也正是爱国主义。体育文化与社会主义核心价值观有着密切的联系。因此，体育文化是弘扬社会主义核心价值观的重要载体，体育文化是社会主义核心价值观在体育领域的具体体现，体育文化是培育和践行社会主义核心价值观的生动实践。

（三）加快推进体育文化建设是构建中国精神、中国价值和中国力量的现实要求

实现"两个一百年"的奋斗目标和中华民族伟大复兴的"中国梦"必须凝聚中国精神。社会主义文化大发展大繁荣，既是中华民族实现伟大复兴的

重要标志和内容，又是中华民族伟大复兴不可或缺的强大精神推动力。体育文化蕴含着强大的爱国主义精神和民族精神，是凝聚爱国力量和民族精神的重要载体。习近平总书记强调，要在全社会广泛宣传我国体育健儿在奥运会赛场上展现的拼搏精神，使之化为全党全国各族人民团结奋斗的强大精神力量。推进体育文化建设就是要大力弘扬中华体育精神和奥林匹克精神，激发全国人民的爱国热情，增强民族凝聚力、向心力，为构建中国精神、中国价值和中国力量发挥作用。弘扬体育文化就要用体育精神凝聚中国力量，用体育精神弘扬中国精神，用体育精神引领中国价值。

（四）加快推进体育文化建设是扩大中国国际影响力、提升中国文化软实力的根本要求

实施中华文化"走出去"是我国重要的文化战略。推动体育文化"走出去"，讲好中国体育故事，传播中国体育精神，是中华文化走出去的重要载体和途径。体育文化是国家间交往的重要形式，是展示国家形象的重要窗口。要充分发挥体育文化在增进国际社会对我国的认同感方面的独特作用，加大体育文化"走出去"力度，积极开展形式多样的国际体育交流活动，充分展示我国文明、民主、开放、进步的形象，展现真实、立体、全面的中国。通过体育来阐释"中国梦"，讲好中国体育故事，弘扬中华体育文化，扩大中国体育的国际影响力，提升中华文化软实力。

（五）加快推进体育文化建设是体育强国建设的内在要求

体育文化是体育事业发展的深层动力和精神内核。体育强国建设离不开体育文化的繁荣兴盛。习近平总书记在同各界优秀青年代表座谈时说，一个没有精神力量的民族难以自主自强，一项没有文化支撑的事业难以持续长久。同样，没有体育文化支撑的体育事业难以持续发展，体育强国建设需要体育文化的支撑和引领。体育文化是体育强国建设的核心动力，是体育强国建设的根基和灵魂，是引领体育强国建设的根本动力，是体育事业全面、协调、可持续发展的根本保证。加快推进体育文化建设是实现从体育大国向体育强国迈进的内在要求。

二、我国体育文化建设取得的成就和面临的问题

（一）体育文化建设取得的成就

党的十八大以来，在全国体育系统的共同努力下，体育文化建设得到不断加强，取得了显著成就，为新时代体育文化建设奠定了扎实的基础。

体育文化自信得到彰显。近年来，随着党中央对社会主义文化建设要求的逐步加强和体育事业的快速发展，体育文化建设得到了较快发展，体育文化自信得到彰显。体育多功能的社会作用成为全社会的广泛共识，体育在社会发展和人类进步中的作用越来越凸显。体育系统对体育文化工作的认识逐渐加深，体育文化意识得到普遍提高，体育文化在体育事业发展中发挥着越来越重要的作用。体育文化与竞技体育、群众体育、体育产业和体育外交共同构成了体育事业发展的"五轮驱动"，组成了完整的中国体育事业未来发展格局。

体育文化体制机制得到加强。体育文化顶层设计得到加强，体育文化体制机制不断完善。国家体育总局重新明确了主管体育文化工作的职能司局处室，更加凸显政府指导全国体育文化工作的职能，强化了体育文化工作的组织领导；全国体育文化工作队伍已经建立，从上至下的全国体育文化工作体制机制已健全；体育文化工作评估体系已建立，有效推进了体育文化建设；体育文化队伍整体素质不断提高，工作能力得到加强。

体育文化载体日益丰富。体育文化活动日趋增多，体育精神和奥林匹克精神得到弘扬；体育文艺创作不断活跃，体育文化载体呈现多样性；体育非物质文化遗产得到保护，民族传统体育得到传承；中国体育文化博览会由无到有，逐渐走向成熟，成为体育文化交流和展示的重要平台；运动项目文化建设不断深入，运动项目文化得到弘扬；体育文化对外交流日趋活跃，影响越来越大。

（二）体育文化建设面临的问题

体育文化建设虽然取得了一些成绩，但与党中央的要求还有一定的差距，还不能充分满足人们对美好生活的向往。要认真剖析体育文化建设存在的问题，通过查找问题，明确未来体育文化建设前进的方向。

对体育文化工作重要性的认识还不到位。经过近几年的努力实践，体育系统逐渐认识到推进体育文化建设对体育事业发展的重要意义。但在不同时期、不同地区及具体工作中，体育系统对体育文化工作的必要性、紧迫性和

重要性的认识参差不齐，存在说起来重要、做起来次要或者做起来没必要的现象，表现出对体育文化工作重要性认识不到位的问题。

体育文化体制机制还不完善。体育文化工作的领导体制、体育文化工作体制机制虽然已经建立，但还不够充分、不够完善，还不能完全满足体育文化发展的需求。政府主导引导、体制机制配套、社会广泛参与的体育文化工作体系尚不健全；体育文化政策法规和整体规划相对欠缺；体育文化工作整体投入相对不足，尤其表现在保障性资金缺口较大；体育文化机构编制不足，体育文化队伍素质需要进一步提高。

体育文化与体育事业发展还不平衡。近年来，我国体育事业发展迅猛，人民群众多样化的体育文化需求日益增加，但体育文化建设相对滞后于体育事业发展，体育文化与体育事业发展存在不平衡、不协调的问题。这些问题影响了体育事业的全面发展。

三、加快推进体育文化建设的对策和建议

在新时代，体育文化建设面临着重大机遇和挑战。要以习近平新时代中国特色社会主义思想为引领，解放思想，拓宽思路，加快推动体育文化建设的创新和实践，解决体育文化发展面临的问题，满足人们对美好生活的向往，推动体育文化繁荣发展，加快体育强国建设。

（一）着力发挥政府主导作用，不断完善体育文化体制机制

在体育文化建设中要充分发挥政府引领和示范作用，做好体育文化顶层设计工作。国家体育总局要加强对体育文化建设的领导，规划体育文化建设的整体发展方向和战略，科学制定体育文化的政策法规和发展规划，确保体育文化建设经费；建立政府主导、各部门协同、社会广泛参与、市场有效利用的具有中国特色的体育文化工作体制与运行机制；加强与中宣部、文化和旅游部等相关文化部门的合作，共同制定体育文化发展战略；不断提升体育系统对体育文化建设重要性的认识；加强体育文化队伍建设，努力培养高层次的体育文化管理人才，不断提高体育文化工作水平。

（二）进一步挖掘运动项目文化内涵，推动运动项目文化建设

运动项目文化是体育文化的重要组成部分，运动项目文化建设也是体

育文化建设的核心内容。要注重弘扬运动项目文化，转变运动项目发展和办赛思路，归纳运动项目文化特点，挖掘运动项目文化内涵，提炼运动项目独特的精神实质；加强对运动项目发展历史沿革、项目礼仪、项目荣耀的挖掘和整理，梳理运动项目文化发展史；树立优秀运动员和教练员典型，发挥体育明星正能量的作用，使其成为社会的榜样；广泛开展奥运冠军、体育明星等志愿服务活动，积极传播奥林匹克精神和中华体育精神；主动开展针对青少年的运动项目文化教育和推广工作，扩大运动项目文化在青少年中的影响力。

（三）丰富体育赛事的体育文化内涵，全面展示体育多功能的社会价值

弘扬体育文化要充分发挥体育赛事多功能的社会作用，丰富国内举办的综合性赛事和单项赛事的体育文化内涵，突出体育赛事的文化功能，扩大体育赛事的社会影响力。通过在体育赛事中举办的体育美术、体育集邮、体育摄影等文化展览，加强与观赛者的互动和体验，展示体育赛事的综合社会价值和功能；创新体育赛事开幕式、闭幕式的表现方式，体现体育文化自信，在开幕式、闭幕式中融入更多的爱国主义情结和中华民族传统体育文化元素；在体育赛事入场式、比赛中要主动设计仪式环节，突出体育赛事仪式感，彰显爱国精神和民族精神。

（四）传承中华民族优秀传统体育文化，增强中华优秀传统文化的生命力和影响力

中华民族优秀传统体育文化是中华文化的瑰宝。要做好中华民族优秀传统体育项目的传承和保护工作，坚持中华民族优秀传统体育文化创造性转化和创新性发展。开展中华民族传统体育项目文献收集、保存和研究利用工作，建立相应的中华民族优秀传统体育项目资源信息库；积极开展体育非物质文化遗产保护工作，增强全国体育系统向相关部门申报体育非物质文化遗产工作的力量，争取得到国家层面的政策支持；挖掘各地、各民族传统体育的节令活动和传统庆典活动，大力发展具有民族特色的体育文化活动。通过传承、保护中华民族优秀传统体育文化，不断增强中华优秀传统文化的生命力和影响力。

（五）推进体育博物馆建设，搭建体育文化展示平台

体育博物馆是弘扬体育文化、宣传体育精神的重要窗口和平台。应加快中国体育博物馆新馆和中国体育博物馆网站建设；大力推动各地建设体育博物馆、体育名人堂和体育档案馆，支持鼓励各种社会力量兴办体育博物馆；开展体育文物藏品征集和收藏管理保护工作，丰富体育文物藏品；建立中国体育博物馆联盟，成立中国博物馆协会体育博物馆分会，推动国内体育博物馆建设发展；支持并鼓励举办题材多样的体育文化展览，搭建体育文化展示平台，促进体育文化发展。

（六）丰富体育文化表达方式，推出一批优秀的体育文化产品

优秀的体育文化产品是弘扬体育文化的重要载体。体育文艺反映体育时代风貌、诠释体育精神。要大力扶持体育文艺创作，坚持以人民为中心的创作导向，与相关文化部门、艺术团体、艺术家开展广泛合作，组织体育文学、体育影视、体育音乐、体育美术创作，努力推出更多有筋骨、有道德、有温度的体育文艺作品；要创新体育文化表达方式，打造体育春节晚会和体育庙会等体育文化产品，丰富体育文化表达方式，满足人民日益增长的体育文化需求，传播体育正能量，培育社会主义核心价值观。

（七）积极推动体育文化"走出去"，提高中华文化影响力

积极推动体育文化"走出去"，加强对外体育人文交流。积极推动蹴鞠、武术、太极、龙舟、舞狮等中国优秀传统体育项目"走出去"，力争"武术进奥"，使中国优秀传统体育项目得以传承并发扬光大，在国际上产生更广泛的影响力；讲好中国体育故事，进一步加强和扩大对外体育文化交流，重点加强与"一带一路"沿线国家的体育人文交流合作，通过深化体育人文交流，使"一带一路"的理念深入人心；利用国内外举办的综合性运动会和单项国际赛事的契机，加强中国与世界各国的体育文化交流，促进中国与世界各国的文化交流互鉴。通过推动体育文化"走出去"，提高中华体育文化的影响力，提高中国文化的软实力。

总之，中国特色社会主义进入新时代，体育文化也进入了新时代。我们要站在新的历史方位来重新定位体育文化工作，以习近平新时代中国特色社

会主义思想来引领体育文化工作，充分认识加快体育文化建设在社会主义文化建设和体育强国建设中的重要作用。全面推进体育文化的创新和实践，坚定体育文化自信，加快建设体育强国。不断挖掘和充分展现体育的综合社会价值和作用，满足人民群众日益增长的体育文化需求，为全面建成小康社会和实现中华民族伟大复兴的中国梦做出独特而积极的贡献。

参考文献

[1] 关于建国以来党的若干历史问题的决议[N].人民日报，1981-10-07.

[2] 刘鹏.大力加强体育文化建设[J].求是，2012（4）：50-52.

[3] 中共中央宣传部，中共中央文献研究室.论文化建设：重要论述摘编[M].北京：学习出版社，2012.

[4] 习近平.决胜全面建成小康社会 夺取新时代中国特色社会主义伟大胜利——在中国共产党第十九次全国代表大会上的报告[M].北京：人民出版社，2017.

[5] 习近平在文艺工作座谈会上的讲话[N].人民日报，2014-10-15.

体育改革时期职工思想政治工作探析

国家体育总局自行车击剑运动管理中心　范映林

摘要： 国运兴，体育兴；体育强，中国强。体育是社会发展和人类进步的重要标志，是综合国力和国家软实力的重要体现。习近平总书记提出振兴体育事业，实现强国梦想，实现中国体育从体育大国到体育强国的转变。思想政治工作是一切工作的前提。体育改革关键时期，职工思想政治工作是实现体育大国到体育强国转变的重要基础。本文通过对体育改革时期职工思想政治工作的现状、所呈现的问题进行分析，提出改进措施，以期推动思想政治工作的良好开展，充分发挥职工的能动作用，确保体育改革的顺利进行，为我国从体育大国走向体育强国贡献力量。

关键词： 体育改革时期；职工；思想政治工作

党的十九大报告提出了"广泛开展全民健身活动，加快推进体育强国建设"的战略目标，标志着国家体育事业进入了发展的新时期。随着各地方体育总会改革、单项体育协会改革、运动管理体制改革等一系列体育改革的深入开展，如何做好职工的思想政治工作已成为体育改革时期的一项重要议题。面对体育改革时期复杂多变的形势，职工的思想政治工作面临着新的挑战。本文针对当前改革过程中思想政治工作存在的问题提出改进措施，以期为思想政治工作的良好开展提供合理的建议，充分调动改革中职工的主观能动性，树立良好的"三观"，推动体育改革的平稳开展，促进体育事业的良好发展。

一、思想政治工作的意义

职工的思想政治工作是各项工作的重要组成部分，指导着各项工作的顺利开展。做好职工的思想政治工作对社会生活有着重要的意义。

（一）思想政治工作有助于传承我党的优良传统

"思想政治工作"一词由来已久，最早在斯大林时期就提出了政治思想工作的概念。在我党思想政治工作发展进程中，陈云首次提出了"思想政治工作"这一概念。党的十一届六中全会明确了思想政治工作的重要性——"思想政治工作是经济工作和其他一切工作的生命线。"从此以后，我党普遍使用思想政治工作这一概念。思想政治工作是我党工作的主要内容，是我党的优良传统。无论在革命时期还是在建设与改革时期，思想政治工作总是渗透和贯穿在我党的各项具体工作中，推动着我党各项事业的健康发展。体育改革时期的思想政治工作以习近平新时代中国特色社会主义思想为指导，以"广泛开展全民健身活动，加快推进体育强国建设"为目标，是教育、动员、宣传和组织职工的一系列相关活动的总称，是我党体育事业优良传统的传承。

（二）思想政治工作有助于顺应时代的发展需求

经过长期努力，中国特色社会主义进入了新时代，这是我国发展新的历史方位。新时代下互联网科技的蓬勃发展，经济、文化的全球化融合与社会思想多元化的碰撞，冲击着职工的人生观、价值观与世界观，影响着人们行为习惯的养成。在全球化思维文化交流交融面前，做好职工的思想政治工作有利于职工用系统的科学理论知识武装头脑，树立正确的人生观、价值观与世界观，从而适应当前的社会发展潮流。

（三）思想政治工作有助于推动单位的改革创新

改革实质上是利益格局和关系的深度调整，利益分化与冲突必然反映到思想意识领域，造成人们思想认识上的多样与分歧。随着各地方体育总会改革、单项体育协会改革、运动管理体制改革等一系列体育改革的深入开展，一些部门的工作环境、工作职能、利益配置等较之以往发生了巨大的变化。对于这类探索性的改革，职工难免感到不适应或产生茫然感。如果不妥善处理，可能会出现人才流失现象或其他负面影响。对此应开展思想政治工作，影响和转变职工的思维方式，使其从大局出发，保持健康向上的心态，发挥思想上的主观性和能动性，思想上和行动上与单位改革步调保持高度一致，有助于推动单位的改革创新。

（四）思想政治工作有助于构建社会主义和谐社会

社会主义和谐社会的基本要求是建设民主法治、公平正义、诚信友爱、充满活力、安定有序、人与自然和谐相处的社会。在以往的传统工作中，单位具体工作往往是各种矛盾、问题、利益相互交织在一起，很大程度上制约了单位的良性发展。通过开展职工的思想政治工作，可以在改革发展中实现单位内部的和谐稳定。思想政治工作宣扬社会主义核心价值观，推进合理秩序，化解矛盾冲突，构建社会主义和谐社会。

二、思想政治工作中存在的问题

习近平总书记提出"加强和改进思想政治工作"。体育改革时期，思想政治工作在历史的传承与创新上取得了一定的成效，但在开展过程中仍存在一些问题，主要表现为以下四个方面。

（一）职工对思想政治工作认识不足，缺乏主动性

思想政治工作是统一思想、凝聚人心的重要工作。目前，中国正处于快速发展时期，经济社会变化日新月异，人们的生活方式发生了显著的变化，这些变化对职工的行为、价值观、道德和心理等各方面都产生了很大的影响。西方资本主义思想、社会负面情绪、功利主义、拜金主义和个人主义等思想的存在导致单位职工对思想政治工作的认识不足，不重视思想政治工作。一方面，单位部分思想政治工作相关人员对其工作缺乏激情和探讨，工作认识不清，思路不明，一味地照搬他人的经验和方法；另一方面，职工尤其是青年职工普遍不重视思想政治工作，对其缺乏足够的认识，在开展相关建设工作时只是浮于表面，追求形式主义，在学习相关理论时，只是被动地接受，存在敷衍的态度。

（二）思想政治工作运行机制不够完善，缺乏系统性

思想政治工作机制是指在思想政治工作系统中，各个构成要素的总和，是各部门相关功能的整合与协调，是一种按照既定方式有规律运行的动态过程。思想政治工作机制是单位思想政治工作的基石。当前有的单位思想政治工作机制不完善，难以调动员工的积极性。单一死板、缺少变通的工作方法，流于形式的奖惩考核制度，使一些工作努力、有创新意识诉求的工作人员难以获得施展的机会，晋升空间不足，这些问题已经严重影响了单位思想

政治工作的高效运行。

（三）思想政治工作忽视职工的正常需求，缺乏针对性

思想政治工作主要是以人为对象，对其思想活动产生作用的过程。通过解决职工思想认识问题，调动员工的积极性，提高职工的工作能力，提升职工的综合素质，促进职工的全面发展，但是实际工作中，部分思想政治工作者缺少人文特色，忽视员工的正常需求。主要表现为有的单位领导简单认为思想工作就是宣传党的路线、方针、政策，忽略了对具体人、具体事的思想工作，没有根据职工个性化需求开展工作，缺少针对性，特别是对新进入单位的年轻人来说，他们知识面广、学习能力强、个性鲜明，对其采取形式化教育，沿用老套的工作模式，枯燥乏味，很容易导致他们在参加单位安排的培训时，对思想政治工作失去兴趣，难免会消极对待。因此，思想政治教育的内容不能入脑入心，达不到预期的效果。

（四）思想政治工作人才缺失，缺乏创新性

政工人员在开展思想政治工作中发挥着重要作用，只有拥有高素质的政工干部才能提高思想政治工作水平。政工人才的缺失、政工队伍综合素质不高严重制约着思想政治工作的开展。有的单位没有专门的政工人员，由行政领导兼任，但是行政领导的年龄结构趋于老龄化，对于新媒体及新知识的接受能力不足，容易墨守成规、缺乏创新。有的政工人员没有参加过政治学习和业务培训，本身不具备扎实的政治理论基础，开展思想政治工作存在诸多困难；有的政工人员没有掌握科学的工作方法，思想政治工作效果不理想。

三、思想政治工作的改进措施

党的发展史是一部思想政治工作史。借鉴历史上党的思想政治工作的经验和教训，把握思想政治工作的基本规律，才能不断发展与创新当前的思想政治工作。笔者结合新时代的现实变化及体育改革时期思想政治工作中存在的主要问题，提出以下改进措施。

（一）提高单位职工的认识，增强主动性

在提升单位思想政治工作科学化的过程中，一方面，要加强单位领导对思想政治工作的认识，使其深刻认识到思想政治工作对单位长远发展的重要影

响，明确思想政治工作是单位一切工作的生命线，是保证人才培养政治方向和单位全面长效发展的基石，充分提高单位领导对思想政治工作的认识，才能使单位的思想政治工作得到重视，从而在很大程度上保证单位思想政治工作的有效开展；另一方面，要提高职工的认识，让职工从内心认识到思想工作对其自身的重要性，积极发挥主观能动作用，增强主动性。

（二）完善思想政治工作的运行机制，保障系统性

制度建设好了，思想政治工作就有章可循；机制建设好了，思想政治工作就得心应手。完善思想政治工作运行机制，为思想政治工作注入新活力是确保思想政治工作良好开展的必经之路。一是加强党对思想政治工作的领导。思想政治工作是党的工作的重要组成部分，事关改革、发展、大局稳定。坚持党的领导，发挥党组织的政治核心作用是思想政治教育的一个重大原则，任何时候都不能动摇。要切实把思想政治工作提到议事日程上来，与本单位的主体工作一起抓，建立健全党组织统一领导和有关职能部门密切配合、齐抓共管的职工思想政治教育的新格局。二是建立严格的工作责任制。确立部门领导作为本部门思想工作的第一负责人，提高各部门领导对思想政治工作的认识，保证各部门的思想政治工作得到重视，从而在很大程度上保证单位思想政治工作的有效开展。思想政治考核制度的执行必须与单位的其他业绩考核成绩相联系，把考评结果纳入目标绩效管理体系，进一步增强行政负责人对思想工作的责任心，切实把思想政治工作和管理工作做到经常化，进而增强单位思想政治工作的成效。三是建立思想动态分析制度。根据国际、国内形势和单位的实际情况，召开思想分析会，对全体人员进行思想动态分析，找出职工关注的热点、难点问题及可能发生的问题，制定有效应对措施。

（三）加强政工专业队伍建设，提高科学性

一支优秀的思想政治工作队伍，可以提高思想政治工作的效率，保证思想政治工作的质量。建议通过以下三个途径强化思想政治队伍建设：一是广纳贤才。聘用有经验、有特长的人才加入思想政治工作队伍中，这类人才往往具有专业的理论功底，可使单位思想政治专业队伍不断得到充实。二是加强内部思想政治骨干建设。由本部门思想基础好、群众威信高、作风过硬、工作做得实、各级信得过的干部职工组成思想政治工作骨干，深入工作一线，及时、准确、全面地了解职工的思想动态，切实通过"群众做群众工

作"的方式，理顺情绪，化解矛盾，对保持本单位的高度集中统一和安全稳定，具有十分重要的意义。同时加强政治思想骨干队伍的培训力度，提升政治思想骨干的思想观念和工作水平，使单位思想政治工作队伍建设上升到一个新的高度。

（四）思想工作突出主题，体现针对性

新时代下体育系统的思想政治工作，要把学习宣传贯彻习近平新时代中国特色社会主义思想以及党的十九大精神作为首要政治任务。我们要围绕这一首要政治任务，具体做好以下几项工作：一是思想政治工作围绕体育改革这个主题开展。思想政治工作就要大张旗鼓地讲改革，引导大家服从体育事业改革的大局，认清国家和体育改革的必要性，讲清体育改革的形势、任务和方法步骤，讲清有关政策，做好思想动员，积极营造改革的强大政治攻势和浓厚舆论氛围，使广大职工自觉服从改革、支持改革。二是思想政治工作要围绕弘扬体育精神开展。体育精神是我国和全人类共同的精神财富，它具有教育引领功能、促进社会发展功能及文化传承功能，能够从提升思想认同、实践养成、文化育人等途径培育和践行社会主义核心价值观。用优秀运动员在赛场奋力拼搏所体现出来的爱国主义、集体主义精神及高尚的理想信念激励职工追求理想和坚定信念，形成良好的社会风气；通过体育精神的文化传承，传递出健康的生活情趣、高尚的思想境界和积极的人生追求。三是思想政治工作要同职工的合理需求结合起来。思想政治工作不是一种简单的政治说教，也不应片面地要求职工服从，而应以职工的成长、对职工的关怀为重点。努力解决实际问题，特别是要关注职工的利益诉求，从人民群众关心的工资收入、生活待遇等方面做起，要做好有关部门的职能转型升级，拓展新的业务，开辟新的市场，增强经营的活力，切实提高职工的福利待遇，多办实事，多做些稳定人心的思想政治工作，对于遇到实际困难的员工，要及时送温暖，真正达到凝聚人心、调动积极性的目的。

（五）丰富思想政治工作方法，增强实效性

人的思想是动态的，教育方式方法要灵活多样，不拘一格，什么教育方法有效就采取什么方法。一是实行群众自我教育。思想工作中要树立"一个典型就是一个标杆、就是一面旗帜"的意识，我们既要学习英模人物，又要在单位中树立和宣扬典型，让人们学有榜样，让有理想的人讲理想、有人生追求的人讲人生追求、有奉献的人讲奉献，让人人既是教育者又是被教育者。

从而在单位掀起"比、学、帮、超"的氛围。二是广泛利用大众信息传媒。据统计，当前人们日常生活中应用最多的是手机微信、论坛等互联网工具，思想政治工作可以借助互联网的便捷性，将教育的内容直接呈现给大众；也可以创建交流平台，促进与职工的交流，通过双方互动，能够有利于工作人员掌握职工的思想，了解他们对某件事情的看法，通过对主旋律的解读来引导干部职工的思想观念，这样能够有针对性地实施思想政治教育，提高工作效率。

职工的思想政治工作是我党长期坚持的一项重要工作。体育改革时期的思想政治工作要以党的十九大精神和习近平总书记关于体育的重要讲话、指示批示精神为统领，大力加强思想政治建设，充分发挥体育系统思想政治工作的优良传统和政治优势，切实增强时代性、针对性、有效性。既要学习政治理论，教育和引导职工热爱祖国、热爱中国共产党，又要大力弘扬社会主义核心价值观、体育精神，加强法制、心理疏导等教育内容，切实保证政治教育内容全面，确保全体职工不仅业务素质过硬，政治素质也过硬，确保体育改革的顺利进行，为我国从体育大国走向体育强国贡献力量。

参考文献

[1] 李静怡.探析新时期如何做好事业单位思想政治工作[J].办公室业务，2017（20）：31-32.

[2] 王元钊.新时代人民警察思想政治工作应对新媒体发展的大格局[J].社科纵横，2018，33（4）：15-20.

[3] 刘晶.新时期传承与创新企业思想政治工作运行机制探析[J].江汉石油职工大学学报，2014，27（1）：75-77.

[4] 李军.运用新媒体加强国有企业青年思想政治工作的实践与思考[J].各界，2018（2）：58-60.

加快推进科研院所研究生教育内涵式发展

国家体育总局体育科学研究所　　胡豫琴

摘要：研究生教育与国家经济和社会发展关系密切，随着我国经济和社会转型，要求研究生教育的发展适应新时代社会和经济发展的需求，由高速发展向内涵式发展转变，而科研院所作为研究生教育的重要组成部分，也必须适应社会发展的要求。本文通过阐述科研院所研究生教育发展的历史进程，分析面临的问题，提出新形势下科研院所研究生教育内涵式发展的重要性，进而为我国科研院所研究生教育内涵式发展提出对策建议。

关键词：科研院所；研究生教育；内涵式发展

创新是一个民族进步的灵魂，是一个国家兴旺发达的不竭动力。目前国际竞争越来越激烈，人才是竞争的焦点。而创新型人才的培养，靠的是教育，尤其是高端的研究生教育。刘延东同志在全国研究生教育工作暨国务院学位委员会第三十次会议上强调，深化改革、提高质量、推进研究生教育内涵式发展，为全面建成小康社会提供高端人才支撑。科研院所是我国研究生教育不可或缺的组成部分，在中华人民共和国成立之初就加入我国的研究生教育事业中，并起到了很重要的作用。但近年来，随着我国研究生培养规模的迅速扩大，科研院所的研究生培养质量已不能满足社会和经济发展的需求，新形势下加快研究生教育的内涵式发展显得尤为重要。本文对我国科研院所研究生教育内涵式发展提出了对策建议，希望对提高科研院所研究生培养质量有所裨益。

一、科研院所研究生培养历史进程

中华人民共和国成立后，我国科研院所研究生教育大致经历了三个阶段：研究生教育的起步和"文化大革命"时期的低迷；研究生教育的恢复和逐渐形成规模；研究生教育由高速发展向内涵式发展转变。每个阶段都经历了与社会政治、经济"同甘苦、共患难"的曲折发展过程。研究生教育是社会发展的产物，因社会的存在而存在，不可能脱离社会去发展，而是要主动适应并服务于社会经济的发展，这样才会有生命力。

（一）1955年至"文化大革命"：科研院所研究生培养制度从确立到低迷

1951年6月，中国科学院和教育部联合发布了《1951年暑期招收研究实习员、研究生办法》，从而拉开了中华人民共和国研究生教育的序幕。1955年8月，国务院通过《中国科学院研究生暂行条例》，这标志着我国科研院所研究生培养制度的正式确立。在此之后，科研院所研究生培养事业的发展经过了一段比较快的发展，直到遭遇"文化大革命"而陷入低迷。

（二）1978年至1999年：科研院所研究生教育从恢复、改制到逐渐形成规模

"文化大革命"结束后，1978年，我国中断了12年的研究生教育得以恢复。1978年10月，中央各部委以及地方政府的科研院所响应国家号召加入研究生招生队伍。比如，国家体育总局体育科学研究所（以下简称"体育总局科研所"）正是在这样的背景下，从1980年起开始招收和培养研究生，并于1981年获得国务院学位委员会首批运动医学学位授予权；1984年获得运动人体科学和体育教育训练学学位授予权；1986年获得体育人文社会学学位授予权。体育总局科研所从1980年至1988年共单独招生9届，共计38人。1988年以后，由于国家倡导科研院所与高校联合培养研究生，优势互补、整合资源、节约成本，在当时的大背景下，体育总局科研所积极响应国家号召，先后与多家体育院校接洽，探讨联合培养模式。1993年，体育总局科研所先后与上海体育学院、北京体育学院（现北京体育大学）和成都体育学院联合招生。

1985年后，我国的科研院所进行分类改革，针对转企后科研院所研究生培养职能问题，1999年3月，国家规定科研机构转制后，原具有学位授予权的，继续列入国家招生计划招收研究生。从此，我国科研机构研究生教育逐步形成三大主体：一是中国科学院系统；二是部委和地方所属科研机构；三是转企的应用型科研机构。本文主要研究的是部委和地方所属科研机构的研究生教育。

（三）1999年至今，科研院所研究生教育由高速发展向内涵式发展转变

1999年后，我国科研院所研究生教育经历了高速的发展，形成了整体规模较大、发展迅速、分布均衡的研究生培养态势，成为高层次创新科技人才培养的重要组成部分，在全国研究生教育事业中发挥着不可小觑的作用。

科研院所研究生教育在高速发展过程中，国家对基础实验室的经费投入增加，科研院所新添了许多尖端的、专业的大型仪器设备，为研究生进行科研提供了良好的支撑条件；在经济高速发展进程中，科研院所承担大量国家级科研项目，科研经费和任务充足，研究生进行研究时拥有的科研课题和经费相对宽松。比如，体育总局科研所的研究生不仅可以获得导师提供的大量科研经费，而且本人可以申请所里的带有基本业务费的课题，每人平均经费达到10万元。

科研院所研究生教育在发展过程中的确有很大优势并取得了很大成绩。但是，随着国家对创新人才需求的不断增加，我国的科研院所研究生教育面临的问题逐渐凸显，主要表现为学科建设发展不均衡，学科点单一；优质生源不足，培养效益不高；强化科研，淡化能力，缺乏质量为本的意识；在规模增长较快的情况下，注重研究生数量的扩大，忽略了学术争鸣、科研文化建设等方面的同步加强，这些都制约了科研院所研究生教育的可持续发展。发展过程中出现的这些问题使我们充分认识到深化科研院所研究生教育改革的重要性和紧迫性，要切实树立"等不起"的紧迫感、"慢不得"的危机感、"坐不住"的责任感，积极转变思路，加快研究生教育由高速发展向内涵式发展转变。

二、科研院所研究生教育内涵式发展的重要意义

我国科研院所研究生教育经过40年左右的发展，走过了从小到大、由高速发展向内涵式发展的不平凡历程，基本形成了适应现代国民经济转型和社会发展需要的复合型的社会主义高等教育体系。

（一）研究生教育内涵式发展是我国经济与社会发展转型对人才需求的结果

40余年的改革开放使我国的经济与社会发展取得了举世瞩目的成就，

经济与社会发展转型意味着国家发展总体上对人才质量的需求有很大提升，而研究生教育作为国家科技发展的重要支撑，与经济社会发展的需求相适应，承载着为国家发展提供创新成果、智力支撑、人才梯队建设的重要功能。一方面，经济与社会转型发展促使研究生教育提高质量、优化结构、提高效益；另一方面，大批高科技素养和科技意识的创新人才反哺社会经济建设，从而引领和把控经济与社会转型发展的方向和路径。正是从这点上讲，我国研究生教育内涵式发展战略任务顺势顺时提出。这也是新时代赋予我们的新命题，作为研究生教育的重要组成部分——科研院所的研究生教育必须顺应时代发展的需要，提高质量、立德树人、优化结构，加快推进研究生教育内涵式发展。

（二）研究生教育内涵式发展反映了人民日益增长的对研究生教育发展的诉求

党的十九大提出，中国特色社会主义进入了新时代，这是我国发展新的历史方位。我国社会主要矛盾已经转化为人民日益增长的美好生活需要和不平衡不充分的发展之间的矛盾。教育是人民日益增长的美好生活需要的重要部分，经过多年努力，我国教育尤其是研究生教育成果显著，但也存在发展不平衡不充分的问题。

随着研究生教育的快速发展，人们对研究生教育由过去希望扩大招生规模转向对教育质量的关注。受教育者希望拥有更多的选择机会和更好的学习条件，用人单位也希望获得更多优秀的毕业生来加强本单位的人才队伍建设，新时代大背景下的主要矛盾就成了科研院所研究生内涵式发展的内生驱动力。

（三）研究生教育内涵式发展是我国研究生教育自身发展的必然结果

研究生教育是民族发展的灵魂，是文化传承的脉络，是科技创新的依托，是社会前进的动力。科研院所作为我国研究生教育不可或缺的组成部分，其培养质量直接影响我国研究生教育的整体水平，也将直接影响科研单位研究生教育事业未来的核心竞争力。在我国研究生教育发展初期，科研院所培养研究生，主要是为了满足自身人才队伍建设的需要，把所培养的研究生当作本单位的科研助手。但随着我国研究生招生规模的迅速扩大和社会的发展，科研院所必须清醒地认识到自身所处的历史方位，面对新时代、新形势、新要求，我们要认识到研究生教育也是推动科研院所科研发展的潜在力量，其质量和水平影响着科研院所核心竞争力的形成和提升。因此，我们必须提高研究生教育质量，走内涵式发展之路，在新一轮全国提高教育质量的浪潮中，选择适合自身的发展重点，各取所需，各补所短，这是科研院所研究生教育发展的必然结果。

三、推进科研院所研究生教育内涵式发展的对策

"内涵式发展"强调结构优化、质量提高、实力增强。对科研院所研究生培养来说，大力推进内涵式发展实质上是一种深层次的改革，就是要调整优化结构，强调均衡发展，讲求质量与效益，突出"以人为本"，提高创新科技人才培养能力和办学水平。

目前，研究生已成为科研单位科学研究的重要生力军。随着科技飞速发展、经济全球化加剧和教育体制改革不断深入，在新形势下科研院所要保持原有的优势，迎接新的挑战，实行研究生教育内涵式发展，应做好以下工作。

（一）以学位授权点评估为抓手，推动学科建设内涵式发展

科研院所学科建设要以学位授权点评估为抓手，推动学科建设内涵式发展。通过合格评估，全面检查学位点建设情况，科学规划学科建设方向。评估内容突出人才培养的质量、特色和效益，淡化科研导向和量化指标，强化学生能力培养，重点考查各学位授权点的目标达成度，查找并发现问题。评估结果作为学位授权点动态调整的重要依据，也是招生名额分配、人才引进等研究生教育资源配置的重要指标。

学科建设要主动对接市场，满足行业、企业的需求。比如，体育领域目前面临两大需求：一是在健康中国大背景下，加强全民健身与全民健康融合关键技术研究。紧密围绕健康中国建设需求，突出解决重大慢性病防控、青少年健康成长、人口老龄化应对等影响国计民生的重大问题，以提升全民健康水平为目标，系统加强体育对慢性病防控和伤病康复的研究，促进体育和医疗深度结合，开展创新性和集成性研究；二是围绕2022年北京—张家口冬奥会等大型国际综合性赛事国家队备战需要，开展训练监控、体能训练、技

战术训练、心理调控、伤病防治、运动康复、营养补充、信息分析等方面的科研攻关与科技服务工作。对与之相关的学科，科研院所要重点建设、重点扶持。

（二）以人才选拔质量为核心，改革招生选拔制度

优质的生源是保证研究生培养质量的重要方面。随着我国研究生快速扩招，各院校对人才的争夺也越来越激烈。科研单位由于自身不培养本科生，招生规模相对较小，如何确保稳定的优质生源数量已成为研究生教育事业发展的第一要务。科研院所依托自身特色积极思考对策，以体育总局科研所为例，依托高平台、国际化、强实践、重合作的四大培养特色，坚持以人才选拔质量为核心，改进招生体制、探索人才选拔模式、建立激励机制、加强招生宣传力度，鼓励和吸引综合院校中综合素质高、基础扎实、科研能力强的优秀本科生和在职人员报考本单位硕士研究生，同时鼓励优秀硕士继续攻读本单位导师的博士，使科研工作更好地衔接，便于产出高水平科研成果和科研论文。另外，招生专业和人数要紧密围绕本单位的重点研究领域和重大科研项目，使招生工作的针对性更强。

（三）以提高导师指导能力为引领，加强导师队伍建设

首先，要确立研究生培养的第一责任人是导师，导师指导能力的强弱直接关系到培养学生质量的高低。导师要把培养学生放在第一位，对研究生培养的各个环节严格把关。导师不仅要教学问，着眼于对学生的科学思维、科研能力和科研精神的培养，更要教做人，引导学生在成长、成才道路上保持正确的方向，教育学生树立科学的世界观、高尚的人生观和正确的价值观，培养学生严谨的学风和团队协作精神。

其次，制订导师分类指导工作方案，健全导师责权机制，完善导师培养、选聘、考核与评价等方面的管理制度。因为导师队伍水平高低与研究生培养质量关系密切，所以要加强导师队伍建设，开阔选聘视野，要把学术影响力和社会影响力大的学科带头人选拔到研究生导师队伍中来。

（四）以国际化教育为理念，探索合作开放的培养模式

在全球化的时代背景下，研究生教育也必须放在世界科技发展和人才培养的交融和竞争的格局中，培养具有国际视野、有能力解决人类共同问题的高层次人才，是时代发展和社会发展的需要，也是我国教育方针的应有内

涵。树立知识结构国际化、研究问题国际化、培养方法国际化的教育理念，才能培养出具有国际竞争力的高层次人才，承担起兴邦强国的历史使命，在未来纷繁芜杂的全球局势中，展现国际领导力，掌握话语权。

科研院所积极探索符合自身特色的研究生培养模式，与国外相关学科的大学、科研院所进行全方位、多层次的合作，实现共赢发展。如体育总局科研所与美国科罗拉州州立大学、爱尔兰都柏林大学、挪威体育学院等国外知名大学及科研机构建立研究生交流培养模式，合作研究冬季项目，通过深度合作，实现重大科技项目共同攻关。在创新培养模式下，树立自信，突出办学特色，更新观念，鼓励出成果与出人才并重。

（五）以促进学生全面发展为目的，建立健全内部质量保障体系

研究生培养的宗旨是促进学生全面发展，而保障条件是建立健全内部质量保障体系，使各项管理制度更加完善，具体来讲就是：导师对学生全程指导，确保投入；在招生阶段，科学选拔；在入学阶段，导师要启航导引；在选题阶段，引导学生进入前沿；在确定研究方案阶段，导师引领把握；在研究实施过程中，对学生进行系统训练；在学生论文发表阶段，导师要训练学生的语言表达能力；学位论文阶段，要指导学生完善文章，使其凝练简洁。在教育中强调学生自我主导、自我激励、自我管理和自我完善，努力营造积极健康的涵养品性，激发研究生的天赋潜能，全面提升其人格修养和社会品质，通过建立健全内部质量保障体系，有效促进研究生培养质量的全面提高。

参考文献

[1] 李涵伟.高校研究生培养内涵式发展的困境与出路[J].皖西学院学报，2014，30（3）：141-142.

[2] 杨红，孙炘，刘颖.对科研院所研究生教育问题的思考[J].中国高教研究，2005（3）：16-19.

[3] 夏清泉.科研机构与高等院校联合培养研究生的机制研究[D].北京：中国科学技术大学，2013.

[4] 吕向前，查振高.关于我国研究生教育内涵式发展的哲学思考[J].学位与研究生教育，2014（4）：41-44.

[5] 杜慧芳.坚持和加强党对高校的领导　推进新时代高校内涵式发展[J].中国高等教

育，2018（1）：19-21

[6] 张海英，王敏.科研机构研究生教育问题探析[J].高等教育研究，2009（4）：68-74.

[7] 宋招权，陶兰.研究生教育内涵式发展的探索与思考[J].煤炭高等教育，2013（3）：22-25.

[8] 习近平.决胜全面建成小康社会　夺取新时代中国特色社会主义伟大胜利——在中国共产党第十九次全国代表大会上的报告[R]. 2017-12-10.

北京体育大学安全教育现状与对策研究

北京体育大学　　乔梁

摘要：通过对北京体育大学的安全教育现状进行调查研究，分类梳理，剖析各构成要素，归纳出存在的问题，对照新时期主管部门的总体安全要求，提出北京体育大学安全教育对策。该对策既要维护校园长期安全稳定，又要全面提高学生安全素质，既要高效、便捷，又要有较强的可操作性，为国家培养合格人才、为各高校安全教育提供理论和实践指导。

关键词：大学安全教育；现状；对策

进入新时代，国家安全、社会矛盾均出现了新的情况，高校学生安全教育工作随之发生变化，出现了新事物，遇到了新问题。为适应新时期高校学生安全教育需要，维护校园持续安全稳定，针对北京体育大学在学生安全教育方面存在的问题，提出高效、便捷、与时俱进、紧密结合实际的解决方案意义重大。

中国高等教育保卫协会专业委员会认为，所谓大学生安全教育是指高校管理者和教育者以党和国家法律法规、方针政策为依据，以全面提高学生素质为目标，以安全责任、安全意识和安全知识为主要教育内容，通过入学教育、课程教育和日常教学等多种途径，增强在校大学生的安全意识，使其全面系统地掌握安全知识，更好地适应大学生活，为今后走向社会打下基础而进行的教育。

大学生安全教育按照范围来讲，可分为个人安全教育和国家安全教育，应涉及的领域包括日常生活安全、心理安全、疾病防控、国家安全（意识形态与保密）等方面。

一、大学生安全教育的重要性

大学生安全教育意义重大，关乎学生本人、学校、社会、国家的重大利益，高校是培养社会主义现代化建设高级人才的圣地。新时期大学生是祖国的栋梁，是社会主义事业建设的核心力量。大学生获得充分的发展和健康成长，安全教育必不可少。提高大学生的安全意识和自我防范能力，进行科学有效的大学生安全教育培训不仅必要、必须，而且具有重大的理论价值与现实意义。

（一）提高国民素质的根本途径

安全教育是素质教育的重要组成部分。据国家统计局数据，2016年我国在校大学生人数已达到3 700万人，中国将进入高等教育普及阶段。因此，加强大学生在校期间安全方面的教育，全面提高大学生的知识和能力，使其真正成为合格的高素质人才，已经成为提高国民素质的重要途径。

（二）维护校园安全稳定的重要途径

校园和社会相互交叉、相互渗透，校园公共安全形势日趋复杂严峻。校园不仅有教学、科研设施，还有超市、银行、邮局、医院、宾馆、浴室、饮食店、快递店等生活服务设施和诸多不安全因素。另外，校园周边环境日趋复杂，侵害学校师生人身及财产安全的治安、刑事案件时有发生。因此，加强在校大学生的安全教育培训，提高他们的安全防范能力，可以有效地减少和避免发生在大学生中的各种安全问题，从而起到维护校园安全和稳定的积极作用。

（三）意识形态教育最佳阶段

从国际、国内形势看，国家的意识形态教育已经刻不容缓，大学是意识形态教育最主要的阵地之一，而大学阶段是人的意识形态形成的关键时期，在这个阶段做好大学生的意识形态教育事半功倍。

（四）提高防范意识和自我保护能力的重要途径

对社会认知程度有限的大学生独自来到校园生活，离开了家长安全温暖的羽翼，一切事情需要自己决定，学生会单独接触用水、用电、用火、用气、用暖、乘坐各种交通工具等生活必需事项，安全风险相对较高，对于防范意识较弱、自我保护能力不足的大学生来说，安全教育意义重大。

二、北京体育大学学生安全教育取得的成效和现状

（一）取得的成效

北京体育大学党委高度重视大学生安全教育工作，安全教育按照计划有条不紊地进行，学校、学院及辅导员层面，都利用各种方式对大学生进行安全教育，充分利用各种时间开展形式多样的安全教育活动，取得了较大成效，通过学校的安全教育，学校学生安全意识显著增强，学生的安全知识和安全防范技能明显提高。

一直以来，北京体育大学校园安全稳定，治安案件、刑事案件、消防事故、学生极端事故发生率在北京高校排名靠后，2015年学校获得了北京市委教育工委授予的"北京市平安校园示范校"称号。

（二）安全教育现状

各学院开展安全教育情况如下：一是辅导员利用出早操、开会等时间对学生进行安全知识口头教育；二是利用日常工作时间对有思想问题的学生进行思想教育，并做深度辅导；三是聘请安全工作相关人员进行学院、年级小课堂授课，开展安全教育活动。

此外，北京体育大学安全教育主体分为6个单位：学生工作部、宣传部、马克思主义学院、信息网络中心、保卫部、校医院，各部门开展安全教育情况及负责的相关工作如下。

学生工作部：每年向学院下达安全教育工作任务，制订年度安全工作计划，做年终安全教育总结。另外，学生工作部负责学生的心理安全教育和辅导工作，成立了学校心理辅导工作室。一方面，通过学院、辅导员对学生进行心理安全教育、深度辅导；另一方面，组织专业心理咨询师接受学生咨询，对于需要接受心理治疗的学生进行心理辅导和治疗。

宣传部和马克思主义学院：负责意识形态领域的宣传教育。宣传部和马克思主义学院是学校意识形态教育的主阵地，是国家安全教育的重要组成部分。马列主义、毛泽东思想等是所有普通大学生的必修课程。宣传部统筹掌握学校意识形态领域工作。

信息网络中心：负责学校网络安全，同时也肩负着网络安全教育工作职责。

保卫部：每年主要分两个阶段开展安全教育。一个阶段是9月开学后，

保卫部聘请国家安全机关工作人员，如公安、消防、交通管理等部门的人员对所有入学新生进行安全教育课堂授课。一是采用集体授课方式，一般选在开学典礼领导讲话结束后的一个半小时内，是有2 500人左右听课的大课；二是以宿舍为单位，开展教育活动，具体方式是在学生宿舍楼道内模拟火场逃生、地震逃生等情景；三是通过校园内宣传橱窗、宣传栏张贴宣传海报，通过校园广播、校内网、学校电子显示屏播放安全宣传影视资料；四是以年级或者班级为单位，由保卫部工作人员向学生讲授安全知识；五是为新生发放北京市委教育工委组织编印的《北京大学生安全教育知识读本》，由学生自学。 另一个阶段是在每年的4月开展一年一度的安全教育宣传月活动。保卫部在一个月的时间内，集中对学校学生进行安全教育培训。采用的方式一是在学生密集的广场发放宣传资料，现场展示消防、交通、治安宣传图片；二是以学院为单位，在体育馆或操场组织学生进行模拟现场安全技能培训，如使用各类灭火器灭火、用消防水带灭火、火场逃生、地震逃生等；三是协调宣传部通过校园内宣传橱窗、宣传栏张贴宣传海报，通过校园广播、校内网、学校电子显示屏播放安全宣传影视资料。

校医院：负责疾病防控宣传工作。

三、存在的问题

经过各部门的努力，学校在安全教育方面取得了丰硕成果，但也存在一些问题。

（一）安全教育主管部门管理分散

虽然学校安全教育部门在各自领域里付出了巨大努力，取得了可喜成果，但学校的大学生安全教育暂无统一的领导，没有协调机制，存在安全教育领域边界不清晰、职责不明确的问题。

（二）安全教育师资力量薄弱

作为安全教育的主力军，学生、辅导员和保卫干部队伍人数严重不足，部分安全管理人员职业素质不高。根据教育部相关规定，辅导员人数和学生人数比不低于1∶200，按照北京市委教育工委的要求，保卫部门专职安全工作人员标准是服务管理对象人数的1‰，目前学校上述工作人员数量配备未达到要求。

（三）部分安全教育形式落后、效果不明显

经各相关单位的共同努力，学校安全教育取得了丰硕成果。但进入新时代后，学校的许多因素发生了变化，部分安全教育因形式设置不科学或者跟不上形势、未采用现代教育技术等，虽花费大量精力，但收效不佳。

四、对策和建议

通过构建学校大学生安全教育体系，结合学校实际情况进行顶层设计，充分利用现代教育技术手段，真正把学校的安全教育工作做到实处，同时具备高度的可操作性和高效的执行率，学校的安全教育工作才能真正发挥其功效，使校园安全稳定，学生安全感增强，校园和谐美丽。

（一）健全学校大学生安全教育工作制度

建立学校大学生教育工作组织，健全学校大学生安全教育工作制度，成立安全教育工作领导小组，涵盖保卫部、学生工作部、宣传部、各学院、校医院、信息网络中心等单位，统一管理，统一部署，统一制定大学生安全教育制度，明确各自分工和职责。

（二）配足专业人才

目前，学校辅导员、心理咨询师、保卫干部人数未达到教育部和北京市委教育工委等上级单位要求的学生比例，在完成各项工作任务方面显得人员紧张。专业人员配备不足，会造成工作没时间干、工作效率不高、效果不好等弊端。因此，学校要增加此类人员数量，达到上级规定的人数比值，促进安全教育工作开展。

（三）采用先进有效的教育形式

目前，社会上已经有利用"互联网+"的形式对学生进行安全教育的专业公司，它们协助学校开展安全教育活动。可以通过购买校外机构安全教育服务的方式达到安全教育进课堂的效果。该教育形式是校外机构制作学习课件，利用网络对大学生进行安全教育。

在对北京部分高校的统计中发现，在62所普通高校中，购买外部安全教育服务的学校有33所。经调研部分购买服务高校的结果显示，通过合作使安全教育工作取得较大的成果，安全事件、事故率明显降低，教育效果明显。

此类安全教育公司有以下几个特点：

（1）授课内容全面。以麦可在线公司举例，该公司将大学生安全教育分为生理、心理、学习生活、日常安全四大模块，再分为诈骗防范、交通安全、消防安全、人身安全、财产安全、回家及返校安全、网络安全、禁毒教育等25大类，涵盖超过500个知识点。

（2）效率高，效果好。利用"互联网+"和现代教育手段进行授课，让学生突破时间、空间的限制，通过手机随时随地学习安全知识，适应了当代大学生偏爱图文、视频、互动课程的特点，符合学生的需要，能让学生根据自己的情况自主地充分利用碎片时间进行系统学习，在短短几分钟内让学生知悉、记忆数个安全知识点。课程短小、内容充实、语言幽默、内容和生活密切相关，微课的形式更是多样有趣，有图文、动画、交互、视频，使学生印象更深刻。

（3）费用可承受。在费用方面，这类公司开展的安全教育投入较大，但合作的院校较多，教育方式和教育内容有很强的可复制性，故学校的支出较低，每名学生每4年约30元。

在综合评价方面，学校可以选定学习内容和考试内容，由公司通知所有学生，利用课余时间网上答题，并将所有学生的成绩传至学校保卫部门和教务部门。

结合北京体育大学现状，学校亟须和安全教育公司进行合作，让它们通过"互联网+"和现代教育技术手段，协助学校对学生进行安全教育，达到较好的安全教育效果，既可对各负责部门协作问题进行统筹协调，又可高效、便捷地对学生进行安全教育，同时解决了安全教育部门人手短缺的问题，事半功倍。

（四）科学设置安全教育内容

由学校安全教育委员会协调所有涉及部门，制定学校安全教育大纲，选择学生安全教育内容，并统一实施，各负其责，各司其职，有步骤、有计划地开展大学生安全教育，提高学生安全素质，达到国家标准。

通过科学的安全教育体系培养，使我校的大学生安全素质达到合格或者优秀标准，进一步降低事故率，减少学校维护安全稳定的成本，为学校带来安全稳定的育人环境。

（五）安全教育课与其他课程合并进课堂

学校开设了思想品德与法律基础课。该课程开设的宗旨就是确保学生法律素质有所提高，其核心也是确保大学生及相关人员安全，社会法治化、有序化。思想品德与法律基础课一共64学时，在该课程后期安排4节或4学时安全教育基础课，不失为一个好的举措。相对法律基础课而言，安全教育课更加贴近学生日常生活，其内容更能吸引学生，满足学生的安全求知需求，促进学生全面发展。

（六）家庭、社会、学校一起开展学生安全教育

很多家长都有这样一种想法：把孩子交给学校，他们的任务就完成了，学生的所有事情都由学校来管理，安全教育也一样。这一想法是不切实际和不负责任的。学校、家庭、社会应建立良好的协作机制，共同引导和管理大学生，从思想、意识、行动等方面全方位地对大学生进行安全教育。

五、小结

笔者通过对北京体育大学安全教育现状、面临任务以及存在问题的剖析，提出北京体育大学安全教育实施对策：学校应从顶层设计、统一管理、权责分明、高效有序、方法得当、内容新颖、充分利用现代教育技术，家庭、社会、学校协同教育等几个方面开展安全教育活动，更好地适应国家在新时期对学校安全稳定提出的新要求，为国家培养合格的建设者和接班人，提高国民素质，达到既维护校园安全稳定，又满足学生对安全生活的需求。

参考文献

[1] 何卫华，李振杰.大学里不可或缺的安全STYLE——大学生安全教育读本[M].厦门：厦门大学出版社，2013.
[2] 程洋.女大学生安全教育问题及对策研究[D].南昌：江西农业大学，2017.

科学锻炼对促进青少年身心健康发展的重要性探析

国家体育总局体育信息中心　邵芸

摘要：一方面，青少年由于学业压力过重，进行身体锻炼的时间被迫缩减，忙于应付各种作业和辅导班，而忽视了身体锻炼；另一方面，有些家长和学校虽然重视体育锻炼，但锻炼方法不够科学，让孩子过早、过多进行一些运动项目的专项化训练，对孩子身体发育造成了负面影响。本文希望通过阐述科学锻炼方法对青少年全面健康成长产生的积极影响，引起社会各界对此问题的重视。本文运用马克思主义哲学观中辩证统一和发展的观点来看待青少年在健康成长中的问题。青少年进行科学的身体锻炼看似占用了学习时间，实则，这不仅可以增强体质，而且可以提高头脑的灵活性，提升学习效率，这两者是辩证统一的。青少年开展身体锻炼的方法一定要科学，我们不仅要立足眼前，还要放眼长远，用发展的眼光看待锻炼与学习时间冲突的问题、不科学　地锻炼带来的负面影响。科学锻炼会使青少年的身体更加强健，改善伏案学习对体态和健康带来的影响以及过早进行单一专项训练带来的负面影响，这对青少年的健康发展非常重要。

关键词：青少年；身体锻炼；全面发展

一、我国青少年科学进行体育锻炼的重要意义

科学合理的体育锻炼对于青少年的身心发展极其重要，不仅有利于形成健康的体魄，也有利于心智的开发。习近平总书记多次在重要场合强调，体育强则中国强，少年强则中国强。然而，纵观目前社会上关于青少年身体锻炼方面的看法，仍然存在许多误区，存在认识不足、科学性不足的问题，这绝非单一因素所致。一方面，青少年学业压力过重，进行课余活动的时间被迫缩减，忙于应付各种作业和辅导班，而忽视了身体锻炼；另一方面，一些家长和学校虽然重视体育锻炼，但锻炼方法不够科学，运动强度

过低、过高或是早期专项化，同样无法对孩子的身体发育带来增益效果。我们目前必须面对这样一个事实：我国青少年体育发展仍然滞后，青少年体质也没有发生明显的改善。要保证青少年在每天极为有限的体育活动时间内实现科学有效的锻炼，以达到促进身心健康的目的，需要运用马克思主义哲学观中辩证统一和发展的观点来进行分析，也需要家庭、学校和社会共同合作。

二、我国青少年开展体育锻炼存在的问题

（一）我国青少年体育锻炼现状

青少年体育应该被看作学校教育的重要组成部分，同时也与我国人民期盼的体育强国梦的实现息息相关，更有利于构建和谐的社会环境。然而，在当下的社会环境中，青少年体质下降、近视和肥胖等问题如雨后春笋般涌现，日益成为严重的社会问题。2015年发布的国民体质健康监测公告显示：中国人在3~6岁的幼儿时期体质最佳，在进入小学后便开始逐渐下滑，尽管体育进入中考这一制度的施行在一定程度上遏制住了初中生体质下降的趋势，但在步入高中以后，青少年的体质仍然在不断下降。

一方面，青少年体育锻炼的时间未得到切实的保证。为改变青少年体育的不良状况，教育部、国家体育总局、共青团中央在2007年联合开启"阳光体育运动"，要求各级学校和社会保证学生每天至少1小时的体育锻炼时间。但在2014年7月28日全国体育工作座谈会上，国务院副总理刘延东指出，教育部调查显示，小学三年级至初中三年级，只有不到30%的学校每周可保证上满3节体育课，有80%的学生每日锻炼时间明显低于1小时，更有许多高中，尤其是高三年级，已经完全叫停了体育课，这使"每天1小时"的口号基本成为空谈。另一方面，青少年体育锻炼的质量较低。为增加体育活动的课时，各学校争相开展课间操或健身操等特色活动课程，将广播体操与体育锻炼画等号，将其看作改善学生体质健康的"救命稻草"，缺乏对抗性的体育活动，过度地规避竞技对抗性体育项目可能带来的身体损伤风险，忽视了适当强度运动给学生身体素质带来的益处。除此之外，在有体育锻炼习惯的学生群体中，对于体育项目的掌握需求呈现出多元化趋势，大部分青少年已经掌握了2项以上的体育项目，多为羽毛球、篮球、乒乓球和游泳等对场地要求不高的项目，项目种类较为单一。

在当今这个充满机遇与挑战的时代，中国青少年生活背景的一个典型特点即为应试取向的学校教育，使每一个孩子从出生起就不可避免地处于"被竞争"的状态。在我国传统教育观念的不断影响下，学生的文化课成绩始终占据非常重要的地位，也是当代青少年追求的重要目标。另外一个因素就是，文化课成绩一向被老师作为评价学生的一项重要参考指标，各地的教育行政管理部门也争相将考试成绩和升学率作为一所学校的考核标准，使得升学的压力与日俱增。显而易见，应试教育体制严重制约了青少年身心健康水平的提高，也给青少年体育事业的发展带来了一定的阻碍。

人的精力总归是有限的，孩子们的精力也是一样的，必要的劳逸结合才能使头脑和身体发挥出最大的工作和学习效率。然而，面对如此繁重的学业压力和升学压力，我国青少年的生活似乎每时每刻都在被文化课的学习充斥，课余活动时间甚至是休息时间仿佛都可以无限制地为学习让步，何谈为体育锻炼预留出足够的时间。纵然是"千里马"，在"食不饱，力不足"的境遇下，也会"才美不外现"，更何况是身心均处于急剧发展时期的青少年，在休息时间匮乏和身体素质薄弱的双重"打击"下，终将难以达成应有的学习目标。

（二）我国青少年开展体育锻炼在家长认知视角存在的问题

家庭是社会的最基本的单位，是青少年身体和心智发展过程中最重要的场所。在家庭生活中，体育锻炼具有和睦家庭关系、促进亲子健康、丰富家庭生活的重要功能。作为孩子的家长——最早走进孩子生命中的老师，更有责任和义务在家庭中共同为孩子营造良好的体育环境，并与孩子一同参与体育运动，以促进家庭中儿童青少年体魄和心智的健康发展，这一观点已成为世界上多数国家的共识。有一些专门围绕此问题进行的调查报告指出，当前大多数家长对于青少年参与体育活动是持积极态度的，近六成的家长表示支持或赞同孩子参与体育运动，然而还有约30%的家长对此持模糊态度，甚至还有不到10%的家长坚决反对孩子参与体育运动，认为参与体育运动会严重影响学习进程。这充分证明许多家长对于青少年参与体育锻炼的过程及其带来的积极影响还没有科学的认识和明确的认可态度。

而且，许多家长对于为家庭营造良好的体育氛围还仅仅停留在认知的层面。此外，在中小学中进行青少年竞技体育人才的选拔，是培养并输送优秀的专业体育人才和大众体育指导员的良好途径。一旦发现具备良好体育天赋的青少年，是否能够进一步让其接受专业的训练，这首先取决于这些家长的态度和认知。然而在认可孩子参与体育运动的家长群体中，支持孩子走入专项运动训练队的家长并不多，究其原因，多是家长们认为"体育之路"成材率低，训练过程艰苦，容易造成伤病，不利于孩子的健康成长。因此，只有积极改变目前执行的体育培养模式和体育人才选拔制度，才能够真正打消家长的各种顾虑，做好青少年体育人才的选拔和培养工作。

（三）我国青少年开展体育锻炼在学校组织视角存在的问题

学校是青少年日常学习活动和课余文化活动组织的重要场所，更是开展青少年体育活动的主营地。但是，我国青少年的体育活动在系统化和组织化方面的水平仍然很低，与欧美发达国家相比仍有一定的差距。首先，青少年体育俱乐部现在的数量还远远不能满足需求。我国6岁到18岁的在校青少年有2亿多人，中小学达到33万多所，但截至2010年底，青少年体育俱乐部仅仅不到3 500个，几乎100所学校才拥有1个青少年体育俱乐部，平均每35个在校学生中仅有1人实际参与到体育俱乐部组织的活动中，与希望更多青少年受益的预期还是有非常大的差距的。其次，我国体育教师的师资力量虽然充足，但师资质量并不高。尽管很少有学校表示体育课程师资力量短缺，但众多学生和校领导对于本校体育老师教学能力的评价并不尽如人意，仅仅停留在"基本胜任教学任务"的水平。最后，则是对体育课教学内容的满意度较低。大多数学校开展了足球、篮球、乒乓球和羽毛球等大众喜闻乐见的项目，但往往受制于体育教育教学大纲的学时以及运动的场地和器材，体育课的教学只能"浅尝辄止"。除此之外，还有更多学生追求并热衷的新兴项目由于多方面的原因无法走进学校的体育课堂中，学生多元化的体育需求难以得到满足，进而使学生失去对体育锻炼的兴趣。

（四）我国青少年开展体育锻炼在社会发展视角存在的问题

社会是人类生活的大环境，每个人都无法脱离社会而独立生存。因此，体育锻炼也是社会发展过程中必不可少的重要活动之一。有相关研究显示，场地拥挤是阻碍社会体育活动开展的主要原因。近年来，随着大众对运动健身热情的高涨，各个社区的场地与设施建设都受到广泛关注，因此，城市的各个社区运动场地与体育设施的总量大幅度提升。但是，伴随城市人口的急剧膨胀和城市规模的不断扩大，对于城市居民来说，运动场地设施不足这个实际状况并未得到明显的改善，社区体育场地设施资源短缺的突出问题仍没有得到根本性解决。特别是对于青少年来说，社区中各种体育设施更多的是为成年人或是专门为老年人设计，不适合青少年进行活动。青少年一旦离开学校回到生活的社区之中，进行体育活动的概率就会变得更低。而且，青少年体育活动组织的匮乏也是社会体育发展受阻的重要原因之一，有组织青少年体育活动经验的社区寥寥无几，绝大多数社区很少组织青少年体育活动，仅有极少数青少年表示自己生活的社区中经常组织体育活动。

三、关于加强青少年科学体育锻炼的建议和对策

（一）关于家长认知方面的建议和对策

家庭体育环境是孕育家庭体育的沃土，也是青少年参与体育的起点。家长作为孩子的第一任教师，其态度势必首先影响家庭体育的发展情况。其实在孩子参与体育的过程中，家长无论是精神层面的鼓励，还是物质层面的支持，抑或是在自身参与体育锻炼方面的良好表率作用，都会对青少年科学地参与体育锻炼产生良好的影响。倘若一些家长在对体育锻炼的科学认知和具体锻炼活动上表现出消极态度，就会对家庭的体育氛围产生负面的影响，会造成体育运动对青少年身心健康的促进作用大大降低。必要时，有关部门可通过现代化的多种媒介，向家长宣传体育活动带来的积极影响并鼓励他们参与其中，使家长对体育锻炼的态度和认知更好地转化为具体的体育行动，这既是社会家庭体育氛围建设的重要环节，又是青少年体育积极发展的重要条件。

（二）关于学校组织方面的建议和对策

学校是青少年开展体育活动的重要场所，在学校积极开展各种体育锻炼对于青少年身心健康发展、养成终身体育锻炼意识和掌握一种体育技能都具有非常重要的意义。从一定意义上来讲，学校体育一方面希望青少年能全面学习体育锻炼相关知识，另一方面也希望青少年能够全面提升身心健康水

平。只有良好的学校体育环境才有助于更好地实现学校体育功能。目前，保障青少年的体育活动时间是改善青少年体育活动现状的根本性措施。只有切实保障青少年的实际活动时间，才能为体育课程内容的设置和安排提供更大的可发挥空间，从而更好地丰富体育课程结构，使青少年在有限的时间内尽可能获得更有效的体育锻炼效果。同时，如何将学校体育与社会体育有效衔接，必将成为我国青少年体育在未来学校组织中发展建设的焦点性问题。

（三）关于社会发展方面的建议和对策

学校和家庭只是庞大社会环境中的一部分，抛开学校和家庭，社区即为每一位青少年需要直接面对的生活空间。社区体育环境，作为对学校教育环境的有效补充，也是青少年开展社区体育的场所，是丰富青少年体育参与手段、促进青少年体育社会化的重要区域。在目前的社区生活理念和相关政策法规下，社区往往对老年人的日常生活健康需求考虑较多，却忽略了社区中另一个需要被关注的群体——青少年。若要坚持"城市的建设要满足不同人群体育参与的需求"这一发展理念，就应当将青少年社区体育环境的规划建设纳入社会发展与城市规划的整体设计之中，这些都是构建良好的青少年社区体育环境的重要因素。

四、结语

本文运用马克思主义哲学观中辩证统一和持续发展的观点对青少年科学锻炼存在的问题进行了深入分析，认为青少年参与体育活动、进行科学的身体锻炼并不会对学业造成负面影响。相反，科学锻炼不但可以增强青少年的体质，还能在一定程度上提高头脑的灵活性，从而提升学习和生活效率，两者是辩证统一的关系。同时，立足眼前，放眼长远，将科学性作为青少年开展身体锻炼的重要前提，用发展的眼光看待锻炼与学习时间冲突的问题，认识到青少年身体素质强健对伏案学习时的不良体态的改善，更要克服长期单一专项化运动带来的弊端，这些对青少年身心健康的长期发展极为重要。为改变家长对青少年体育的认知、态度，建议中小学校积极完善体育锻炼的软、硬件设施，倡导全社会提高对青少年体育的重视程度，正确看待科学锻炼给青少年身心健康带来的正面影响。最后，积极构建家庭、学校以及社会"一体化"的青少年体育运动环境。这将有利于促进青少年积极参与体育锻炼，遵循科学锻炼的宗旨，实现"终身体育锻炼"目标。

参考文献

[1] 冉强辉. 上海市青少年体育发展现状实证研究[J]. 天津体育学院学报，2011，26（2）：122-127.

[2] 李海垒, 张文新. 青少年的学业压力与抑郁：同伴支持的缓冲作用[J]. 中国特殊教育，2014（10）：87-90.

[3] NI H, JONES C, BRUNING R. Chinese Teachers' Evaluation Criteria as Reflected in Narrative Student Evaluations: Implications for Psychological Services in Schools[J]. School Psychology International, 2013, 34（2）：223-238.

[4] 张加林, 唐炎, 胡月英. 我国儿童青少年体育环境特征与存在问题研究[J]. 体育科学，2017，37（3）：21-34.

[5] GONZ á LEZ S A, SARMIENTO O L, COHEN D D, et al. Results From Colombia's 2014 Report Card on Physical Activity for Children and Youth[J]. J Phys Act Health, 2016, 13：150.

[6] 鲍明晓, 邱雪. 我国青少年体育事业发展现状[J]. 山东体育科技，2012，34（4）：1-8.

[7] REILLY J J, DICK S, MCNEILL G, et al. Results from Scotland's 2013 Report Card on Physical Activity for Children and Youth.[J]. J Phys Act Health, 2014, 11（s1）：93, 7.

[8] 唐炎, 宋会君, 刘昕, 等. 对我国学校体育功能研究的反思[J]. 北京体育大学学报，2004，27（8）：1102-1104.

[9] 郑兵, 罗炯, 张驰, 等. 学校、家庭、社区一体化促进青少年阳光体育活动长效机制的模型构建[J]. 体育学刊，2015（2）：63-71.

现阶段五人制足球社会化发展的思考

中国足球协会　温利蓉

摘要： 体育事业在新时代中国特色社会主义建设中承担的历史使命愈发重大。全面深化体育改革，加快推进体育强国建设，已经成为今后体育工作的重要任务。积极顺应改革大势，推进五人制足球在为国争光、全民健身、产业发展、文化建设等方面的全面、协调发展，是当前五人制足球面临的重要工作和严峻挑战。

我国五人制足球发展起步较晚，无论是在竞技比赛还是群众普及方面均存在社会认知程度不高、水平低下、人才匮乏、硬件设施不充分等诸多问题。同时，五人制足球发展面临着与实现新时代体育改革的要求、体育强国的目标之间存在诸多不相适应的巨大挑战。

我国五人制足球的项目发展与进步要以改革创新为动力，打造新的五人制足球发展模式：一要以开放的发展理念，提高五人制足球的国际竞争力；二要以创新的发展理念，推动五人制足球人才培训模式的改革和发展；三要以统筹协调的发展理念，推进五人制足球产业健康发展；四要建设独具魅力的五人制足球文化；五要做好行业标准体系建设，引导五人制足球规范、有序地发展等。只有全面推进和落实五人制足球健康、协调、可持续地发展，才能实现在新的起点上，让我国五人制足球在为国争光、全民健身、文化建设、产业培育等方面的发展，为建设体育强国做出新的贡献。

关键词： 五人制足球；社会化；发展

随着党和国家事业发生的历史性变革和取得的各项伟大成就，体育事业发展也踏上了新征程。当前，我国体育正处于全面深化改革阶段，积极顺应改革大势，及早谋划发展大局，是五人制足球发展的当务之急。适应新时代体育发展要求，协调推进五人制足球在全民健身、为国争光、产业发展、文化建设等方面的发展，处理好改革、发展和稳定的关系，坚持科学、可持续发展，为建设体育强国做出新的贡献，成为摆在我们面前的一项重要任务。

五人制足球不是奥运会项目，而足球却是广大群众喜闻乐见的体育项目，这使得五人制足球在开展全民健身层面更具备优势。党中央提出"两个一百年"的中华民族伟大复兴的"中国梦"，五人制足球应该在中国体育改革的大背景下，以2021年和2049年为时间节点，规划好项目发展的近期和中远期蓝图。

一、五人制足球运动的历史沿革和发展现状

（一）五人制足球的历史沿革

五人制足球比赛是由职业足球队的一种训练方法逐步演化而来的足球竞赛项目。1930年，五人制足球由乌拉圭一位体育教授胡安·卡洛斯·赛利亚尼创建；1949年，巴西人阿斯德鲁瓦尔·多·纳西缅托起草了第一份室内五人制比赛规则；1985年，室内五人制足球项目进入国际足球联合会（以下简称"国际足联"）；1989年，国际足联开始正式把五人制足球纳入管理范围，并重新制定五人制足球运动规则；1996年，国际足联公布首批室内五人制足球裁判员名单；2005年，国际足联在西班牙举办了第一期室内五人制足球讲师研讨班。

五人制足球世界杯比赛是国际足联五大赛事之一，自1989年第一届在荷兰举行以来，截至2016年已举办了8届。欧洲和南美洲的五人制足球水平较高，巴西获得过5届世界杯冠军，西班牙获得过2届世界杯冠军，2018年的世界杯冠军由阿根廷获得；在亚洲，伊朗队、泰国队、日本队堪称五人制足球的强队。目前，在世界范围内已有100多个国家约3 000万人从事该项运动，在很多足球发达国家，五人制足球在青少年中广泛开展。

（二）我国五人制足球国家队表现

我国五人制足球起步较晚，相关研究也较少。

2008年5月，中国五人制足球队战胜乌兹别克斯坦队获得了参加2008年巴西五人制足球世界杯赛的资格。这也是中国队历史上首次进入五人制足球世界杯决赛阶段。中国五人制足球队历史上获得过的最好的成绩分别是2010年亚洲杯第四名、2005年第一届和2007年第二届亚洲室内运动会第四名。

2013年，中国第一支女子五人制足球国家队开始在成都集训，备战在

韩国仁川举办的第四届亚洲室内运动会。2017年，这支队伍获得在土库曼斯坦举行的第五届亚洲室内与武道运动会女子五人制足球比赛的第四名，并于2018年获得第二届亚洲杯第六名。这也充分表明了我国五人制足球运动起步晚、水平不高，但有较大的发展空间。

虽然在中国足球协会（以下简称"中国足协"）和教育部门（学校）的共同努力下，项目取得了明显的进步，但和世界上五人制足球强国相比还存在巨大差距，既有发展模式，也有运动员数量、质量的差距，同时还存在五人制足球开展规模的差距。我国五人制足球的开展主要集中在经济条件较好的大中城市。由此可见，我国五人制足球运动的发展还处于摸索阶段，还有待于探索出一条符合我国国情的发展道路。

（三）我国五人制足球联赛现状

我国五人制足球联赛开展较晚，从2003年我国举办首届中国室内五人制足球甲级联赛至今，中国室内五人制联赛才经历了十几年的发展历程。2003年举办了首届全国五人制足球甲级联赛（以下简称"五甲联赛"）；同年，首届李宁杯中国大学生五人制足球联赛正式启动；2013年，代表中国出战的深圳南岭铁狼队获得亚洲室内五人制足球冠军赛第四名，创造了我国在该项赛事中的历史最好成绩；2016年，全国五人制足球超级联赛（以下简称"五超联赛"）创立，由此，五人制足球联赛拥有了"五超"和"五甲"两级联赛；2011年，女足大学生五人制足球比赛启动；2019年，中国足协首届女足全国五人制联赛举行。近年来，全国各地都举办了各种规模的五人制足球比赛，如广东省内举办的"粤超""珠超"联赛、广西壮族自治区开展的"桂超"联赛等。

联赛作为代表我国国内最高水平的室内五人制足球赛事，在十几年的发展历程中，赛事质量和影响力逐步提升，五人制足球的职业化、商业化、规范化和国际化程度也有所提高，但与中超相比较而言，现在的"五超联赛""五甲联赛"影响力仍然较弱。同时，"五超联赛""五甲联赛"市场份额有限，联赛的整体服务质量不高，俱乐部体制机制还不够完善，媒体宣传和电视转播的关注度还很低，联赛整体仍然处于徘徊发展的状态。

二、我国五人制足球运动发展存在的主要问题

（一）"五超联赛""五甲联赛"发展现状及存在的问题

我国五人制足球运动与欧美五人制足球强国相比，还处于初级阶段，联赛水平较低，社会认知度较低，观众人数少，现阶段仅靠联赛观赏价值不足以吸引媒体和社会资本的介入。门票几乎没有收益，主要依靠赞助和冠名等方式来维持现状，俱乐部基本上没有真正开始盈利，独立生存能力较弱，这些都直接制约了联赛的发展。

联赛作为五人制足球的核心产品，产品的好坏直接影响消费者的购买行为，俱乐部的生存手段是向外界提供高水平的竞赛，只有高水平的竞赛才能够产生较高的经济效益，"五超联赛""五甲联赛"还需要不断适应当前的新形势去发展。

（二）地方政府和俱乐部没有充分发挥积极性、主动性

目前，五人制足球仍属于非奥项目，也不属于全运会和全国学生运动会的比赛项目。因此，难以引起体育行政部门的足够重视，在政策和经费方面的支持也很有限，五人制足球的发展任重道远。

全国室内五人制足球专项委员会职责繁多，各级足球协会既是组织管理者又是执法者，各俱乐部还没有充分发挥出其积极性、主动性。管理机构、管理体制和相关行业政策法规还不健全。目前，绝大多数的足球协会没有五人制足球的管理部门，更多的管理人员由十一人制足球的工作人员兼职。工作人员的能力参差不齐，俱乐部投入多数还不足以支撑完善的管理人员配置。没有良好的管理机构和健全的政策法规，就难以推动五人制足球联赛的健康、可持续发展。

（三）人才匮乏，可选人数严重不足

在很多足球发达国家如巴西、西班牙等，运动员参加足球训练从五人制足球开始，而我国目前的五人制足球运动员全部来自十一人制足球，转型年龄绝大多数是18~20岁，技术已经基本定型，完全完成从十一人制到五人制足球技战术能力和思维的转变至少需要2~3年，一个运动员的巅峰状态一般是28岁，粗算下来，留给五人制足球的时间只有5~6年。

五人制足球经费不充足是普遍现象，运动员待遇相对较低，提前重新择

业现象时常发生，无论是国家队还是俱乐部，运动员都处于不稳定状态，甚至不断流失，后备力量也严重不足。

（四）硬件配套跟不上

虽然五人制足球场地小，相对于十一人制更容易开展，但同样存在场地建设和配套硬件设施不足的现象，特别是各级学校的硬件设施，远远不能满足学生的运动需要。

（五）青少年五人制足球活动少而单一

没有适合社会大众不同区域、不同人群参与的丰富多彩、形式多样的五人制足球活动；五人制足球比赛组织形式单一，难以满足青少年运动员的成长需要；运动员等级标准不配套，普通青少年足球爱好者和学生参与的积极性不高、流动性很强。

（六）教练员在科学化管理、训练等方面的能力亟待提高

水平较高的教练员主要来自早期参加五人制足球并坚持下来的运动员，甚至有的教练员到现在三十多岁了还兼做运动员，有的教练员还兼任讲师一职。而绝大多数教练员是从十一人制或短时间参加过五人制足球训练的运动员中产生的，训练内容和训练手段主要延用十一人制足球的相关内容，整体训练质量相对低下，训练理念和方法亟待更新和提高。

三、我国五人制足球运动的发展对策

（一）以开放的发展理念，提高五人制足球的国际竞争力

首先，要坚持以世界的眼光、中国的特色，借鉴五人制足球发达国家的先进理念和技术，走有中国特色的五人制足球发展道路。加大"走出去，请进来"的力度，以为国争光为代表的国家队备战世界大赛为抓手，加强与伊朗、泰国、日本、巴西、西班牙、阿根廷等高水平国家的交流与合作，通过国内外训练、比赛等形式，进一步拓展国家队教练员的视野，提高国际比赛的临场指挥能力，增加运动员国际比赛经验并提高实战能力，进而提升竞技水平，逐步实现成绩突破，发挥国家队的龙头作用；加大"走出去，请进来"的力度，以五人制足球教练员为主体，加强与国际足联等国际组织的合作和交流，通过各种形式的培训班、研讨会、论坛等形式，培养高

质量的教练员队伍，学习、借鉴国际上先进的经验和理念，结合中国国情，创新实践符合中国五人制足球特点的技战术风格打法，形成具有中国特色的五人制足球理论、观点和技术，正确引领中国五人制足球技战术的发展方向。

其次，要充分发挥科技助力的作用，提高科学训练质量。五人制足球借鉴了很多十一人制足球的训练、备战经验，随着五人制足球的专业化程度的不断增强，必须充分利用高科技设备和高水平的科技人才，在训练监控、技战术分析、运动防护、伤病防治、运动康复、信息搜集等多方面开展科技创新，帮助队伍进一步提高科学化训练水平和效益。

最后，要整合优质资源，引进竞争机制，共同构建国家集训队。通过合作、共建和购买服务等多种方式，与学校、俱乐部合作，构建多支独立管理、独立运行的国家集训队，最终以竞赛的形式，择优组成国家队参加洲际大赛。与传统的国家队组建模式相比较，目前，部分发展较好的大学和俱乐部已经具备良好的硬件设施、经费条件、教练员队伍和保障团队，无论是教练员的生存环境，还是运动员的职业规划等方面，学校和俱乐部都具有部分不可替代的优势，只有充分吸纳和发挥学校和社会的优质资源，让其参与国家队建设，形成优势互补、良性竞争的生态环境，才能为打造一支有战斗力、有竞争力的国家代表队奠定基础。

（二）以创新的发展理念，推动五人制足球人才培养模式的改革和发展

2017年12月，国家体育总局、教育部联合制定并印发《关于加强竞技体育后备人才培养工作的指导意见》（以下简称"《指导意见》"）。《指导意见》指出："社会力量是竞技体育后备人才培养的重要组成部分。引导和支持社会力量参与竞技体育后备人才培养工作，鼓励兴办多种形式的青少年体育训练机构"，这是首次明确提出推动社会力量参与竞技体育后备人才培养工作，也将是今后的发展趋势和工作方向。首先要动员和鼓励一切有益于五人制足球发展的社会力量，通过独资、合资、联合等方式创办青少年五人制足球俱乐部，使其成为普及五人制足球、拓宽后备人才培养渠道的新路径。协会应该在政策、专业技能、标准和奖励机制等方面，引导和帮助俱乐部在普及的基础上提高目标定位，与竞技五人制足球水平有效衔接，选拔和培养有潜力的孩子向高水平后备人才发展。其次，推动校园五人制足球发

展，提高教学质量。学校是庞大的体育人才宝库，必须加强与教育系统的合作。目前，校园五人制足球规模在逐步扩大，但整体竞技水平偏低，运动员能力尚不足以成为竞技体育后备人才。协会要积极与教育系统共同研究、制定学校五人制足球发展规划和适合校园的五人制足球课程，更为重要的是，必须要有足够多的专业五人制足球教练员进入校园，为喜欢和参与五人制足球训练的学生和教师给予专项技术指导，帮助教师提高教学水平，使学生在兴趣、爱好的基础上，逐步向高水平运动员迈进。

只有充分调动社会各界的积极性，充分发挥协会训练组织和管理等技术的优势，为学校、社会力量开展五人制足球运动积极提供有效支持，才能真正为我国五人制足球提供充足的后备人才。

（三）以统筹协调的发展理念推进五人制足球产业健康发展

足球运动具有广泛的社会影响，深受广大群众喜爱。随着体制改革的不断深入、商业化的不断渗透，五人制足球产业化已迎来了最好的发展时机。

应以赛事活动为杠杆，撬动"体育+"的五人制足球产业发展，逐步建立和完善一个新型的五人制足球 "三级竞赛模式"：第一层级是职业联赛（成年），第二层级是全国业余联赛（包括成年和青少年），第三层级是各省、自治区、直辖市业余联赛（包括成年和青少年），第四层级是校园、社区联赛（青少年）。

青少年足球的良好开展将在很大程度上促进足球的整体水平提升，整体水平的好坏将在很大程度上决定比赛的观赏价值，赛事的观赏价值又将直接影响赛事的市场化、职业化进程。五人制足球相较于十一人制足球，更注重运动员脚下技术和小范围的快速决策能力训练，由五人制足球转型到十一人制足球的运动员的脚下技术往往更好，灵活性更强，快速决策的能力更佳。也因五人制足球的场地小、参赛人数少等因素，赛事的组织管理具有更强的灵活性。目前，校园足球中的小学生组比赛，绝大多数都是以五人制足球的形式开展。大学组的校园五人制足球联赛至今已经开展了15届。今后，还应打造更多符合社区及经济欠发达地区环境和条件的五人制足球竞赛及活动，不断提升五人制足球的社会认知度和参与度。

目前，广西壮族自治区、广东省等已有省（自治区）级的联赛，参赛队伍有10多支，同时也有一些商家和企业的资金投入队伍，使联赛得以稳定、持续地开展。如果相关政府部门能够有相应的政策和经费配套支持，中国足协和相关省、自治区、直辖市能有协会成立高效、专业的团队参与五人制足球的赛事组织、市场推广、纪律监督等，五人制足球联赛将会更加规范化地发展，赛事的观赏性、社会的影响力、队伍的参与度将得到不断提升，并将吸引更多社会资本的进入，投资的主体也将更加多元化，长此以往，逐步形成良性循环，在形成赛事品牌的同时，拓展产业链，逐步形成五人制足球项目产业体系。

（四）建设独具魅力的五人制足球文化

党的十九大报告中指出，文化是一个国家、一个民族的灵魂。文化兴国运兴，文化强民族强。新时代五人制足球文化建设，首先要深入分析、把握五人制足球的发展规律、制胜规律，探索建立符合五人制足球发展规律和我国国情的五人制足球理论体系及专业的组织管理体系，指导实现我国五人制足球竞技水平的提升，践行为国争光的使命；其次，加强对五人制足球普及程度和竞技水平高的国家的研究，学习、借鉴其成功经验，结合我国五人制足球的实践活动，通过大众身边的五人制足球组织、设施、活动，培养习惯、讲好故事、活化社会、凝聚力量，逐步建立我国的大众五人制足球文化；最后，充分发挥五人制足球优秀运动员的榜样作用，走进赛事、走进活动、走进社区、走进学校等，引领、践行、传承、弘扬五人制足球文化。

（五）做好行业标准体系建设，引导五人制足球规范、有序发展

消除学校、社会和竞技体育之间的阻隔，制定和建立多形式、多区域、多年龄、多群体参与的运动员等级标准、竞赛体系，使其有机衔接。

与相关教育和体育部门联合制定优秀运动员就读、就业、延长学制、辅修第二学位、免试攻读硕士研究生等相关政策，延长优秀运动员运动寿命，遏止人才流失，帮助运动员有效开展职业规划。

建立和制定五人制足球从业人员（教练员、运动员、裁判员、管理人员、医科人员等）准入标准、各级各类竞赛和培训标准、场地器材等硬件设施标准；不断完善竞赛组织、管理办法、评估办法等。

通过制定行业标准和办法，吸引、满足不同层面五人制足球爱好者、健身人群进入一个体系，引导五人制足球不断向标准化、规范化、可持续化发

展，促进竞技五人制足球与大众五人制足球的深度融合和协调发展。

通过对当前国家发展大势、中国体育发展面临的形势和任务，以及我国五人制足球发展状况的剖析可见，新时代背景下我国五人制足球发展应积极适应新时代体育发展要求，创新人才培养模式，吸收一切社会力量参与五人制足球运动，不断巩固和提升竞技五人制足球的竞争实力，完成好为国争光的任务；以发展为动力，全面推进五人制足球在全民健身、文化建设、产业发展等方面的协调发展。在新的起点上，实现我国五人制足球全面、协调、可持续发展，为建设体育强国做出新的贡献。

参考文献

[1] 金成平，夏青，黄传勇.我国五人制足球甲级联赛发展现状及对策研究[J].中国学校体育，2015（2）：26-30.

[2] 袁磊.我国五人制足球发展现状及其发展对策[J].牡丹江教育学院学报，2016（2）：116-117.

[3] 胡长骏.中国五人制足球发展现状、问题与对策[J].湖北体育科技，2018，37（3）：201-203.

青岛航海运动学校党建工作规范与创新研究

国家体育总局青岛航海运动学校　　刘琳

　　党政军民学，东西南北中，党是领导一切的。习近平总书记在党的十九大报告中与时俱进地提出了新时代党的建设总要求。中国特色社会主义进入新时代，我们党要有新气象、新作为。打铁必须自身硬。党要团结带领人民进行伟大斗争、推进伟大事业、实现伟大梦想，必须毫不动摇地坚持和完善党的领导，毫不动摇地把党建设得更加坚强有力。

　　国家体育总局局长、党组书记苟仲文曾指出，体育事业是党的事业，坚持党的领导、加强党的建设是体育事业的"根"和"魂"，要把党的领导放在体育工作的首要位置，把党的领导落实到体育工作的全过程。新时代，我们要始终把抓党建作为第一自觉，围绕体育中心工作抓党建，以全面从严治党推进体育事业改革发展。作为国家体育总局的基层单位，青岛航海运动学校（以下简称"青岛航校"）应结合实际，进一步规范党建工作，努力探索党建工作新思路、新模式、新方法，形成党内政治生活的新常态。

一、青岛航校党建工作基本情况

（一）党组织基本架构

　　青岛航校目前有党员50人，其中在职在编党员26人，离退休党员24人。学校设立党委、纪委，党委设书记1人、副书记1人、委员1人，纪委设书记1人、委员2人。新一届党委、纪委均成立于2016年12月。

　　学校党委下设党支部5个，分别是第一党支部、第二党支部、第三党支部、黄山基地临时党支部、离退休党支部。其中第一党支部有党员7人，由党委办公室、财务处、资产管理处党员组成，下设2个党小组；第二党支部有党员12人，由办公室、培训处党员组成，下设2个党小组；第三党支部有党员6人，由公寓管理处、基建能源处党员组成，下设2个党小组；黄山基地临时党支部有党员5人，由黄山训练基地外聘合同制职工党员组成；离退休党支部有党员24人，全部为学校离退休党员。

（二）近年来的工作成绩与亮点

近年来，学校全面落实管党治党责任，努力推动党建工作从"宽、松、软"向"严、紧、实"转变，为各项改革发展任务提供坚实的保障。学校党委牢固树立"抓好党建是最大政绩"的观念，聚焦主责主业，坚持问题导向，围绕"服务中心、建设队伍"两大任务，着眼于发挥好党委的政治核心作用、支部的战斗堡垒作用、党员的先锋模范作用，按照"把方向、强基础、补短板、抓规范"的思路，推动学校党建工作扎实开展。

一是坚持问题导向，全面梳理解决问题的短板。重点梳理党委工作制度、支部基础建设、党员管理监督等方面的问题20余条。在此基础上，易于整改的立行立改，短期内难以解决的则制订整改方案。加强制度建设，制定、完善党委中心组学习、党务公开等制度23项，并将各项制度汇编成册。

二是加强思想政治工作，为学校改革发展凝心聚力。党委充分发挥政治核心作用，切实贯彻国家体育总局领导来校调研时的指示精神，围绕学校改革发展任务，着眼于打造国际一流航海运动学院的目标，通过开展学习研讨、谈心谈话、解放思想大讨论等活动，进一步统一思想、凝聚共识、明确目标、奋发有为。

三是坚持固本强基，规范加强支部基础建设。以支部书记为重点加强教育培训，以"三会一课"为抓手夯实组织建设，理顺党员发展、党费收缴、支部活动等工作制度，并开展相关培训工作。

四是压实全面从严治党主体责任，加强党员教育管理监督。将党风廉政建设纳入总体工作部署，做到同研究、同部署、同落实，建立起"书记抓总、班子成员分工管、支部具体抓"的层层落实工作机制。坚持抓小、抓早、抓预防，通过学习廉政准则和纪律条例、参观反腐倡廉基地、开展"以案为鉴"活动等正反面教育，增强干部职工反腐倡廉自觉性。

五是抓好政治理论学习，以党的十九大精神为重点搞好思想武装。党委会多次专题研究部署政治理论学习，以党的十八届六中、七中全会和十九大精神为重点，定期安排中心组学习、集体研讨和专家授课。将学习宣传贯彻党的十九大精神作为首要政治任务，按照"多形式、分层次、全覆盖"和"学懂弄通做实"的要求，迅速掀起学习宣传贯彻党的十九大精神的热潮，推动学校各项工作迈上新台阶。

六是加强群众团体组织建设，服务学校工作大局。学校工会、青年工作委员会、妇女工作委员会依照职责开展了形式多样的活动，在凝聚群众、联系群众和服务群众方面发挥了作用，使学校精神文明建设取得了新成绩。

二、党建工作中存在的不足

（一）存在"重业务，轻党务"的思想观念

一是抓党的政治建设这一根本建设还不到位。在政治责任上，层层压实管党治党的"主体责任"和"监督责任"，由"宽、松、软"向"严、紧、硬"转变的成效还不够显著。

二是存在党建工作和业务工作"两张皮"现象，有时抓党建工作略显孤立，与业务工作有些脱节。没有结合实际探索党建工作与业务工作有机融合的方式、方法。

三是个别党员对党建任务重视程度不够，存在"党建工作占用业务工作时间"等错误观念，对待党建工作态度不够积极。

（二）党建工作责任狠抓落实方面不到位

一是有的党支部落实"三会一课"制度不到位，党内政治生活质量有待提升。

二是理论学习的形式与方法较为陈旧，创新性与吸引力不够，学习效果还不够明显。

三是党建活动形式还需要进一步改进。党委对党建活动内容、形式缺少科学统筹和精心设计，缺少鲜活性、生动性。党支部对党委、党办组织活动有所依赖，属于支部的特色党建活动还未真正开展起来。

四是党委对各支部开展工作的检查指导还不够深入，频率不够高。支部建设在落细落小上还需进一步抓实。

（三）党员管理与思想政治工作方面还存在不足

一是党员日常教育管理不够严格有效，党员教育培训工作还有不足够、不充分、不够严格的现象。

二是有的党支部书记、委员对党建业务钻研不够，兴趣不浓，对党建业务知识没有做到烂熟于心。党建业务培训还不够系统与常规。

三是思想政治工作浮于表面，与党员干部缺少深度沟通，谈心活动不够多，效果不够好，对党员干部的思想、工作、家庭情况摸得不准、不透，对困难党员的人文关怀不够。深入一线、深入群众调查研究、解决问题的能力不强。

四是党员发展工作抓得不够扎实，对入党积极分子和递交申请书人员的培训教育频率不够高，对一些"历史遗留问题"的解决不够高效。

（四）党风廉政建设工作还需持续高效推进

一是落实"两个责任""一岗双责"意识不够强。抓党风廉政建设的自觉性和主动性不够，日常廉政责任的督促检查不够。

二是廉政教育氛围不够浓厚，开展党风廉政教育的力度有待进一步加强，反腐倡廉宣传教育还没有做到入脑、入心。

三是监督执纪问责还需强化，廉政教育和廉政风险防控体系建设还需要进一步完善加强。

三、强化和改进党建工作的主要途径

（一）树立新思想，以"党建促发展"的观念引领思想政治建设

一是狠抓党的政治建设。党的政治建设是党的根本性建设，决定党的建设方向和效果。学校党建工作要牢牢把握新时代党的建设总要求，按照国家体育总局党组和青岛市委市直机关工作委员会的要求，将党的政治建设摆在首位，牢固树立"四个意识"，旗帜鲜明讲政治。按照学懂弄通做实的要求，深入学习贯彻党的十九大精神，深入学习领会习近平新时代中国特色社会主义思想的科学体系、精神实质、实践要求，引导党员干部做到学深悟透、融会贯通，用以武装头脑、指导实践，推动航海事业发展。

二是深促党建与业务相融合。在新时代发展背景下，学校党建工作要主

动适应新形势、新任务、新要求；解放思想，拓宽思路，破除惯性思想，提升党建工作水平；牢固树立"围绕发展抓党建，抓好党建促发展"的理念，避免党建工作流于形式和表面，不断在实际工作中增强党建工作的实效性，使党建工作真正融入学校发展的各个业务环节，利用党建工作优势助推业务工作，形成发展合力。

三是提升党建责任意识。新时代党的建设任务艰巨、责任重大，不容一丝懈怠。我们要以习近平新时代中国特色社会主义思想为指导，牢固树立"最大政绩""首要之责"理念，强化系统思维、实现协同用力，坚持问题导向、做到精准发力，严明主体责任、保障落实有力，充分调动党员干事创业的积极性，牢牢把握管党治党的主动权，推动党的建设质量整体提升，推进学校新时代党的建设不断迈上新台阶。

（二）把握新常态，提升党建工作规范化水平

一是着力提升基层党组织的组织力。学校党建工作要重点抓好党支部这个基本单元。严格落实党建工作责任制，认真履行党支部书记抓党建工作职责。切实落实好"三会一课"、组织生活会、谈心谈话、主题党日、民主评议党员等基本组织生活制度。支部委员会要结合实际积极创新组织生活方式方法，突出特色，增强组织活力。

二是扎实推进学习型党组织建设。抓好"四要"：一要健全学习制度。建立一套科学完备、符合实际、行之有效的学习制度，用制度营造学习氛围、用制度规范学习行为、用制度培养学习习惯。二要严肃学习纪律。着力解决个别党员学习自觉性不高、学习纪律松散的问题，让学习成为学校党员干部的终生追求。三要考核学习成效。进一步细化考评指标和细则，做到考试与考核、定性与定量、奖励与惩戒三结合。四要应用学习成果。通过学习培养高素质的党员干部队伍，增强学习的针对性，用所学理论指导工作实践，用工作成果检验学习效果。

三是创新党建活动形式，激发党支部活力。做到"三突出"：一要突出思想性和政治性。紧跟时代步伐，围绕青岛市委市直机关工作委员会与国家体育总局党组要求，结合体育工作特点，将社会主义核心价值观、爱国主义教育、中华体育精神等教育融入党建活动。二要突出针对性和实效性。注重联系学校实际，紧密结合党员队伍中的热点和难点，坚持解放思想，研究新情况、解决新问题，不断提高组织生活质量。三要突出多样性和教育性。开

展党建活动，应"跳出党建看党建"，采取"请进来，走出去"的办法，紧密结合国际、国内形势，不搞"花架子"，实打实地进行思想教育、思维方式和工作方法的传授。使党员干部了解社会，掌握行业动态，开阔思想和眼界，达到永葆先进性、增强战斗力的目的。

四是强化督导检查，科学精准抓好党组织建设。加强对支部"一对一"的指导，提升布置工作的精准度与针对性。全面落实党建工作责任制，促进党支部党建工作经常化、规范化、制度化，建立《党建工作督导检查制度》，定期对支部建设情况、发展党员流程执行情况、"三会一课"制度落实情况、主题党日活动开展情况等进行督导检查，采取现场查阅实证资料、检查会议记录、进行人员访谈等方式，对支部工作进行全方位的督导，对查找出的问题进行约谈整改与后续检验。

（三）坚持加强教育，发挥党支部战斗堡垒作用

一是提升教育培训质量。坚持党员教育培训制度，创新形式，丰富内容，党员每年集中教育不少于32个学时，基层党组织负责人不少于56个学时。充分利用党校、党性教育基地等重要阵地，强化党员培训、轮训，不断提升培训质量。同时，建立党员教育培训、组织生活考勤与补课制度，严肃组织纪律，无特殊原因不得请假。因故未参加人员必须补课。

二是加强基层党支部建设。配齐配强支部"带头人"，督促党支部书记履行"一岗双责"。新任党支部书记、委员须在一年内参加任职培训，明确岗位职责，认真履职尽责。结合实际，经常性地开展支部委员培训、党建业务学习、外出学习"取经"等活动，促进支部委员的学习提升，从而提升党支部建设水平。

三是严格党员发展工作。认真落实"控制总量、优化结构、提高质量、发挥作用"的总要求，做好党员发展工作，严格执行发展党员工作程序，认真落实发展党员工作制度，在培养入党积极分子、确定发展对象、预备党员转正等各个环节，规范操作、严格把关，确保发展党员质量，不断优化党员队伍结构。在解决"历史遗留问题"时要态度积极，传递党组织关怀，增强入党积极分子、递交申请书人员和普通群众对党组织的向往之情。

四是扎实开展思想政治教育。把解决思想问题同解决实际问题结合起来，增强思想政治工作的针对性和实效性。建立健全党支部书记、委员联系群众制度，坚持党员干部同党员群众谈心谈话制度，定期分析党员群众思想

状况，密切联系党员、群众。坚持以人为本，强化党内激励、关怀、帮扶机制，服务党员全面发展，提升人文关怀，有针对性地解决实际问题，激发全员干事创业、努力进取的积极性。

（四）重廉洁自律，全面从严治党永远在路上

一是压实"两个责任"，狠抓工作落实。落实党风廉政建设责任制，学校党委要切实担起主体责任，纪委担起监督责任，学校各支部、各处室要严格落实廉政责任，层层传导压力，分解责任。通过开展日常提醒、岗位风险排查等，落实好"一岗双责"，形成一层抓一层、层层抓落实的局面。建立督查督导机制，采取定期检查、随机抽查等方式，对各支部落实党风廉政建设和反腐败工作责任目标等情况进行督促检查，发现问题及时整改。

二是营造风清气正的环境。高度重视学校党风廉政建设工作，做到教育经常搞、监督不间断、管理跟得上。结合学习最新版的《中国共产党章程》和《宪法》，深入开展学习教育，做到警示教育经常化、警醒工作日常化，让党员干部知敬畏、存戒惧、守底线，自觉绷紧廉洁自律这根弦。坚持以作风纪律为重点，推动学校全面从严治党向纵深发展。深入贯彻中央"八项规定"实施细则和国家体育总局、青岛市有关规定要求，坚持不懈反"四风"、纠"四风"，确保党员干部队伍的纯洁性、先进性。

三是强化监督执纪问责。坚持把纪律和规矩挺在前面，加强廉政教育和廉政风险防控体系建设，完善"三重一大"决策监督机制，严格日常管理。实践好监督执纪"四种形态"，发挥好学校纪委与纪检审专职人员的作用，坚持抓早抓小，防患于未然。对违纪违规问题绝不姑息，一经查实，坚决严肃处理。

四、创新建议

（一）注入新活力，不断丰富党建工作形式与载体

创新机关党建工作，不仅要讲究内容的丰富性和系统性，更要注重其形式的变化性和创造性。如党的知识竞赛、入党宣誓、时政报告、评选"优秀共产党员"以及观看电视纪录片等多种形式的活动，寓教于乐，不拘一格。在具体操作过程中，既要注重正面宣传引导，又要结合反面教材警示教育；既要采用大家喜闻乐见的传统形式，也要有所创新、有所借鉴，增加党建工

作的新鲜感，不断提高党建工作水平。要在不断丰富新经验、创新党建工作的方式方法过程中，防止形式主义的出现，切实提高党建工作的可行性。

（二）探索新模式，运用"互联网+"智慧创新党建模式

充分发挥"互联网+党建"工作模式，不断创新学习教育形式。运用青岛市机关党建网、"党建-灯塔在线"、党建云、微党课、"航校党建"微信公众号、党员微信群等平台，定期发布党建工作应知应会知识、刊载党建工作优秀案例或工作经验；及时整理党建学习教育相关知识，定时推送，实现学习教育和广大党员"即时""微距"接触。定期组织"党组织书记讲党课"活动，发挥好党委书记、支部书记的示范带头作用，调动党员学习积极性。各支部、党小组要认真落实"三会一课"等组织生活制度，并对"三会一课"召开程序、频次、规范记录等做出严格要求。

（三）展示新面貌，提高基层党务工作者的素质与能力

党建工作者要主动适应新形势，充分认清当前形势下基层党建工作呈现的新特点，更新基层党建工作理念，建立健全基层党建工作组织机构，不断创新基层党建工作方式方法，借助先进的网络信息化平台，充分结合单位实际，"搞活"基层党建工作。第一，努力提高品德修养。基层党务工作者不但要用坚强的党性原则约束自己，还要用良好的道德情操完善自身，在工作和生活中要脚踏实地，说实话、办实事、求实效，要公道正派，诚实守信，谦虚谨慎，勤奋敬业，追求真理，展现良好风范。第二，积极参加各种学习培训。基层党务工作者要不断提高素质和能力，必须珍惜素质能力提高的机会。比如，参加实地调研、各种业务培训等活动。通过自学、业务进修和实践锻炼，更新知识、调整知识结构，不断适应新形势的要求。第三，加强实践锻炼，提高理论联系实际的水平。理论联系实际是工作取得实效的法宝。党务工作者要经常深入一线、深入职工群体中进行调查研究，掌握真实的材料、数据，尽力了解实际工作的运行情况，在工作中有针对性地解决好"热点""疑点""难点"问题。

（四）优化新方式，建立党建工作目标量化考核机制

以党支部为单位，根据党章规定的党员权利、义务，结合本单位实际情况，按照党员的行业、岗位、身体和文化素质等情况，确定每一名党员在一定时期内的工作目标并建立量化考核体系。在制订量化考核体系方案时，坚

持以"先进性、针对性、可行性"为原则，突出党性修养和工作业绩的全面考核，以"参加党内生活情况、完成各项任务情况、遵纪守法情况、群众威信情况、用户评价情况"为主要内容，为其中包含的20个考核要素设置不同的分值，强化对党员的教育、管理和监督。

在考核时，实行党员日常表现积分考评制度，做到"严考核，硬兑现"。同时，把量化考核结果与党内评优相结合，按照考核细则进行日常表现量化打分，实行季考核、年总评。基层党支部自行组织考核，在支部考核的基础上，对党员目标管理考评小组进行抽查验收。党委则结合"三会一课"制度，每季度进行一次党内总结讲评，对得分高的党员提出表扬，鼓励先进；对得分低的党员，支部书记找其谈话，分析原因，提出批评，并帮助其尽快改进，迎头赶上；对得分处于中间的党员，肯定其成绩，指出不足，鼓励其向先进看齐。在年度党内评优时，将"党员目标管理考核台账"作为年度评优的重要依据。

参考文献

[1] 李响.基层党建工作新特点及创新发展思考[J].求知导刊，2017（8）：12-13.

[2] 何湘明.论新时代基层党建创新[J].河北企业，2018（3）：104-105.

[3] 陈乐飞.新形势下加强基层党务工作者队伍建设路径探析[J].人才资源开发，2017（24）：68-69.

[4] 罗善勇.新形势下基层党建工作创新路径研究[J].领导科学论坛，2017（3）：39-40.

[5] 刘燕婷.加强基层党建工作的几点思考[J].经济师，2016（6）：294-295.

驻训国家队党建工作研究

国家体育总局秦皇岛训练基地　武英江

摘要： 国家队承担着为国争光的任务，承载着新时代中华民族的特殊使命，寄托着党和人民的殷切期望，加强国家队党的建设，对于充分发挥制度优势、全力聚焦备战参赛工作，并引领国家队建设的正确方向，提高运动员、教练员思想政治素质，激发拼搏精神，提振队伍士气，增强国家队凝聚力、战斗力、创造力，实现为国争光目标具有重要意义。

本文通过论述驻训国家队党建工作的重要意义，说明了国家体育训练基地是完成国家队为国争光任务的一个重要的、不可或缺的部分，做好驻训国家队党建工作是国家体育总局赋予的一项政治任务，是体育训练基地保障国家队奥运备战工作的重中之重，并以秦皇岛训练基地为例，介绍了秦皇岛训练基地为做好驻训国家队党建工作所做的积极探索，分析了秦皇岛训练基地在驻训国家队党建工作方面存在的不足，探讨了提升驻训国家队党建工作的对策和措施。

关键词： 国家队；党建；体育训练基地

体育事业是党的事业，坚持党的领导、加强党的建设是体育事业的"根"和"魂"。中央第三巡视组在向国家体育总局党组反馈意见时指出了"基层党组织发挥作用不充分，'支部建在运动队'的好传统继承发扬不够"的问题。为推进此项问题整改落实，在协会和国家队中全面加强党的领导，为2020年东京奥运会和2022年北京冬奥会备战工作提供坚强政治保证，国家体育总局召开了协会和国家队党建工作会议，国家体育总局局长、党组书记苟仲文在会上指出，在协会和国家队中全面加强党的建设，既是贯彻落实党的领导的政治要求，也是东京奥运会和北京冬奥会备战形势的需要，更是总局党组对协会和国家队工作做出的重要决策部署。要坚持以政治为统领，以党建为抓手，切实将协会和国家队党建工作落到实处。

为切实加强协会和国家队党建工作，国家体育总局研究制定了《体育总局党组关于加强国家队党的建设工作指导意见》《体育总局党组关于加强改革试点项目协会党的建设工作指导意见》，在具备条件的实体化改革协会和国家队成立了党支部，并下发了《关于进一步加强国家队运动员、教练员党员组织关系管理的通知》，有效规范和加强了各改革试点项目协会和国家队的党建工作。

《体育总局党组关于加强国家队党的建设工作指导意见》对国家队党建工作提出了总体要求，明确了以下具体职责分工：国家体育总局党组对国家队党建工作负总责，国家体育总局机关党委是党建工作的专责部门，负责落实国家体育总局党组的要求；有关运动项目管理中心党委负责统一领导和管理国家队党建工作，对国家队党建工作负主体责任。改革试点项目协会对国家队党建工作履行支持、帮助、协调职责；国家队党支部是党在国家队中的战斗堡垒，发挥政治核心作用。

《体育总局党组关于加强国家队党的建设工作指导意见》中并没有提及体育训练基地，但这并不意味着体育训练基地在国家队党建工作方面不承担具体职责。相反的，作为国家队的服务保障单位，在国家队驻训期间，体育训练基地责无旁贷地承担着配合、支持、帮助国家体育总局直属机关党委、运动项目管理中心党委、有关改革试点项目协会做好国家队党建工作的政治任务，是加强国家队党建工作时不可或缺的重要一环。

秦皇岛训练基地是国家体育总局直属的国家体育训练基地，承担着服务保障各级、各项目国家队的中心任务。本文以秦皇岛训练基地为例，阐释做好驻训国家队党建工作的重要意义，探讨国家体育训练基地做好驻训国家队党建工作的具体措施。

一、驻训国家队党建工作的重要意义

（一）做好驻训国家队党建工作是训练基地保障奥运备战工作的政治任务

习近平总书记高度重视体育工作，站在了实现"两个一百年"奋斗目标、实现中华民族伟大复兴"中国梦"的高度去理解体育。习近平总书记于2017年在天津会见全国群众体育先进单位、先进个人代表等时指出，体育承载着国家强盛、民族振兴的梦想。体育强则中国强，国运兴则体育兴。在谈到竞技体育时，他强调，要提高竞技体育综合实力，更好地发挥"举国体制"的作用，把竞技体育搞得更好、更快、更高、更强，提高为国争光能力，让体育为社会提供强大正能量。

《体育总局党组关于加强国家队党的建设工作指导意见》中指出，国家队代表祖国征战世界赛场，承担着为国争光的任务，承载着新时代中华民族的特殊使命，寄托着党和人民的殷切期望。当前，在历史交汇期，做好国家队备战2020年东京奥运会和2022年北京冬奥会是一项重要的政治任务。加强国家队党的建设，是国家体育总局党组为完成这一重要政治任务做出的具体安排，对于充分发挥制度优势、全力聚焦备战参赛工作，并引领国家队建设的正确方向，提高运动员、教练员思想政治素质，激发拼搏精神，提振队伍士气，增强国家队凝聚力、战斗力、创造力，实现为国争光目标具有重要意义。

国家体育训练基地是各项目国家队备战奥运过程中训练、生活和学习的地方，是完成国家队为国争光任务的一个重要的、不可或缺的部分，因此，在加强国家队党建工作的大局中，体育训练基地应提高政治站位，充分认识到做好驻训国家队党建工作是国家体育总局赋予的一项政治任务，是体育训练基地保障国家队奥运备战工作的重中之重，不仅要提供场地设施、训练器材、教育科研、医疗康复、生活娱乐等服务保障，更要按照党中央、国家体育总局党组关于加强国家队党的建设的要求，配合、支持国家体育总局直属机关党委、运动项目管理中心党委、有关改革试点项目协会切实做好国家队党建工作。

（二）做好驻训国家队党建工作是训练基地丰富党建工作内涵、提升服务保障含金量的有效手段

为贯彻落实国家体育总局关于协会和国家队党建工作会议精神，国家体育总局党组对国家队党建工作提出了总要求和总遵循，国家体育总局机关党委、各运动项目管理中心、有关改革试点项目协会各司其职，在所有具备条件的国家队都建立了党支部，认真落实国家队党建工作。与此同时，做好驻训国家队党建工作既对体育训练基地党建工作提出了更高要求，又有效提升了体育训练基地党建工作内涵和服务保障含金量。做好驻训国家队党建工作，拓展了体育训练基地党建工作思路，丰富了党建工作内容，凸显了党建工作的体育特色，增加了训练基地和国家队之间的党建互动交流，创新了党建活动形式，推进党建工作迈上一个新台阶。此外，做好驻训国家队党建工作，在为驻训国家队提

供吃、住、训等浅层次保障服务的基础上，增强了服务保障工作的内涵和厚度，提升了体育训练基地服务保障工作的质量和含金量，有利于体育训练基地的转型升级发展。

二、驻训国家队党建工作取得的成效

作为国家体育总局直属的京外国家体育训练基地，服务驻训国家队是国家体育总局赋予秦皇岛训练基地的中心任务。秦皇岛训练基地年均接待各项目国家队近20支，部分国家队长期驻训。长期以来，按照国家体育总局党组加强国家队党建工作的要求，秦皇岛训练基地以高度的政治使命感和责任感，在做好驻训国家队党建工作方面做了积极的探索，积累了一定的经验。

（一）为驻训国家队开展党建工作提供保障

秦皇岛训练基地根据各运动项目中心、有关改革试点项目协会和国家队的要求，为驻训国家队开展党建活动、团队建设、爱国主义励志教育提供保障。如基地国旗队年均为驻训国家队开展爱国主义升旗仪式10余次，有效激发了国家队队员刻苦训练、攻坚克难、为国争光的爱国主义热情。基地积极为国家队开展党建活动联系授课讲师、提供学习材料，在党员活动室开辟了国家队党支部学习园地，为国家队党支部过组织生活提供了场所。此外，基地还组织驻训国家队集体观看"2022年冬奥会举办城市投票直播"和大型励志纪录片《厉害了我的国》，为配合总局《国家队运动员行为规范（试行）》《国家队教练员行为规范（试行）》（以下简称"双十条"）的宣传，单位党委精心策划了"双十条"签名仪式，组织驻训的国家竞走队、北欧两项国家队、单板滑雪平行项目国家队、跳台滑雪国家队等8支国家队、180余名国家队教练员和运动员在"双十条"宣传板上庄严地签下自己的名字，起到了良好的宣传教育效果。

（二）定期为驻训国家队开展主题教育活动

为深入学习贯彻习近平新时代中国特色社会主义思想和党的十九大精神，认真落实国家体育总局关于协会和国家队党建工作会议精神，激发国家队运动员积极向上、拼搏进取的强大动力，秦皇岛训练基地党委为国家竞走队、青少年男子和女子篮球国家队、自由式滑雪空中技巧国家队、单板平行项目国家队、北欧两项国家队、钢架雪车国家队等驻训国家队开展了"梦想青年说"系列励志教育活动，取得了良好的效果。目前，"梦想青年说"活动已举办了两期，获得了各运动项目管理中心和驻训国家队的欢迎和好评，赢得了国家体育总局直属机关工作委员会的肯定。

三、驻训国家队党建工作存在的问题

虽然秦皇岛训练基地在驻训国家队党建工作方面做了一定的探索，取得了一些经验，但这些探索仍然是浅层次的、不成体系的，距离国家体育总局党组的要求还有一定的差距。

（一）驻训国家队党建工作缺乏顶层设计

秦皇岛训练基地驻训国家队党建工作尚缺乏宏观顶层设计，尚未出台成熟的驻训国家队党建工作方面的指导性、规范性的制度性文件，从长远来看，这势必会制约基地及驻训国家队党建工作的健康、可持续发展。

（二）驻训国家队党建工作的积极性有待提高

目前，秦皇岛训练基地开展的驻训国家队党建工作，从需求端和供给端来分析，由驻训国家队的需求端提出要求的情况居多，基地供给端主动而为、深度挖掘驻训国家队党建需求的积极性还不够。2018年7月，李建明同志到基地调研期间，征求驻训国家队对服务保障工作的意见、建议，某驻训国家队主教练提出，希望秦皇岛训练基地能够为队伍开展党建活动、爱国主义励志教育，对团队建设给予支持，这反映了基地的驻训国家队党建工作存在供需矛盾，基地对驻训国家队党建工作的主动性、积极性有待提高。

（三）驻训国家队党建工作沟通协调平台尚需完善

目前，秦皇岛训练基地在驻训国家队党建工作方面尚未与国家体育总局直属机关党委、运动项目管理中心、有关改革试点项目协会和驻训国家队形成成熟、顺畅的沟通机制，单位内部各相关部门的沟通、配合工作机制尚需进一步理顺。

（四）驻训国家队党建工作内容体系建设有待完善

秦皇岛训练基地驻训国家队党建工作内容较为零散，不成体系，能够满足驻训国家队党建工作不同需求的课程体系尚未形成。

（五）驻训国家队党建工作内容和形式创新能力不足

各项目、各年龄段驻训国家队的党建需求各有不同，不能用整齐划一的标准来保障。从满足驻训国家队党建工作多样化需求方面来看，秦皇岛训练基地驻训国家队党建工作的创新意识还不够强，创新动力不足，创新能力有待进一步提高。

四、提升驻训国家队党建工作的对策和措施

（一）强化驻训国家队党建工作顶层设计，强化制度建设

加强单位驻训国家队党建工作的组织领导，成立秦皇岛训练基地驻训国家队党建工作领导小组，统一领导驻训国家队党建工作，由党委书记任领导小组组长。领导小组下设办公室，负责驻训国家队党建工作的组织协调工作，由党委办公室、人事处、国家队保障处等部门的相关人员组成，具体负责驻训国家队党建工作的组织协调及督导检查工作。领导小组定期学习研究国家体育总局关于国家队党建工作的政策文件，谋划驻训国家队党建工作顶层设计，研究制定相关制度，为驻训国家队党建工作提供制度保障。

（二）加强宣传教育，增强驻训国家队党建工作的使命感和责任感

认真学习《2022年北京冬奥会参赛实施纲要》《2022年北京冬奥会参赛服务保障工作计划》《体育总局党组关于加强国家队党的建设工作指导意见》《体育总局党组关于加强改革试点项目协会党的建设工作指导意见》《关于进一步加强国家队运动员、教练员党员组织关系管理的通知》等文件，深刻领会国家体育总局党组关于国家队党建工作的精神。通过组织党委中心组学习、党委中心组（扩大）学习，党委成员讲党课，开专题座谈会，制作宣传展板等形式，开展驻训国家队党建工作宣传教育，进一步统一思想、凝聚共识，教育、引导党员干部充分认识驻训国家队党建工作的重大政治意义，增强驻训国家队党建工作的使命感、责任感和荣誉感。

（三）主动作为，不断完善驻训国家队党建工作沟通协调平台

研究制订《秦皇岛训练基地驻训国家队党建工作服务保障工作方案》，明确

各部门职责分工，建立健全驻训国家队党建工作保障联动机制。在党委办公室设立驻训国家队党建工作联络点，由专人负责与有关运动项目管理中心、相关改革试点项目协会、驻训国家队党支部的对接工作，充分了解驻训国家队党建工作需求，有针对性地制订驻训国家队党建工作保障方案，充分征求各方意见后，稳步推进落实。党建活动结束后，通过座谈会、访谈、调查问卷等形式，收集教练员、运动员对党建活动保障服务的意见反馈，不断完善驻训国家队党建工作保障方案，提升保障能力。

（四）丰富党建工作内容，构建驻训国家队党建工作体系

在现有驻训国家队党建工作经验基础上，不断丰富驻训国家队党建工作内容，提升驻训国家队党建工作质量，构建质量上乘、内容丰富、形式多样、科学合理的驻训国家队党建工作体系。

除了为驻训国家队党建活动联系授课教师、提供场所、提供学习材料之外，还应不断提升单位专、兼职党务工作者的政治理论素养和党建业务能力，根据驻训国家队党建工作需求，由单位专兼职党务工作者为驻训国家队党支部支委开展党建业务培训，协助党支部开展高质量的组织生活，为驻训国家队讲授专题党课。

充分利用秦皇岛市周边高校、党校资源，不断完善师资库建设，满足驻训国家队党建工作多样化需求。此外，选拔基地精干力量，集中开展系列培训，有意识地培养基地自己的师资，开发驻训国家队党建工作精品课程，根据需求为驻训国家队授课。

挖掘秦皇岛市周边爱国主义教育资源，联合打造国家队励志教育基地，创新党建活动形式，开展党性教育现场教学。

对驻训国家队党建工作内容进行科学分类，打造保障驻训国家队党建套餐化内容体系，根据驻训国家队需求，设计最优化的内容方案。

（五）深化党建工作内涵，加强驻训国家队党建工作品牌建设

结合驻训国家队党建工作需求，充分发挥单位党员干部的积极性和创造性，根据单位实际，着力打造一批主题突出、内涵丰富、特色鲜明、驻训国家队高度认可的党建特色品牌，继续做大做强"梦想青年说"主题教育活动、爱国主义升旗仪式等党建品牌，不断培育新的特色品牌，为秦皇岛训练基地驻训国家队党建服务打造一张永不褪色的"金名片"。

新时代高校基层党组织党性教育研究

北京体育大学　孙鹏宇

摘要：党性教育是共产党员的必修课，是共产党人的"心"学、修身养性之学。党性教育是一门科学，理论性、实践性都很强。要做好党性教育工作，增强工作的系统性和科学性、针对性和实效性，需要我们认真学习、研究马克思主义经典著作和党的领导同志有关党性修养的重要论述，从中得到科学的理论指导和帮助。作为当代青年知识分子，特别是学生党员，必须具备马克思主义理论素养。本文从党性内涵着手，从党的执政安全角度，指出高校基层党组织党性教育的重要性、紧迫性和重大意义，探析加强和改进新时代高校基层党组织党性教育的重点、难点和途径，对进一步提高党的领导能力和执政能力，巩固党的执政地位，实现两个"一百年"奋斗目标和中华民族伟大复兴的"中国梦"具有一定的现实意义。

关键词：高校；党组织；党性教育

中国共产党成立以来，内部环境、外部环境都发生了重大而又深刻的变化，党面临着多重考验，如执政能力、改革开放、市场经济、外部环境考验，以及精神懈怠的危险、能力不足的危险、脱离群众的危险、消极腐败的危险。新形势下，"四大考验"和"四大危险"意味着加强高校基层党组织党性教育和党性修养比以往任何时期都更加重要和迫切。

一、充分认识新时代加强高校基层党组织党性教育的重要性、紧迫性和重大意义

（一）加强党性教育是我们党一贯的优良传统和成功经验

党在创建人民军队、开辟井冈山革命根据地时期，为了克服部队党内的各种非无产阶级思想，建立一支真正的无产阶级的新型人民军队，毛泽东

写下了《关于纠正党内的错误思想》即古田会议决议，成为建军的纲领性文件，更是我们党的建设的纲领性文件，是加强党性教育和党性修养的重要教材。

在抗日战争时期，为了克服当时党内种种错误思想的影响，毛泽东同志撰写文章、发表讲演，《反对自由主义》《改造我们的学习》《反对党八股》《整顿党的作风》《在延安文艺座谈会上的讲话》《学习和时局》《纪念白求恩》等一系列光辉著作，都强调和贯彻了党性教育和党性修养的重要内容。1941年，中央还专门做出了《关于增强党性的决定》，总结了党的建设的经验教训，对开展党性教育、增强党性修养起到了重大作用。

改革开放以来，党中央又开展了多次规模较大的阶段性、集中式专题教育活动，包括1983年到1985年的整党工作，1996年以讲学习、讲政治、讲正气为主要内容的党性党风教育，2005年开始的保持共产党员先进性教育活动，党的十八大以后党中央部署开展的党的群众路线教育实践活动等。以习近平同志为核心的党中央从中央政治局做起，以制定落实"八项规定"为切入点，深入开展群众路线教育实践活动，并在县处级以上领导干部中开展"三严三实"专题教育，群众反映强烈的"四风"问题和腐败问题得到明显遏制，党风、政风、民风明显改善，全面建设小康社会事业稳步推进。

党的历史表明，注重加强党性教育是我们党的优良传统和成功经验，造就了千千万万具有坚强党性的共产党员，空前壮大了党的战斗力，我国的社会主义革命、建设和改革事业因此取得了一个又一个的伟大胜利。

（二）高校是意识形态工作的前沿阵地，加强高校基层党组织党性教育意义重大

共产党员的党性不可能自发形成，既需要个人长期、自觉的修养和锻炼，也需要组织上通过教育活动，用党的先进思想来武装头脑、塑造党性。作为新时期意识形态建设的前沿阵地，高校肩负着学习、研究、宣传马列主义、毛泽东思想，培养中国特色社会主义事业建设者和接班人的重大任务。高校作为人才培养的重要场所，关键就是在党的领导下坚持社会主义办学方向，坚守马克思主义意识形态阵地。

做好高校意识形态工作，关键在于保持意识形态的自觉自信。增强意识形态自觉就是要引领广大师生从思想上保持对社会主义意识形态的认同；增强意识形态自信就是要引导高校学子深刻把握社会主义意识形态的科学性和

真理性。坚持用社会主义意识形态武装师生，抵制西方价值观侵染。

（三）加强高校基层党组织党性教育，助力完成党在新时代的历史使命

党对党性的要求从来都是和党在不同历史时期所肩负的任务紧密相连的，这正是党性的活力所在。在党员干部队伍中，信仰缺失是一个需要引起高度重视的问题。党的基层组织是确保党的路线方针政策和决策部署贯彻落实的基础，党的十九大要求把包括高校在内的基层党组织建设成为"宣传党的主张、贯彻党的决定、领导基层治理、团结动员群众、推动改革发展的坚强战斗堡垒"。培养堪当民族复兴大任的时代新人是高校的核心使命，作为这一核心使命的组织者、执行者和参与者，高校基层党组织使命光荣、责任重大，必须提高站位、准确定位、责任到位，立足党的事业发展全局，从立德树人的根本任务出发，以提升组织力为重点，突出政治功能、教育功能、服务功能，为中华民族伟大复兴提供坚实的人才基础。

二、党性的内涵、特点和要求

（一）党性的内涵

就像人是身体和精神的统一体一样，政党也是组织和党性的统一体，它既有能够看得见的组织机构，也有看不见的但确实存在的党性。

党性，顾名思义，即政党的属性、特性。"党性"一词是随着政党的出现而出现、随着政党理论的形成而形成的。政党的党性不是一般的属性，不是表面的属性，不是可有可无的属性，而是本质属性。这意味着，一个政党没有了党性，就失去了它的本质，就会变质，名存实亡，组织机构还存在，纲领章程还存在，政党成员还存在，但已经不再是原来那个政党了。

（二）党性的特点和要求

具体分析政党的党性，就要从政党的本身出发。政党是一定阶级中的先进分子或精英人士组成的政治集团，这个概念实际上已经暗含了政党党性的三个最基本的方面：政党是一定阶级的政党，说明政党的党性一定要有阶级性；政党是一个政治组织或政治集团，说明组织性或纪律性是政党党性的题中之意；政党是由先进分子或精英人士组成的，说明政党的党性必须具有先

进性。

1. 政党的党性首先指鲜明的阶级性

一个政党总是代表某个阶级的利益和意志，它总要体现出这个阶级的属性。政党是在阶级对立和阶级斗争中发展起来的，党性则是政党在阶级斗争和阶级对立中形成的自觉的意识，是政党为了赢取、巩固执政地位而必须要凝结成的集体意志。

没有阶级出现，也就没有政党；没有阶级性，也就没有党性。不同的阶级对应不同的政党，不同的政党对应不同的党性。阶级性是党性的基础，政党的党性归根结底就是这个政党是哪个阶级的政党，这个政党代表着哪个阶级的利益和意志。因此可以说：党性是一个政党阶级性最高而集中的表现，党性是阶级性的升华。

已有历史证明，一个政党不一定会始终代表它所属的那个阶级的利益，因为这个阶级的党员干部一旦拥有了权力，却没有有效的约束和监督，就会摇身转变为特权阶层，就会为了少数人的利益而忽视甚至侵犯本阶级以及社会中大多数人的利益。人不能忘本，政党也不能忘源。

2. 政党的党性包括严格的组织纪律性

无规矩不能成方圆，无纪律不能成政治集团。政党是一个政治组织、政治集团，没有组织性、纪律性，政党本身也就不存在了，党性因此也就不存在了。所以说，严格的组织纪律也是政党的本质属性，因此也是党性的基本方面。

3. 政党的党性还包含先进性

任何一个政党，都是由本阶级中的先进分子、精英人士组成的，自然应该有先进性。只要是政党，就有相对于阶级内部其他组织的先进性，先进性也是政党的本质属性，是党性的基本方面。当然，党性还表现为纯洁性、道德性及时代性等，实际上这些属性都属于先进性的表现。

中国共产党作为马克思主义执政党，其先进性主要表现在三个方面：一是组成成员的先进性，由具有共产主义觉悟的先进分子组织起来；二是理论上的先进性，有马克思主义科学理论作为指导；三是实践上的先进性，依据社会发展规律推动中国不断进步。

总体来看，阶级性、组织纪律性、先进性是政党党性的三个基本方面，每一个属性都不可或缺。一个政党要增强党性，归根结底也就是要强化阶级意识，维护组织纪律，保持先进性。

三、高校基层党组织党性教育工作现状及分析

（一）高校基层党建工作开展形式——以北京体育大学为例

2018年是举国上下贯彻落实党的十九大精神的开局之年，北京体育大学全面落实开展"北京市基层党组织建设年"工作，机关党委所属各支部按照学校党委总体部署和要求，围绕以学习贯彻习近平新时代中国特色社会主义思想为主要内容的"不忘初心，牢记使命"主题教育这一重点，结合学校综合改革、一流学科建设和建校65周年，开展2018年支部"主题党日"活动，扎实推进党的组织建设，推动基层党建发展，认真开展支部"主题党日"活动，活动内容主要有以下几个方面。

（1）诵读党章。围绕《中国共产党章程》，由党支部书记领诵，全体党员齐诵，通过反复诵读，将党章内容熟记于心。在诵读的基础上，可通过开展抄写、讨论、交流、知识竞赛等活动，强化记忆和理解，坚定党性观念。

（2）缴纳党费。在活动当天，每名党员按规定缴纳党费，由党支部确定专人收取，并填写党费证和党费交纳表。没有特殊情况不得由他人代缴。党支部每月按时公开党费收缴情况。

（3）研学党规党情。学习习近平总书记系列重要讲话及《关于新形势下党内政治生活的若干准则》《中国共产党章程》，以及国家体育总局、教育部和北京市的重大政策和重要部署等。党支部采取书记或其他支委领学、集体研学、个人自学等方式读原著、学原文、悟原理，通过反复研学领悟，使学习入脑、入心、入行。

（4）开展廉政教育。根据上级各级党委有关党风廉政建设活动安排，组织党员观看警示教育片、参观廉政教育基地，增强机关党员干部廉洁自律意识。

（5）学习"两会"热点。组织党员集中学习政府工作报告，重点学习领会中央对高等教育和体育事业发展提出的新要求、新任务，关注"两会"上关于教育和体育工作的热点问题和权威解读，立足岗位实际，谈心得、讲体会。

（6）感受祖国剧变。结合国家纪念改革开放40周年庆祝等活动，组织党员观看相关主题成就展、纪录片、庆祝大会等，使广大党员干部亲身感

受祖国的伟大变化，增强民族自豪感和自信心。

（7）领导专家讲党课。各党支部可邀请校领导或马克思主义学院专家给全体党员讲党课，深入学习党史，坚定广大机关党员干部的共产主义信仰，增强党员政治意识。

（8）业务培训。根据部门工作性质和岗位需求，组织党员参加业务知识、政策法规等方面的培训。组织党员进行岗位技能、实用技术等方面的培训。

（9）实践教育。结合即将开展的"不忘初心，牢记使命"主题教育，组织党员到本市爱国主义教育基地参观实践，增强党员历史使命感和社会责任感。

（10）争创一流。结合学校深化改革和一流学科建设，组织党员开展"如何更好地发挥机关管理育人作用，为学校发展提供一流服务"的大讨论，从而开创机关党员干部爱岗敬业、争创一流的良好局面。

（11）组织校庆活动。结合学校建校65周年系列庆祝活动总体要求，组织党员开展参观校史馆、回顾学校发展历程，阅读校史丛书、老照片图册，或邀请机关已退休党员干部做校史讲座等文化活动，提升机关党员干部对学校的认同感和归属感。

（12）参观调研。组织党员到兄弟院校、北京2022年冬奥组委、大型国企或科技公司参观考察、交流学习。学习借鉴兄弟院校机关工作管理经验，了解北京冬奥会备战情况，实地体验我国高科技前沿技术发展，提升学校机关工作理念，开阔机关党员干部视野。

（13）扶贫攻坚。结合国家体育总局党组对精准扶贫工作的要求，组织党员干部走访慰问学校困难教职工，通过送爱心、送服务等形式帮助有生活困难的党员和群众。

（14）文体活动。组织党员开展体育运动、健身活动、合唱比赛、诗词朗诵等文体活动，丰富"主题党日"活动的形式，增强党员的凝聚力和团队意识。

（15）支部联合。各党支部可联合其他支部形成"1+1"模式，共同开展主题党日活动，支部间可交流党建工作经验，分享党员学习心得，发挥各支部特色和优势，取长补短，共同成长。

（二）高校党建存在的问题及解决对策

1. 再度提高党员的日常管理、党性素质及入党后的教育工作

随着党员人数的增多，党员的日常教育管理表现出了一定的困难，主要在以下三个方面。

一是在发展新党员上，数量与质量高度衔接程度不足。会出现个别入党目的不够明确的人员加入党组织的情况，他们虽然组织上入党了，但在思想上没有及时跟进，这种情况给党组织的教育与管理增加了难度。为了保持党组织的纯洁性，就要做到在保障质量的前提下提高数量，这就要求基层党支部严把入党积极分子的考察关、培养关，对申请入党的人员，要在思想作风及行为上严格教育和管理，在学习生活工作上细致关心和帮助，努力使他们早日成为合格的共产党员。

二是注重入党前教育，入党后教育相对放松。这主要表现在个别入党时间长的党员放松自我约束，忽视了组织纪律、日常学习，不重视联系群众，不能起到先锋模范带头作用。针对这种状况，需要加强党的继续教育，经常开展重温入党宣誓活动，积极开展党性、党风教育，创造平台、开展相关活动让党员和群众联系更紧密，加强党员入党后的教育，使之始终保持先进性。

三是总体上教育严格且规范，但对个体的教育相对不足，个别师生党员的党性意识淡薄、组织纪律涣散。解决这一问题，需要将学校党委、基层各党支部及党小组点面结合、齐抓共管，既要做到对全体党员的教育管理，又要做到对个别党员的教育引导。

2. 进一步完善基层党组织建设

这主要表现在两个方面：一是基层党支部开展活动数量少、形式单一、意义不深刻。这主要体现在，支部活动没有很好地与学校和学院的发展以及教学科研结合，因而得不到广泛的参与，起不到预期的教育效果。应该结合学院及学生发展的实际，以提高党员素养为主题，以教学、科研、学科建设为主线，开展内容丰富、形式多样的基层党组织活动。

二是经费来源单一、总体额度相对较少。高校党组织的经费一般来自上级拨款和自行筹措，往往经费较少，导致高校党组织尤其是基层党支部活动和党组织生活不便开展。因此，需要增大自行筹措的力度，拓宽党组织经费来源，努力保障有益活动的顺利开展，使党组织生活规范化、常态化，使广大党员有条件开展提高自我、服务他人的活动。

3. 进一步激发基层党组织的战斗堡垒作用和党员的先锋模范作用

基层党组织的战斗堡垒作用和党员的先锋模范作用尚没有完全调动，需要进一步激发和鼓励。造成这种现状的原因，一是基层党组织的相关制度建设不够完善，未能充分调动党员的积极性，未能最大限度地发挥党员的先进性。这需要在学校党委的统一部署下，各直属党支部、教工党支部、学生党支部都积极投入基层党组织建设工作，发挥智慧、发动力量，努力做到充分发挥基层党支部的战斗堡垒作用和党员的先锋模范作用。

二是少数党员模范意识薄弱，先锋示范作用发挥不明显。这需要加强党员的日常教育管理，积极开展"三会一课"制度和党员民主生活会制度，努力建立健全创先争优活动长效机制，努力创建学习型基层党组织。

三是个别党员的大局意识、主动意识不强。对学校的发展、学生的发展关心和投入不够，没有主人翁的精神和态度，未能很好地贴近群众、联系群众、服务群众。为此，我们应该按照高校党建工作的有关要求，发挥创新精神，积极策划特色鲜明、主题突出、与党员实际工作相结合的党组织活动，增强党员的大局意识和为人民服务的能力与水平。

四、新时代高校基层党组织开展党性教育的必要性、难点和途径

思想建设是党的建设的基础。党性教育又是思想建设的核心，是党员干部教育培训的关键。加强高校基层党组织思想建设必须抓好党性教育这个核心。高校基层党组织党性教育工作任重而道远，需要扎实、细致、耐心的态度与高度的责任感和崇高的奉献精神。做好高校党建工作，需要结合高校实际，坚持党的领导，努力适应新形势、新任务，模范执行党的路线方针政策，全面贯彻落实科学发展观，积极构建社会主义和谐校园，在教学育人、管理育人、服务育人方面不断发挥高校基层党组织的战斗堡垒作用和党员的先锋模范作用。

（一）加强理论学习，认识学习的必要性

马克思创立的历史唯物主义和剩余价值论，使得社会主义从空想变成了科学。马克思主义是真理，是我们党的指导思想，是我们每一个共产党人的行动指南。理论上清醒，政治上才能坚定。理论上清醒是政治上清醒的前提，理论上坚定是政治上坚定的保证。

当前，高校基层党组织要把深入学习马克思主义经典著作和习近平总书记系列讲话精神作为重大政治任务来抓，组织全体党员深入学习党的基本理论，坚持读原著、学原文、悟原理，真正做到系统地而不是零碎地、深刻地而不是肤浅地、全面地而不是片面地学，准确掌握贯穿其中的马克思主义世界观和方法论，做到真学、真懂、真信、真用。只有运用马克思主义的立场、观点、方法去观察世界、认识世界、改造世界，才能心明眼亮，才能深刻认识和准确把握共产党执政规律、社会主义建设规律和人类社会发展规律，才能坚定社会主义信念和共产主义远大理想。

（二）深入学习党史，注入红色基因，继承和发扬我党的优良传统

2010年7月21日，习近平总书记在全国党史工作会议上指出，加强党史的学习和教育，要以各级党员领导干部为重点。各级党委要把党史学习和教育纳入干部教育培训的必修课，把一些重大党史课题作为理论中心组的重要学习内容，把全面了解和正确认识党的历史作为对党员干部的一项基本要求，教育引导他们特别是年轻干部认真学习党的历史，努力提高思想政治素质和领导水平。

党史教育是坚定党员干部理想信念、提升党员干部党性修养、继承和发扬党的优良传统、加强和改进党的建设的重要途径。党的十八大以来，以习近平同志为核心的党中央，从严管党治党，惩治腐败，整顿"四风"，深入开展群众路线实践教育活动，治党、治国、治军出现了一系列新气象。这些新气象，就是对党长期形成的优良传统作风的回归和弘扬。

（三）以党章为根本遵循，系统开展党章、党规、党纪教育，增强党性修养

党章是我们立党、治党、管党的总章程，是全党最基本、最重要、最全面的行为规范，把全党同志的思想统一到党章上来，自觉按照党章行动，具有十分重大的意义。

认真学习党章，严格遵守党章，是习近平总书记对全党发出的号召，提出的重要要求。认真学习党章、严格遵守党章，是加强党的建设的一项基础性、经常性工作，也是全党同志应尽的义务和庄严责任，强化全党党章意识，对增强党的创造力、凝聚力、战斗力具有极为重要的作用。当

前，各级党组织要把党章、党规、党纪教育作为日常性、经常性工作来抓，有计划、经常性地组织广大党员认真学习党章、党规、党纪，切实把这个基础工作贯穿于党员教育、干部培训、组织生活等各项工作，不断强化全党同志的党章意识；要把检查学习和遵守党章情况作为组织生活会、民主生活会和民主评议党员的重要内容，推动建立党性教育科学评价体系，真正使全党同志对党章内化于心，外化于行。

（四）共产党员要增强党性教育自觉，提升党性修养

共产党员的党性不是天生的，不可能自发形成，只有经过长期、自觉的修养和锻炼才能形成。共产党员党性修养的过程，就是自我教育和自我改造的过程，就是自觉地用党的要求、用党的先进性来塑造自己的过程。在改革开放和发展社会主义市场经济的条件下，共产党员的党性修养遇到了前所未有的新课题、新挑战，重申和强调加强党性修养十分必要。只有从理论与实践的结合上充分认识党性修养的重要性、紧迫性，才能不断增强党性修养的自觉性、坚定性。

加强党性修养，对于每一个共产党员来说，都是一个必须终生解决的重大课题，也是事关加强党的自身建设、保持党的先进性和纯洁性、提高党的领导能力和执政能力、巩固党的执政地位的重大问题。

习近平总书记在十八届中央纪委三次全会上指出，全党同志要强化党的意识，牢记自己的第一身份是共产党员，第一职责是为党工作，做到忠诚于组织，任何时候都与党同心同德。全党同志要强化组织意识，时刻想到自己是党的人，是组织的一员，时刻不忘自己应尽的义务和责任，相信组织、依靠组织、服从组织，自觉接受组织安排和纪律约束，自觉维护党的团结统一。

共产党员要时刻牢记自己是一名共产党员。牢记自己是一名共产党员，就要自觉加强党性修养和党性锻炼，时刻做到在党爱党、在党忧党、在党为党；牢记自己是一名共产党员，就要牢记党的性质、宗旨和奋斗目标，牢记党的组织纪律和规章制度，牢记党员的权利和义务，就要身体力行；牢记自己是一名共产党员，就要自觉加强思想道德修养，自觉抵制各种腐朽思想侵蚀，自觉培养积极向上的生活情趣，时刻做到自重、自省、自警、自励，永葆共产党人政治本色。

（五）建立长效机制，落实全面从严治党责任，推动党性教育的科学化、常态化、长效化

"中国梦"的实现，中华民族伟大复兴，关键在党，关键在党的建设。全面从严治党，是习近平总书记在中国经济进入新常态发展后关于如何加强和改进党的建设重要论述的主线，是新形势下执政党建设理论和发展的最新成果。

治国必先治党，治党务必从严。当前，落实全面从严治党责任，建立全面从严治党长效机制，推动党性教育的科学化、常态化、长效化是各级党组织最大的政治责任，要从巩固党的执政地位的大局出发，充分认识党性教育的重要性、紧迫性，切实做到守土有责、守土负责、守土担责，牢固树立抓好党建是本职、抓不好党建是渎职、不抓党建是失职的责任意识，切实把全面从严治党引向基层、引向深入。全体党员都要按照《中国共产党章程》的要求，严肃党内政治生活，把加强党性教育和党性锻炼作为全党加强党性修养的主要任务来落实，从而推动党性教育和全面从严治党的科学化、常态化、长效化，使我们党始终成为中国特色社会主义事业的坚强领导核心。

参考文献

[1] 陈培永.党性是什么[M].广州：广东人民出版社，2016.
[2] 韩庆祥，等.哲学思维方式与领导工作方法[M].北京：中共中央党校出版社，2014.
[3] 习近平：扎实做好保持党的纯洁性各项工作[N].学习时报，2012-03-05.
[4] 习近平：胸怀大局把握大势着眼大事　努力把宣传思想工作做得更好[N].人民日报，2013-08-21.
[5] 习近平在党的群众路线教育实践活动总结大会上的讲话[N].人民日报，2014-10-09.
[6] 习近平：认真学习党章　严格遵守党章[N].人民日报，2012-11-20.
[7] 习近平：紧紧围绕坚持和发展中国特色社会主义　学习宣传贯彻党的十八大精神[N].人民日报，2012-11-19.
[8] 习近平：领导干部要树立正确的世界观权力观事业观[N].学习时报，2010-09-06.

浅谈国际大型综合性运动会的遗产及其利用

国家体育总局对外体育交流中心　段英华

摘要： 国际大型综合性运动会是同一时期内在某一个主办城市举办的由多个国家或地区派员参加多项比赛的体育大会，因比赛项目的特点和地理环境等原因也会有若干协办城市参与筹办。我国国力逐年增强，在举办国际大型综合性运动会的经验上经历了从无到有、到积累了大量成功经验的过程。更好、更加切合实际地对待国际大型综合性运动会的申办和筹备，凭运动会留下的物质与精神财富让世界瞩目，让人民满意，让国家良好形象得到彰显，已成为赛事组织相关方的重要课题。本文对国际大型综合性运动会物质和非物质遗产及其利用的意义、我国和其他国家在这方面好的经验和做法及存在的问题进行初步分析，力图为赛事组织相关方提出积极有益的建议。

关键词： 运动会；可持续；遗产；利用

改革开放以来，中国陆续承办了包括2008年奥运会和残奥会在内的诸多不同水平和层级的国际大型综合性运动会，而2022年冬奥会和冬残奥会、第19届亚洲运动会将是我国在"两个一百年"奋斗目标历史交汇期举办的高水平国际或区域大型综合性运动会。包括知识传递在内的赛事相关遗产及其利用越来越受业内人士和普通人士的关注和重视。如何让国际大型综合性运动会因其筹备和举办而为城市与社会发展各领域留下丰富的运行经验和丰厚的赛事遗产是一个非常值得研究的课题，尤其是对于进入新时代的我国而言，与新发展理念相契合地让国际大型综合性运动会成为更好地服务社会的手段而非负担极为重要，笔者试图通过本文做初步探讨。

一、国际大型综合性运动会遗产及其利用的意义

在以奥林匹克运动会为典型代表的国际大型综合性运动会实践中，"遗产"一词成为使用频率越来越高的词语，无论是赛事所有者还是主办者对这

一领域的认识和重视程度都在加深。对主办方来说，从申办到筹备再到举办，是一项庞大的系统工程，意味着庞大的财力成本和人力成本投入：申办程序相对复杂，只有满足特定经济社会条件的城市才能获得候选资格；筹办周期长，对经济、社会、政治等方面的长期稳定性要求高；牵涉面广，不仅考验竞赛组织能力，更考验主办城市内部和主办城市与协办城市间的综合规划协调能力等。在这一过程中，高投入令人们产生了对一定程度产出的预期，即这类活动的举办能够给我们带来什么，留下什么？应该说，国际大型综合性运动会在物质和非物质层面都可以留下很丰厚的遗产，而能否很好地加以利用也有其相应的重要意义。

（一）物质层面

国际大型综合性运动会最显性的遗产非场馆这类硬件设施莫属。场馆按不同的方式，可以分为竞赛场馆和非竞赛场馆、永久场馆和临时场馆、新建场馆和改建场馆等。场馆在赛后既可以承接不同类型的活动，包括不同级别和性质的体育赛事、商业演出、展会，又可以成为提供公共服务的活动场所，为场馆业主带来可观的经济收益和良好的社会效益。

包括道路交通、信息技术、绿化环保、商业服务在内的基础设施建设也是运动会的重要遗产。一方面，这些设施能为运动员、随队官员、媒体等参与赛事活动人员提供基本保障；另一方面，来自全球的大批观众和旅游者在同一时期涌入举办城市必然要求该城市提供足够容量和水平的基础设施。对于发展中国家来说，基础设施建设往往滞后于生产部门的发展。借由运动会进行政府或社会资本投入改善城市基础设施状况，这无疑也是国际大型综合性运动会留给当地，尤其是正在发展中的地区的财富。

人才资源既为国际大型综合性运动会创造遗产，同时其本身也是强大的运动会遗产。从受薪人员到志愿者，组委会运行特点使他们能够从事高强度、高协作和高度专业化的工作；为了满足竞赛管理需要，组委会会大量培养包括裁判员在内的技术官员为竞赛组织服务；对东道主提高参赛成绩的刺激还会引起对高质量备战团队的需求。这些人才资源在运动会结束之后可以在与体育相关的领域或其他领域继续为社会发挥作用。

（二）非物质层面

东道主在当届运动会往往能取得其在相同赛事的最好成绩，这不仅是因为东道主优势，也是因为东道主会更加追求在其举办的那届赛事上取得傲人战绩。为此，东道主会借助各种先进手段预先制定高明的体育战略，培养高水平运动员，在相对较短的时间内提高体育水平，这种提高较之以往更全面，整体性也更强，体现在遗产方面则是体育后备人才的充实和全民参与体育活动热情的高涨。

志愿服务是国际大型综合性运动会不可或缺的，"奉献、友爱、互助、进步"的志愿者精神在这类赛事中得以充分展示。志愿者为赛事的筹备和举办提供的服务是无偿的，作用是巨大的，而每个志愿者同时也得到了成为赛事直接参与者的机会，会有强烈的获得感。更重要的是，他们能够提高自身能力，并且促进社会进步。志愿者的微笑成为城市最美的名片，吸引更多人投入志愿服务事业当中，志愿者精神也创造了更和谐的社会氛围。

国际大型综合性运动会的举办往往可以提升城市的文明程度。国际大型综合性运动会是具有一定国际影响力的活动，举办城市的文明程度是其能否成功举办的重要因素。经过多年的筹备，举办城市的硬件设施和软件水平都会因更加符合赛事需要而逐步完善，尤其是市民的文明程度和对外交往能力会通过一系列的文化活动和宣传教育得到提高，从而引起城市文明形象和国际知名度的整体提高。

二、国际大型综合性运动会遗产及其利用的成功经验和存在的问题

通过对国际大型综合性运动会遗产及其利用的分析可以看出，举办此类赛事对社会发展建设的益处是非常大的，但同时我们也应当看到，人们对这些益处的认识是存在一个过程的，国际大型综合性运动会遗产的价值开发与利用也是随着人们对可持续发展理念的不断深化而推进的。关于如何通过举办这些赛事来获取更大的而且是持续的社会效益和经济效益，已经有不少各类国际大型综合性运动会的举办城市提供了成功经验和好的做法；而受到文化、地域、发展水平和观念等因素的制约，赛事遗产及其利用也存在各种各样的问题。

（一）成功经验

任何一个好的项目都离不开科学分析和合理规划，国际大型综合性运动会的遗产项目同样需要做好规划。在这方面，奥运会的经验为诸多国际大型综合性运动会提供了很好的借鉴。在奥运会的发展史上，遗产的概念从20

世纪50年代提出后，在奥运会的申办和筹办中的影响与日俱增。随着国际奥委会谋求改革的呼声越来越高，以可持续发展为核心内容之一的《奥林匹克2020议程》应运而生。从遗产研究的角度看，《奥林匹克2020议程》就是在总结以往包括夏季、冬季和青年奥运会经验的基础上制定出来的，反过来，它又能为城市申办和筹办奥运会提供指导和帮助。正在筹备中的2022年冬奥会在申办阶段曾提出"以运动员为中心、可持续发展、节俭办赛"的理念，恰好与《奥林匹克2020议程》高度契合，这也证明了在经历了2008年奥运会的巨大成功后，系统化的遗产项目规划和运作对我国参与奥林匹克运动的有力推动。

北京在2008年奥运会后为遗产传承和利用做了大量的工作，包括温哥华、伦敦等城市在内的诸多奥运城市也是如此。北京于2009年成立了北京奥运城市发展促进会（以下简称"奥促会"），以公益社团的形式延续着北京奥运会遗产的传承和发展利用，在推动北京市民的全民健身、开展青少年奥林匹克教育、服务国家体育事业和促进城市与各类国际体育组织交流方面成果显著，得到了国际奥委会的高度赞扬。特别值得一提的是，近十年，奥促会为奥运人才的积累和团结做出了很大努力，在人力资源这一最重要的生产要素方面取得的成就是北京奥运遗产的独特之处，是其他奥运城市无法比拟的。

温哥华和伦敦也都成立了遗产机构，它们与奥促会的不同之处在于其以企业形式运营，在运行方式上更具灵活性，也更加追求经济效益。温哥华组委会的遗产机构还曾在赛事筹备期间与其合作伙伴实施了一项技术培训计划，既解决了赛事设备器材方面的需求，又解决了一部分没有很好谋生手段的人员的就业问题。而伦敦的经验从某个角度来说更加具有创意和文化特色，创设了文化奥林匹克项目，在整个活动周期吸引了近2 000万人参与该项目的不同活动，并在全球范围内吸纳了204个国家或地区奥委会的25 000名艺术家参与。这种方式对我国提升文化软实力非常具有参考价值。

正如在前文所提到的，国际大型综合性运动会是一项复杂的、需要高度配合的系统工程，对城市和政府的经济实力、资金保障乃至民众支持程度都有极为严格的要求。因此，充分总结相关经验教训，为今后同类活动提供现成资源和经验借鉴也就成为研究国际大型综合性运动会的遗产及其利用的一大价值所在。奥促会整理的遗产资源在广州亚运会、深圳大运会和南京青奥会，也包括在国外举办的同类运动会的申办和筹备工作中发挥了重大作用，而这些运动会又吸纳了先期举行的运动会组委会的人才资源，并为后来的运动会提供了大量的知识储备，形成了一个良性循环，让可持续发展理念不断地传承，在世界范围内潜移默化地影响着社会的发展进步。这不能不说是国际大型综合性运动会遗产对全球的贡献。

（二）存在的问题

尽管国际大型综合性运动会在遗产方面具有上述诸多特点和价值，很多组织方也总结和借鉴了大量运行经验，但也不是所有的组织方都能做到合理规划和科学管理的，取得成功经验的组织方的工作也不总是尽善尽美的。比如，在场馆建设方面，场馆赛时功能和赛后利用的不同要求会令赛事组委会在平衡竞赛需求和业主要求上左右为难，做出不利于赛后利用的决定，赛事级别越高，对技术要求越高，就越不利于产生良好的场馆赛后利用率，其原因之一就是场馆高规格的维护所造成的高昂成本。这也是对场馆运营管理的水平和智慧提出的挑战。

在北京奥运会之后，有些不实报道对北京奥运会的宣传形象造成了负面影响。然而其中有些内容还是从一个侧面反映了人们对国际大型综合性运动会的成见和对更好地利用赛事场馆的期望。以赛艇和皮划艇项目来说，在北京奥运会所有竞赛场馆当中，这两个项目的所在地——顺义奥林匹克水上公园的场地设施利用率是相当低的，尤其是激流回旋场地。与之相比，广州亚运会的激流回旋场地无论是在举办专业赛事方面还是业余休闲赛事方面都做得更好。因此，在规划场馆时，要综合考虑项目特点、在我国开展的情况和环境气候条件，做出更合理的决策，让大众拥有更多的获得感，这就对赛事组织者提出了更高的要求。

举办国际大型综合性运动会，遗产工作如果考虑得不充分，还会给赛事带来诸多风险：城市形象、整体环境、交通状况、场馆布局、接待能力、市民素养等因素，都可能成为舆论焦点。2010年在新德里举办的英联邦运动会，2016年在里约举办的奥运会，除了竞赛组织水平让人诟病，令人印象更深刻的是运动员村较差的住宿条件、城市改造的不合理、拖后的场馆建设进度，这些现象都造成了较负面的舆论评价，在国际舞台上展示的国家形象也大打折扣。

三、国际大型综合性运动会遗产及其利用的相关建议

（一）发挥运动会组委会主体作用，促进政府与社会力量协作，共同做好对遗产的赛后利用规划

每个城市有其各自的实力和特色，从做出申办决定开始，赛事的规划就与城市发展的战略和理念相关联。因地制宜地制订最适合的行动计划，就要在借鉴以往国际大型综合性运动会经验的基础上，以组委会为行动主体，加强与主办地政府的协调，让规划更具有宏观指导性，同时吸引更多社会力量参与，发挥市场机制效率高的优势，各方协同合作、整体推进，让赛事遗产工作产生最大的效益，让运动会成果惠及更多群体。

（二）学习和借鉴其他运动会及大型活动成功经验，做好物质和非物质遗产的传承与发展

一届成功的国际大型综合性运动会或大型活动的影响是长远和积极的，不同举办城市都会有其各自的筹办经验和有益做法，很多参与者和亲历者也都通过各自的方式为赛事遗产的创造及利用提供了有价值的支持，让这些物质的和非物质的遗产更好地被社会利用，更好地服务于社会，让它们在促进全民健身、提振民族精神和提升国家文化软实力等方面持续发挥更好的作用，值得不同类型和性质的相关方重视和思考。

（三）注重人文关怀和残障关怀，让国际大型综合性运动会的筹备、举办及赛后利用助力社会建设

就像奥林匹克运动致力于促进人的生理、心理和社会道德全面发展一样，体育也是为了促进人的全面发展和文明的发展，体育水平已成为衡量国家和社会进步的一项重要标志。国际大型综合性运动会通过其影响力和广泛宣传，为民众更好地认识体育和体育精神、更自觉和积极地参加体育锻炼、通过参与体育活动实现身心和谐创造有利条件。同时，民众的文明素养和人文关怀的意识也可以因赛事的筹办而提升，其突出表现之一就体现在基础设施中无障碍设施的建设和改善，这一改善令残障人士也能享受到体育这一人类文明的成果。因此，诸如奥运会、亚运会和世锦赛等赛事的主办者都很看重赛会与残疾人体育运动的结合。建议赛事承办者在这方面进行很好的计划，从而让运动会所创造的遗产在推动社会建设方面发挥更大的作用。

四、小结

总而言之，做好规划、利用、传承和发展，规避国际大型综合性运动会令人诟病的不经济、欠节约、环境不友好等问题，遵循可持续发展理念，使其成为助推举办地及更广泛区域内物质文明和精神文明水平提升的有效手段，是研究国际大型综合性运动会遗产与利用的价值所在。党的十八大以来，我国体育事业得到党和政府更进一步的关心和重视，习近平总书记在第十三届全国运动会期间会见国际奥委会主席巴赫时表示，我们将以北京冬奥会为契机，推动群众体育和竞技体育全面平衡发展，推进全民健身事业，不断提升人民健康水平。通过做好国际大型综合性运动会包括遗产工作在内的各项规划，切合实际地做好赛事遗产利用，必将有助于实现体育事业发展的目标和体育强国建设的目标，让人民对美好生活的需要不断得到满足。

参考文献

[1] 国家体育总局干部培训中心.2015年俄罗斯索契冬奥会启示录[M]. 北京：北京体育大学出版社，2017.

小 组
课题成果

切实做好新时代体育系统"三老"工作

执笔人：杨波　岳建

摘要：高度重视离退休干部工作，是党和国家的优良传统和重要法宝。党的十九大做出中国特色社会主义进入新时代的重要论断，社会主要矛盾已经转化为人民日益增长的美好生活需要和不平衡不充分的发展之间的矛盾。对做好体育系统"三老"（老体育工作者、老教练、老运动员）工作提出了新要求。"三老"工作与过去相比，在内容、形式、手段上已经有了很大不同，面临着诸多问题和挑战。改进和加强"三老"工作势在必行，形势紧迫。面对新时代"认真做好离退休干部工作"的新目标，"三老"工作应有新的定位。本文通过对新时代做好体育系统"三老"工作重要性、主要内容、存在的主要问题等的分析，对做好"三老"工作进行了思考，提出了建议。

关键词：老体育工作者；老教练；老运动员；工作

"离退休干部是党和国家的宝贵财富。"许多老同志出生入死、不怕牺牲、艰苦奋斗，为中华人民共和国从"站起来、富起来、强起来"立下汗马功劳。新时代，由于社会主要矛盾的转化，体育工作正处在体育强国建设的关键时期，对体育"三老"工作提出了新要求、增添了新内涵。体育系统做好"三老"工作要紧紧抓住体育强国建设这个"牛鼻子"，充分发挥"三老"的独特优势，积极改革创新，不断增强工作的针对性和实效性。以全民健身促健康、全民健康促小康，为实现中华民族伟大复兴的"中国梦"增添正能量。

一、做好新时代体育系统"三老"工作的重要意义

体育系统"三老"工作是体育工作的重要组成部分，承载着中华民族尊老敬老的传统美德，是推进体育强国建设的重要力量，是实现安定团结的有

力支撑。"三老"为体育事业奉献了一生，身心健康、安度晚年是他们退休后的主要心愿。同时，"三老"有意愿为建设体育强国发挥余热。

（一）做好体育系统"三老"工作有利于中华民族尊老敬老传统美德的传承

周代实行给食、免徭役、养疾之政：从50岁起供给细粮，60岁隔夜肉食，70岁增加副食，80岁供奉珍馐美食；"八十者一子不从政，九十者其家不从政"；在官府专设"掌病"一职，负责给老人"问病"。汉代继承周代的给食、免徭役等养老政策，还专设"赐杖"制度，年龄在70岁以上的老人，由朝廷赐王杖，持杖者在社会上享有优待和照顾。唐宋时期官办养老机构，救助、收养"诸鳏寡孤独、老弱病残、穷而无告者"。新时代，认真做好"三老"工作，是对中华民族传统美德的传承，对党风建设、民风转变、教育下一代、发扬党的优良传统有积极作用。

（二）做好体育系统"三老"工作有利于实现建设体育强国的伟大目标

"三老"具有独特的政治优势、经验优势和威望优势。他们自力更生、艰苦奋斗、团结协作、无私奉献，为中华人民共和国体育强国建设立下汗马功劳。有的单位把他们视作"包袱"，对他们的关心不够。当前，体育改革正处于攻坚期，做好"三老"工作对新老干部的交替，体育事业的兴旺发达，促进"体育+政治、经济、文化"的发展，体育强国建设有重要的现实意义。

（三）做好体育系统"三老"工作有利于营造安定团结的政治局面

"三老"工作不是体育事业的中心工作，但影响中心工作。它涉及众多家庭的切身利益，做好该项工作，不但能使老同志安享晚年，而且能激发在职干部的积极性、主动性、创造性。做好"三老"工作有利于为体育事业发展营造安定团结的政治局面。

二、当前体育系统"三老"工作的基本情况

党的十九大报告在党的建设部分提出了"认真做好离退休干部工作"的

工作方针，对新时代"三老"工作提出了新要求，做出了新部署。摸清体育系统"三老"底数，掌握"三老"现实需求，总结好"三老"工作经验，是做好体育系统"三老"工作的基础工程。

（一）体育系统"三老"和工作队伍基本情况

据统计，截至2017年底，国家体育总局系统共有"三老"4 359人，其中离休人员151名，退休人员4 208人；共有"三老"党员2 352人，占总人数的53.96%。"三老"人员人数最少的是健身气功管理中心，共3人；人数在100人以内的单位有34个；人数为100~200人的单位有机关服务中心、体育科学研究所、射击射箭运动管理中心、安阳航空运动学校、秦皇岛训练基地等5个；200~300人的单位有国家体育总局机关、冬季运动管理中心、沈阳滑翔机厂等3个；300人以上的单位有训练局、国家奥林匹克体育中心、北京体育大学、中国体育报业总社等4个；人数最多的是北京体育大学，有768人。离退休干部局共有5个处，工作人员24名，下设11个党支部（"三老"党支部10个，在职党支部1个），对近50个直属单位的"三老"工作进行指导。

（二）体育系统"三老"的现实需求

"三老"由于长期从事体育工作，是"发展体育运动，增强人民体质"的先行者。身体素质普遍比其他系统的老同志好，生命周期长。离休干部随着年龄的增长越来越少，退休干部快速增长；"三老"处于"双高期"；晚年生活主要以家庭形式为主。"三老"的心理需求符合马斯洛需求层次理论。

一是生理需求。衣、食、住、行是人类维持自身生存的最基本要求。新时代"三老"的物质生活基本上已经满足了衣、食、住、行等基本生理需求。随着年龄的增长，生理系统逐渐衰退，健康问题成为阻碍其生理需求的主要因素。

二是安全需求。随着我国人口老龄化速度的加快，许多"三老"丧偶后成为"空巢老人"，能否足额发放离退休费，能否按时报销医疗费用等问题关系着能否满足"三老"的安全需求，防止其因此出现焦虑和抑郁等心理问题。

三是情感和归属的需求，也称社会交往需求。离岗后，"三老"社会交往主要以家庭成员为主，但子女们都忙于工作和学习，以致他们交往需求受限。

四是尊重需求。退休前，社会地位高，受人尊敬。离岗后，身份光环失去，内心有失落感，被尊重的需求更为强烈。

五是自我实现需求。"三老"专业素养高，人生阅历丰富，是体育事业的宝贵财富。离岗后，仍有为社会贡献自身才智的需求，渴望发挥余热，实现更大的价值。

（三）体育系统"三老"工作的基本情况

首先，从严治党是加强"三老"政治建设、思想建设和党组织建设的重要抓手。第一，政治建设是加强"三老"思想建设的驱动力。当前和今后一段时期的首要政治任务是学习贯彻习近平新时代中国特色社会主义思想和党的十九大精神，通过宣讲新时代的历史性成就，使老同志牢固树立"四个意识"，坚定理想信念，有效发挥在政治建设中的独特优势和突出作用。第二，认真落实"三老"政治待遇。坚持"三会一课"，利用学习大讲堂、党务工作者培训班和老领导支部学习活动讲党课，通报体育工作情况，宣传党的十九大精神；组织"三老"参观"复兴之路""砥砺奋进的五年大型成就展"；通过"老年乐园"，紧紧围绕"说身边人，讲身边事"，搭建平台，宣传正能量，推进"三老"党员"两学一做"学习教育常态化、制度化。第三，以提升组织力为重点，加强"三老"党组织建设。及时召开局党委、党员代表大会进行换届选举，强化组织建设。以采集"三老"党员信息工作为契机，认真核实情况，摸清老党员队伍"家底"，增进情感联系。

其次，坚持精准服务理念是做好"三老"工作的有力支撑。一是落实生活待遇，力求服务亲情化、个性化、精准化。认真落实各项生活待遇。按照政策，退休人员退休费转为养老金，由中央国家机关养老保险管理中心发放。离退休干部局时刻准备做好基础数据接转工作，确保养老金按时足额发放，并适时进行相关政策的解释宣传工作。夯实节日慰问与日常走访制度，把组织关怀落到实处。每逢重要节日、纪念日及老同志生病住院时，及时慰问探望，了解他们的难处，认真听取意见和建议。及时与居住分散且高龄体弱的老同志保持定期联系，了解他们的情况。为年满75岁的老同志加装999"一键式"急救服务终端；开展"助老帮困"爱心工程工作，把高龄、空巢、孤寡、失能老人作为帮扶重点，给予特殊关心。认真落实政策规定，组织离休干部的健康休养活动。坚持"健康第一，安全至上"，使"三老"在青山碧水之间放松心情，陶冶情操，愉悦身心。二是落实医疗待遇，加强健康管理。面对"三老"普遍进入"双高期"的现状，坚持"预防为主、防治结合"的原则，认真做好"三老"医疗保健工作。根据实际情况，采取不同方式及时报销医药费。安排专人为有困难的老同志上门收取药费单据，把服务送到家里。积极做好疾病预防工作。定期安排体检，根据具体情况，增加常见病的体检项目，邀请专家举办专题讲座，有针对性地为老同志预防疾病、增进健康提供帮助。

再次，重视发挥"三老"独特优势，为体育事业增添正能量。着眼体育事业改革发展大局，充分发挥他们的独特优势，围绕体育强国建设，开展为体育事业增添正能量活动。一是为"三老"搭建"正能量"平台。积极发挥"三老"的专业优势，请其担任冬奥组委、赛事组委会、冰雪建设项目技术顾问或承担赛事转播解说等工作，助力冬奥，发挥余热；聘请"三老"参与"中国足球学校办学20周年"征文活动的组织工作，参与学校小女足的日常训练指导；担任教学督导员、信息员，着力培养青年教师，用讲事迹、举实例的形式对年轻干部进行教育。二是重视文化体育活动，展示"三老"健康向上的风采。"体育之声"老年合唱团唱响主旋律、弘扬体育精神，参加了"奔跑吧，新时代——2018体育嘉年华"首届体育春晚的节目录制，展现了"三老"的良好精神风貌和艺术风范。认真组织系统内老年门球赛，增强凝聚力，营造出良好氛围。组织老同志积极参加国家体育总局机关举办的书画展和"不忘初心，永跟党走"中央国家机关离退休干部喜迎党的十九大书画摄影展，展示了个人才艺，为集体赢得了荣誉。三是落实《全民健身计划》，丰富"三老"健身方式。组织老同志参加亚洲老将田径比赛，参观房车露营设施和营地建设。丰富文化娱乐生活，增进其对体育事业发展的了解。四是创新工作方式，营造良好氛围。利用新媒体平台，加强对正能量活动的宣传报道。建立了多种形式的"三老"微信群，提供沟通交流渠道，增进感情，共享信息。

最后，从严从实加强自身建设，不断提高服务水平。深入贯彻落实党的十九大精神，把强化队伍建设与推动工作创新结合起来；把对"三老"工作者的培养激励与管理约束结合起来，加强政治建设，不断提升专业素养，弘扬优良作风，强化组织保障，形成风清气正的工作氛围，为工作人员锻炼提高、成长成才创造条件。

三、体育系统"三老"工作存在的主要问题

党的十九大做出中国特色社会主义进入新时代的重要论断，随着社会主要矛盾的转化，体育体制改革不断深入推进，对做好体育系统"三老"工作提出了新要求，"三老"工作面临着新的问题和挑战，具体表现如下。

（一）工作认识不到位，轻思想建设问题突出

一是对"三老"思想政治建设的重要性认识不足。有的人认为"三老"思想工作不是中心工作，可做可不做；有的人认为思想政治工作对在职人员重要，对离退休干部则无所谓，在生活上关心照顾好就可以了，存在重服务、轻管理的现象，没有形成有效的工作机制；有的人认为"三老"受党教育多年，思想素质高、理论水平高，且思想活跃又固执，工作不好做，存在畏难情绪。二是结合实际开展思想政治工作的力度欠缺，精神文化关怀存在短板。离退休干部通常年龄偏高、身体差、疾病多，甚至长期住院。个别单位开展思想政治工作存在以点代面、自由发展的现象，使部分老同志失去了学习提高的机会，逐步形成不参加学习的局面，也失去了思想政治工作的凝聚力。

三是组织纪律性观念淡薄，对自身要求不严。少数"三老"政治理论学习频率不高，思想意志退化，只想让组织照顾，不愿为组织做贡献，计较个人得失，一旦个人要求没有得到满足便发牢骚。

（二）党组织建设缺位，党组织作用发挥不充分

一是领导抓常规工作多，对党建重视不够。有的单位对"三老"党组织建设重视不够，没有把建立党支部工作纳入目标管理；有的党支部活动场所、学习资料、活动经费有限，开展活动受到限制，导致支部活动内容单一，缺乏凝聚力。

二是面对党员队伍老化等新问题，缺乏创新意识。对"三老"因居住分散、长年有病、行动不便等新情况、新问题研究不够，缺乏创新意识，影响了党支部活动开展。

三是党组织建设不平衡，组织意识淡化。由于居住分散，党组织建设缺位，有极少数老党员常年不参加组织活动，导致一些同志组织观念弱化，不愿意参加党支部组织的活动，认为学习、阅读、开会等都没有意义，不愿缴纳或不按标准缴纳党费。

（三）工作形式单一，有效性、针对性不强

一是针对不同群体的养老服务方式比较单一、内容陈旧、实际效果不明显。新时代，离休干部普遍进入"双高期"，空巢独居，行动不便，参加活动的积极性不高。年轻一些的参与社会事务比较多，对精神文化需求突出，给老干部工作带来了许多新的情况和问题。这些新情况决定了我们不能固守传统的"离休干部工作模式"，不能再简单地沿用过去的老办法、老经验。

二是资源共享不充分，利用社会资源推进工作转型缺乏有效手段。利用社会力量缺乏社会共识和惯例机制，制约"三老"工作更好地融入社会、互动双赢。

三是老年大学、离退休干部活动中心两个阵地作用发挥有限。退休干部人数快速增长，以致活动场所使用率大幅度提升，加速设施老化。

（四）"三老"工作队伍建设有待加强

新时代，随着"三老"工作转型发展，工作队伍培养工作滞后、积极性不高、激励机制缺失等问题制约离退休干部工作进一步提高。

一是学习培训力度不够，实践锻炼不足。缺乏集中教育培训、开展互动交流，引导工作人员系统学习政治生活待遇、医疗保健、丧葬抚恤等"三老"工作政策等有效途径。参与岗位练兵、中心工作、重要任务、大型活动的机会少，缺乏实践锻炼、拓展看家本领的机会、提升能力的有效舞台、增长才干的最佳途径。

二是"三老"工作队伍不稳定，流动性大。"三老"结构发生变化，由于离休干部进入"双高期"，退休干部数量快速增长，致使工作任务愈加繁重，对"三老"工作者提出了更高要求。同时，成长进步空间小，工作、学习和生活中困难多，制约了他们的工作积极性。

三是缺乏有效的激励机制。目标考核机制不健全，缺乏单项业务标准、日常管理制度、工作落实标准；年度考核目标任务，指标到岗、以岗定责、按责考绩、以绩奖惩等措施不完善。

四、对做好新时代体育系统"三老"工作的建议

离退休干部工作是党和政府的一项重要工作。老干部工作做得怎么样，关键要看老干部满意不满意，心情舒畅不舒畅。认真贯彻落实党的十九大关于"认真做好离退休干部工作"的要求，加强政治责任感是关键，落实好

"两个待遇"是核心，建设高素质的工作队伍是基础。

（一）加强政治责任感是做好体育系统"三老"工作的着力点

新时代，党中央为进一步强化离退休干部工作，着力加强顶层设计，制定并下发了《关于进一步加强和改进离退休干部工作的意见》，为做好新时代离退休干部工作指明了方向。

一是国家体育总局党组高度重视"三老"工作。成立"三老"工作领导小组，强化主体责任。发挥组织、指导和协调作用，形成党组统一领导，人事部门、"三老"工作部门等抓制度设计、居中协调，各单位抓落实三级联动机制的工作格局。

二是要紧密联系体育强国建设来开展"三老"工作。"三老"工作不是中心工作，但影响中心工作。要强化责任意识，经常与老干部进行沟通交流，听取他们的意见和建议。把他们对体育工作重大决策部署、改革举措的看法和建议反映出来，及时反馈给国家体育总局党组。

三是及时调整"三老"工作部门机构职责。以新时代社会主要矛盾的转化与体育改革为契机，及时整合体育系统"三老"工作部门机构资源，避免职能交叉、相互推责现象的发生，提高服务效率。

（二）落实"政治待遇"是做好体育系统"三老"工作的出发点

落实"政治待遇"是指政治上关心"三老"，关键是做好"两项建设"，即思想政治建设和党支部建设两个方面的工作。

一是加强"三老"党员政治学习和党性教育。认真落实阅读文件、听报告、参加重要会议和重大活动、通报情况、组织参观学习、走访慰问等制度。建立离退休干部阅览室，定期或不定期地向老同志开放，传阅各种文件，使老同志及时了解党的路线方针和政策、国内和国际形势以及体育工作的重要情况，引导老同志坚持用习近平新时代中国特色社会主义重要思想武装头脑，坚定"四个自信"，在思想上、政治上、行动上始终同党中央保持高度一致，继续前进，做到离岗不离党、退休不褪色。

二是加强"三老"党支部建设，增强凝聚力。加强党支部建设是"三老"党员自身建设的内在要求，他们离职退休后，希望定期或不定期地过组织生活。所以应按照行业相似、兴趣相投、地域相近的原则在党员集中居住地、活动学习场所、兴趣爱好团体、社团组织中建立基层党组织或临时党组织。针对居住比较分散、党员人数少的情况，探索"非建制性"党支部的组织设置方式和属地、就近管理单元。探索复合型、交叉型的组织形式，着力构建"以党支部为核心+以社团为补充"的"大组织架构"，增强对党员和非党员的凝聚力，形成"哪里有党员，哪里就有党组织"的党建格局。选配党性强、威信高、身体好、责任心强、经验丰富、乐于奉献的离退休党员担任党支部书记，不断增强党支部的凝聚力和战斗力。结合学习贯彻落实党的十九大精神，围绕"认真做好离退休干部工作"，加强对党支部书记和支委的培训，举办党务工作者培训班，强化责任，提升能力。引导"三老"党员不忘初心、牢记使命，为推动体育事业发展和构建和谐社会贡献力量。

三是发挥思想引领和独特优势。把思想教育与严格政治纪律相结合，解决思想与实际问题相结合，开展有益健康的文体活动。将心理疏导、精神慰藉引入思想政治工作中，把党员的学习与活动相结合，做到在交流中引导、在活动中凝聚、在学习中提高。发挥"三老"的政治优势，把思想政治工作、教育管理和革命传统传承相结合。深入开展以"展示阳光心态、体验美好生活、畅谈发展变化"为主要内容的为党和人民的事业增添正能量的活动，充分凝聚、开发和释放党员在关心下一代成长、参与公益、传承家风、弘扬美德、促进社会和谐等方面的正能量。依托网站、微博、微信、移动通信端等传播手段，鼓励党员参与网络宣传工作，用积极的声音引领社会舆论。

四是落实"三会一课"基本制度，推动"两学一做"学习教育常态化、制度化。以党支部为单位，建立和完善能够及时发现和解决问题的有效机制，推动"三老"党组织和党员依靠自身力量修正错误、改进提高。充分发挥好老年大学、离退休干部活动中心、老年社团等思想教育阵地的作用。

（三）落实"生活待遇"是做好体育系统"三老"工作的落脚点

老干部工作做得怎么样，关键要看老干部满意不满意，心情舒畅不舒畅。关心"三老"的冷暖，提高服务站位，为离退休干部送精神、送健康、送关爱，把生活待遇落实"到位"。关心照顾老同志是中华民族的传统美德，也是党中央让老同志共享改革发展成果的明确要求。

一是按时足额发放离退休费，保障生活看病就医费用。将党中央、国务院在健全养老社会保障、深化医药卫生体制改革等方面惠及老同志的政策和措施落到实处。耐心细致地对政策做好解释疏导工作，确保离退休费保障机制、医药费保障机制和财政支持机制有效运转，保障离退休干部的"两费"落实。

二是认真研究新情况，解决新问题。突出问题导向，在机构改革和体制转换中落实好各项改革措施，维护好老同志的利益。重点研究处于"双高期"、空巢独居、行动不便、对精神文化需求突出等不同群体的养老服务方式，有效利用社会养老资源推进工作转型，实现资源共享。整合社区资源，做好为老同志服务的工作，健全就近学习、就近医疗、就近开展活动、就近发挥作用的"四位一体"服务体系。关注老同志的生活困难，加大解决困难、办好实事的工作力度，建立特难帮扶长效机制，为"三老"安度晚年创造有利条件。

三是强化精神文化关怀，丰富老年文体活动内容。针对老同志的生理心理特点和精神需求，以提升"三老"养老服务设施供给能力为切入点，重点提升体育系统"三老"活动中心（站）的功能，促进养老服务资源共建共享。推动体育系统适老健身设施向"三老"开放，加强科学健身指导。构建以老年大学为主体的一体化体育系统老年教育体系。定期组织专业人员与"三老"开展谈心活动，采取交心的办法，以开座谈会的形式做好心理疏导工作。积极开展丰富多彩的文体活动，做到月月有比赛，帮助老年人培养积极向上的生活方式，促进稳定和谐发展。

（四）努力建设高素质的工作队伍是做好体育系统"三老"工作的支撑点

针对"三老"工作队伍培养工作滞后、积极性不高、激励机制缺失等问题，结合"三老"工作转型发展，努力建设高素质的工作队伍。

一是夯实做好"三老"工作的看家本领。以深入开展"三严三实""两学一做"学习实践活动为契机，将提高思想政治素质、政策理论水平和实际工作能力相结合，将集中教育、随机教育、开展互动交流相结合，将开展岗位练兵、参与中心工作和重要任务相结合，为工作人员提供增强党性修养、系统学习工作政策、实践锻炼、拓展看家本领的机会提升能力的有效舞台，增长才干的最佳途径。

二是确保工作队伍稳定。新时代，"三老"的结构发生变化，整体进入"双高期"，退休干部数量逐年增加，"三老"工作的任务更加繁重，对工作人员提出了更高要求。要严把工作队伍的"进口与出口关"，把素质高、热爱"三老"工作的人充实进来，增强队伍的活力和稳定。

三是建立健全激励机制。健全目标考核机制、明确单项业务标准、日常管理制度、工作落实标准；完善年度考核目标任务，采取指标到岗、以岗定责、按责考绩、以绩奖惩等措施。关心爱护工作人员，切实帮助他们解决工作、学习和生活中的各种困难，为他们的成长进步提供空间，充分调动他们的积极性、主动性、创造性，不断提高"三老"工作的水平。

参考文献

[1] 胡三德.关于离退休干部管理工作的思考与对策[J].科技信息，2012（23）：430.

[2] 朱建平.离退休干部党支部在老干部发挥余热中作用的现状及对策[J].安徽冶金科技职业学院学报，2013，23（2）：91-94.

[3] 习近平.决胜全面建成小康社会　夺取新时代中国特色社会主义伟大胜利——在中国共产党第十九次全国代表大会上的大报告[M].北京：2017.

体育与医疗融合发展研究

执笔人：李璟圆　张之宇

摘要：20世纪90年代以来，面对日益增长的慢性病医疗成本，无论是发达国家还是发展中国家，都开始更加关注体育运动对疾病治疗、健康促进的重要作用，医疗革命的焦点也从医疗健康干预向非医疗健康干预转变。当前，运动不足已成为威胁人类健康的独立危险因素，体育与医疗是促进健康的"左右手"这一理念已达成共识，从党和国家领导人到广大人民群众，都越来越重视体育在促进全民健康方面不可替代的作用，体育与医疗的融合发展势在必行。

然而，我国体育与医疗的融合发展才刚刚起步，虽然在实践中已经初见成效，但总体来看，特别是与发达国家相比还处于探索阶段。在实施健康中国、全民健身国家战略的背景下，如何实现体育与医疗的融合发展，探索出一条能够满足人民日益增长的健康需求的新路径极为迫切。本文拟以习近平新时代中国特色社会主义思想为指导，以"观大势、谋全局、干实事"的分析框架，研究体育与医疗融合发展的重要意义与现实形势，并对建立"体医融合"发展模式提出可行性对策建议，对于解决体育和医疗长期脱离、构建全民健康保障体系具有重要的理论和现实意义。

关键词：体育；医疗；融合发展

健康是人类永恒的话题，是促进人全面发展的必然要求，是经济社会发展的基础条件。党的十八大以来，习近平总书记提出必须把人民健康放在优先发展的战略地位，树立"大健康"理念，把以治病为中心转变为以人民健康为中心。在这个转变过程中，尤其是在实施健康中国、全民健身国家战略的关键时期，发挥体育、医疗在保障人民健康中的作用已成为强烈共识，促进体育与医疗融合发展，共同为全民健康事业保驾护航势在必行，极其迫切。

2017年12月召开的中央经济工作会议首次提出了"习近平新时代中国特色社会主义经济思想",这是对党的十八大以来习近平总书记关于社会主义经济建设重要论述的最新概括,是今后我国各项经济发展工作的重要科学理论指引。因此,加快推进体育与医疗融合发展,就必须坚定不移地以习近平新时代中国特色社会主义思想为指导,在新形势下促进全民健身与全民健康深度融合,协同发展。

一、体育与医疗融合发展的重大意义

以人民为中心的发展思想,作为习近平新时代中国特色社会主义思想的重要理论结构之一,明确回答了"发展为了人民、发展依靠人民"的社会主义经济发展目标和发展主体问题,体现了习近平新时代中国特色社会主义思想的价值属性与马克思主义政治经济学的理论品格。体育与医疗融合发展,有利于提高广大人民群众的身体素质和健康水平,实现好、维护好和发展好人民最根本的健康需求,是践行以人民为中心的发展思想的必然要求,意义重大。

(一)决胜全面建成小康社会的迫切需求

习近平总书记多次强调,没有全民健康,就没有全面小康。全面小康是全领域、全方位的小康,人民健康是全面建成小康社会的重要内涵,是民族昌盛和国家富强的重要标志。决胜全面建成小康社会就是要紧扣社会主要矛盾的变化,着眼于解决不平衡、不充分的发展问题。单从国民健康领域来看,我国现阶段人口健康水平离全面建成小康社会标准还存在不小的差距。2018年发布的中国首部《健康管理蓝皮书》指出,我国慢性病发病人数已达3亿左右,数量如此庞大,而且还处于快速上升趋势。虽然慢性病已成为危害我国居民健康的头号杀手,但是其发病原因60%都是个人不良生活方式,简单以疾病防治为主、单纯依靠医疗卫生的传统干预模式已经不能解决我国现阶段的健康危机问题。预防是公认的最有效的健康手段,随着"运动是良医"理念的不断深入并取得共识,积极发挥运动在促进健康、防治疾病和康复等领域中的独特优势,从"被动治疗"转向"主动健康",着力将健康关口前移日益迫切。由此可见,只有抓住了健康问题,才算是抓住了人民最关心、最直接、最现实的一个重大利益问题,从而得到人民的认可,满足全面建成小康社会的两大检验标准之一。

（二）满足人民对美好生活向往的重要支撑

党的十九大报告做出的一个重大政治判断就是，我国的主要社会矛盾已经转化为人民日益增长的美好生活需要和不平衡不充分的发展之间的矛盾。人民对美好生活的需求日渐广泛，既包括日益增长的物质文化需要等"硬要求"，也包括在民主、法治、公平、正义、安全、环境、健康等方面的获得感、幸福感、安全感及尊严、权利、当家做主等具有强烈主观色彩的"软需求"。健康是每个人美好生活的基础和根本所在，是人生幸福的起点。追求健康，就是追求美好生活。随着社会经济的不断发展，人民群众对健康的需求更加全面化、多元化和个性化，不但是身体疾病要得到及时、有效、精准的治愈，享受中国特色基本医疗卫生保障，而且更重要的是拥有健康的生命状态，延长健康寿命，提高生命质量，拥有幸福感和获得感。大量研究和实践证明，体育和医疗如鸟之两翼、车之两轮，对全方位、全周期保障人民健康必不可少。体育与医疗融合发展，就是要让人民群众不得病、少得病，治未病、治好病，从而大幅度提高人民的健康水平，更好地促进人的全面发展和社会全面进步，不断满足人民群众对美好生活的向往。

（三）贯彻实施健康中国战略的现实需求

2016年10月，中共中央、国务院印发《"健康中国2030"规划纲要》，明确了全民健康是建设健康中国的根本目的，强调了体育对建设健康中国的突出作用，提出了要推动形成体医结合的疾病管理与健康服务模式，打破了广大群众对健康中国内涵的传统认知。2017年10月，党的十九大报告提出"实施健康中国战略"，将其纳入国家整体发展战略层面统筹谋划推进，这是马克思主义中国化的重要创新成果，也是习近平新时代中国特色社会主义思想的重要组成部分。建设健康中国这座稳固的大厦，除了要有传统医疗这块基石，更要有体育这块基石。在贯彻实施健康中国战略已驶向"快车道"的关键时期，无论是包括健康身体、健康环境、健康经济、健康社会在内的"大健康"，还是包括服务于全体人民、服务于每个人全面健康、服务于人的生命全周期、服务于健康全过程在内的"全面健康"，都离不开医疗，离不开体育。这就需要体育与医疗深度融合的发展模式，凭借其广泛性、主动性、自助性以及投入少、产出大、见效快等优势，成为建设健康中国最积极、最有效、最节约的方法手段。

（四）促进经济转向高质量发展的重大举措

党的十九大报告指出，我国经济已由高速增长阶段转向高质量发展阶段。这是我国经济发展进入新时代的基本特征，体现了习近平新时代中国特色社会主义经济思想对当前我国经济发展大势的科学判断。高质量发展，就是能够较好地满足人民日益增长的美好生活需要的发展，是体现新发展理念的发展，具有高效益、高效率、低代价特征。实施体育与医疗融合发展措施，符合高质量发展的内涵与要素，有利于实现质量追赶、结构优化和创新驱动。具体表现在：在发展任务方面，能够减少医疗开支，降低医院药品占比，发挥个体主动康复的能动性，从单纯性增加药品种类、数量供给的粗放型"过度医疗"发展模式向增强药品质量优势、减少国家和个人医疗负担的"绿色医疗"发展模式转变；在发展途径方面，能够提升健康产业价值链和产品附加值，引导健康产业迈向覆盖生命全周期、保障全方位健康需求的中高端水平，引导疾病预防和健康促进等方面的投资消费，实现生产要素从传统医药领域转移到有强大市场需求的健康领域，从高耗低效领域转移到低耗高效领域，不断提高健康服务产业资源配置效率；在发展动力方面，是深化医改、改善民生、保障全民健康的创新实践，能够促进"人口红利"源源不断地向"健康红利"转化并释放，培养造就一批批新时代健康、高素质的就业者和创业者，实现经济发展从劳动力要素驱动转向人力资本驱动。

二、体育与医疗融合发展的客观实际

问题导向，是习近平新时代中国特色社会主义经济思想的一个鲜明理念。习近平总书记反复强调要有强烈的问题意识，以重大问题为导向，解决制约发展的一系列突出问题和矛盾。近年来，在党中央和国家的正确领导下，体育与医疗两大领域已经实现了从"我就是我，你就是你"各自为政的模式到"我中有你，你中有我"不断融合发展的模式的转变，取得了一系列可喜的成效。然而不可否认的是，在促进体育与医疗融合发展的道路上，还有不少深层次的问题和矛盾亟待解决，离党和国家的要求、人民群众的期望还有一定的差距。有问题，就会导致发展不平衡、不协调，新经济思想无法落地生根。因此，问题是一切实践工作的起点与前提，坚持问题导向的第一步就是认清形势，找准问题，抓住机遇。

（一）体育与医疗融合发展的实践成效

当前，我国体育与医疗的融合发展虽然还处于初步探索阶段，但是已经正式在实践中运作起来了，而且发展迅速，成果已显现。

第一，党的十八大以来，中央国家机关和地方政府陆续出台的一系列重要规划和重大决策都提到了体育与医疗融合发展的问题，并且要把健康融入"五大建设"的所有政策，加快推进"以人民健康为中心"的顶层设计。比较有代表性的有：《关于促进健康服务业发展的若干意见》《关于加快发展体育产业促进体育消费的若干意见》《"健康中国2030"规划纲要》《全民健康生活方式行动方案（2017—2025年）》等。

第二，体育与卫生行政管理部门相继合作，整合各项资源，共同推进体育与医疗融合发展。例如，2017年11月，北京市卫生和计划生育委员会与北京市体育局签订了《体医融合发展战略协议》，打出了"健康组合拳"，联合开展市民体质监测、开具运动处方、指导科学健身、建设市民体质和健身大数据平台等多项工作，并推动实施医务人员、社会体育指导员专业人才队伍培养方案。

第三，在医院临床机构开设体医融合项目，如开展联合疾病治疗、成立运动处方门诊、建立科研合作交流等，为就诊患者提供最直接的运动健康服务，个别医院还尝试将运动处方纳入医保系统。其中比较有特色的是，国家体育总局运动医学研究所体育医院于2017年6月开设的运动处方特色门诊，它把医学测评和健康测评紧密结合起来，为慢性病患者和马拉松、戈壁挑战赛等项目参赛者制订个性化运动处方和训练计划，受到了社会广泛关注，百姓反响热烈。

第四，以基层为重点，推动全民健康工作重心下移，使医疗卫生及全民健身资源下沉到全国范围内的城市社区，并融合发展。比较典型的有北京市八里庄二社区体医医疗示范点、常州市社区卫生服务中心运动健康指导门诊示范区、江苏和广东等试点省市的体质测定与运动健身指导站等，让城市社区居民可以更加方便快捷地享受到身边的运动促进健康服务。

第五，政府部门举办了一系列形式丰富多样、百姓喜闻乐见的公益性健康教育活动，其中一些还成为明星品牌项目。例如，国家卫生健康委员会（原国家卫生和计划生育委员会）自2013年起开展的全国性健康中国行主题宣传活动，国家体育总局近年来打造的"科学健身中国行""科学健身大讲堂"巡讲等活动。这些由政府主办的宣讲活动的共同特点就是以"科学健身"为主题，引导人民群众自觉健身、便利健身、科学健身、文明健身，让人民通过加强体育运动来促进身体健康，保持健康、乐观、积极的生命状态，提高生活品质。

（二）体育与医疗融合发展的历史机遇

面对新的经济发展形势，机遇千载难逢。但是机遇往往稍纵即逝，发展时不我待。体育与医疗的融合发展正在推动一场轰轰烈烈的健康革命，树立新时代机遇意识，敏锐地发现机遇，深刻地研判机遇，是对体育和医疗两大系统智慧和能力的一次重大考验。

这是一场国家意志的革命，现阶段体育与医疗融合发展已上升为国家意志，党和国家领导人多次在重要讲话中提到了体育与医疗融合发展的新理念，并组织制定和出台了多项政策予以推进。2018年3月，国务院机构改革方案审议通过了新组建国家卫生健康委员会的决定，取代了国家卫生和计划生育委员会，这是医疗机构的一个重大改革，预示着今后我国医疗卫生工作的主题将是"卫生健康"，重点将从关注疾病治疗、计划生育转移到促进大健康发展上。

这是一场经济发展的革命。从经济发展新常态的科学内涵角度来看，我国经济正处在调整发展速度、转变发展方式、优化经济结构、转换增长动力的攻关期，建设以供给侧结构性改革为主线的现代化经济体系正在推动着质量变革、效率变革、动力变革。这三大变革带给了健康产业前所未有的"上台阶"式的发展机遇，只要体育与医疗两大产业能够共同融入这场变革的潮流中，抓住促进经济增长质量和开创质量效益的密钥，就会迎来前所未有的新发展机遇。

这是一场观念意识的革命。随着人们健康意识的不断增强、对生活方式性慢性病认识的深入了解，越来越多的人对"大健康""大体育""大卫生"观有了强烈共鸣，从被动医疗转向主动健康的主观能动性空前高涨，这必将带来人们生活方式、疾病防治、健康文化、健康需求、健康消费等观念的全新变革，给体育与医疗的融合发展奠定广泛的、宝贵的价值认同感。

（三）体育与医疗融合发展的困难和挑战

任何一件工作、任何一项事业的发展都不可能一蹴而就，每一个时期都会有那个时期特有的问题矛盾，带来不同程度的困难和挑战。

新时代我国社会主义主要矛盾的变化为现阶段体育与医疗的融合发展指

明了症结所在，概括来讲，就是人民日益增长的健康需要与全民健康不平衡不充分发展之间的矛盾，主要表现在以下方面：广大人民群众所必需的基本健康权利与基础保障条件有限的不平衡，人们日益高涨的多元化、个性化健康生活需求与健康促进发展模式单一的不平衡，老百姓对高品质生活的迫切期盼与运动健康产业供给侧结构性改革进程缓慢的不平衡，快速推进体育医疗融合发展事业与各类专业人才缺乏的不平衡等。同时，体育与医疗的融合发展还分别受到外部、内部环境的不同困难的挑战。从外部环境来看，主要有"大健康"顶层设计尚不完善、国家公共财政投入依然不足，卫生健康与体育两大系统交叉磨合与协同合作还不够顺畅、社会参与服务全民健康的力量仍显单薄等；从内部环境来看，主要来自营造运动促进健康的氛围不够浓厚，广大群众科学健身的能力有待改善提升，体育与医疗融合发展暂未形成适合普遍推广的模式模型，尚未贡献出中国方案、中国智慧等。

以上这些不平衡不充分发展的问题互相交织、互相掣肘，已成为现阶段全民健康领域发展的短板，但是也为下一步工作的开展找到了突破口与着力点。

三、体育与医疗融合发展的对策措施

"创新、协调、绿色、开放、共享"的新发展理念，是新时代坚持和发展中国特色社会主义的基本方略。在中国特色社会主义事业"五位一体"总体布局中，经济建设是社会建设的基础和保障，社会建设是经济建设的目的和归宿。体育与医疗同属社会建设范畴，从经济建设与社会建设之间的关系可以得出，推进二者的融合发展，应当以经济建设思想为价值引领和理论支撑，用"创新、协调、绿色、开放、共享"的新发展理念指导新的发展行动。

（一）坚持以创新为发展动力，在理论、制度、科技、文化等领域实现全方位创新融合

创新发展，针对的是发展动力问题，要把发展动力从主要依靠资源和低成本劳动力等要素驱动转变为创新驱动，使创新成为引领发展的第一动力。

长期以来，我国健康事业发展过于依赖以疾病治疗为主的医药制造业各要素投入。一方面，造成国家和个人医疗开支大、负担重，国民健康状况却依然堪忧；另一方面，导致健康行业发展的狭隘化与局限性，造成全民健

康事业不可持续。体育与医疗的融合发展，除了本身就是对健康事业发展的创新驱动，同时也需要把创新摆在核心地位，引领自身的发展。具体来说就是，在理论上加强与时俱进的科研精神与创新品格，结合实践工作准确把握体医融合发展的规律，深入开展科研攻关项目，在理论上不断拓展新视野、挖掘新观点、做出新概括；在制度上，深化机构体制改革，打破体育、卫生两部门长期以来各自为政的局面，完善人力、物力和财力等各项支持保障制度与实施细则，对束缚体医融合发展的机制敢于改革除弊，最大限度地吸引医务人员、康复人员、科研人员、运动防护师、社会体育指导员和健身教练等专业人群参与体医融合工作；在科技上，提高运动促进健康方法手段的科技含量，研究制订并推广普及科学健身指导方案、建立运动处方库，开发应用国民体质健康监测大数据，针对疾病防治、健康促进等方面的软硬件设备设施进行创新研发，形成能够具备广阔市场前景、适合人民群众日常使用的高科技产品，掌握拥有自主知识产权的核心技术，深化"互联网+"服务，坚持走科技和数据驱动战略道路；在文化上，创造性转化、创新性发展中医养生传统文化和中华体育精神，营造健康就是培养良好生活习惯的浓厚氛围，形成全民较高的参与疾病预防的自觉意识，传播健康中国人的正能量。

（二）坚持以协调为发展要求，形成体育与医疗协调发展、平衡发展、兼容发展的格局

协调发展，针对的是不平衡不充分问题，重点是解决发展的整体性、协调性，目的是促进经济社会行稳致远。

当前，我国在体育医疗融合发展的前进道路上，不平衡不充分发展的问题依然突出。从领域范围上看，城市和农村、经济发达地区和经济落后地区的发展还不够平衡。从总体质量上看，体医融合发展现在还处于起步阶段，这一阶段最明显的特点就是人民群众全方位、多元化、个性化需求量大，但是政府和市场供给极其有限，有的地方甚至力不从心。从体育和医疗行业内部来看，体育资源覆盖范围和医疗资源覆盖范围不够协调匹配，体育系统的话语权、支配权与医疗系统的话语权、支配权不对等，体育从业人员知识结构与医疗行业从业人员知识结构交叉结合面太小等。因此，做好体育与医疗的融合发展，消弭这些问题，就要树立协调发展理念，既要推进发展，又要搞好协调，实现统筹兼顾、综合平衡。一是防治协调发展，据国外研究证实，1美元的体育活动投入相当于10美元的疾病预防投入，或100美元的疾病

治疗投入，因而把握住健康的关口就必须协调好前端预防、中端治疗和后端康复这三大关口；二是区域协调发展，通过国家和省级层面的统筹分配，加大对落后、贫困、偏远地区人口健康的支持投入，做好区域性布局；三是城乡协调发展，没有农村人口的健康，就没有全中国的健康，为此就要推动体育和医疗公共服务向农村延伸，以乡镇、农村社区为重点，做好基本公共服务均等化并惠及广大农村人口；四是供需协调发展，以满足人民群众日益增长的健康消费需求为导向，深入推进供给侧结构性改革，增加兼顾体育与医疗的健康产品有效供给，推动供需动态平衡，刺激健康产业消费。

（三）坚持以绿色为发展方向，推动形成绿色生活方式的"人—健康—环境"和谐共生的发展方略

古代中国就有"天人合一"的生态智慧，生态文明在当下更是达到了前所未有的战略高度。习近平总书记指出，绿色发展，就其要义来讲，是要解决好人与自然和谐共生问题。绿色发展，是引领、指导发展的重要理念，针对的是人与自然不和谐的问题，着重推进人与自然和谐共生，贯穿于新时代中国特色社会主义各项事业的发展改革中。

体育与医疗的融合发展正是迎合了绿色发展理念的要义，注重培养健康良好的生活方式，引导以参加亲近绿色大自然的户外体育活动代替现代科技带来的"文明病（静坐少动、生活不规律、伏案、低头、熬夜等）""负产物（手机、电脑、网络、游戏等）"，倡导少吃药、不生病、少看病的"运动是良医"观念。由此来看，推进体育与医疗融合发展，就是推动绿色化、环保化、节约化、可持续化的发展。同时，在体育与医疗融合发展的过程中，还要以"人—健康—环境"三者之间的和谐共生为前提，在发展体育健身活动、提高人民体质过程中要有尊重自然、顺应自然、保护自然的生态意识，要以身体运动为主要参与活动方式，以健康、环保、文明的生活方式打造高品质生活；在发展健康产业的过程中，要从过去规模扩张的粗放型发展转向质量第一且效益优先的绿色集约式发展，健康产业更要带头实施绿色、健康、可持续发展方式，绝不走先污染、后治理的道路。

（四）坚持以开放为发展路径，既要学习借鉴国际运动促进健康的经验做法，也要继承发扬中医药优秀传统文化

开放发展，针对的是发展内外联动问题，注重形成对外开放机制。我国

40余年改革开放实践已经充分说明，开放是国家繁荣发展的必由之路，也是推动我国经济高速增长的重要动力。

发达国家实施运动促进健康战略的研究与实践都比我国起步早很多，这些国家高度重视体育活动的健康促进作用，把体育健身全面纳入国家健康建设是比较通行的做法。因此，中国推进体育与医疗融合发展，就必须学习借鉴国外好的经验做法，以积极主动的态度与国外开展合作交流，引才引智，从而带动国内的快速发展。同时也要看到，开放的大门是双向互济的，既要引进来也要走出去。中医药文化凝聚着中华民族几千年的健康养生理念和实践经验，我国古人很早就看到了运动对防治疾病和促进健康的重要作用，提出了先进的健康哲理，形成了独具中医特色的运动处方，是中国古代科学灿烂的瑰宝。开放发展的理念，还需要以开放共享的态度进一步增强民族自信、文化自信，推动中医药传统健康养生文化现代化并走向世界，深入挖掘和充分发挥其促进全人类健康的独特优势，向全球展现大国优秀而深厚的传统文化底蕴，彰显中国特色软实力。

（五）坚持以共享为发展目标，实现"人人参与、人人尽力、人人享有"的均等化保障体系

共享发展，针对的是社会公平正义问题，着力践行的是以人民为中心的发展思想。我国是世界上最大的发展中国家，在全面建成小康社会的基础上实现社会主义现代化和中华民族伟大复兴，需要把高质量的人民健康作为基础，这不只关系到每一个人的健康需求问题，更关系到健康权益的公平正义问题。

当前，我国实施的健康中国战略才刚刚起步，体育与医疗融合发展任重而道远。然而，人民日益增长的健康需要和全民健康不平衡不充分发展之间的矛盾正在制约着我国健康事业的可持续发展，使人民群众健康权益不均等化。共享，侧重平等，是中国特色社会主义的本质要求。推动体育与医疗融合发展，应当践行以人民健康为中心的发展思想，做到一切发展为了人民、一切发展依靠人民、所有发展成果由人民共享，不断朝着全民健康的目标前进。落实到具体工作上，就是不仅要将体育与医疗作为防治疾病、增强体质、提高生活质量的手段，而且要使其成为保障人民健康权利均等化的政策措施；坚持"普惠性、保基本、兜底线、可持续、因地制宜"的原则，扎根基层、扎根社区、切近百姓生活，力争让每个人都享受到身边就有的、兼

顾健身与医疗的基本健康权益，使体育与医疗相结合的公共服务真正实现场所设施全覆盖、基本功能较完善、人民生命周期全保障，以及有效供给精准化；广泛动员和引导人民共享共建，促进政府、社会、人民共同参与、共同行动，形成合力，实现"人人参与、人人尽力、人人享有"的均等化保障体系；要与促进社会公平正义紧密联系，既要让全体人民享受到全民健康事业的发展成果，又要重视实现人的自由发展。如果违背了这两点价值取向，体育与医疗融合发展就必然会违背促进社会公平正义、增进人民健康福祉的出发点和落脚点。

参考文献

[1] 习近平.决胜全面建成小康社会　夺取新时代中国特色社会主义伟大胜利——在中国共产党第十九次全国代表大会上的报告[M].北京：人民出版社，2017.

[2] 《党的十九大报告辅导读本》编写组.党的十九大报告辅导读本[M].北京：人民出版社，2017.

[3] 王一鸣.推动高质量发展取得新进展[J].求是，2018（7）：44-46.

[4] 龙佳怀，刘玉.健康中国建设背景下全民科学健身的实然与应然[J].体育科学，2017，37（6）：91-97.

[5] 郭建军.体医融合给体育和医疗带来的机遇与展望[J].慢性病学杂志，2017，18（10）：1071-1073.

[6] 郭建军.体医融合推动健康革命路径探讨[J].慢性病学杂志，2017，18（11）：1189-1197.

[7] 杨金伟.北京实施体医融合发展战略[N].健康报，2017-11-09.

[8] 赵仙丽，李之俊，吴志坤.构建城市社区"体医结合"体育公共服务的创新模式[J].体育科研，2011，32（4）：58-63.

[9] 郑家鲲.五大理念引领下"十三五"我国群众体育发展研究[J].上海体育学院学报，2016，40（2）：19-24.

[10] 李龙.以五大发展理念引领体育强国建设[J].北京体育大学学报，2017，40（8）：1-7.

[11] 卢文云，陈佩杰.全民健身与全民健康深度融合的内涵、路径与体制机制研究[J].体育科学，2018，38（5）：25-39.

中国民族传统体育国际推广研究

执笔人：李晨　郭莉萍

摘要：构建人类命运共同体是新时代坚持和发展中国特色社会主义的基本方略之一，人类命运共同体的构建需要文明与文化互鉴共进，通过文明和文化的交流增进共识，推动人类社会的繁荣与进步。中国优秀传统文化是世界优秀文化的重要组成部分，是中华民族文化自信的根本之源，能够为世界的发展和人类文明的进步贡献中国智慧。中国民族传统体育蕴含着中国传统文化的核心价值。本文以武术和象棋为例，通过剖析中国民族传统体育国际推广的价值、经验、路径及影响因素，对照新时代坚持文化自信的任务要求，为科学、和谐地让世界了解中国民族传统体育和中国传统文化、讲好中国故事提供具有理论意义和实践意义的推广建议。

关键词：民族传统体育；国际推广

人类命运共同体思想是马克思主义中国化的理论产物，是习近平新时代中国特色社会主义思想内容的重要组成部分。在人类命运共同体的构建过程中，国际社会必须要有达成共识的权力观、利益观、发展观和治理观，这需要文明与文化互鉴共进，通过文明和文化的交流增进共识，推动人类社会的繁荣与进步。而中国传统文化的核心价值体现了正义性、和平性和包容性，是中国文化为世界贡献的中国智慧。中国民族传统体育及其所承载的文化内涵是中国优秀文化的重要组成部分和显性载体，以武术、象棋为代表的民族传统体育一直自觉地承担着"走出去"、讲好中国故事、传递中国理念的使命。在多年的国际推广中，我们积累了一些经验，面对新的形势和任务，中国民族传统体育的全面推广仍需要面对继续正确认识、加强有效传播的时代课题。

一、中国民族传统体育的价值

中国民族传统体育是中国体育的重要组成部分，是中华文化的重要载体形式，是中华民族历代人民生产与生活实践不断融合产生的，其基本表现形式为技击、保健、养生、娱乐。这些体育项目吸收和反映中国传统文化的精髓、内在气质、价值取向，具有悠久的历史、文化渊源，其价值不言而喻。当前，新时代中国特色社会主义社会的重要标志之一就是传统文化的繁荣发展，其中也包括传统体育及其文化繁荣。所以，我们必须与时俱进，认识到中国传统体育及其文化的价值。

（一）中国民族传统体育承载的历史记忆

中国民族传统体育是中华民族在生产劳动过程中形成的独立社会文化现象，与中华文明同步产生，其由来、生存和发展至今无不蕴含着丰富而灿烂的中华文化，是中华民族传统文化的重要组成部分。

以武术为例，在黄帝轩辕氏所处的原始社会，人类为了生存繁衍与野兽搏斗，部落之间为食物、领域、地位而争斗，武力已成为夺取财富的主要手段，从而促使原始武术形成。在中国的古老岩画和古代传说中都可以探究出原始武术的痕迹。在夏、商、周朝所处的奴隶社会，武术逐渐开始与生产劳动分离，军事活动属性不断增强，武术在军事上的应用得到大力发展。同时，武舞还赋予武术表达思想和情感的娱乐功能。周代的"礼、乐、射、御、书、数"六艺丰富了武艺教育内容。在封建社会，从项庄舞剑到岳飞抗金，从戚继光抗倭到霍元甲的精武体育会，经过两千多年的传承，武术在军队和民间得到高度发展，其社会功能呈现多样化，不再仅仅具有战争属性，而逐渐具备表演、竞赛、娱乐和健身属性，出现自觉的武术意识，形成武术理论。习武论剑逐渐成为修养之道，成为中国文化的一部分。中华人民共和国成立以来，党和国家高度重视对优秀民族文化遗产的继承和发展，武术在此期间有了很大的发展。武术进入学校、武术出版物的出版、武术运动管理中心的成立，以及国际武术联合会的成立、武术段位制的建立，标志着武术已走向世界，成为世界人民共有的文化财富。

象棋是中华民族的智慧创造，其发展演变在中国有3 000多年的历史。与其他正式开展的体育项目相比，象棋是唯一有汉字的体育项目。历史上不同字体、材质的象棋也体现了象棋与历史文化的深度融合。作为模拟古代战争的智力游戏，象棋与古代军事有着最直接的内在联系，每一局都在咫尺棋盘上演绎着金戈铁马、兵戎相见。棋盘上的车、马、炮和士兵即是古代的战车、马、炮和士兵的具象的体现。其战略思想和战术特征受古代军事和哲学思想的影响。在排局古谱中，如《渊深海阔》《梅花谱》《橘中秘》《适情雅趣》等，很多排局就是以兵法、三十六计、三国演义典故和战争名称等命名的，这些排局不仅构思精巧，而且名称与历史典故对应得十分贴切，具有鲜明的艺术特色。

2011年7月20日，国家体育总局第一次专门召开全国体育文化工作会议，研究体育文化发展建设。2011年10月20日，国家体育总局就如何推动体育文化大发展大繁荣和如何发挥体育推动文化大发展大繁荣的重要作用展开讨论。2012年12月10日，国家体育总局召开全国体育文化工作座谈会，会议就落实党的十八大精神，有效开展体育文化建设进行了讨论。在中华民族文化伟大复兴、中国建设体育强国的新时代，在文化自信的引领下，中国民族传统体育文化在跨文化传播过程中，必将凸显其不可替代的历史价值和作用。

（二）中国民族传统体育蕴含的哲学思想

中国民族传统体育生于中华大地，是对自然、社会、思维以及三者之间联系的认识，经过长期的实践，在悠久的文化浸润中，逐渐形成中国民族传统体育的价值观念、思维方式、宗教信仰、道德情操、民族精神等，并发展于中华大地，植根于中华土地，其发展过程伴随着中国政治、经济、社会的进步。在这一过程中，以武术、象棋等为代表的动静相宜的中国传统体育充分汲取中国哲学思想，并以特有的方式传播着中国哲学思想和价值观。

第一，"天人合一"是中国民族传统体育精神文化中的核心价值，是中国人关于人与自然关系问题的认识。例如，"武术"与"气功"等项目中对"与天地合其德""物我两忘"境界的要求就是"天人合一"的体现。同时，中国传统文化中"人与自然"相互适应、协调的理念，要求人的行为要与自然相互协调，达到"知行合一""天人协调"的最高境界。

第二，"阴阳"在中国古代哲学中被理解为一对辩证对立统一的关系，同辩证法的观点一致，都认为世界上的任何事物都处于矛盾中，在矛盾中统一。例如，象棋棋盘、棋子与阴阳的契合，棋盘去掉河界，六十四格暗合《易经》六十四经卦；棋子的颜色、子力设置象征的两仪四象等，具象地体现了中国传统文化中的辩证关系。武术以太极拳为代表同样对阴阳进行了另外一种诠释，不分绝对的强和弱，强弱的转换如同矛盾的转换，是可以相互转化的，两者既不能完全分开，也不能完全合一，即阳不离阴，阴不离阳，阴阳相济。

第三，中国民族传统体育源远流长，博大精深，其发展是普遍联系的。例如，武术和象棋都是在取百家之长后形成了独有的风格，各流派种类普遍存在联系，并与政治、经济、社会、文化、自然的发展紧密联系，其发展同社会发展一样，没有时间上的断点。

第四，中国武术和象棋中都特别强调"度"，即强与弱、大和小、深和浅的控制，子力速度与子力价值的平衡，在哲学上可以理解为"量与质"之间的关系转换的控制。究其根本，所体现的是"和"的思想，即在人与自然之间、阴阳之间、动静之间、刚柔之间、虚实之间、内外相应上寻找到平衡点，也是人们处理人与自然的关系和各种人与人关系的总原则，是对整个中华民族智慧的最佳概括和价值提炼。"君子和而不同，小人同而不和。"在儒家看来，能够进退有度，有礼有节，是一种唯美的境界。

第五，中国民族传统体育文化中的"和"思想，体现在比武较量中的"点到为止，以武会友"，象棋中的"和棋"等，为人们认识事物、解决问题提供了第三种选择。象棋用"和"来表示双方都没有取胜的可能，形成双方战平的结果，这是中国所有传统体育项目当中唯一表示平局的说法。持中贵和，崇尚中庸，无论武术格斗还是枰中博弈，"和为贵"都是中国传统文化中的一个鲜明的特点。"和"在儒家思想中，用来表示和谐、平和的思想观念，是通过积极进取，继而和谐共赢，来向世界传递中华文化崇尚"和"的美好愿景的。

中国民族传统体育的核心是追求人与自然之间、人与人之间的"和谐"，即"天人合一""万物并育而不相害、道并行而不相悖"的思想，这一思想承认差异，倡导多元共处。而西方竞技体育在其发展过程中屡禁不止的"赌球""兴奋剂"现象及其过度追求价值和商业化引发了专家学者对西方体育文化的全面反思。哈佛大学杜维明教授在深入研究中国传统文化之后，指出当代世界所面临的地区冲突、生态恶化等诸多课题，都可以从中国传统文化中汲取化解之道。由此可见，中国民族传统体育中"和谐""和而不同"的思想，在一定程度上能够弥补西方以"竞技"为核心，过分追求更快、更高、更强的单一超越式特点，更能发挥出包容、协调、平衡的作用。

（三）中国民族传统体育发挥的载体作用

文化交流是外交的重要组成部分，体育的交流和传播属于文化传播的范畴，成为中国外交的重要载体，既无关政治，又深受政治影响，在对政治起到积极作用的同时，也受到政治格局变化的制约。随着我国文化传播和国际交流能力的不断提升，中国传统体育在我国外交工作中也发挥着越来越重要的作用，中外人文交流中重要的内容就包括武术和象棋这些民族传统体育项目。近些年来，武术课程、象棋课程已成为中国文化中心和海外孔子学院必不可少的课程，成为语言教育、文化交流、国际外交、民间交往的重要载体。

二、中国民族传统体育国际推广的发展历程

中国传统文化是从未被中断的文化，具有强大的生命力。伴随其一起发展至今的中国民族传统体育是中国传统文化的产物和杰出代表，中国传统文化强大的生命力和凝聚力正是中国民族传统体育的优势所在。

（一）中国民族传统体育国际推广的历史发展

中国传统体育在世界的传播不仅与中国政治、社会、经济环境紧密相关，也与世界历史的发展不可分割。

1. "走出"阶段

武术是从第一次世界大战前后至中华人民共和国成立期间开始较大规模地"走出"中国的，为躲避战火，最早的中国移民迁徙到世界各地，为谋生开设武馆，兜售武术兵器，进行武术原始传播和活动，并历经沧桑，逐步形成传统习俗。在海外遇到中国传统节日或是隆重庆典，舞龙、舞狮就成了最富有中国特色的喜庆活动，以此为代表的中国民族传统体育在世界各地慢慢出现。此时，中国国内正处于民族危亡、军阀分立的战争动荡之中，因此这个阶段的中国民族传统体育在世界的传播是无意识的、"被迫"和"自发"的。这个时期传播的特点是被视为一种谋生的手段，其传播内容几乎完全依赖于市场的需求，传播者的地位卑微。因此，中国民族传统体育在这个阶段的一个显著特征是文化传播的发起近乎出于"被迫"，传播者的地位定位在"街头把式"，传播的方式只能承袭师徒式传承模式，或是"中国江湖会党"模式。

象棋的海外传播因为相对便捷，也开始得更早，一直是以文化项目的形式流传和发展的，以象棋为题材的书画、诗词在不同朝代均有记载和流传。在宋代定型以后，随着不同朝代国际交流形式和内容的不同，象棋对周边国

家和地区也产生了不同的影响。特别是在明清时代，随着书籍出版高峰期的到来，象棋的传播也更加广泛，很多著名的全局谱和排局谱都集中在这段时期问世。这种不加干预的传播，完全是因为其娱乐属性和文化属性，由民间自发进行，与武术一样也出现了不同的门派，逐渐形成了以棋会友、以棋谋生的"江湖文化"。

2."立足"阶段

中华人民共和国成立初期到改革开放期间，我国陆续与各国建立了大使级外交关系，中国民族传统体育文化的传播也步入了一个崭新的阶段，中国文化海外传播者的状态也逐渐由"自卑"转向"自信"。传播的内容从单一的武术类逐渐扩大至更多种类。1982年，武术和象棋被国家体委（现国家体育总局）列为国际推广项目。随后，气功、龙舟、风筝、舞龙、舞狮也逐渐登上了世界文化的舞台。

3."发展"阶段

从改革开放至今，中国"自信心"进一步增强，党中央高度重视中国传统文化的伟大复兴。作为中国传统文化的一部分，中国传统体育也受到了高度重视和积极发展。国家和政府积极策划、组织和宣传中国传统体育。基于中国的政治稳定、经济繁荣、民族意识和文化自信的不断增强，中国民族传统体育的传播也进入了前所未有的快速发展阶段。特别是在21世纪之后，伴随着北京奥运会的成功举办、冬奥会的成功申办、党的十九大胜利召开，中国民族传统体育在海内外的传播逐渐积累了一定的经验，并形成了体系。

（二）中国民族传统体育国际推广的发展瓶颈

1990年国际武术联合会、1993年世界象棋联合会都是由中国发起，并在北京成立的，这是我国传统体育国际推广工作取得重要成果的标志。但项目发展随即面临许多挑战和障碍：第一，武术为了进入奥林匹克大家庭，削足适履地改革。如动作标准化、难度系数化，模仿跆拳道、空手道设立段位制等，虽然这种改革似乎符合奥运会评价的要求，但失去了中国武术的精神和文化内涵。第二，为了追求中国传统体育的商业价值，传播缺乏传统文化的基因，而传播的目的以项目推广为主，推广和传播手段单一，仅仅关注作为体育技能的表现，而没有就技能所蕴含的文化内涵进行挖掘和传播，这是传统体育文化国际传播的误区。第三，依据现代影视手段偏颇理解武术的多，而植根中国文化、依据中国哲学思想文化价值内核理解武术的少。第四，向国际积极推广投入的无效资源多，保护、培育和发展国民民族体育文化和市场的有效投入少。第五，注重推广项目取得显著短期效果的多，具有长期可持续效益的项目少。第六，过于重视项目文化属性，而忽视了文化认同需要循序渐进的根本规律。第七，国际推广中的标准意识与国际意识的协调统一不匹配。第八，现代化管理、运营和高科技手段的作用未在武术和象棋的国际推广中得到充分发挥。

（三）中国民族传统体育国际推广的远大前景

第一，中国综合实力的全面崛起为中国民族传统体育走向国际提供了强大的政治保障、经济保障和文化保障，增强了国际社会对中国民族传统体育的认同感。

第二，社会主义强国建设需要文化繁荣，需要人民健康，需要体育强国。在文化自信不断提升、国民对民族文化价值的认同日益增强的当下，民族传统体育作为繁荣中国特色社会主义文化的重要组成部分，将进入蓬勃发展和繁荣的阶段。

第三，中国传统体育文化积极融入世界文明发展，有利于促进世界文明多元化发展，为世界人民提供多元、多样的文化体验和精神财富。中国传统体育国际推广是时代发展的需要，是人类文明发展的需要，更是促进实现文明与文化互鉴共进、增进共识、推动人类社会的繁荣与进步的需要。

三、中国民族传统体育国际推广的实践路径

中国民族传统体育具有中国特色的艺术价值、大众普及的健身功能、丰富的娱乐和教育功能，是中华民族的历史、文化、风格和价值观念的显性载体。在当代体育国际化的背景下，中国民族传统体育需要在国际化推广与保持民族性的碰撞中找到出路。

（一）认识民族传统体育国际推广的时代意义

中国国力的持续增长为民族体育文化国际传播提供了坚实的基础，同时，也对民族体育文化国际传播提出了新的时代要求。当今综合国力竞争的一个显著特点是文化的主导地位，从一定意义上说，谁占据了文化发展的制高点，谁就通过文化软实力赢得了话语权，谁就能够在激烈的国际竞争中主导方向、赢得主动。在新时代的背景下，我们只有牢牢掌握思想文化领域、

意识形态领域国际斗争的主动权，才能维护国家文化安全。因此，必须大力弘扬中华优秀传统文化，发展社会主义先进文化，加快增强中华文化的国际影响力，实现与我国国际地位相称的文化软实力建设。中国传统体育由于自身的体育属性易于被广泛接受，其特有的载体作用有易于增进了解、促进交流，其与生俱来的文化属性有利于传递中国理念、讲好中国故事，为增进文化交流、文明互鉴、人类命运共同体的构建发挥积极作用。

（二）坚持民族传统体育国际推广的核心原则

第一，坚持"以我为主"。人文交流的基础是平等相待，而不是被动参与，在相互尊重的前提下，充分交流。拥有话语权，需要国家整体政治、经济、社会实力作为保障。所谓人文交流中的"以我为主"就是随着国家综合实力的提升，通过挖掘民族体育文化、制定民族体育标准、开发民族体育市场、打造民族体育品牌、输出民族体育产品，形成具有战略性的文化资产，积极加入世界多元文化大家庭，并占据一席之地，成为具有话语权的世界多元文化建设的领导者。

第二，坚持"文化意识"。文化是国家和民族综合实力的标志。为了保护、发展和繁荣我国文化的核心价值，国家一直致力于宣传和推广中华优秀传统文化，以积极的态度传播和推介中国文化。武术、舞龙、舞狮、象棋等都登上了国际舞台，但这些只是文化的载体，而不是主体，中国文化"走出去"不是简单的文化产品的输出，不应仅仅追求简单的浅层价值传播，而是要通过浸润中国文化内涵的武术、象棋等民族传统体育的传播使世界各国人民感知中国哲学思想，理解中华民族"内敛、和谐"的核心价值观，和平发展的宗旨，倡导不战与和谐的理念，进而理解人类命运共同体构建的深刻意义。

第三，坚持"世界意识"。在中国民族传统体育"走出去"的过程中，必须坚持核心价值理念，同时也要站在传播对象的立场和文化环境中思考策略。例如，竞技武术世界化进程缓慢，至今未进入奥运会大家庭，究其根本原因是没有解决好国际文化差异这一客观事实。象棋的国际化发展受到制约，一方面因为有与之类似的其他棋种，比如国际象棋，一直占据着西方发达国家的主流智力运动项目的市场；另外一方面是因为汉字等中国显性特征带来的文化差异感需要通过更多的活动形式和传播渠道，来逐步达到文化认同的效果。

反观跆拳道、空手道、拳击和国际象棋等体育项目，都是由政府主导推动在我国开展。国家投入了大量的人力、财力、物力，继而实现了快速发展的良好局面。而中国传统体育项目在海外任何一个国家和地区都不曾有过这些项目在中国的待遇，这本身也是世界文化差异带来的认同感不足的结果。中华民族一直以包容开放的心态来兼收并蓄世界优秀文化，站在这样的历史高度和站位来研究解决好国际文化差异，建立更为包容的机制，必将事半功倍，否则国际间的文化差异将会成为文化传播的瓶颈，为传播带来诸多困难。中国民族传统体育的推广要正视文化差异，传统体育作为国家文化软实力的一部分，如何"走出去"，要在深入研究传播对象的文化环境后寻找路径和方法，做到"内外有别"和"一国一策"。

第四，坚持"创新意识"。发展是世界永恒的主题，创新是世界进步的驱动力，因此中国传统体育的国际推广也要用发展和创新的眼光去谋划，用发展和创新的意识去对待，用发展和创新的方法去破除"瓶颈"，做到与时俱进。在新时代文化自信的指引下，在经济、政治、社会、自然、科技日新月异的大环境下，中国传统体育"走出去"要把视野放大到国家文化战略层面，提升到人类命运共同体构建的高度，积极探索成为世界多元文化的结构支柱的方法。这需要理念上的创新、内容上的创新、方式方法的创新以及体制和机制上的创新。

近年来中国武术、象棋等传统体育项目借助孔子学院和中国文化中心平台，在推广上取得了积极的成果，融合文化的体育推广方式提高了传统体育的认可度和接受度，传统体育的推广丰富了文化的推广内容和方式，形成了相辅相成、互为载体的组合推广模式。

第五，坚持"标准意识"。中国传统体育源自中国，形成发展于中国，蕴含着深厚浓重的中国传统文化。其推广应建立在标准归我、世界共享的前提下，在传播模式、传播理念、管理和评价方面形成一整套具有知识产权的标准体系。我国在这方面借鉴过其他国家的经验，也初步建立了自己的体系。以武术为例，由于我国历史发展过程，其在传播过程中良莠不齐、鱼龙混杂，国际传播的公信力大打折扣，这也是制约中国武术正确地走出去，被世界正确认识和接受，向更深、更广层面发展的瓶颈。然而，标准并非"统一"，中国传统体育的思想始终蕴含着"天下大同、和而不同"的哲学思想。以武术为例，其内容丰富、形式多样、理论深邃，统一化的标准难以制定，因此，在牢固树立标准意识的同时，要分类实施，即坚持"以我为主"

制定的武术技术技法、传授和评价的标准化，坚持运行管理上的国际规范化。唯有如此，中国传统体育走出去的道路才能更为稳健。

（三）探索传统体育国际推广的方法策略

文化是一个民族的精神家园，在全球化浪潮下，文化软实力在国际竞争中正占据着愈发重要的地位。民族传统体育是我国文化的重要内容，是中国文化的象征和符号。做好民族传统体育国际推广，促进文化交流和传播，是新时代中国特色社会主义文化自觉、文化自信的时代要求，也是为世界贡献中国智慧的一种载体形式。

第一，培养民族传统体育的文化自觉，促进民族传统体育繁荣发展。首先，在国家综合实力全面提升的大环境下形成文化自觉和自信，将繁荣民族传统体育纳入国家全面发展的整体布局。其次，民族传统体育要进入校园，从孩子抓起。学校是一个国家和民族最重要的文化意识、民族意识的培养基地，只有做好青少年的文化教育和传承才能从根本上实现民族传统体育及其文化的传承和发展，才能从根本上实现文化自觉和自信。最后，民族传统体育要融入全民健身。随着中国经济的发展，健康中国和体育强国战略的实施，民族传统体育发展的根本落脚点在全民健身上，民族传统体育在全民健身方面不仅具有健身功能，还具有文化传承和保护、促进经济及社会和谐等功能。

第二，树立民族传统体育的产权意识，保证民族传统体育有效传播。民族传统体育作为一种传统文化，来源于历史，来源于劳动、生活、宗教等，权利主体不确定，与现行的知识产权制度不兼容，但这些项目和文化属于我国人民。我国是社会主义国家，责无旁贷地应保护民族传统体育及其文化，建立起相应知识产权制度和机制。只有明确知识产权主体，文化传播才会有根基，才能为建立民族传统体育的规划、组织、保障、评估体系奠定基础，进而达到有效传播的目的，而民族传统体育在这些方面的短板并非短期内能够弥补的。

第三，重视民族传统体育的传播价值，发挥民族传统体育的载体功能。通过传统体育项目的有效推广，用游戏和体育的形式介绍和解读中国传统文化的核心价值观，寓教于乐，从而使参与者获得文化认同感。坚定文化自信，让传统体育讲好中国故事，使其成为不同语种、不同地域、不同国家和平交流的媒介，让世界更好地认识中国，也让中国更好地走向世界。

第四，秉持民族传统体育的世界眼光，推进民族传统体育的国际推广。"民族的优秀文化就是世界的优秀文化"，但是优秀的民族文化需要合理推广才能成为世界的优秀文化，因此，我们在推广中国传统体育过程中要特别注重为世界人民提供有参与感、获得感、尊重感的推广渠道、宣传渠道和参与渠道，深入开展文化差异研究，在世界性的文化背景下研究其所思、所想、所需，找到文化传播的最大公约数。

第五，统筹民族传统体育的发展项目，实现民族传统体育的分类发展。全面统筹分析民族传统体育项目，对具有民族性、科学性、可行性，符合时代发展需要和趋势的项目进行保护、传承和创新性的大力发展，如武术、太极、象棋等；对于不适合继续传承和推广的项目进行文物性保护，列入非物质文化遗产进行保存和研究；借助一切现代先进手段和技术，对可传承、可推广的民族传统体育项目做到创新性传承，使其符合现代化和国际化的文化传承趋势。

第六，升级民族传统体育的传播手段，提倡民族传统体育的科技创新。在科技爆发增长的当今社会，网络化、信息化、数字化的科技手段应用在社会的各个方面，人类文化遗产保护进入"数字化"时代。我国民族传统体育在这些方面需要与时代步伐一致。首先要从更新民族传统体育开发理念、拓展民族传统体育学科专业领域入手；其次要加强多学科人才队伍培养，提高管理能力，积极应用虚拟现实、数字化科技管理，增强现代高科技手段的应用；最后还要制定积极的政策，建立稳定的经费保障体系。

总而言之，中国民族传统体育的推广要从国内外的实际和历史定位的实际出发，推广既要传承和传播好传统文化思想，也要积极汲取现代社会、科技、人文的营养，符合时代发展的需要，符合优秀文化世界化发展的趋势，具备社会价值、经济价值、人文价值，能够在多元文化的世界中立足而行。

参考文献

[1] 郭玉成.中国武术传播论[M].上海：复旦大学出版社，2008.

[2] 华博.中国世界武术文化[M].北京：时事出版社，2007.

[3] 妥培兴."一带一路"与战略下民族传统体育跨文化传播的价值、困境及其消解[J].南京体育学院学报（社会科学版），2017，31（1）：13-17.

[4] 冉学东，王岗.对中国武术文化"走出去"战略的重新思考[J].体育科学，2012，32（1）：71-76，87.

新时代全民健身公共服务体系的构建

执笔人：赵爱国　黄飚

摘要：在新时代加强全民健身公共服务体系建设意义重大。党的十八大以来，我国全民健身公共服务体系建设取得了巨大成绩，但也存在一些问题和困难。新时代全民健身公共服务体系建设应遵循以下原则：聚焦问题、突出重点、坚守底线、引导预期，政府主责、多方合作，深化改革、完善体制，分类施策、统筹推进。应重点做好以下工作：加快研究出台关于全民健身公共服务体系建设的指导意见；突出基本公共体育服务供给；建立全民健身公共服务平台；正确认识和摆正学生与学校体育在全民健身公共服务体系建设中的地位；抓紧解决"去哪儿健身"和"如何健身"两大制约全民健身事业发展的短板问题；加强对全民健身公共服务体系建设的监督检查。

关键词：全民健身；公共服务；体系

提供公共服务是各级政府应履行的重要职责。随着中国特色社会主义进入新时代，各级政府对公共服务体系的建设更加重视。体育是公共服务的重要内容，在新时代背景下加快推进全民健身公共服务体系建设既紧迫又必要。厘清全民健身公共服务体系的内涵外延、建构思路、重点工作，对于推进全民健身和健康中国战略、建设体育强国具有重要的理论和现实意义。

一、全民健身公共服务体系的含义及新时代加强这一体系建设的重要意义

加强全民健身公共服务体系建设是新时代的要求，意义重大。准确界定全民健身公共服务的有关概念和范畴，是更好地推进全民健身公共服务体系建设的必要前提。

（一）全民健身公共服务体系的含义

全民健身公共服务与公共体育服务、基本公共体育服务既有联系又有区别。公共体育服务是由政府主导提供的，旨在满足公民及各类社会组织体育需要的各种服务。从服务对象看，公共体育服务既包括公民个人和群体，又包括为实现公民体育权益服务的各类中介组织；从服务形态看，公共体育服务既包括物质性的健身场地设施等服务，又包括非物质性的体育资讯、体育组织建设等服务；从服务内容看，公共体育服务既包括体育健身指导、健身培训等服务，又包括满足人们参加体育活动、观赏体育比赛和体育表演等需要的服务。基本公共体育服务是由政府主导提供的，与经济社会发展水平相适应，旨在保障全体公民基本体育需求的公共体育服务，是公共体育服务最基础的部分，也是公民基本体育需要的最低保障。随着经济社会的发展，基本公共体育服务的范围、内容会逐步扩展，水平会逐步提高。全民健身公共服务在公共体育服务中居于主要地位，是公共体育服务的核心部分，主要指为群众体育健身和锻炼提供条件的服务。从内容上看，全民健身公共服务主要指公共体育服务中除"观赏体育比赛和体育表演等需要的服务"以外的部分；从层次上看，全民健身公共服务既包括基本公共服务（基本公共体育服务），也包括非基本公共服务。

全民健身公共服务体系，是由全民健身公共服务供给主体、服务内容与产品、服务对象、资源配置、管理运行等构成的系统性、整体性的制度安排。

1. 供给主体

由政府部门、社会体育组织和企业构成。从部门来看，政府部门既包括体育部门，也包括政府其他相关部门；从层次上看，政府部门包括中央政府、地方政府、基层政府以及各类基层体育机构，如全民健身中心、社区体育俱乐部、青少年体育俱乐部等。社会体育组织如各项目体育协会、非营利性体育俱乐部等，是提供全民健身公共服务的重要力量。一些体育健身服务企业也可成为提供全民健身公共服务的重要补充力量。

2. 服务内容与产品

从种类上看，全民健身公共服务包括活动类产品、场地类产品和资讯类产品。活动类产品包括体育健身指导服务、培训服务、参加竞赛服务、体质监测服务等。场地类产品主要指公共体育场地设施，它是全民健身公共服务的物质载体，在全民健身公共服务中发挥着基础性、保障性作用。资讯类产品主要指全民健身政策法规、健身知识和方法等有关信息。

从层次上看，全民健身公共服务包括基本服务、非基本服务，基本服务又包括全国性基本服务、地区性基本服务和社区性基本服务。全国性基本服务是中央政府应提供的基本服务，如制定《全民健身计划》《国家基本公共体育服务标准》，指导推动全国范围内的基本公共体育服务供给等；地区性基本服务受地区经济社会发展水平影响较大，相比全国性基本服务，它更强调某一行政区域内的基本服务，如体育场地设施建设、地方基本公共体育服务政策制定等；社区性基本服务解决的是基层基本公共体育服务供给问题，也是基本公共体育服务中最具个性化的公共服务，如健身场地设施提供、健身指导服务、健身活动服务等。

3. 服务对象

全民健身公共服务的对象是全社会，包括社会组织、企业和全体社会成员。全民健身公共服务不仅要满足社会组织和企业发展的需要，更要充分考虑不同人群参与体育活动的不同需求，力求满足全体社会成员的共性体育需求。

4. 资源配置

包括人力资源和财物资源两个子系统。人力资源主要指全民健身公共服务供给领域的从业人员，包括管理人员、社会体育指导员等，他们是全民健身公共服务的直接生产者。财物资源由全民健身公共服务资金物品筹集、配置与使用等要素构成，包括财政拨款、社会捐助、基金资助等。

5. 管理运行

包括绩效评价和监督反馈两个子系统。绩效评价系统是指由考核、评价全民健身公共服务提供能力的相关要素构成的有机整体，包括政府评价和社会评价。政府评价主要指通过制定标准评估各级政府提供的全民健身公共服务；社会评价是由接受全民健身公共服务的社会组织、企业和公众对服务质量进行的评价。监督反馈系统由监控全民健身公共服务组织及其服务能力的制度、公民体育需求信息反馈制度等相关制度构成。

（二）新时代加强全民健身公共服务体系建设的重要意义

加强全民健身公共服务体系建设是我国发生"历史性变革"大背景下社会基本矛盾变化的要求，是推动解决当前社会主要矛盾的必要举措。从生产关系看，当前人民的总体需要部分发生了质变，由日益增长的物质文化需要升级为日益增长的美好生活需要，由"让一部分人和地区先富起来"转向更加注重"共同富裕""使全体人民共享改革发展成果"，这要求体育领域增加公共服务产品供给、加强全民健身公共服务体系建设。从社会发展方式看，我国经济社会各项事业由相对注重重点突破的非均衡发展模式转向更加注重全面协调发展的模式，这要求体育领域更加注重群众体育与竞技体育的全面协调发展、补齐全民健身公共服务供给不足这一短板。从社会建设发展规律看，我国已走过"从无到有"的生存型社会建设阶段，正处于"从有到好"的质量型社会建设阶段，要实现经济与社会建设的良性互动，不能出现"经济这条腿长、社会这条腿短"的现象，有必要抓紧做好全民健身公共服务这一社会民生领域的重要项目。加强全民健身公共服务体系建设将有力推动解决人民日益增长的美好生活需要和不平衡不充分的发展之间的矛盾。

加强全民健身公共服务体系建设是坚持以人民为中心的发展思想的要求，是发展以人民为中心的体育工作的关键。为人民谋幸福是中国共产党的根本政治立场，"以人民为中心"是习近平新时代中国特色社会主义思想的重要内容。"以人民为中心"要求体育部门充分认识和发挥体育的独特功能与价值，将体育工作纳入民生项目来抓，通过加强全民健身公共服务体系建设改善群众健身环境、提升群众健身实效，提高群众生活质量，增进人民福祉。加强全民健身公共服务体系建设将使人民群众更多、更好、更公平地享受体育发展成果。

（三）加强全民健身公共服务体系建设是贯彻新发展理念的要求，是落实新发展理念的重要抓手

创新、协调、绿色、开放、共享的新发展理念既关乎我国当前发展，也关乎我国发展全局的根本和长远发展，各行各业都应坚定地贯彻落实。就体育行业而言，"创新"要求应时代发展和人民之需在转变体育发展方式上走出新路；"协调"要求摆正群众体育与竞技体育及体育产业、全民健身公共服务与其他社会领域公共服务的关系；"绿色"要求我们充分挖掘体育在促进民众培养健康向上、绿色生活方式中的价值与功能；"开放"要求将公共体育资源更充分地向民众开放；"共享"要求通过增加免费或低收费的公共体育服务供给增进人民福祉。加强全民健身公共服务体系建设将使体育工作更充分地体现新发展理念。

加强全民健身公共服务体系建设是现代化强国建设"两步走"战略安

排和实现中华民族伟大复兴的要求，是推动实现中华民族伟大复兴的基础工作。现代化包括体育领域的现代化，现代化强国也是体育强国。体育领域的现代化和体育强国建设，主要看群众体育能否实现现代化，而群众体育能否实现现代化又离不开全民健身公共服务的制度安排和资源供给。中华民族伟大复兴离不开全民身心健康，中华民族伟大复兴要求通过加强全民健身公共服务体系建设更好地发挥体育在国民体质提升、健康促进、精神塑造和人的全面发展中的作用。加强全民健身公共服务体系建设有助于夯实中华民族实现伟大复兴的基础。

加强全民健身公共服务体系建设是我国日益走向世界舞台中央的要求，是使我国更好地为世界体育事业发展和人类文明进步贡献自身力量的基础工作。新时代的中国正日益走向世界舞台中央，中国现代化站在了为解决人类问题贡献中国智慧、中国方案的历史起点上。中国体育的发展和全民健身公共服务体系的建设也需具备宽广的胸怀和世界的眼光，对标国际先进，改进自身不足，为促进解决人类在体育领域的问题做出贡献。全民健身公共服务供给水平的提高有助于促进我国政治稳定、社会和谐、经济结构供给侧调整，提升国家软实力。加强全民健身公共服务体系建设将为我国在世界体育舞台上和人类文明进步进程中发挥重要作用提供有力支撑。

二、新时代全民健身公共服务体系建设的现状分析

党的十八大以来，各级政府不断加大对全民健身公共服务体系建设的投入，全民健身公共服务供给能力和水平明显提高。与此同时，由于底子薄、欠账多，全民健身公共服务体系在总体上还与全面建成小康社会的目标要求和群众日益增长的体育需求不相适应。

（一）党的十八大以来取得的主要成绩

党的十八大以来，我国的全民健身公共服务体系建设在顶层设计等方面取得了一系列显著成绩，主要有如下几个方面。

1. 全民健身公共服务体系建设顶层设计取得重大进展

在指导思想方面，党的十八大以来，习近平总书记就体育工作做出了一系列重要指示和批示，为全民健身公共服务体系建设指明了方向。工作机制方面，2017年国务院全民健身工作部际联席会议联络员会议的召开，为部门协作推进全民健身公共服务体系建设提供了有力的制度保障。法规政策

方面，党中央、国务院出台了一系列的重要文件，其包含的全民健身公共服务内容如下：《全民健身计划（2016—2020年）》提出到2020年"支撑国家发展目标、与全面建成小康社会相适应的全民健身公共服务体系日趋完善"；《国家基本公共服务体系"十二五"规划》《"十三五"推进基本公共服务均等化规划》明确了基本公共体育服务项目清单；《中华人民共和国国民经济和社会发展第十三个五年规划纲要》首次将"广泛开展全民健身运动"专列为一节，并在专栏21"健康中国行动计划"中提出"推动城市社区15分钟健身圈建设""实现农民体育健身工程全覆盖"等任务；《"健康中国2030"规划纲要》将"提高全民身体素质"专列为第六章，提出"统筹建设全民健身公共设施"等任务；2014年中央有关部门推出大型公共体育场馆免费或低收费开放补助政策，推动体育场馆更好地为群众提供服务。资金投入上，中央有关部门通过实施《"十二五"公共体育设施建设规划》《"十三五"公共体育普及工程实施方案》，加大投入力度，利用彩票公益金、中央预算内投资、财政专项资金支持地方建设，完善群众身边的公共体育设施。

2. 公共体育场地设施数量增长幅度较大，公共体育场馆开放服务水平显著提高

截至2015年，全国体育场地数已超过170万个，人均体育场地面积达到1.57平方米，超额完成《全民健身计划（2011—2015年）》提出的"全国各类体育场地达到120万个以上""人均体育场地面积达到1.5平方米"的目标。全国50%以上的市（地）、县（区）建有全民健身中心；50%以上的街道、乡镇建有便捷、实用的体育健身设施。截至2017年底，全国88%左右的城市社区、农村行政村已建有便捷、实用的体育健身设施。公共体育场馆基本实现了向群众免费或低收费开放。

3. 全民健身组织网络基本形成

截至2015年，全国县级以上地区体育总会覆盖率达到72%。单项体育协会、行业体育协会及老年人、残疾人、少数民族、农民、学生等体育协会数量大幅度增加，特别是青少年体育社会组织大力发展，各级各类青少年体育俱乐部总数超过6 000个。

4. 全民健身指导和志愿服务队伍不断壮大

截至2015年，经过培训的社会体育指导员已超190万人，职业社会体育指导员近20万人。社会体育指导员从重数量增加向重质量提升、从重培训向重实践指导转变，综合素质和服务水平不断提高。除社会体育指导员外，各地还广泛组织优秀运动员、科研人员、体育教师等深入群众，开展健身知识宣传、健身技能培训、健身设施维护和其他各类志愿服务活动。

5. 多种形式的科学健身指导服务惠及更多城乡居民

国家体育总局组织制定了《健身运动安全指南》，编制了关于科学健身的系列丛书，发布了《全民健身指南》、"科学健身18法"等系列健身方法指导文件。国家体育总局相关职能部门定期组织开展国民体质监测和群众体育活动状况调查，加强科学健身关键技术研究，推广体质测试并依据个人体质状况提供科学健身指导服务，鼓励支持社会力量为群众提供多样化科学健身方案，使群众科学健身水平总体上得到提升。

（二）目前存在的主要问题和困难

在取得显著成绩的同时，当前我国的全民健身公共服务体系建设也存在不少问题和困难，主要有以下几个方面。

1. 全民健身公共服务体系建设有关政策、标准、制度缺失或滞后

对于各地如何建设全民健身公共服务体系，国家层面没有一个全面、系统的规范性文件进行指导。利用商场、旧仓库、旧厂房改建改造的健身设施项目难以办理报建手续，改建改造项目在土地性质、房屋性质变更上也存在不少障碍。临建式、拼装式、气膜式等新兴和新型场地设施的审批管理不明确，导致这些场地设施在投入使用后得不到法律保障。许多地方存在体育用地指标不足、体育用地性质被改变、体育用地被挤占等问题。大型公共体育场馆免费或低收费开放补助政策存在不科学、不合理的地方，亟须调整。

2. 全民健身公共服务供给水平和服务效能整体上有待提高

基本公共体育服务产品种类和数量少、质量不高。不少地方群众身边的公共体育设施不能满足群众需求，大型公共体育场馆开放程度不够。不少地方的室外健身器材等健身设施超期"服役"，损坏后长期得不到维修和更新。科学健身指导方法推广速度较慢，普及率较低，难入人心。基层体育社会组织发展速度缓慢，数量偏少，作用发挥不够。利用现代信息技术等科技手段普及科学健身知识、推广科学健身方法、提供健身咨询服务、推动全民健身公共服务体系建设提档升级等工作有待加强。

3. 全民健身公共服务在不同地区之间、城乡之间发展不平衡

城乡之间，东、中、西部不同区域之间，老城区和新城区之间全民健身设施供给差距较大，中西部一些农村地区、贫困地区缺少全民健身设施。据不完全统计，截至2017年底，东部地区人均体育场地面积为1.93平方米，东北地区为1.57平方米，中部地区为1.37平方米，西部地区仅为1.25平方米，四川和贵州两省人均体育场地面积尚不足1平方米。

4. 各级公共财政对全民健身公共服务的投入偏少

长期以来，各地对全民健身公共服务体系建设的投入主要依赖体育彩票公益金，财政资金投入十分有限，投入总额和人均投入偏低，许多地方甚至无任何财政投入。许多地方对公共体育设施的新增投入主要集中于大型体育场馆（20 000个座位以上的体育场、3 000个座位以上的体育馆、1 500个座位以上的游泳馆），对群众身边健身设施的投入严重不足。部分省、区、市由于近年来财政紧张且脱贫攻坚任务艰巨，不能为健身设施建设等全民健身工作提供资金保障。

5. 动员支持社会力量参与建设全民健身公共服务体系的力度不够

虽然《关于加快发展体育产业促进体育消费的若干意见》等中央文件提出了"体育场馆等健身场所的水、电、气、热价格按不高于一般工业标准执行"等鼓励支持社会力量兴办体育设施的优惠政策，但并未得到很好的落实，社会力量在参与投资建设和运营管理公共体育设施时碰到规划用地、政策执行等许多障碍。

三、新时代建设全民健身公共服务体系的原则和重点工作

新时代全民健身公共服务体系建设是一项系统工程，涉及多个方面、多个部门，要求我们以习近平新时代中国特色社会主义思想这一马克思主义中国化的最新成果为指导，综合运用马克思主义世界观和方法论，围绕全民健身公共服务体系建设的各环节、各方面，坚持原则、抓住重点，以点带面、点面结合，一步一个脚印地扎实推进。

（一）建设全民健身公共服务体系应遵循的原则

1. 聚焦问题，突出重点

把握事物发展的主要矛盾，着重抓住矛盾的主要方面，是马克思主义的重要方法论。全民健身公共服务体系的建设应重点围绕"服务内容和产品""资源配置""管理运行"做文章，针对当前全民健身公共服务工作存

在的政策标准和制度安排不全面、不系统、相互割裂，以及公共服务资源供给不足等问题，特别是群众"去哪儿健身""如何健身"两大短板问题发力。

2. 坚守底线，引导预期

鉴于我国还处于社会主义初级阶段，是世界上最大的发展中国家，国家不能无限度地保障公众的体育健身需求，目前阶段在全民健身公共服务方面主要是"保基本"，即保障公民平等的健身权益，消除城乡之间、不同区域之间、不同群体之间的基本公共体育服务差距。各级政府应科学厘清公共服务、准公共服务和基本公共服务，"公益"和"私益"之间的界限，尽力而为，量力而行。

3. 政府主责，多方合作

全民健身公共服务体系的建设要在党的领导下进行，走开放发展和多元共建共治之路，坚持政府负责、部门协同、全社会共同参与，坚持体育与健康、养老、文化、旅游和教育的融合发展、跨界整合、互相促进。

4. 深化改革，完善体制

全面深化改革是"四个全面"战略布局的重要部分、解决我国一切问题的根本抓手、实现我国强起来的强大动力。全民健身公共服务体系的建设同样应体现改革精神，结合当前深化体育管理体制改革工作来推进，对体育人事制度、事业单位制度、体育统计制度、全运会赛制、优秀运动队体制等一系列制度进行改革，从公共体育资源中拿出更大比例投向全民健身公共服务领域。

5. 分类施策，统筹推进

应根据拥有不同民族、不同气候、不同地形地貌、不同文化传承的地方的不同体育健身传统和体育需求，及其不同的经济社会发展水平，提出相应的全民健身公共服务体系建设目标、完成期限，鼓励因地制宜、积极探索，建立体现当地特色、符合当地实际、切合当地群众需求的全民健身公共服务供给模式。

（二）建设全民健身公共服务体系应把握的重点工作

按照以上原则，新时代全民健身公共服务体系的建设需要统筹考虑和推进一系列工作，其中应重点抓好的有以下六个方面。

1. 加快研究出台关于全民健身公共服务体系建设的指导意见

该指导意见内容应强调以下三个方面：一是对全民健身公共服务体系的建设目标、建设内容、建设标准、建设路径、保障措施、绩效评价、配套政策等进行阐述；二是要求地方建立健全各级政府全民健身工作部门间的联席会议制度、部门协作推进全民健身公共服务体系建设的工作机制，将体育部门纳为地方各级政府城乡规划建设委员会成员单位，充分发挥体育部门在全民健身设施规划建设中的作用；三是要求地方从本区域经济社会发展现状和不同人群实际需求出发，设计好全民健身公共服务体系建设路线图、时间表、任务书，分解任务，明确责任，按计划、分步骤地推进工作；四是要求政府部门强化对全民健身公共服务体系建设的法定职责，将有关任务指标、人财物投入、保障措施、部门职责等内容固定下来，争取纳入地方法规和规章。

2. 突出基本公共体育服务供给

党的十八大和十八届三中、四中、五中全会都强调要重视和加强基本公共服务建设。体育是基本公共服务的重要内容，《国家基本公共服务体系"十二五"规划》以及《"十三五"推进基本公共服务均等化规划》都对基本公共体育服务提出了明确要求。全民健身公共服务体系建设应突出基本公共体育服务供给，围绕基本公共体育服务供给做好以下工作：

第一，研究出台国家基本公共体育服务指导标准，标准内容应包括体育场地设施、健身指导等方面的内容。应明确各层级行政区域在一定期限、一定人口数量下的各项基本公共体育服务具体内容和指标要求，以及应具备的公共体育服务基本条件和政府保障责任，并根据经济社会发展变化适时调整具体指标。各地政府除要按国家基本公共体育服务标准补齐短板外，也要根据本地经济社会发展需要加大财政投入、吸引社会资本参与，扩大基本公共体育服务供给渠道。无力达到国家基本公共体育服务指导标准的地区，可通过中央财政转移支付予以重点保障。

第二，大力推进基本公共体育服务均等化。基本公共体育服务均等化不是简单的平均化和无差异化。实现基本公共体育服务均等化，关键是补齐短板。用于支持地方开展全民健身事业的中央资金（包括彩票公益金、预算内投资、财政专项资金），应按照中央关于打赢脱贫攻坚战的决策部署，进一步向贫困地区、农村地区倾斜。

3. 建立全民健身公共服务平台

新一轮科技和产业革命已经到来，人工智能、云计算、物联网、大数据技术发展迅速，应用日益广泛，要求我们更多地运用互联网思维和信息技术手段开展工作。目前，一些地方已建成了一些关于全民健身服务的信息平台，内容涉及体育场馆服务、教练预约、赛事活动管理等，但从总体上看，这些平台仍未互联互通，是一个个信息化孤岛，效用未得到充分发挥。应尽快建立一个联通各相关全民健身服务平台、整合各方资源的全国性全民健身公共服务平台。建设该平台应注意以下几点：一是充分利用和整合现有资源，包括全民健身微信公众号、大型体育场馆补助资金申报系统、社会体育指导员管理系统等；二是内容模块涵盖公共体育场地设施、国民体质监测、科学健身指导、群众体育赛事活动、社会体育指导员、群众体育运动项目等级评定等；三是既可向社会提供服务，供大众查询场地、预约教练、报名参赛、获得健身知识和方法，又可为政府部门获取公共体育场地设施分布和使用情况、群众参与体育赛事情况、国民体质测定、群众体育运动项目等级评定等信息提供支撑；四是整体设计、分步推进，根据工作需要和工作条件稳妥进行，逐步完善，当前应紧扣公共体育场馆开放补助政策调整，结合国家体育总局组织开展的大型体育场馆信息化监管系统、智慧社区健身中心建设试点成果，加快建设公共体育场地设施建设管理模块；五是遵循公开透明原则，引入市场机制，动员社会力量参与。

4. 正确认识和摆正学生与学校体育在全民健身公共服务体系建设中的地位

学生是全民健身的重要人群，学生和学校体育在全民健身公共服务体系建设中扮演着不可忽略的重要角色。在学生体质状况不容乐观，近视率不断攀升的背景下，将学生和学校体育更好地纳入全民健身公共服务体系建设尤为必要。一方面，学生和学校要为全民健身公共服务体系建设做贡献；另一方面，全民健身公共服务体系的建设也要统筹考虑学生的体育需求。应重点做好以下三个方面的工作：

第一，通过强化体育教育增强学生的体育健身意识和体育素养。近年来，针对学生体质下降、近视率上升的问题，中央领导曾多次做出重要指示。在构建全民健身公共服务体系工作中，体育和教育部门应围绕落实中央领导指示精神更加紧密地协作，加强对学生的体育教育，督促学生掌握必要的体育运动技能、接受体育文化教育。可通过开设针对性强的体育文化课帮助学生强化体育认知，了解体育多元功能与价值，从小培养他们的科学体育素养，让他们形成良好的体育运动习惯。

第二，积极推动学校体育场地设施向社会开放。抓好《关于推进学校体育场馆向社会开放的实施意见》落实工作，督导地方政府制订具体方案、采取具体措施，将学校体育场地设施开放纳入政府公共服务范围、本级政府财政预算，或者允许向社会开放体育场地设施的学校适当收取费用以弥补因开放产生的额外支出。与此同时，动员体育系统的资源，助力学校体育场地设施向社会开放；将各级各类优质体育赛事和体育活动放在具备条件的学校举办；派遣优秀教练员、裁判员和运动员走进学校开展体育培训和指导，支持学校举办体育赛事活动；利用体育彩票公益金，资助学校改善开放条件，减轻学校向社会开放的负担；指导支持学校建立各类体育俱乐部，提升学校体育工作水平。

第三，推动公共体育场馆向学生开放。抓紧修订2014年颁布实施的《大型体育场馆免费或低收费开放补助资金管理办法》，在场馆开放综合绩效评价中强化场馆向学校和学生开放的工作，使场馆更多、更好地为学校和学生服务。

5. 抓紧解决"去哪儿健身"和"如何健身"两大制约全民健身事业发展的短板问题

第一，扩大全民健身公共服务产品有效供给。围绕解决"去哪儿健身"问题的工作重点是扩大增量，用好存量。中央有关部门应进一步加大资金投入力度，指导支持地方建设，完善群众身边的健身设施，包括健身步道、体育公园、社区健身中心、社区多功能公共运动场、农民体育健身工程等，引导支持地方维修更新超期"服役"的健身设施。督导各地严控大型体育场馆建设，将公共资金重点投向群众身边的小型健身设施。对于经过充分论证、确有必要建设的大型体育场馆，应严格落实《城市公共体育场馆用地控制指标》。将目前主要依据大型体育场馆座位数进行补助的方式转为主要依据体育场馆接待人次、体育赛事和体育活动开展数量等体育场馆应提供的公共体育服务量进行补助。将中小型公共体育场馆、全民健身中心开放服务纳入各级财政补助范围。围绕解决群众"如何健身"问题的工作重点有三个方面：一是做实科学健身指导人才队伍建设，切实发挥社会体育指导员在传授运动技能、指导科学健身方面的作用。做实各级社会体育指导员协会等体育组织，充分发挥其在联结社会体育指导员和开展全民健身活动中的作用。二是丰富和完善科学健身指导方案，更广泛深入地推广普及科学健身知识、方法与技能。强化冰雪项目运动技能推广，夯实冰雪运动项目的群众基础。三是推进体医结合，完善体质测定与运动健身指导网络，使之在国民体质监测、科学健身指导方案推广方面更好地发挥作用。

第二，加快完善全民健身设施规划建设有关政策标准。编制关于全民健身公共服务体系建设的指导意见，出台关于全民健身设施规划建设的政策性文件，组织修订实施《城市居住区规划设计标准》《城市公共服务设施规划标准》，指导地方根据不同城市的人口规模、地域面积，落实全民健身设施规划建设相关指标。要求各地将全民健身设施纳入经济社会发展规划、城乡建设规划、土地利用总体规划，实现"多规合一"。在编制和组织实施新建居住区规划等规划时，严格执行《城市居住区规划设计标准》《城市公共服务设施规划标准》的规定。研究出台切实可行的政策措施，指导支持地方利用绿化用地、闲置土地等建设全民健身设施。根据《城市居住区规划设计标准》《城市公共服务设施规划标准》规定，需配套建设体育设施的居住用地，应将体育设施配套要求纳入规划条件，写入土地出让合同。城乡规划主管部门在进行规划审核和建设工程设计方案总平面图审查时，应将《城市居住区规划设计标准》《城市公共服务设施规划标准》《城市社区体育设施建设用地指标》落实情况纳为审查内容，不符合标准要求的不得组织竣工验收。

第三，组织社会力量提供全民健身公共服务。遵循开放发展思路，在履行好政府主责的前提下，敞开大门，为各类主体参与全民健身公共服务体系建设提供信息、搭建平台、创造机会。一是公开政务，满足各类主体对全民健身公共服务的信息需求。重点做好财政有关预算、公共资源配置、购买服务、重大建设项目批准和实施的政府信息公开。二是推行全民健身公共服务体系建设政府决策意见、建议征询制，与利益相关方进行充分沟通，广泛听取社会意见。三是建立健全向社会力量购买全民健身公共服务的工作机制，支持社会力量、社会资本通过众创、众包、众扶、众筹平台和BOT（Build-Operate-Transfer，即建设—经营—转让）、PPP（Public-Private-Partnership，即公共私营合作制）等方式，参与全民健身公共服务体系建设。四是深入组织开展全民健身志愿服务活动，完善志愿者注册招募、服务记录、管理评价和激励保障机制，推动志愿服务与政府服务、市场服务相衔接。五是抓紧解决制约社会力量参与全民健身场地设施建设和运营的政策瓶颈问题。研究制定利用绿化用地、闲置土地、废旧厂房等土地和建筑建设全民健身设施的规划建设与项目报批指引，为社会力量利用这些非体育用地和非体育建筑建设全民健身设施提供指导、创造便利；督促房地产开发商在新建居住区按标准配建体育设施；督导各地认真落实体育健身场所水、电、气、热价格不高于一般工业标准和体育场馆房产税、城镇土地使用税优惠等政策。

6. 加强对全民健身公共服务体系建设的监督检查

开展督促检查是政府法制工作的重要一环，是落实党和政府重大决策部署的重要保障。《体育法》《公共文化服务保障法》《公共文化体育设施条例》《全民健身条例》都赋予了体育部门对公共体育服务、公共体育设施的监管权。应以全民健身工作部际联席会议为基础，建立完善的全民健身公共服务监管机制，将群众满意度测评及第三方评估纳入全民健身公共服务绩效考核体系。强化对全民健身公共服务体系建设各项法规、政策、规划、标准、制度落实情况的督促检查和绩效评价，推动各级政府部门严格履职。督促地方制定实施有关政策、规划、标准和制度，同步建立完善的全民健身公共服务体系建设督促检查和绩效评价工作机制，建立工作台账，加强跟踪督办和考核。

参考文献

[1] 戴健.中国公共体育服务发展报告（2013）[M].北京：社会科学文献出版社，2013.
[2] 戴健.公共体育服务体系建设（2015）[M].上海：上海交通大学出版社，2015.

集体球类项目国家队科技助力
工作现状与对策研究

执笔人：程谦　郑宇

摘要：科学化训练水平是制约我国集体球类项目整体实力提升的一个重要因素。本文主要以国家女子曲棍球队、手球队、水球队等国家队作为研究对象，采用问卷调查、实地调研、座谈等方法，根据集体球类项目国家队日常训练和科技助力工作现状，提出目前存在的主要问题，包括科学训练的理念相对滞后、科研团队存在结构性缺失、科研仪器的配备和使用有所欠缺、科研人员收入低影响工作积极性等。建议今后从以下几个方面进行改进：加强顶层设计，进一步捋顺管理体制和运行机制，建立高效的科技保障服务体系；发挥科技奖励的导向作用，完善有利于调动和激励科研人员工作积极性的政策制度；加大经费投入，合理引进和使用国际先进的技术方法和仪器设备装备，实现国家队训练基地场馆的智能化建设和改造；建设大数据平台，做好各项数据分析和信息搜集工作；优化科研团队结构，开展多学科、多领域、综合性的科技服务；加强科学研究，准确监控和评估运动员身体机能状态，强化体能训练，科学防控伤病，进行合理的营养膳食搭配和心理调节；加强科学选材和跨界跨项选材的研究，建立选材标准，确保集体球类项目的可持续发展。

关键词：集体球类；国家队；科技助力

现代科学技术已广泛运用于体育运动，对于提高训练的科学化水平、运动技术水平和比赛成绩发挥了重要作用。在很大程度上，奥运会已经成为参赛国之间的科技较量。"奥林匹克运动会是一个展现人类能力、运动科技和全球交流的巨大实验。"这是2012年伦敦奥运会开幕前期《自然》杂志发表的题为《团队科学》文章中所陈述的。该文阐述了奥运会运动成绩背后的科技成就，再次诠释了奥运赛场不仅仅是运动能力的比拼，也有当代科学技术的角逐。

体育是社会发展和人类进步的重要标志，是综合国力和国家软实力的重要体现。在国际体坛中，集体球类项目普遍具有极高的影响力和关注度，其成绩的优劣充分体现了一个国家竞技体育发展的整体水平。我国集体球类项目的整体实力和水平与世界先进国家存在较大差距，在奥运会等重大比赛中难以取得优异成绩。除了体制机制、训练理念、职业化程度、后备人才等因素外，科学化训练水平也是一个重要的制约因素。

党的十八大提出"科技创新是提高社会生产力和综合国力的战略支撑，必须摆在国家发展全局的核心位置"。党的十九大提出"创新是引领发展的第一动力""科技是核心战斗力"等重要论断。科技助力竞技体育，主要体现在运动关键环节的重大创新突破和运动训练科学化水平的快速提高上。集体球类项目的发展，必须找准制约该项目发展的关键问题、难点问题和瓶颈问题，通过落实"创新驱动"战略，切实转变观念，将科技创新作为促进项目发展的重要动力，将科技助力作为重要手段，推动项目由粗犷型向集约型方式发展，切实提高项目的训练水平和运动成绩。

一、集体球类项目国家队科技助力工作现状

由于时间所限，本文主要选取了国家女子曲棍球队、手球队、水球队等集体球类项目国家队作为研究对象，设计了"集体球类项目国家队科技助力工作调查问卷"，对集体球类项目国家队科技助力工作现状进行了调查研究，基本情况如下。

（一）国家女子曲棍球队

国家女子曲棍球科研团队主要从技战术及体能等几个主要方面为国家队提供保障服务，科研团队负责人为广州体育学院的霍科林博士，他常年跟队服务，开发了技战术分析App，该App的分析能力达到国际先进水平，得到了教练员的充分认可。科研团队具有国际视野和人脉，与国际同行保持了较为密切的合作。目前采用国际先进集体球类项目技战术分析软件Sportscode及大数据分析软件Tableau，建立了较为完善的训练、比赛技战术分析体系，以及各关键技战术数据库及分析体系；采用Catapult GPS定位系统，监控队伍训练、比赛跑动情况及体能变化。但是缺乏运动员机能测试、技术测试方面的分析数据。

科研团队总人数10人，其中具有高级职称的人数为5人，具有博士学位的人数为4人，具有硕士学位的人数为3人。团队中还有外籍专家2人，分别负责体能康复、技战术分析工作。但科研团队中无营养师。

（二）国家女子手球队

国家女子手球队的科研团队负责人为首都体育学院的高斌副教授，主要负责技战术分析工作，另有一位队医和两位康复师长期跟队开展服务。北京瑞盖科技公司团队，利用自主研发的中国鹰眼技术及鹰眼科技装备，为球队守门员的日常训练提供了技术支持。队伍的主教练、体能教练和康复师均来自德国，主教练要求队伍每2周（最长4周）进行一次生理生化测试，具体工作由运动医学研究所营养中心负责。科研团队中无营养师，在营养膳食方面需要加强指导。部分运动员存在伤病情况。

科研团队总人数6人，其中具有高级职称的人数为4人，具有硕士学位的人数为2人。团队中还有外籍专家2人，负责体能康复工作。

（三）国家女子水球队

国家女子水球队科研团队负责人为天津体育职业学院的刘钦龙教授，主要负责技战术分析工作，团队中还有一位队医，缺乏长期跟队服务的科研医务人员，尤其是高水平有经验的康复师。水球项目科技工作的核心是确保训练质量，提升运动员在激烈身体对抗下的个体能力。在科研仪器方面，队伍使用了意大利产的心率变异测试仪，通过每天早晨监测5分钟心率，即可获取运动员心率、疲劳恢复及能量代谢等方面的指标数据，从而实现对运动员身体机能状态的综合评估，可在一定程度上替代血液生理生化指标的测试。

二、存在的主要问题

在开展问卷调查的基础上，我们又进一步深入相关国家队一线，与领队、科研团队负责人、科研人员代表以及有关运动项目管理中心的管理人员进行了座谈，了解了队伍日常训练和科技助力工作的开展情况。综合各方面意见和集体球类项目国家队科技助力工作现状，发现主要存在以下问题。

（一）科学训练的理念相对滞后

科研、训练和保障的无缝衔接与充分融合，是近年来世界竞技运动训练发展的一个显著特征，也是当前欧美竞技体育强国普遍采用的训练模式。通过将一系列高科技、智能化测试装置安装在训练场地，可以随时监控运动员训练过程中的技术、力量、耐力及协调能力的变化，对具体的训练方法和手段进行快速、实时的客观评价，为运动员每一次的练习设定明确和量化的训练目标，为教练员的训练计划提供数据支持。从某种意义上讲，这种模式已经成为竞技体育训练科学化的前提和基础，引领了当代竞技体育发展的新潮流，可以说"没有数据就没有计划，没有测试就没有训练"已成为当代科学训练模式的一个特征。纵观我国集体球类项目项目国家队训练的现状，很少有采用这种先进的训练模式的。这充分反映了我国集体球类项目国家队训练的理念依然落后于欧美先进国家，在训练的精细化程度、实时监控评价及科学量化等方面与之还存在较大的差距。

（二）科研团队存在结构性缺失

当前的运动训练已经不是教练员的"单兵作战"了，而必须是由多项（体能、康复和技战术）教练员与多学科（训练监控、生物力学、生理学、心理学、营养学、医学等）科研人员组成的复合型团队来开展工作。对于集体球类项目而言，技战术分析、体能训练、训练监控、医疗康复、营养膳食指导均是确保日常科学训练质量的重要环节，相关专业教练员和科研人员不可或缺。从所调研的几支集体球类项目国家队来看，没有一支队伍能够确保各方面的人员齐备，均不同程度地存在结构性缺失。即使是科研团队建设基础较好、人员较充实的国家女子曲棍球队，也缺乏训练监控、营养膳食指导等方面的科研人员。如何争取高水平科研机构、高科技企业的支持和参与，调动优秀科研人员服务国家队的积极性是当前需要高度重视并加以解决的问题。

（三）科研仪器的配备和使用有所欠缺

在调研和座谈中，我们发现部分队伍在科研仪器的配备和使用方面存在一定的问题。比如，国家女子曲棍球队教练员提出由于采购周期长等原因，便携式训练监控测试仪器暂时还未到位，无法满足国家队的使用需求。女子手球队常年在国家奥林匹克体育中心进行集训，而国家奥林匹克体育中心的康复设备和等速训练仪器较为陈旧且数量不足，难以完全满足队伍训练需要。

（四）科研和医务人员收入低，工作积极性受到影响

在调研和座谈中，我们了解到长期跟队服务的中方科研和医务人员的

津贴补助较低，与外方人员相比差距悬殊。这在一定程度上影响了科研和医务人员的工作积极性，也导致部分队伍科研和医务人员频繁变更，无法确保科技助力工作的延续性和一致性。

三、加强集体球类项目科技助力工作的对策和措施

（一）加强顶层设计

加强顶层设计，进一步捋顺管理体制和运行机制，建立高效的科技保障服务体系，通过科技助力来提高集体球类项目运动员的运动训练水平和参赛水平。集体球类项目的科技助力工作必须进一步统一思想，转变观念，加强顶层设计，落实"创新驱动"战略，找准差距，补齐短板，将"科技创新"作为促进运动项目发展的动力，推动项目由粗犷型向集约型方式发展。按照国家体育总局领导的要求，坚持"把差距变成问题、把问题变成项目、把项目变成课题、把课题变成攻关"的工作思路和"世界眼光、国际标准、高点定位、中国特色"的工作定位，紧扣当前存在的难点和关键问题，以运动员为中心，以教练员为首要，加强科技助力，向科技要效益、要成绩，实现跨越式发展。

有关运动项目管理中心和协会要进一步强化"科技助力奥运"的意识，真正做到用科技补短板，依靠科技提升训练和参赛水平。要以开放的态度、哲学的思维和科学的方法，研究项目发展规律，找准制约项目取得突破的关键问题、难点问题和瓶颈问题，明确解决问题的技术路线和时间节点，将"举国体制"和市场机制有机结合，统筹全国体育科技资源，充分依托高校、科研院所、高新技术企业以及体育系统重点实验室，聚焦奥运备战，将优秀的人才、先进的设备、成功的经验在国家队进行共享和应用，为科技助力工作提供充分的保障措施。

（二）建立更加合理的科技评价体系

建立更加合理的科技评价体系，发挥科技奖励的导向作用，完善有利于调动科研人员工作积极性的政策制度。改革以往依据发表论文和理论研究对科研人员和科技工作进行评价的标准，增加科研人员和科技工作在解决关键技术问题、有效提升队伍的训练水平和比赛成绩方面取得的成果所占的权重，建立新的评价体系，让长期跟队做出成绩、真正为队伍做出贡献的科研

人员在职称评定和工资待遇等方面获得更多提升机会。

对做出重要贡献的科研人员和重大的科技成果进行表彰奖励是国际通行的做法，体育领域也不例外。例如，国际奥委会充分认识到现代科学技术对奥林匹克运动发展的重大意义，积极支持体育和相关科学技术的研究，设立了"国际奥委会主席体育科学奖"和"国际奥委会体育科学奖金"。从1989年开始，"国际奥委会主席体育科学奖"每年在瑞士洛桑由国际奥委会主席颁发，主要是对体育生物科学和体育社会科学的优秀成果给予奖励。为充分发挥科技奖励的导向和激励作用，建议国家体育总局重新恢复备战奥运会科研攻关和科技服务奖，新设立专门的科技奖励基金，或者充分利用国家科技进步奖推荐的机会，对那些为运动队取得优异成绩做出突出贡献的科研和医务人员进行表彰和奖励，形成尊重劳动、尊重知识、尊重人才、尊重创造的良好氛围，最大限度地调动科技人员的积极性和创造性，激励科研人员全身心地投入运动队的科技服务保障工作中。从而打造一支能够长期跟队的复合型科研团队，在团队负责人的统筹带领下，为运动员提供多学科、多领域的科技服务。

（三）加大经费投入

加大经费投入，合理引进和使用国际先进的技术方法和仪器设备装备，实现国家队训练基地场馆的智能化建设和改造。"工欲善其事，必先利其器。"在科技经费投入方面，要集中力量，抓住主要矛盾，解决主要问题。通过引进和使用国际先进的技术方法和仪器设备装备，确保科技助力工作取得最显著的效果。比如，美国STATS公司研制的无标记智能化运动跟踪系统"Sport VU"，已经被广泛运用于包括美国国家橄榄球联盟、美国职业篮球联赛、国家冰球联盟在内的多个职业体育联盟的比赛和训练。该技术能够追踪每一名球员的速度和距离，以及触球、持球、传球、助攻、防守等多项集体球类项目的关键指标。该技术对集体球类项目复杂技术的无标记视频捕捉和智能化的快速处理，不仅对技战术训练具有重要的指导作用，还可以使集体球类项目运动员训练负荷的个体化精细设计、实施和控制成为可能，为长期训练计划的制订和短期运动状态的调整建立了基础和依据，提高了运动训练的效率，降低了运动损伤发生的风险。

科研、训练和保障"三位一体"的训练模式，对训练设施提出了更高的要求，可穿戴、数字化、智能化和快速反馈已经成为当前训练装备不可或缺的基本特征。建议国家体育总局对集体球类项目国家队训练基地场馆基础设施、训练装备、辅助设备和软件系统等进行系统集成和智能化改造，打造具有国际先进水平的专项化科学训练基地，并积极推进新技术、新材料等高新技术的应用。在进行智能化建设和改造的过程中，一定要做到实事求是，注意结合我国集体球类项目国家队的具体实践，不能盲目地生搬硬套，也不能简单地追求先进。前期一定要进行科学的评估，要根据我国集体球类项目国家队的实际水平、训练习惯、场地器材、科研人员等主、客观因素，选择最适合的技术方法和仪器设备装备，真正发挥科技助力的实效。

（四）建设大数据平台，全面做好各项各类数据分析和信息搜集工作

在当前快速发展的信息时代，大数据技术的应用越来越广泛，其地位和作用也越来越重要。集体球类项目多年来的训练和比赛，已经积累了大量的技战术资料和生理生化数据，利用大数据技术，对运动员运动技术特点、身体形态指标、生物力学参数、运动成绩表现等做进一步分析整理，就可以尝试建立"中国运动员模型"。与此同时，通过信息搜集，努力掌握世界顶尖运动员的各项数据指标，模拟建立"世界冠军模型"。通过大数据技术，对"中国运动员模型"与"世界冠军模型"的各项指标和特征进行科学测量、分析和评价，找到中国集体球类项目真正的差距和短板，明确努力的方向和目标，从而系统指导运动员开展更有针对性的科学训练。

建议国家体育总局围绕各项目训练和竞赛的特点，结合项目制胜要素，建设集体球类项目国家队训练大数据管理系统，加强对运动员基本信息、身体形态指标、竞赛成绩、训练计划和执行、训练过程机能监控、训练专项指标测试、技战术诊断与分析、体能训练、伤病康复、膳食营养等数据的规范和管理。在统一建立数据信息模块的基础上，可以根据不同的运动项目自身的规律特点和实际情况，对信息模块进行微调，由各项目科研和管理人员进行更新和维护，确保数据不断积累，信息模块可长期使用。同时，建立"定期会诊制度"，组织大数据专家、高水平教练员和科研专家，联合起来对数据库资料进行综合分析评判，不断提升数据的科学价值，紧紧依靠训练数据分析，解决训练实际问题，提升科学训练水平，指导训练参赛工作。

（五）进一步优化科研团队结构，开展多学科、多领域、综合性的科技服务

教练员是运动训练的总设计师和总负责人，围绕训练各要素，需要组建复合型训练团队，其中多学科、跨领域的科技团队必不可少。集体球类项目的科技助力工作需要技战术分析、训练监控、体能训练、伤病防控、营养膳食和心理调节等多方面的科研人员共同参与。当然，并不是所有的科研人员都必须长期跟队服务，实际工作中也无法做到这一点。

目前，国家体育总局已经成立了由100多位国内知名专家组成涉及运动训练监控与营养恢复、高原训练、心理调控、伤病防治等方面的"奥运科技专家组"，根据各项目国家队的实际需要，及时调动和协调国家高水平的专家下队进行科研指导、咨询、巡诊、会诊，从而逐步形成科技服务工作组、科研团队、科技专家组三个层次，强化国家队科技保障与服务的整体效能。必要时，还可以借助社会智库力量，邀请体育相关行业和领域的高层次专家，参与国家队科技需求解决方案的制定，从不同视角提供智力、技术等方面的支持。

（六）加强科学研究，准确监控和评估运动员身体机能状态，强化体能训练，科学防控伤病，进行合理的营养膳食搭配和心理调节

建议对集体球类项目专项训练的监控内容、科学指标体系、监控方法等进行深入研究，建立专项训练科学监控系统，用于指导运动训练实践。要将体能训练摆在重要位置，恶补"一般体能储备不足，专项体能提升不够，康复体能运用不佳"等短板，对专项体能与专项技能的特征、结构、内容、高效训练方法与手段、专项技战术分析等进行深入研究，为教练员提供理论依据和具体办法。对运动员健康水平、营养水平、心理状态、运动损伤的发生机制和防治、运动康复、医务监督等进行深入研究，为降低训练风险、延长高水平运动员的运动寿命等提供强有力的医疗保障。

对于一些关键性的、长期困扰我们的技术难题，必要时可以考虑开展中外联合科技攻关。采取"请进来"的方式，引进高水平并有丰富实践经验的国际顶尖体育科技专家，与我国体育科技团队合作，紧密结合集体球类项目需求开展科技攻关，破解难题。也可以采取"走出去"的方式，鼓励和资助

我国体育科技专家参加国际学术交流研讨，赴国外建立科技工作站，为集体球类项目国家队在国外的科学训练和比赛提供保障。

（七）加强科学选材和跨界跨项选材的研究，建立选材标准，确保集体球类项目的可持续发展

从遗传、发育、健康、机能、体能、技能、心理等方面，对集体球类项目运动员专项科学选材的方法、指标、实施等进行深入研究，明确青少年运动员科学选材指标，建立青少年运动员健康、机能、心理、力量、速度、耐力、技术等生物学和训练学标准，构建覆盖全国的优秀运动员后备人才数据库，为教练员选拔运动员提供理论依据和具体参数。重点研究我国优势集体球类项目的青少年运动员培养模式，为落后项目和潜优势项目的青少年运动员培养提供参考。

跨界跨项选材是在我国竞技体育体制机制改革和奥运备战形势严峻的大背景下，实现运动员高效率培养，短期内补齐我国冬奥项目竞技实力短板的重要举措，对于集体球类项目同样适用。跨界跨项选材是对传统运动员选材与培养的一种丰富和补充，是一个涉及多方面的运动员长期培养过程，选材测试只是这个过程的开始。在选出真正具有跨界跨项成才潜能的运动员后，如何为其提供科学的训练指导，如何为其提供多学科的科技支撑，如何为其职业生涯的发展科学谋划，如何为其提供必要的心理辅导，都是运动员跨界跨项成才的重要影响因素。我们还需要加强对现有运动员选材与培养实践的研究，更多地从实证出发，为我国运动员选材与培养体系的优化提供科学依据。

四、结语

科学技术是第一生产力，科技创新是引领发展的第一动力。科学技术水平的不断提高对各种社会活动的发展起到了极大的推动作用。现代奥林匹克运动的发展与现代科学技术的进步密切相连。竞技体育是运动员向自身极限发起挑战，勇于追求更快、更高、更强的目标的过程，依靠科学技术的帮助，运动员可以极大地减少外界因素干扰，发挥出更高水平。因此，我们必须强化科技意识，树立科技助力观念，发扬创新精神，始终坚持以"创新驱动"为核心，充分运用当代最先进的科技成果，为我国集体球类项目的突破提供坚实的保障。

附件

集体球类项目国家队科技助力工作调查问卷

国家队名称：＿＿＿＿　填报人：＿＿＿＿　时间：＿＿＿＿

一、科技助力工作的组织架构
是否明确分管领导：　是□　　否□
职能处室名称：＿＿＿＿

二、科技经费投入情况
2018年投入＿＿＿＿＿＿万元用于科技助力工作

三、科技助力工作规划与计划
是否制订了科技助力工作规划与计划：是□　　否□

四、规章制度
是否制定了有关的规章制度：是□　　否□

五、便携式科研仪器、设备的采购及时性及使用率
及时性：及时□　　较为及时□　　不及时□
使用率：高□　　较高□　　不高□

六、本项目国际科技助力的趋势、技术、手段和仪器设备情况
＿＿＿＿＿＿＿＿＿＿＿＿＿＿＿＿＿＿＿＿＿＿＿＿＿
＿＿＿＿＿＿＿＿＿＿＿＿＿＿＿＿＿＿＿＿＿＿＿＿＿

七、本项目国际科技合作情况以及和国内高科技企业合作情况
＿＿＿＿＿＿＿＿＿＿＿＿＿＿＿＿＿＿＿＿＿＿＿＿＿
＿＿＿＿＿＿＿＿＿＿＿＿＿＿＿＿＿＿＿＿＿＿＿＿＿

八、科技助力对训练和比赛水平提升发挥的作用

显著□　　较为显著□　　不显著□

九、科技助力工作存在的突出问题和进一步做好科技助力工作的意见和建议

_____

_____

十、复合型科研团队

是否建立了复合型科研团队：是□　　否□

十一、复合型科研团队构成、负责人等情况

_____

十二、训练数据管理情况

_____

十三、体能训练情况

_____

参考文献

[1] 陈小平.科技助力奥运训练：形势、进展与对策[J].体育学研究，2018（1）：76-82.

[2] 陈小平.从师徒传技到奥运攻关——对运动训练集成化、科学化的思考[J].体育科学，2018，38（7）：14-15.

[3] 汪海波.奥运会上的科技运用：历届回顾和2022年展望[J].北方工业大学学报，2017，29（1）：87-91.

[4] 黎涌明，陈小平，冯连世.运动员跨项选材的国际经验和科学探索[J].体育科学，2018，38（8）：3-13.

[5] 毛泽东.毛泽东著作选编[G].北京：中共中央党校出版社，2002.

我国电子竞技产业发展研究

执笔人：唐华　苏振龙

摘要： 新时代的"互联网+体育"催生了大批新兴体育运动项目，电子竞技是深受社会关注和青少年喜爱的新兴体育项目的典型代表。

本文简要地剖析了电子竞技和电子游戏的主要区别，分析了行业存在的主要问题，创新性地给出"电子竞技是一项因信息时代科技与社会发展形成的、青少年积极参与的新兴体育文化活动"的定义，回顾了电子竞技的阶段发展历程，研究了我国电子竞技产业发展的主要问题，总结探寻了我国电子竞技产业发展的基本规律，分析了电子竞技产业在传统体育项目、新技术产业和产业融合方面的影响力，阐述了电子竞技产业的管理政策的引领带动作用，为促进我国电子竞技产业的健康有序发展提出了有益的发展建议。

关键词： 电子竞技；产业；研究

伴随互联网技术的不断成熟和广泛应用，中国体育的发展和互联网技术已密不可分，新时代的"互联网+体育"催生了大批新兴体育运动项目，也给体育运动和体育产业发展带来新的机遇和挑战，电子竞技是深受社会关注和青少年喜爱的新兴体育项目的典型代表。探讨如何从科学的角度来认识和研究电子竞技产业的健康、规范、可持续发展，意义重大。

一、电子竞技的定义、与电子游戏的区别、产业影响和行业主要问题

（一）电子竞技的定义

《国家体育总局：体育信息化改革催生电子竞技》一文中指出电子竞技（E-sports，简称"电竞"）"以现代电子技术和信息设备作为运动器械，在信息技术营造的虚拟环境中，采用统一的竞赛规则，在有限时间内进行的

人与人之间的对抗，既是智力运动，同时也正成为身心合一的运动"。

简而言之，电子竞技是一项因信息时代科技与社会发展形成的、青少年积极参与的新兴体育文化活动。

（二）电子竞技与电子游戏的主要区别

首先，电子竞技行为模式不同于电子游戏行为模式。电子竞技起源于电子游戏，这导致社会大众常将两者混为一谈，事实上，电子竞技与电子游戏有所不同。杨越撰写的《新时代电子竞技和电子竞技产业研究》一文阐述了两者的主要区别：第一，产品属性不同。电子竞技属于体育运动，电子游戏是娱乐活动，电子竞技是在信息技术营造的虚拟环境中，在规定时间内进行的有组织的人与人之间的智力和体力的对抗，而电子游戏主要是在虚拟的世界中以追求感受为目的的模拟和角色扮演。第二，比赛规则不同。电子竞技有明确统一的比赛规则，有严格的时间和回合限制，而电子游戏往往缺乏明确统一的比赛规则，时间限制宽泛，易使人沉迷。第三，精神内涵不同。电子竞技比赛是运动员或爱好者间的体育竞技，通过智力和体力对抗决出胜负，强调公正、公平、团结协作和更快、更高、更强，而电子游戏主要是人与人或人与机器的交流互动，无须产生公平对决的结果，高兴就好。第四，技术要求不同。电子竞技职业运动员须具备特殊的运动天赋，而且须经过专业的、系统的、长期的训练，随着电子竞技职业化的发展，对于运动员综合职业素质的要求更为苛刻，体育属性特征鲜明。

其次，电子竞技产业生态不同于电子游戏产业生态。电子竞技产业生态的核心是职业化、市场化的赛事，即围绕赛事及传播衍生的系列产业，而电子游戏是围绕版权和游戏时间派生的系列商业化产业。电子竞技的赛事及传播，包括线上部分和线下部分，电子竞技用户更多的是以观众而不是玩家的身份参与电子竞技产业生态，这与传统体育如篮球、足球的赛事产业模式完全一致，且电子竞技由于其全民化和泛娱乐方面的特殊属性，可谓"小众的竞技，大众的娱乐"。

最后，电子竞技的增速已超越电子游戏。根据艾瑞《2017年中国电竞行业研究报告》的数据，"2017年中国电子竞技市场规模同比增长高达59.4%，达到整个游戏市场的30%"，电子竞技产业价值的增量和增速都远超电子游戏产业。

综上所述，电子竞技已经脱离了电子游戏，自成一派，形成了新兴的体育文化产业。从我国的行业统计分类来看，电子竞技产业的主体部分电子竞技游戏服务业属于"互联网游戏服务"、电子竞技表演业属于"体育竞赛表演业"、电子竞技直播服务属于"互联网信息服务"、电子竞技出版业属于"数字出版物"、电子竞技场所服务业等属于"娱乐业"，以上产业已成为产业经济的生力军和增长点。从文化属性归类看，"电子竞技文化"是体育文化与电子游戏文化和科技文化发展的交集。

（三）电子竞技产业的影响和国际现状

中国电子竞技市场占世界电子竞技市场的1/3以上。庞大的市场需求决定了产业发展方向，中国已取代韩国成为世界电子竞技强国，从而使我国相应的经济、社会管理政策面临着新的机遇和挑战。

首先，电子竞技产业潜力较大、跨产业融合性强、社会关注度高。截至2018年底，中国电子竞技产业规模为1 100多亿元，电子竞技用户达4.5亿人，潜在用户约7.2亿人。当前电子竞技的市场规模和用户数量远超传统体育项目，发展空间和潜力巨大。

其次，在中国和其他国家，电子竞技产业正在冲击和影响着传统体育产业。据调查，国内16~25岁的青年人群平均将闲暇时间的1/3用于电子竞技和其他电子游戏活动，占据了大量进行传统体育活动的时间。在以美国和德国为代表的传统体育产业发达国家，电子竞技产业也对传统体育产业造成了巨大冲击。据美国市场研究公司Frank N. Magid Associates的研究资料，美国的电子竞技观众增幅在2015—2017年这两年间超过200%，而大学生对传统体育项目的关注度下降了15%。2016年，传统媒体巨头（如娱乐与体育电视网，简称ESPN）也成立了电子竞技项目团队；美国职业体育联盟的代表——美国职业篮球联赛（NBA）也组建了电子竞技部门和2K电子竞技联盟。其主要目的是通过电子竞技占据年轻人群的流量入口，从而抢占市场份额。传统体育项目如何应对电子竞技的挑战、如何借助电子竞技因势利导地把青少年吸引到传统体育上来，已经成为摆在各国体育管理者面前的重要课题。

最后，电子竞技产业在一定程度上反映了人类科技产业的发展水平。比如，时下最前沿的人工智能（AI）科技已经和电子竞技有所互动。在《新时代电子竞技和电子竞技产业研究》一文中有一个案例：在2017年11月，韩国世宗大学在首尔举办星际争霸AI对抗赛上，人类星际选手Stork四场连胜，AI

方面被杀得溃不成军。人类星际选手"击败了人工智能，为人类赢得荣耀，获得500万韩元奖金。"然而，较传统的AI参与的智力体育项目，如棋牌等，人类则全面败给AI方面。经研究，专家普遍认为这一现象并非偶然，电子竞技比传统的"智力游戏项目"更能体现人类的创造性，充分显示出人类智慧的复杂性和多变性，它具有加速突破AI技术的技术意义，能研究人性和人类智慧结合的独特性，是人工智能技术发展的终极目标。多数前沿科技都选择了电子竞技作为测试和应用的首选平台，比如新型可视化技术、体感技术、大数据技术、云技术、芯片技术、量子通信技术、区块链技术、深度学习技术等。

电子竞技运动已获得国际组织和行业的重视、认可，各国都在逐步加深对电子竞技运动的科学认识，不断推动电子竞技规范发展。

2017年10月28日，在瑞士洛桑举行的国际奥委会第六届峰会上，国际奥委会同意将电子竞技视为一项"运动"。国际奥委会官方声明是这样表述的："在世界各国青年人群中，'电子竞技'表现出强劲的增长势头，可为奥林匹克运动提供平台。竞争性质的'电子竞技'可被视作一项体育运动，参与者需要进行各项准备以及训练，强度与传统运动中的运动员相当。"2018年雅加达亚运会上，电子竞技被列为表演赛项目，中国代表队获两金一银。

（四）电子竞技行业存在的主要问题

当前，电子竞技行业中存在的突出社会问题是如何克服沉迷网络对青少年健康成长的负面影响。各国体育管理部门关注的重要命题是如何充分发挥电子竞技对科技进步、经济增长和体育文化教育的正面影响。

由于历史原因，我国电子竞技行业存在较严重的管理职责缺位问题。

首先，由于电子竞技与其载体游戏无法分割，这就产生了不同管理部门只负责涉及本行业的特定区域，造成了分工不明、力量分散。前期出台的一些应急性质的政策缺乏连续性、导向性和有效性。

其次，对电子竞技管理政策的研究需加强。由于经验欠缺，我国目前对电子竞技的行业管理政策制定缺乏有效理论的支撑。

最后，不得不说的是，目前国内相关学术界对电子竞技的关注度普遍不高。电子竞技起源于电子游戏，长期处于社会舆论压力之下，因此作为这一对青年人影响巨大的行业，相关学术界普遍对其持回避态度，与美国、韩国等电子竞技产业发达国家产生了较为明显的差距。

二、我国电子竞技产业发展规律探寻

（一）我国电子竞技产业发展回顾

1. 我国电子竞技产业发展阶段

（1）国际萌芽阶段：1998年全球金融危机，让深陷其中的韩国意外发展出全新的电子竞技体育产业。同年，韩国政府确立了文化立国战略，成立了韩国文化体育观光部，并促成了电子竞技的全球化、产业化发展。2000年，韩国确定组织被称为"电子竞技奥运会"的WCG（World Cyber Games，即世界电子竞技大赛）。2001年，该大赛的首届比赛就吸引了17个国家共174名选手参赛。

虽然目前WCG已经停办，但由韩国开创的政府主导、厂商参与、赛事为核心、俱乐部为依托的电子竞技体育化发展道路，具备时代发展和实践创新的科学性，值得我们总结和学习。

（2）起步探索阶段：电子竞技项目一开始由国外主导，国内企业充当代理角色，电子游戏盛行一时，质量参差不齐，导致赛事质量堪忧，产业环境混乱。

随着智能手机的普及和发展，92.5%的网络用户使用手机上网，这为移动电子竞技的发展打下基础。其中腾讯出品的《王者荣耀》作为第一款国产自主知识产权游戏获得了众多玩家的认可，几乎在中国MOBA（Multiplayer Online Battle Arena，即多人在线战术竞技游戏）手游品类里一直占据优势地位，留给其他同类产品的市场空间不足10%。与之匹配的KPL（King Pro League，王者荣耀职业联赛）体系，日趋完整，广受关注。同时，电子竞技运动在经历了多年职业化发展之后，最终使中国成为全球范围内电子竞技发展速度最快、参与人群最多的国家。

《王者荣耀》今天仍是国内用户群体最大的产品之一，也是社会争议较大的产品。从体育本身、运动方式和发展方向看，在AR（Augmented Reality，增强现实）、VR（Virtual Reality，虚拟现实）、MR（Mixed Reality，混合现实）等高科技穿戴式体感设备民用化之前，手机端的移动电子竞技产品与PC（Personal Computer，个人计算机）端和主机端的尚存在一定差距。

（3）成熟爆发阶段：随着电子竞技PC端、主机端、移动端的发展，电子竞技项目日趋成熟化、多样化、系统化，促进了电子竞技赛事的职业化、商业化、多元化发展。西方传统体育联盟，如NBA、FIFA，已经在开发基于各自传统体育项目的电子竞技游戏，比如足球、篮球、网球、拳击、冰雪、赛车等项目。这类项目开发符合奥林匹克精神和体育赛事规则，从而促进了电子竞技向传统体育项目的靠拢。如NBA的2K电竞联盟的职业比赛，结合NBA赛事周期，在其休赛期通过电子竞技吸引青少年关注，为新赛季用户导流，有效扩大了国际青少年用户的规模。

2. 我国电子竞技市场及用户规模

2015年，中国电子竞技市场规模在306.2亿元；2016年，同比增长34.3%，达到411.1亿元；2017年有较大幅度增长，超过600亿元。2019年，中国电子竞技市场已成为全球最大的电子竞技市场。

2017年电子竞技用户突破2.5亿人，潜在用户约5.5亿人。随着智能手机的发展，电子竞技用户的数量将逐步达到中国网络用户的98%。因电子竞技而生的直播平台、电子竞技馆及周边开发、内容版权分销、"艺人粉丝经济"等从中获得了人口红利，逐渐成为电子竞技行业中增长最快的特色化板块业态。中国电子竞技用户关注点聚焦在竞技性强、专业度高的赛事内容上，因此电子竞技泛娱乐内容的周边消费飞速增长。

（二）我国电子竞技产业化发展的意义

电子竞技产业化发展，为我国带来了一个新兴的体育文化产业，广大青少年十分喜爱通过电子竞技平台进行社交和娱乐，它不仅能满足青少年网络文化生活需求，为服务和引导青少年健康成长提供有效手段，还可以进一步促进我国消费转型升级，创造更多的就业机会和税收来源。

（三）我国电子竞技产业的赛事产业链

电子竞技产业的产业链核心是以电子竞技赛事为平台，而电子竞技产业可细分为三部分：电子竞技项目游戏产业、电子竞技核心竞技产业和跨界衍生产业。其中核心竞技产业包括赛事运营方、俱乐部战队、游戏厂商、选手、赞助商和媒体；项目游戏产业主要分PC端、移动端和主机端；跨界衍生产业包括直播平台、艺人经纪、电子竞技场馆、文化娱乐内容、教育培训、地产旅游等。

从2017年的市场收入表现来看，核心竞技产业的收入仅占整体市场收入的2%，项目游戏产业还是主体，约占91.8%，新兴的跨界衍生产业虽较2016年有着500%的增长速度，但只占6.2%的份额。

在新的引导政策出台前，核心竞技产业已经接近饱和，项目游戏由于硬件和研发的局限性也接近瓶颈。唯有跨界衍生产业成为电子竞技产业的未来发展方向，尤其是电子竞技教育和电子竞技地产已成为时下新的发展点。

三、我国电子竞技产业发展的主要问题

（一）行业垄断及竞争、市场主体和产业组织矛盾等经济问题

虽然目前我国电子竞技发展处于井喷期，增长速度很快，但行业缺陷不容忽视，电子竞技产业存在的资源分布不平均、没有成熟的盈利模式、从业职业人员缺口巨大、电子竞技人才断层、企业各自为战、游戏厂商垄断核心资源等问题都亟待解决。

国内赛事行业的三大痛点：职业化程度有待提升、商业价值被低估、行业生态不完善。

此外，随着我国电子竞技职业化、商业化的进一步发展，电子竞技行业越发集中，电子竞技赛事资源垄断在少数几家大型游戏厂商手中，这也增加了我们对电子竞技产业未来出现寡头垄断格局的担忧，因为游戏厂商更专注的是营利。我们则站在国家产业的高度，着眼于为人民服务和保证行业的规范持续发展。

中国电子竞技产业初期发展主要集中于上海，呈现出了"一家独大"、全国电子竞技产业发展不均衡的局面。

对电子竞技运动员来说，其收入水平处于产业内部的中等偏上水平，最多也就是百万级，只有少有的几名破千万。与之形成鲜明对照的是，电子竞技主播的收入远远高于电子竞技运动员，经常超越百万级别，著名主播的收入动辄超千万。因此，大量的职业选手纷纷转行当起了主播。这个恶性循环，不但使部分项目出现运动员断档，也在变相缩短运动员的职业寿命。另外，国内职业素质较高的电子竞技解说员也较为稀缺。这种以网络直播为媒介的电子竞技衍生产业，其经济和社会影响力极大，必须高度重视。

（二）沉迷网络、网络低俗化等社会问题

电子竞技产业发展的负面影响可以分为共性和个性两个方面。共性的负面影响主要指电子竞技与电子游戏一样，会给青少年的健康、心理带来不良影响；个性的负面影响是指电子竞技产业化、职业化过程中运动员职业发展和体育道德出现的负面表现。其中，第一种负面表现是影响最广泛和争议最大的，已经超过了行业本身而成为整个社会的问题。第二种负面表现是行业内部的，可以通过借鉴其他体育项目的成功经验用体育规范化管理的手段克服，难度相对较小。这里我们重点分析第一种争议最大的负面表现。

我们的研究发现，电子竞技对青少年人群造成的负面影响可以从经济、文化、心理、社会多个层次分析，其中经济因素是最重要却最容易被忽视的因素。

首先，经济层面的原因。从经济学角度看，电子竞技服务业与劳动生产率较低、主要依靠劳动投入发展的传统服务业有本质上的不同，电子竞技服务业存在典型的规模经济、范围经济和效益递增特点。这就意味着电子竞技项目本身和赛事内容都具有高趣味、低门槛、低成本的特征。造成这种产品特征的最主要的经济因素是电子竞技产品跟电子游戏一样，其价格形成机制是非对称分担机制，即玩家获取时往往是免费的，但会在观赏直播和游戏的过程中不断增加付费，从而构成了黏性高、弹性低的隐形价格形成机制。此类产品在互联网经济中较为普遍。在这种商品的生产过程中，厂商的目标是用可以无限复制、规模效应几乎无穷大的产品来吸引流量，通过流量带来的广告、赞助等实现利润变现；消费者虽然获得了免费产品，却必须花费自己的流量和时间来换取更多的免费使用权。这种生产和消费的非对称性导致电子竞技产业中的消费者处于事实上的被动和被支配地位，导致青少年对游戏产品产生难以抗拒的消费动机，最终导致青少年过多地在游戏上消耗其闲暇时间，进而缩短了青少年从事正常体育运动和其他健康娱乐方式的时间。在这个过程中，电子竞技产业的生产者和消费者的诉求和落脚点不同，交易本身是公平的，用道德标准指责生产者并不合理。但是，消费者事后承担了难以量化的额外损失。类似的现象如"大数据与隐私""用隐私换便利"等在互联网经济中比较常见。

其次，文化层面的原因。电子竞技是文化产品，电子竞技项目的内容、网络传播的内容，本身就具有高娱乐性、高趣味性的文化特质，这种文化的本质就是娱乐，是一种典型的"乐消费"，即满足精神和心理需求的消费文

化。这种文化产品的特点就是以最大限度地取悦消费者使其心理和精神获得满足为目的，价格弹性低、定价脱离成本、容易让人上瘾和产生心理依赖。

再次，心理层面的原因。从根本上说，玩游戏是人类的天性，也是人类尤其是青少年探索世界的重要方式。国外心理学家Jamie Madigan最近在博客中解释了为什么游戏爱好者会沉迷和想尽各种办法来获得更好的装备，主要原因就是在人类漫长的进化过程中应激机制和大脑中"多巴胺能神经元"的共同作用。但这种生物科学的解释并不能完全解答电子竞技产业所有的负面问题。由于人类的精神和心理需求的构成很复杂，除了正常的自我满足之外，人们的心理需求在互动过程中还会产生攀比、猎奇、炫富、嫉妒等复杂心理情绪，这些情绪在电子竞技行业的直播打赏过程中，表现得尤其明显。青少年与成人相比，心理自我约束能力较差，好奇心更强，因此也更容易受到这些心理因素的干扰，从而放大负面影响。

最后，社会层面的原因。虽然目前对电子竞技和电子游戏进行监督和管控的呼声很高，相关的政策也制定了不少，但从实际效果来看，社会对这一问题目前仍然缺乏系统性认识和科学的指导方法，对这种负面影响的监管和治理机制还需要进一步理顺。

从以上分析可以看出，电子竞技产业伴生的不良影响有着深刻的经济原因、文化原因、心理原因和社会原因，这些原因是电子竞技产业内在的，而带来的负面影响是巨大的，由此产生的转嫁给家庭与社会的治理成本是高昂的，需要引起我们高度重视并找到合乎逻辑的解决办法。

（三）政出多门、行业规范缺乏、市场供给不足等政府管理问题

当前我国电子竞技行业涉及的管理部门众多，管理定位不明，管理力量较分散。不同部门对于电子竞技的发展持不同看法，管理中存在多方行政力量博弈。监管措施的出台往往取决于当时的社会舆情强度，政策的稳定性和可操作性不佳。监管的混乱实际上说明当前我国管理部门对电子竞技的认识仍然有很多误区和模糊之处。

四、电子竞技产业发展的影响

（一）电子竞技产业对传统体育项目的影响

电子竞技是新时代的产物，是互联网和高科技孕育的新兴体育项目。与传统体育之间更多的是相辅相成的关系，和体育文化生活一起成为人类追求"更快、更高、更强"的有效途径。电子竞技项目与传统体育相结合，可以使青少年更快捷、更方便地体验传统体育项目。比如，《实况足球》《NBA 2K》，都为无法亲身参与运动的青少年提供了参与的可能，从而寓教于乐，传递参与传统体育项目的乐趣，传播体育精神。很多没有条件或时间参与传统体育项目的孩子，都能通过电子竞技项目认识和爱上这个项目并转化成传统体育项目的用户。电子竞技的用户群年轻且庞大，通过电子竞技引流是时下各传统体育项目都在研究的领域。

（二）电子竞技未来技术发展趋势分析

"数字中国"战略解释了信息时代的发展方向。新技术、新概念将引领下一代电子竞技的走向。在"数字中国"战略下，"智慧城市"最先进入大众生活。电子竞技不但成为未来体育文化生活的重要组成部分，也成为新时代青少年寓教于乐的工具。网络时代的基础技能，比如，网络生存技能、计算机应用技能等都能增强参与电子竞技的青少年的体验，同时使青少年领略更为重要的电子竞技精神——团队精神。电子竞技作为重要的新兴体育文化板块，将伴随新的科技发展逐步融合传统体育项目，从科技应用的发展趋势看，结合了AR、VR、MR以及网络、大数据和云技术的硬件平台可以实现"抬起头、动起来"的目的，这将成功解决当前"低头族"太多这一社会问题。当前，电子竞技的技术发展趋势，主要有移动化、科技化和大数据化三方面。

（三）电子竞技产业的管理政策分析

当前，我国电子竞技运动和产业正处于高速发展的关键时期，电子竞技产业的发展具有重大战略意义，行业和社会十分期待政府出台引导行业规范发展的管理政策。

因此，对促进我国电子竞技产业健康有序发展的建议如下。

1. "虑长远，补短板"，继续巩固我国电子竞技产业的领先优势

由于电子竞技属于当前我国信息应用和体育扩展的新兴优势产业，中国电子竞技向传统体育靠拢的实践探索，推动和引领了世界范围内电子竞技的发展。同时，我国电子竞技的产业发展过程中仍然存在体育话语权不牢固、民族文化优势未能有效发挥等短板。未来，在以5G为代表的新一轮信息技术应用即将落地的行业背景下，我国应当在充分总结以前电子竞技产业发展的经验教训后，抓紧布局、补足自身的短板，发挥我们的社会主义制度优势，有效把控电子竞技的科技和体育发展方向，因势利导地提出更高的战略性要求，牢牢掌握住我国电子竞技的国际产业主导权和体育话语权。

2. 以市场手段解决电子竞技的负面问题

从电子竞技20年的发展历程看，过去我国政府部门往往采取管制的方式对电子竞技产业进行干预，但这种明令禁止的治理手段既不合理也不可能将青少年从电脑桌前赶到体育场上去。我们认为，从国际经验和我国当前实际情况来看，对电子竞技这种一直由企业主导创新、消费者自由选择、价格形成独特的新产业而言，传统以解决信息不对称为出发点的政府干预手段既缺乏逻辑的合理性，也难以在实际操作中取得成效，未来更重要的还是依靠市场手段，通过建立电竞市场本身的机制来解决电子竞技行业的负外部性问题。政府经济管理的手段应当从产权界定出发，通过影响价格形成机制，建立一种基于市场的消费者补偿机制，实现以市场的手段引导解决电子竞技产业的负面问题。

3. 密切关注电子竞技科技发展

电子竞技是当前信息消费中与技术创新联系极为密切的产业，每一次重大信息技术变革都会引发电竞端口的质变并导致行业洗牌；与此同时，电子竞技也是与新一代青少年健康成长、体育习惯养成密切相关的长期性体育工作抓手。因此，在当前新一代5G场景即将落实，人工智能技术、体感技术等前沿技术手段随时可能取得突破的今天，我们建议科技部门密切关注电子竞技的技术发展方向，通过产业引导政策，鼓励企业研发部门和社会资本进行更多的与身体活动直接相关的电子竞技技术创新，主动引导整个行业向更健康、更有趣、更积极的方向发展，引领和掀起电子竞技产业发展的新浪潮。

五、结语

伴随电子竞技市场化、职业化和全民化的趋势以及随之而来的电子竞技

产业的衍生和大数据的应用，"电竞+"将成为引领经济文化发展、促进消费转型升级和实现广大人民对美好生活的向往的新兴朝阳行业，必将吸引大批企业、组织和人员投身电子竞技产业。

未来已来，时代呼唤：电竞产业，超越梦想！

参考文献

[1] 江小涓.高度联通社会中的资源重组与服务业增长[J]. 经济研究, 2017（3）: 6-19.

[2] 任海.身体素养：一个统领当代体育改革与发展的理念[J].体育科学，2018（3）: 3-11.

[3] 杨越.新时代电子竞技和电子竞技产业研究[J].体育科学，2018（4）: 8-21.

我国体育旅游产业创新发展研究

执笔人：席萍　刘娜

摘要： 中国特色社会主义进入新时代，我国社会的主要矛盾已经转化为人民日益增长的美好生活需要和不平衡不充分的发展之间的矛盾。为充分满足人民对美好生活的需要，体育界需要以创新思维提供更为丰富、更能满足人民需求的体育文化产品。本文聚焦体育旅游产业，探索以创新思维改进旅游产品的供给，加快我国体育旅游产业发展，促进体育产业提升的可行性方法。

关键词： 体育旅游；创新发展

党的十九大报告指出，中国特色社会主义进入新时代，我国社会的主要矛盾已经转化为人民日益增长的美好生活需要和不平衡不充分的发展之间的矛盾。作为体育行政主管部门，顺应时代需要、响应人民需求，开阔思路，提供更为丰富的体育服务和产品，既是以人为本发展理念在体育管理领域的贯彻和实践，也是在新时代中国特色社会主义建设阶段，体育行政管理部门执政能力和水平的体现。

随着我国社会的不断发展，人民在基本的物质需求得到满足之后，开始追求健康、休闲，追求精神世界的丰富和满足。体育和旅游作为第三产业中的重要分支，也正是在这一大背景下日益蓬勃发展起来，经过多年的发展，现在已经成为人民群众生活的重要组成部分，并随着市场的扩大和参与人群个性化需求的增长，派生出了新颖的、多样化的产业形态。体育旅游因为综合了体育和旅游两大时尚元素，使人可以同时获得休闲观光和体育活动两种体验，已经成为体育产业中不可忽视的一个分支。2015年，国家体育总局在修订国家体育产业统计分类时，将"体育旅游"作为新增类别正式列入其中。2016年，国家体育总局发布了《体育产业发展"十三五"规划》，提出要完善产业布局，围绕"一带一路"、京津冀协同发展、长江经济带发展三大国家战略，合理规划布局全国体育产业发展。和原国家旅游局共同签署了《关于推进体育旅游融合发展的合作协议》，共同印发了《关于大力发展体育旅游的指导意见》，部署体育旅游发展，指出到2020年，我国体育旅游人数将达到10亿人次，占旅游总人数的15%，体育旅游总消费规模突破1万亿元。当前我国体育旅游产业发展已经形成了一定的市场规模，获得了一定的经济效益和社会效益，未来具有巨大的发展潜力。

时代召唤我们加大对体育旅游的研究。本文主要聚焦这一新兴产业，结合国内外的比较分析研究，探索如何用创新的发展理念，乘势而上、因势利导，做好全局的统筹规划，结合各地区资源和特点，因地制宜地打造各具特色的体育旅游模式，引领体育旅游未来的可持续发展。

一、国外及当前我国体育旅游的发展现状

体育产业起源于英国，并在欧美发达国家迅速发展，成为国民经济的重要组成部分。

体育旅游作为体育产业中的新兴细分领域，目前还没有公认的定义。本文主要沿用原国家旅游局、国家体育总局在《关于大力发展体育旅游的指导意见》中对体育旅游的界定：体育旅游是旅游产业和体育产业深度融合的新兴产业形态，是以体育运动为核心，以现场观赛、参与体验及参观游览为主要形式，以满足健康娱乐、旅游休闲为目的，向大众提供相关产品和服务的一系列经济活动，涉及健身休闲、竞赛表演、装备制造、设施建设等业态。体育旅游不同于一般的体育活动和旅游活动，是人们为了现场观赏赛事或亲自参与健身运动等体育相关的活动而进行的旅游行为，体育是其旅游的核心内容。从本质上讲，体育旅游也是一种社会文化活动，更加注重人们的亲身参与和体验。

西方人喜爱运动、富有冒险精神的特点和带薪休假制度的完善为体育旅游的发展创造了条件。美国、英国、澳大利亚作为目前体育旅游发展较为成熟的三个国家，其体育旅游的发展情况具有代表性，可为我国体育旅游的发展提供借鉴。

（一）美、英、澳体育旅游发展概况

美国的体育旅游产业是目前世界上规模较大、发展较快、体系较完善的体育旅游产业。在美国，体育对旅游业的产值贡献率超过25%，观赏型体育

旅游与参与型体育旅游均已发展成熟。

以NBA（美国篮球职业联赛）、NHL（美国国家冰球联盟）、MLB（美国职业棒球大联盟）、NFL（美式橄榄球大联盟）四大职业联赛为依托的观赏型体育旅游如火如荼地发展。2013年，四大赛事的观众人数加起来有超过亿人次，创造产值超过150亿美元。除赛事本身外，因体育赛事的举办而带动的衍生消费也是体育旅游的重要组成部分，包括赛事特许产品的开发、销售，周边景点的游览、酒店住宿、餐饮服务等。以NBA为例，各球队特许产品包罗万象，从球衣、球鞋等装备到钥匙扣、手机壳等小商品一应俱全，还可应游客要求进行个性化定制。

参与型体育旅游在美国更是有着巨大的市场。马拉松、徒步、露营、登山等户外运动吸引着国内外众多游客的参与。其中，波士顿马拉松地位最高、历史最久，每年有2万人参赛，沿途有超过50万人观赛；纽约马拉松则办成了城市嘉年华，参赛者最多时超过了10万人；火奴鲁鲁因为距离日本较近，每年有1万多日本人包机直飞夏威夷参加马拉松比赛，大量人流的涌入势必带动当地旅游业的发展。

美国国家公园体系及配套设施的完善为户外运动发展提供了有利条件。2014年，到访美国国家公园参与钓鱼、打猎、徒步、攀岩、野营等体育活动的游客有近3亿人。

不同于美国，英国在体育旅游方面有着自己的特色。每年有超过1 300万观众到现场观看英格兰超级联赛。赛马业每年则贡献几十亿英镑的收入，同时带动博彩、运输、餐饮等周边产业的发展。网球是英国的传统运动项目，每年6月都会有50万人到英国，涌向温布尔顿观看世界顶尖网球选手角逐冠军的精彩比赛。英国每年参加高尔夫球旅游的人数高达300多万人。伦敦奥运会后，英国在全世界9个国家的14个主要城市投放总价值约800万英镑的商业广告，并进行推介活动和"后奥运旅游"宣传，借此机会从增长的游客消费中获得了超过5亿英镑的经济收入，并创造了超过14 000个就业岗位。

澳大利亚利用自身自然资源及地缘优势，侧重于发展滨海休闲游，包括岛礁旅游、冲浪、帆船帆板、潜水等。澳大利亚政府通过对体育企业的支持使基于本地旅游资源的旅游产品得到充分开发，通过对体育基础设施的投入和举办高水平国际赛事吸引全世界的观光客参与体育旅游。

（二）我国体育旅游发展概况

2008年北京奥运会的成功举办，使体育旅游在国内受到了广泛的关注，并推动了中国旅游业发展，经济效应显著，主要表现在拉动投资需求、消费需求和扩大就业等方面，其经济在近10年中一直保持两位数的增长。根据国家体育总局发布的公告，2008年全国体育及相关产业实现增加值1 554.97亿元，占当年国内生产总值的0.52%。有关研究表明：奥运经济使北京市第三产业产值在2002年至2010年间共增加1 200亿元，2003年到2009年北京市国内生产总值平均每年多增长5%。

北京奥运会的成功举办虽然足以说明大型体育赛事可以为举办地带来大批的观赛游客，提升当地的知名度，推动当地基础建设和管理水平的提升，但是由于奥运会项目众多、规模庞大、申办和承办周期长、程序烦琐，较难复制。与之相对应的是环青海湖国际公路自行车赛（以下简称"环湖赛"）这样连续多年举办的单项赛事。环湖赛自2002年首次举办以来，经过多年的发展，已经成为体育旅游的一个特色赛事和成功案例，2015年度青海湖景区接待国内外游客已达2 315.4万人次，旅游总收入248.03亿元。据统计，每年在环湖赛线路上观看赛事的旅游团队有上千个，游客可达3万人。随着冬奥会、亚运会、青奥会等综合性赛事，以及单项的世界杯和世锦赛等世界最高水平赛事相继落户国内，以观赏高水平赛事为特色的体育旅游还将迎来新的发展。

同时，参与型体育旅游也随着全民健身的发展逐步得到发展。特别是近两年，我国体育旅游发展方兴未艾，比较有代表性的冰雪运动、骑行、路跑、露营、水上运动等项目，都获得了骄人的成绩。

路跑旅游受到越来越多年轻人的追捧，被视为时尚的运动方式，近年来呈井喷式增长。2017年，全国共举办路跑规模赛事1 102场，涉及234个城市，参赛人员达到498万人次，比2016年增长78%，参加比赛的外地人员占60%，大大带动了赛事举办地的旅游发展。

随着2022年北京冬奥会的临近，以冰雪运动为载体的体育旅游越来越受到大众青睐。2017年，全国参加冰雪运动的人数达3 750万人次，年均增速达到20%，全国各地开展冰雪旅游活动2 000多次。

2017年，我国泛户外人口达1.3亿以上，经常参与户外运动的人口达6 000万以上，全国性山地户外赛事每年举办300~500场。截至2017年，全国共有1 273个露营地，其中已建成露营地825个，在建露营地448个。在已建成的露营地中，位于华东、华北地区的占总量的50%。2017年，骑行运动人口达1 200万，2018年预计将达到1 500万。骑行运动者中去过3个城市骑行的占46.7%，去过5个城市骑行的占19.2%。此外，冲浪、帆船、帆板、滑水、潜水、摩托艇、热气球、动力滑翔伞等正在成为中高收入群体热衷的新兴体育旅游项目。

随着社会资本的大量投入，体育旅游投资规模不断扩大。2017年体育旅游项目完成投资1 510亿元，同比增长37.8%，是增长最快的旅游项目类别。

在这样的背景下，为促进体育旅游的健康发展，从国务院到各级政府也高度重视体育旅游，相继出台指导意见和扶持政策，为我国体育旅游的发展提供了政策支持，明确了发展方向。

2016年，国务院发布的《关于进一步扩大旅游文化体育健康养老教育培训等领域消费的意见》提出：着力推进幸福产业服务消费提质扩容。同年，原国家旅游局、国家体育总局共同印发的《关于大力发展体育旅游的指导意见》明确了体育旅游发展的目标、重点任务和保障措施。

2017年"十一"黄金周期间，内蒙古、黑龙江、江苏等15个省（自治区、直辖市）推出了15条体育旅游精品线路；2018年春节黄金周，推出海南三亚中国体育庙会、吉林冰雪自驾游等18条体育旅游精品线路。

2017年，原国家旅游局和国家体育总局联合认定北京奥林匹克公园、青岛奥林匹克帆船中心等30个单位为"国家体育旅游示范基地"创建单位。2017年8月，国家体育总局公布第一批运动休闲特色小镇试点项目名单，全国31个省、区、市，共有96个运动休闲特色小镇入选。

2018年，中共中央、国务院公布的《关于完善促进消费体制机制，进一步激发居民消费潜力的若干意见》提出：推动体育与旅游、健康、养老等融合发展，积极培育潜在需求大的体育消费新业态。在《完善促进消费体制机制实施方案（2018—2020年）》中，更是明确指出支持海南打造国家体育旅游示范区，引入一批国际一流赛事，这预示着体育旅游还将迎来新的更大的发展。

（三）中外体育旅游发展对比

通过以上对国内外体育旅游发展状况的概述，我们可以将我国体育旅游与国外发达国家相对比，找出我国体育旅游发展现状的不足和潜在的机遇。

1. 我国体育旅游市场潜力巨大

与体育旅游较为成熟的欧美发达国家相比，我国体育旅游刚刚起步，拥有巨大的潜在体育旅游客户群体，体育旅游市场潜力巨大。近年来，随着中国经济的快速发展，国民收入水平大大提高，个人用于旅游消费的支出比例逐年增加。我国职工平均年法定休息日为125天，已超出全年时间的1/3。2007年，国务院颁布《职工带薪年休假条例》以来，越来越多的人享受到带薪年休假的福利。有闲有钱的人口比例增加带动了旅游的发展，同时也让国人不仅仅满足于游山玩水的纯旅游模式，对时尚的体育旅游的需求越来越大。2018年俄罗斯世界杯，10万中国游客前去观赛，贡献了至少30亿元人民币。根据世界体育旅游组织公布的信息，全球体育旅游市场规模以每年15%的速度增长，目前我国体育旅游仅占旅游业的5%，而发达国家高达20%，这就意味着我国体育旅游市场规模还有很大的发展空间。

2. 中国体育旅游产品类型不断丰富，但尚未形成具有核心竞争力的精品体育旅游资源

如前所述，体育旅游是以参与体育活动为主要目的的旅游行为，只有培育形成拥有足够吸引力的高质量的体育本体资源，才能吸引到源源不断的体育旅游人群。

观赏型体育旅游的核心吸引力是高水平的体育赛事。国外发达的职业联赛，如美国的NBA、欧洲的五大联赛等，虽然囿于一隅，但是影响力波及全球，顶级豪门俱乐部的门票、衍生商品等收入足以支撑起当地的体育旅游市场，每年世界各地都有数不清的球迷前往参观。我国近年来足球、篮球的职业联赛虽然得到了长足发展，已经形成了小有规模的观赛人群，中国网球公开赛、北京国际马拉松赛等单项赛事也初步形成了品牌效应，但是我国还没有具有较强国际影响力的体育赛事，缺乏"精品"。

参与型体育旅游方兴未艾，但还处于起步阶段。如马拉松赛，近两年可以说是跟风者众多，赛事组织方和参与方都不够理性。而滑雪、登山等依赖于运动场地的体育活动，受限于场地要求，必然需要移动到另一地举办，能为体育旅游创造潜在的市场，但作为新生事物，还未形成各具特色的、差异化的品牌体育旅游目的地，参与者也以一次性的体验为主，尚未沉淀为消费习惯，未能使基于体育目的的旅游真正成为生活的一部分。

3. 我国体育旅游配套设施建设及服务不到位

体育旅游作为一种注重亲身参与和体验的社会文化活动，其中核心吸

引要素是体育活动相关的本体资源，与旅游期间的食、住、行等服务要素一同形成的体育旅游期间的整体体验。发达国家体育旅游发展比较成熟，系统开发与体育旅游相关的配套产品，能为游客创造舒适放松、细节到位的体验环境，不仅满足了本国参与者的需要，还吸引了国外游客不远万里前来体验，为当地带来了源源不断的体育旅游收入，而我国在这方面还需要进一步完善。例如2012年开始举行的和龙国际半程马拉松赛，在国内算起步较早的老牌马拉松赛事，随着每个城市都开始举办马拉松赛，在交通、住宿等旅游基本设施方面的欠缺，就成为制约其进一步发展的瓶颈问题。2018年，在国内马拉松赛事井喷式发展的大背景下，和龙国际半程马拉松赛却停办了。因此，在筹划体育旅游产业的发展时，必须把城市的基础配套设施建设、旅游服务业等相关配套因素一并纳入考虑。

二、制约我国体育旅游发展的主要因素

纵观我国体育旅游发展，总体态势强劲，在体育产业和旅游业中发挥着举足轻重的作用，但目前仍存在许多制约因素，我们必须正确认识体育旅游发展中存在的问题，才能找到相应的对策，促使其不断壮大，这些制约因素主要有如下几个方面。

（一）政府各部门间缺乏合作，沟通、协调机制不完善

体育旅游涉及体育、旅游、交通、环保、水利、工商、财政等诸多部门，需要不同领域的政府部门高度协同、配合，建立完善的协调机制，才能有效提高体育旅游发展速度和品质。而目前我国各部门间缺少这种默契的配合，往往存在各自为政、互相推诿的情况，有时甚至发出的指令互相矛盾，加大了内耗，成为束缚体育旅游发展的桎梏。

（二）体育旅游资源分布较分散，区域发展不平衡，很多资源未得到有效利用

发展体育旅游不仅要以自然资源为基础，还要具备相应的配套设施，从而吸引旅游者参与。我国东部沿海等经济发达地区，不仅具备丰富的自然资源，而且由于财政资金雄厚，体育旅游基础设施建设较为完善，良好的交通条件使彼此间的资源可以共享。而中西部欠发达地区虽然地大物博，有着得天独厚的自然条件，但由于经济落后，大众收入水平较低，缺少资金投入，

配套设施无法匹配，再加上道路交通条件较差，体育旅游资源得不到充分利用，资源严重浪费。

（三）体育旅游开发区域优势定位不准，地区特色不明显，缺少系统规划

由于国家的大力支持和产业政策引导，体育旅游在全国各地发展得红红火火。但喧嚣之下，我们必须清醒地看到很多地区体育旅游开发并没有抓准自己的优势，没有找到自己的定位，地区、民族特色不明显，而是一味地跟风，这样的体育旅游产品注定缺少新意和生命力。例如，马拉松赛事，近几年以惊人的速度发展，每年上千场的比赛，其中有些赛事并没有达到预期的经济效益和社会效益。一些中小型城市根本不具备赛事组织和接待能力，盲目开展马拉松项目，导致赛事风险增加，参与者体验感差，其他消费减少。究其原因，还是缺少体育旅游的整体规划。

（四）体育产业和旅游产业有待更深度地融合

体育产业包括赛事开发、健身休闲、场馆运营、体育用品制造等领域，而旅游业则涵盖酒店、交通、餐饮、购物、娱乐等方面。体育旅游不是将二者简单地叠加，而是需要深度融合，目前我国在这方面做得并不到位。利用赛事宣传旅游资源的持续营销力度不够，配套服务没有结合赛事全面跟进，这都是体育与旅游没有深度融合的表现。

（五）体育旅游尚未形成品牌及规模效应

大众对官方公布的体育旅游发展报告和数据知之甚少，对很多体育旅游线路、示范基地及特色小镇闻所未闻。这说明目前我国体育旅游缺少知名品牌，体育旅游产品影响力不够，尤其不具备国际影响力。缺少像美国"超级碗"、波士顿马拉松赛和英国温布尔顿网球公开赛那样的顶级赛事，没有顶级赛事就无法吸引更多其他区域的人前来观赛，从而带动当地旅游业的发展。另外，很多地区的体育旅游资源互相割裂，政府搞"地方保护主义"，使得资源无法共享，体育旅游产品难以产生规模效应。

（六）体育旅游专业人才匮乏，培养机制不够健全

体育旅游专业人才是懂体育和了解旅游的复合型人才。由于体育旅游起步较晚，在我国属新型业态，在很多地方需要"摸着石头过河"，这方面的

专业人才很少甚至根本没有。体育旅游高级管理人才的缺失将导致旅游开发不具有整体规划性、产品水准无法提升。没有专业人员将无法保证体育旅游的安全性；致使体育旅游产品形式单一，缺乏吸引力；不能很好地实现体育活动和住宿、餐饮、交通等各方面的无缝对接，导致参与者体验感下降，影响体育旅游产品的长期发展。这些归根结底是因为目前我国还没有健全体育旅游专业人才的培养机制。

三、发展体育旅游的对策和建议

我国体育旅游依靠国家政策的大力扶持、社会资本的大量投入及大众的积极参与，已经开始发展壮大，但如果不解决制约其发展的主要因素，抓住问题的关键，就无法在质上有所突破，因此我们要针对问题提出有效的对策，使我国体育旅游稳步、持续发展。

（一）加强发展体育旅游产业政策的执行力，完善政府各部门间沟通、协管机制，打破部门壁垒，提高运转效率

目前，我国出台了诸多体育产业政策，针对体育旅游的具体政策多达十多个。从国家层面来看，发展体育旅游是必然趋势，且不乏政策支持，但关键在于政策的落实和执行，这是当前在执行层面需要大力加强的。地方需要更加具体的优惠措施来扶持体育旅游业。

体育旅游是一个高度综合的业态，需要多个领域的管理部门充分配合才能高效运作。这就需要在不同部门间建立起完善的协管机制，由一个部门牵头，整合资源，减少体育旅游企业对接环节，避免政出多门、多头管理。

（二）找准区域优势，因地制宜，精准开发具有当地特色的体育旅游资源

我国地大物博，自然资源分布不均，但各有特点。体育旅游开发一定要找到自身的区域优势和特色，不能人云亦云，看到哪个项目红火就一窝蜂都去开发，舍本逐末。东部沿海地区由于经济发达，体育旅游开发条件便利，取得了很大成效。目前中西部体育旅游发展尚弱，属于起步阶段。虽然中西部地区经济欠发达，基础设施落后，但丰富的自然资源为其带来了不同的优势。另外，少数民族多聚集在中西部地区，发掘民族特色，大力发展民族体育旅游项目是中西部地区体育旅游开发的着力点之一。找准定位，统筹规

划，加大对中西部地区体育旅游的资金投入，只有各区域平衡发展，才能保证我国体育旅游的全面推进。

（三）深入挖掘体育与旅游结合的多元化形式，完善配套设施建设，提高服务质量

体育旅游的核心是体育，体验目的地的体育文化是体育旅游的重点。应根据市场和消费者需求使"体育+旅游"多元化、深层次，二者深度融合，而不是互相脱节，增加体育旅游产品供给，才能在激烈的市场竞争中赢得优势。国外经验表明，山地户外、水上运动、冰雪运动和高尔夫球运动等占整个运动市场的80%，而这些产业的发展，离不开高质量、高水准的配套设施和服务。因此，充分利用社会资本、发挥体育旅游企业的积极性是实现体育旅游产业升级的关键。

（四）提升体育旅游产品品质，打造品牌体育旅游项目，实现规模化发展

正如上文所述，我国目前体育旅游发展现状已不乏量的积累，但缺乏质的飞跃，具有品牌知名度的体育旅游项目屈指可数。如何打造一批具有国内外影响力的品牌体育旅游项目是摆在我们面前的课题。这需要我们提高营销水平，拓宽营销渠道，充分利用新媒体宣传体育旅游新概念。营销宣传是一方面，但建立品牌效应，归根结底还要落到产品品质上。通过打造系列精品赛事吸引国内外爱好者参与、提升国际影响力，要在组织、保障、服务等诸多方面下苦功。

另外，我们要将各自独立的体育旅游资源融合，实现区域共享，将体育旅游体量和规模做大。

（五）培养体育旅游专门人才，建立、健全体育旅游专门人才培养机制

培养体育旅游专业人才可通过在体育院校和旅游院校设置体育旅游专业来实现；也可通过体育旅游企业与专业院校合作的方式，建立体育旅游人才培养基地，学用结合；还可以输送人员去发达国家学习先进的体育旅游管理经验，建立一支有技术、懂管理的体育旅游人才队伍。

（六）控制体育旅游开发成本，降低消费者参与费用，让利于民

目前，体育旅游收费普遍高于普通旅游，尤其是滑雪、高尔夫球、山地户外运动、潜水等项目动辄上万元的收费使很多消费者望而却步。因此，要让更多的人参与体育旅游必须降低开发成本，将政府资金和社会资本结合使用，增强政府的公益性，在税收等方面给予体育旅游开发、运营企业优惠政策，降低费用，让利于民，让消费者选择面更宽、参与的积极性更高。

我国体育旅游的发展需要吸纳国外体育旅游产业发展的成功模式和经验，结合我国的实际情况，加强政策引导、做好顶层设计，积极寻求产业创新，提高管理和运营的科学化水平，因地制宜地开发出能充分发挥我国特有资源优势、满足市场需要的体育旅游产品，促进体育产业和旅游产业的融合与共赢，推动我国体育旅游产业的健康发展。

参考文献

[1] 周阳，谢卫.欧美发达国家休闲体育产业发展启示——以美英澳三国为视角[J].人民论坛，2016（14）：245-247.

[2] 商虹.发展体育旅游的制约因素分析[J].中国商贸，2011（12）：148-149.

[3] 鲍明晓，赵承磊，饶远，等.我国体育旅游发展的现状、趋势和对策 [J].体育科研，2011（6）：4-9.

[4] 王辉．奥亚会举办城市发展体育旅游产业经验及对青奥会举办城市南京的借鉴[J].体育与科学，2011（3）：37-42.

[5] 周晓丽，马小明.国际体育赛事对举办城市旅游经济影响实证分析[J].经济问题探索，2017（9）：38-45.